日本政治学会 編

代表と統合の政治変容

年報政治学2015－Ⅱ

木 鐸 社

はじめに

19世紀末から20世紀初頭にかけて成立した，普通選挙権の確立，組織政党の活動，社会集団の政治過程への参入，マス・メディアの登場とそれによる世論の創出などによって，機能してきたと考えられる代表と統合の政治的均衡（デモクラティックな政治的均衡）は，20世紀後半からの政治・経済・社会変容とそれらに伴う争点の登場によって動揺を見せた。今日の政治・経済・社会変容の加速化と争点の多様化状況において，代表と統合の新たな均衡が各国で模索されている。ポピュリズムの動きや分権化に見られる制度変更などは，代表と統合の再均衡化の動きとみることもできよう。

代表に注目すれば，1990年代半ば以降のインターネットの普及，今世紀に入ってからのブログの広まり，さらに近年のソーシャルネットワーキングサービス（SNS）の登場は，新たな代表手段を人々に提供している。インターネット，とりわけSNSによって発信された政治的オピニオンと対抗オピニオンは，「いいね」ボタンが押されたり，リツイートされたりすることによって政治社会の「部分」の代表として「拡散」される。ネット上の情報・オピニオンは，直接行動と連帯・連動し，政党・議会といった伝統的な代表装置に影響力を行使する。インターネットの積極的な活用は，たとえばイタリアの５つ星運動に見られるように，既成政党による従来の代表回路を批判しながら，新たな代表のあり方を示し，それゆえ（2013年２月の上下両院選挙後に新内閣が成立できないという否定的な様式で）統合に大きな影響を与えている。

政治社会のよりいっそうの「部分」の可視化と代表化は，2015年夏の日本でも経験された。他方で，政党・議会という伝統的な政治統合装置，選挙という伝統的な政治統合制度が十全に機能せず，政治社会「全体」の統合が困難になった状況を示した。代表と統合は均衡するどころか，齟齬をきたし，むしろ乖離しているように思われる。政治社会の「部分」をできるだけ代表させつつ，政治社会「全体」を統合することがデモクラシーに求められるとするならば，2015年夏の日本の経験は，デモクラシーの実現が容易でないこと，あるいはこれまで以上に困難になってきていることを示しているように思える。

社会の複雑化，争点の多様化と直接・間接の行動・情報発信によって人々の政治生活が拡大，活発化し，政治社会の「部分」がますます代表されていく状況で，政治社会「全体」の「デモクラティックな」統合はいかにして達成されうるのか。このような素朴な問題意識が本特集「代表と統合の政治変容」の出発点であった。その諸相を，争点および代表・統合様式が他地域よりも多様性に富んでいると思われる現代ヨーロッパ——ドイツ，フランス，イタリア，スウェーデン，スペイン・ポルトガル・ギリシャの事例の考察とクロス・ナショナルな分析——に焦点を当てて示すことが，本特集の目的である。

ドイツを対象とした河崎論文は，西ドイツの時代まで遡りつつ，代表と統合の観点からドイツ政党制を分析する。左右の過激勢力を抑制するために構築・導入された規制的代表制は，1960年代からの左派勢力の分解によって機能不全を呈した点を論じる。その後，旧東ドイツとの統一やヨーロッパ統合に伴う利益・争点の多様化が多党化を促したことを指摘する。こうした状況は，連立政権の選択肢を増やしているが，他方で選挙を通した政権選択が困難になっていることを指摘する。

フランスにおける代表と統合の変容を論じた久邇論文は，オランド政権における政治的代表制を，同政権下に行われた選挙結果分析を通じて考察し，第5共和制，反大統領制の機能不全を指摘する。オランドは2012年に議会多数派の支持を受けて政権運営に乗り出したものの，有効な施策を打ち出せず，政権の支持率は低下し，2014年の地方選挙でも敗北し，国民戦線をはじめとする極右政党の台頭を招いたが，論文で強調されるのは，投票率の低下である。棄権は伝統的な既成政党の政権運営に対する不信任の意思表出手段と見なされ，投票率の低下によって「多数派」そのものの信頼性が損なわれ，政治代表による国家統合が機能障害に陥っていると論じる。

イタリアについては，大統領に焦点を当てて代表と統合の政治変容が議論される。第1共和制において政党の言わば陰に隠れていた大統領は，第2共和制において政治的中心性を獲得したが，その理由を左右の2極化と対決型政治の進展による，政党の代表・統合機能の喪失の観点から考察する。次いで指摘されるのは，大統領が憲法で規定されている公式の権限に加えて，非公式の権限を行使していることであるが，「国の統一を代表する」（憲法第87条１項）機能の遂行が，第２共和制における大統領制の特徴であると論ずる。

渡辺論文は，近代デモクラシーにおける代表と統合の歴史を俯瞰し，その中にスウェーデン政党政治を位置づけ，さらに今日のスウェーデンの民主政治における代表と統合の変容を考察する。20世紀に入って確立した「委任－責任」関係，「消極的議院内閣制」，多党制の中での「ブロック政治」に特徴づけられるスウェーデン政治は，社会集団を代表しつつ，合意形成をめざした政党によって機能していた。しかし，高度経済成長による政党支持の流動化と，他方での多数派デモクラシーと左右の対決政治の進展は，既存政党の代表機能を低下させたと指摘する。こうした状況で，右翼ポピュリスト政党が台頭し，議会制度に大きな影響を与えている。制度への信頼の高さによって統合の危機に陥ることはないが，政党の代表・調整機能が問い直されていると論じる。

横田論文は，代表と統合の理論的系譜を簡潔に，しかし，有益に示したのち，スペイン，ポルトガル，ギリシャの３カ国を対象に，欧州危機がこれら３カ国の代表と統合にどのような変容を迫ったかについて考察する。同じく政治危機を迎えながら，脱政治化が加速化し，デモクラシーの空洞化が進展するポルトガルに対し，スペインでは社会運動が活発化し，政治ゲームを複雑化させる一方で，新たな代表のあり方が期待され，他方で垂直的統合問題としてカタルーニャ問題が浮上していることを指摘する。過剰な多数決型政治を特徴とするギリシャは，外圧によって伝統的な政党支配が崩されるとともに，左右両極でのポピュリズム政党の台頭が，代表と統合の緊張関係を生み出し，また，政治的カオスを現出させていると論じる。欧州危機が財政赤字ではなく，代表デモクラシーの縮減を命じているのではないかという指摘はきわめて示唆的である。

日野論文は，社会経済変容が代表と統合にどのような影響を与えているかについて，ヨーロッパ15カ国の新興政党を対象に考察する。新たに登場した政治的争点が各国の政党システムによってどのように代表され，また，新たな政治的アジェンダがそれぞれの政党システムにどのように統合されていくかについて，とくに環境政党，ニュー・ポリティクス政党，ニュー・ライト政党に焦点を当てて実証的に検討を行う。新たな争点の登場が新興政党を誕生させることに加え，争点が新興政党の代表継続性に影響を与えること，さらには新興政党の政党システムへの統合も争点によって異なることを明らかにする。

以上の個別論文を通じて，現代ヨーロッパ各国における代表と統合の政治変容の特徴の一端が理解できよう。また，全体を通じて現代デモクラシーにおける代表と統合の均衡化の困難な状況が示されているが，他方でこれらの国々における代表と統合の共通性も看取され，その共通性が再均衡化へのヒントを与えているようにも思える。とくにイタリア，スウェーデン，ギリシャに見られるような多数決型デモクラシーの進展が，代表と統合を困難にしている点などは，日本政治および現代デモクラシーを考える上で示唆的であるように思える。

本号には特集論文の他に，査読を通過した６本の公募論文が掲載されている。積極的な投稿と厳正な査読が，学術雑誌の価値を高めることは言うまでもない。投稿された会員諸氏に，また査読の労を執っていただいた会員の方々に感謝の意を表したい。

2015年度Ⅱ号年報編集委員長
池谷知明

日本政治学会年報　2015－Ⅱ

目次

代表と統合の政治変容

ドイツにおける統合と代表の論理

河崎　健 *

要旨：過去の反省や戦後の冷戦体制の影響などから戦後西ドイツの政党制には左右の過激勢力の台頭を抑制すべく厳格な制度的枠組みが構築され，国家の側からの代表制度の規制が正当化されていた。しかし60年代以降の左派陣営の分裂から新党が定着し，３党制では十分な代表機能が果たせなくなった。他方，多党制ながら左右陣営間の政権選択の選挙が定着していた西ドイツだが，統一後，左右の過激勢力が旧東独の地域利益（左）や反ユーロ（右）というイッシューを前面に，過激性を潜めることで既成政党に影響を及ぼすようになってきた。その結果，左派陣営の諸勢力の分裂と相互の共闘の不備，右派陣営の政党間による多数派確保の難局化により，選挙を通した政権選択の可能性が不透明になってきたのである。現在のドイツでは連立の選択肢を拡げて首班政党としての多数派獲得をめざす二大政党間の競争と，自党の生き残りと政権入りをめざす小政党間の競争が特徴的になっている。

キーワード：ドイツ，政党制，連立政権，代表，選挙

1．はじめに

（西）ドイツは長らくキリスト教民主/社会同盟（CDU/CSU）とドイツ社会民主党（SPD）を二大政党とする多党制であった。だが過去２回の連邦議会選挙ではCDU/CSUが他党を圧倒して40%前後の得票率を獲得したのに対して，SPDは第二党ながら20%台中盤にまで落ち込み，連邦（全国）レベルだけを見れば二大政党制とはいえない状況になっている[1]。

もっとも政党間の関係にも着目すると，現在のドイツの政党制には独特

*　上智大学大学院グローバルスタディーズ研究科教授　政治学

の傾向があるように思われる。統合と代表という観点から見た場合，現在のドイツの政党制にはどのような特徴があるのだろうか。

2. 西ドイツ時代の政党をめぐる環境

第二次世界大戦後の占領下のドイツでは，政党の再建には連合軍の認可が必要だった。ナチスの災厄の経験ゆえに右派政党はもちろん，冷戦開始の最中，左派政党も厳しく検閲されたのである。さらに西ドイツ建国後の1950年代には政党制の集中化が進むのだが，原因としては，(1)新旧宗派の社会的亀裂が両派を包括するキリスト教政党の設立で克服されたこと，(2)大戦後の領土分断とヒトラーの同化政策で全国が同質化し，地域政党が定着しなかったこと，(3)農業関係者のほとんどがCDU/CSUに統合されたこと，東部領土の分断で大土地所有者をCDU/CSUとは別の保守政党に統合しようという試みが挫折したこと，(4)高度経済成長や社会立法の整備などで難民の統合が早期に進み，難民政党が自立できなかったこと，(5)連合軍の政党認可策による反体制的な過激政党の確立が難しかったこと，極左（共産主義）・極右政党共に，連邦憲法裁判所の違憲判決の影響もあり，全国レベルでは発展しなかったのである，(6)選挙法の阻止条項[2]（比例票5％未満の政党には比例議席は配分されない）により小政党の議席獲得が困難になったことが挙げられる（Beyme 2010, 148-9）。この集中化の結果，西ドイツでは1980年代初頭まで3党制（CDU/CSU，SPD，自由民主党（FDP））[3]，1983年から1990年の西ドイツ時代には，4党制（上記3党と緑の党）が定着したのである。

単独過半数獲得が困難なため政権入りには他党との連立が不可欠であった。3党制の時期，2党の連立パターンは3通りあるが，二大政党の大連立以外の，小政党FDPといずれかの大政党との連立は，左右それぞれの陣営内で成立しており，FDPが1969年にSPDと，1982年にCDU/CSUとそれぞれ他陣営へ移動した上での連立だったのである。当時，左右陣営間を行き来しながら与党であり続けた同党への批判は厳しかった。ただしFDPは突発的に連立相手を変えたのではない。党内左右勢力の駆け引きや新陣営に移る上での政策上の根拠づけを踏まえた上での転換だったのである[4]。それでもドイツの政党制では左右陣営間の競争ゆえに，連立変更後のFDPは地方選挙での敗北や脱党者の増加などで危機的状況に陥っている[5]。

その後1983年の緑の党[6]の議会進出や1990年のドイツ統一後の民主社会党（PDS）の議席獲得などで政党制は分裂傾向に転じる。上記のような条件が重なって３党のみが議席を獲得できた時代から，新たなイッシュー（環境保護，旧東独地域の復興）を掲げて登場し，議席を獲得する政党が出てきたのである。それは同時に既成政党の議席が減少する過程でもあった。いったい左右の陣営ではどのような変化があったのだろうか。

3. 左派勢力の分裂

1959年のゴーデスベルク綱領制定を機に国民政党化したといわれるSPDだが，1969年の首班政権成立，1974年の党内右派のシュミット首相の就任と時の経過につれ，不況対策で経済寄りの立場を取る政権と，SPDの右傾化を批判する党青年団体や党執行部との党内対立が激化してくる。やがてSPDに不満をもつ左派層や60年代以来の様々な市民運動が，環境問題を共通のイッシューにして緑の党に結実したのである。同党は1980年の結党後，1983年に初めて連邦議会で議席を獲得した。緑の党はいわばSPDに批判的な左派陣営の票を奪って議席を獲得したのである[7]。

さらに1990年のドイツ統一後，旧東独時代の共産主義政党・社会主義統一党（SED）がPDSとなった。ドイツ統一直後は独裁政党SEDの後継であるPDSの消滅は時間の問題とされた。だが統一後も復興の進まない旧東独市民の不満を吸収して同党は旧東独地域の選挙で躍進，1994年の選挙以降現在まで連邦議会でも議席を維持しつづけている。

2003年以降のシュレーダー政権の構造改革案「アジェンダ2010」関連の法案制定以降SPD内では政権への不満が高まり，2004年，元党首ラフォンティーヌをはじめとする党内左派が脱党し，新党「選挙の選択肢－労働と社会的公正」（WASG）を結成した。WASGは2005年にPDSと合併（正式な合併は2007年），左派党（Die Linke (DL)）が誕生したのである。

PDSの定着以降，SPD内ではPDSとの協力の是非をめぐって議論が繰り返されてきた。両党の共闘が困難な理由は，PDSのイデオロギーが影響している。冷戦期，南欧諸国や日本の社会主義政党の多くにとって共産主義政党との関係の築き方は深刻であった。社共共闘を模索して左転回すると中道票が保守などの右派政党に流れる。逆に中間層の票を当て込んで中道寄りになると，共産党の躍進につながりかねない。とくに共産主義政党の強い国（フランスやイタリア）では保守政党と共産主義政党の狭間で社会主義政党が埋没しかけたこともあった。ところが西ドイツのSPDはこの悩みとほとんど無縁であった。隣国の同胞東ドイツが共産主義独裁国家であったため，西ドイツでは共産主義に対する忌避感情が強かったこと，共産主義に対する国家の監視の目も厳しかったこと，さらに選挙制度の阻止条項（5％条項）で小党の議席獲得が困難であったことなどからSPDが連邦議会の議席獲得をめぐって自党より左に位置する共産主義政党の存在を意識する必要はほとんどなかったのである。

冷戦終結後，西欧諸国の共産主義政党は党名を変更して延命を図った。その一部は左翼陣営のかなめ党として党勢の維持・拡大に成功しているか，あるいは逆に社会主義政党の影に隠れ，衰退の一途を辿っている。だが総じて冷戦期のような社共の関係が大きな問題になることは少ない。これに対して統一後のドイツではPDSが政党制の中に定着したことで，「社共関係」がSPDにとって戦後初めて深刻な問題となったのである。もちろん1990年代のPDSの旧東独地域での躍進は，復興の遅れる東の市民の不満がPDS支持につながったためである。しかしWASGとの合併によるDL[8]の誕生により旧西独の党員とともに西の極左勢力が党内に増えたことで，共産主義という，目立たなかったDLのもうひとつの側面が前面に出てきたのである。西の極左勢力がプラグマティズム志向の強い東の党員と齟齬を来していることも指摘される（Neu 2013, 321）。

左派陣営が分裂しSPDの得票率が低下する原因のひとつが，首班政党として政策運営の中核を担う立場でSPDが抱える構造的矛盾にあろう。左派政党として労働者の利益代表や平和主義の担い手という役割が期待されるのだが，1970年代後半のシュミット政権期や2000年代前半のシュレーダー政権期，不況下での政策運営を余儀なくされた政権は経済界寄りの立場を取り，失業者を増やしたり，あるいは痛みを伴う構造改革を実施したりして中核的支持層から非難を浴びることになった。外交・安保政策では新冷戦期の中距離核戦力の国内配備（1980年代初頭）をめぐってシュミット政権と党内左派は反目している。冷戦終結後に問題となったドイツ連邦軍のNATO域外派兵の合憲性については，1994年の連邦憲法裁判所の判決により一応の決着を見たのだが（中村 1995），SPD内では安保政策をめぐる党内論争は続いたのである。とくにシュレーダー政権下では，コソボやアフガニスタンへの連邦軍の派兵（1990年代終盤・2000年代初頭）とイラク戦争への不参加という，安保政策や対米関係上，対照的な政策が採られた印象なのだが，これも党内諸勢力の力関係と世論の動向を推し量った末での決断という点では一貫していた[9]。

いずれにせよ国内外の情勢が変化する中でSPDは与党として中核的支持層である労働者や労組に不評な経済構造改革を断行せざるをえず，外交面では軍事活動に積極関与することで，党内の平和主義路線と反目することも少なくなかった。その結果，党内左派やシンパはSPDから離れ，市民運動に結集したり，新党に合流したりしたのである。1980年の緑の党の結成や2005年のSPD左派とPDSの合併によるDLの結党には，SPDの変化も大きく作用しているのである。

2005年成立の大連立政権下でもSPDは7年間の首班政権期の矛盾の後遺症に苦慮した。党内ではシュレーダーの構造改革の見直しが行われたが，体系的な修正案に基づくものではなく，党首ベックが党内左派の注文に逐一応じる形で進められたという。この時期，改革の効果で経済が上向いてきたことも体系的な修正を難しくしたのである。この点も含めてシュレーダー政権後のSPDの政策的一貫性が問われたのだが，迷走の原因のひとつはメルケル政権の左傾化であろう。CDU/CSUが最低賃金制の導入や原発からの撤退など，左派の政策を先取りしたため，SPDにはCDU/CSUとの政策面での差異化が困難になったのである（Jun 2015, 398）。1998年以降，左派陣営はほぼ毎回の連邦議会選挙で過半数以上の議席を獲得しながら，SPDの弱体化と左派3党の連立不成立により，2005年以降は首班政権を結成できないでいる。

4．右派勢力の変転

左派勢力が次第に分裂し，連邦レベルでは共闘が進まないのに対して，右派陣営には長らく同様の問題は起きなかった。右派の中核政党CDU/CSUは連邦でほぼ一貫して30％台後半から40％強の得票率を維持し，ほとんどの選挙で第一党の地位を保っているためで，その理由のひとつはイデオロギーよりもプラグマティズム志向が強いといわれる同党の特徴にある。とくにCDUはドイツの中では一番支持者や党員の社会的背景が多様であるため，包括政党である度合いも高い。逆に組織はゆるやかで党組織の分権度も高い。そして選挙では多くの懸案事項の中から選挙の争点に相応しいテーマを選別する議題設定能力に長けているという（Zolleis 2015, 85ff.）[10]。

メルケル党首就任後の一時期，野党CDUは改革志向の新自由主義路線を展開した。しかし2005年の大連立政権下で連立パートナーのSPDとの妥協の結果，早々にこの路線から撤退し，左傾化の様相を呈している。子供手当の導入，保育園建設や景気対策などは，新自由主義路線やCDUの保守イデオロギーと齟齬を来たすことになった。さらに原発問題・健康保険改革・税法改正など，選挙戦でSPDと競合する争点を連立協定に明記することも回避されたのである（Bösch 2013, 206）。

このような路線の変化は，党首の意向というより党内勢力の力関係の変化によるところが大きい。メルケル党首就任の2000年頃，CDU党内では「模範的文化」（Leitkulter）論争が起きた。これは，ドイツに移住を望む外国人にドイツ語やドイツ文化の修得を義務づけようというもので，当時メルケルのライバルと目されていた連邦議会院内総務のメルツが新聞紙上に発表したスローガンであった。ドイツ在住の条件としての文化規範の重要性を指摘したことでCDU党内の保守系論客も加わったのだが，自由化路線が進む中でその保守性が問題視され，論争は収束していったのである[11]。

大連立政権発足後もSPDとの連立による左傾化に警鐘を鳴らす保守グループが出てきた。2007年夏，４人のCDU政治家が「アインシュタイン・グループ」という名称[12]で「現代のブルジョワ保守主義」というペーパーを公表した（Mappus et al. 2007）。左傾化を批判する党内勢力にはこの他にも，CDUの州首相やCSU，さらに元州首相の党重鎮などがいた。しかしこの勢力を代表する有力政治家の不在もあり，総じて党内での保守勢力の影響は限定的であった。州ではメルケル政権への批判も影響して，多くの州議会選挙でCDUは敗退し下野，バイエルン州のCSUも2008年選挙で大敗し，FDPとの連立政権を余儀なくされており，州首相やCSUの影響力も抑えられたのである。

党内勢力変化の底流にはドイツ社会の中長期的な変容が影響している。とりわけ脱宗教化の進展によりCDUの政策からも宗教色は薄れていった[13]。具体的には倫理・モラル面でのキリスト教的立場からの逸脱・自由化の傾向が見られる。例えば1994年のコール政権による介護保険制度の導入時，使用者側の負担をキリスト教の休日の１日削除で対応している。また堕胎の禁止を規定した刑法218条の改正について，1970年代は改正反対で党内は一致していたが，現在は分裂している。不況対策・欧州統合の進展・共通通貨ユーロ導入のための緊縮財政の展開などは，CDU の政策面での柱であるキリスト教的社会福祉政策の継続を困難にしていった。そこでコール政権では，家族政策を通して保守層の繋ぎ止めが図られた。1992年には年金法に子育て時間も算入するように改正，４年後には児童扶養控除（Kinderfreibetrag）の制度を導入したのである（Bösch, 211-2）。

しかし自由化政策の波はやがて家族政策にも及び，2000年にメルケル党首が就任すると[14]，党は伝統的な家族像を転換，シングルの親や非婚者にも家族と同様に地位を付与し，同性パートナーも党綱領の中で認知することになったのである。2005年の政権入り以降には新家族相フォン・デア・ライエンにより保育所の設置と子供手当を含む改革が遂行されている。

このようにメルケル政権はモラル面での自由化路線を取ったのだが，それはシュレーダー政権期の SPD に奪われた中間層の票を当て込んだものと同時に CDU に伝統的な保守主義，野党期の新自由主義，脱宗教化によりカトリック教会からも距離を置くことを意味した。この路線転換の背景には CDU 支持層の変化に対する認識がある。CDU は2006年，25000人の党員を対象にイデオロギー志向の調査と分析を行っているのだが（Neu 2007; 近藤 2012, 191ff.），それによれば CDU 党員のイデオロギー志向はほぼ同等に４つ（①社会政策的リベラル（17%），②伝統志向（26%），③市場経済志向（32%），④キリスト教・社会福祉志向（25%））に大別されている。どのグループも党内で多数派を占められず，CDU は元来のキリスト教社会主義のみを堅持する訳にはいかず，新自由主義や伝統志向（保守主義）を唯一のイデオロギーとして掲げるのも得策ではない。ほぼ拮抗する各集団に抜かりなく目配りをしながら党を運営するいわば「包括政党」としての行動が求められるのである（河崎 2013）。

その結果，政策面では多くの矛盾を抱えながらも特定のイデオロギーに固執しないメルケル首相の手法と彼女の人気，さらに SPD の不振もあり，2015年現在，CDU は連邦レベルでは第一党として抜きんでた存在になっている。

しかし包括政党 CDU/CSU への支持が拡大するほど，縮小気味の右派陣営内での他の小政党の議席確保が難しくなるという矛盾が生じる。1990年代末から2000年代前半，CDUがコール政権時の汚職禍で支持を低下させている間，FDPは高得票率を維持できた。しかし与党入りした2009年から2013年の第18会期においては，2010年５月のノルトライン・ヴェストファーレン（NRW）州議会選挙後やユーロ危機の最中首相が財政再建を念頭に減税を明確に否定したことで，税制・経済政策で有権者の評価を得ていたFDPの減税の公約への信頼が失墜したのである。また2009年当時のCDUが大連立政権解消後で左傾化していたことも，CDU/CSUとFDPの連立が1990年代までほど機能しなかった一因である。党首ヴェスターヴェレと後任のレスラーの評価が低かったこともあり，会期中のFDPの人気は最後まで上昇しなかった。2013年１月のニーダーザクセン（NDS）州議会選挙で与党CDUが政権を維持するには，連立パートナーのFDPの得票率が５％以上にならなくてはならなかった[15]。CDU支持層の約10万票が５％獲得の微妙なFDPの比例票になり，落選の可能性が高かったFDPは議席再獲得に成功した。だがそのためCDUの得票率は6.5％下がり，両党の政権継続には至らなかったのである（Niedermayer 2015, 119）。４党制下で左右陣営が明確だった時分には大政党から同陣営への小政党への「貸し票」により小政党の５％割れを防ぎ，陣営内の大小政党で過半数を獲得するという戦略がしばしば取られており（Roberts 1988），最も有効活用したのがFDPであった。しかし５党制下では「貸し票」による小政党の議席獲得が成功しても，大政党の得票率も下がっているため，大小２党の票数を合わせても過半数に達しない可能性が高くなる。このNDS州議会選挙の結果を深刻に見たCDU陣営や支持者が貸し票に消極的になったこと[16]も，同年９月の連邦議会選挙でFDPの得票が伸びなかった大きな要因であろう。

貸し票が有効なのはドイツ独特の選挙制度（二票制，超過議席，５％条項）が作用するためであるが，2013年成立の新選挙法では超過議席による比例配分の歪みは調整議席で補正されることになった。前述の５党制下での２党による多数派獲得が困難になったことと併せて，CDU支持者が超過議席を期待して比例票を他党に譲る動機は弱くなるであろう[17]。

一方，同じ右派陣営に登場した新興政党が「ドイツのための選択肢」（AfD）である。AfDは財政危機に陥ったギリシャなど南欧諸国への救済策に反対する政党として2013年２月にベルリンで設立された。反ユーロ政党として知られるAfDだが，共通通貨や今日の欧州統合に批判的なのは同党に限ったことではない。2010年，ドイツ連邦銀行理事などを歴任したザラティンという人物が，ドイツ社会への積極的統合に努めないイスラム系移民を批判する著作を出版した（Sarrazin 2012）。彼の批判は移民に限らずドイツ社会全般に及ぶのだが，財政政策に関しては，ドイツ国内での州間財政調整制度の停止，欧州ではギリシャ危機以降，経済格差の大きすぎる国家間の共通通貨の廃止を訴えている。財政力に差のある州や国の間の再分配政策に批判的なザラティンの発言に同意する経済界関係者は少なくない。例えば「ドイツのための集会」（KfD）という超党派的な政治アドバイザー集団があるが，経済界重鎮が加盟するKfDは新自由主義的スタンスを取り，ギリシャ救済のための欧州安定メカニズム（ESM）を批判する他に，「改革能力を改革する」というスローガンの下で，直接民主制の導入などの政治の決定過程の改革を訴えるのである。KfD設立の発起人の一人が元ドイツ産業同盟（BDI）会頭ヘンケルであり，また2005年の総選挙前に多くのKfDメンバーと共にドイツの経済改革の必要性を訴えたのがAfDの創設者で初代の共同代表となるルッケであった。経済学者ルッケに共鳴したヘンケルは2013年にAfDに入党している。

AfDが従来の右翼政党と異なるのは，同党の一部が改革を求める政治経済界重鎮の集団と関係しているためで，彼らはとくにドイツ経済の新自由主義的な改革を求めた。AfD党内にはいわゆる右翼的な国家主義者と共に経済自由主義者が入っていたのである。実際AfDの選挙前の主張も，例えば移民の入国自体を批判するのではなく，ドイツに定住することでドイツの社会保障制度を脅かすかもしれないと警鐘を鳴らす形になっている。

しかし2013年の選挙後AfD内で党内対立が激化し，2015年7月ルッケやヘンケルなどの新自由主義者の多くがAfDを脱退，新党を結成している。

CDU/CSUはこれまで自党より右に位置する政党の台頭に脅かされることは少なかった。いわゆるネオナチ政党と呼ばれる極右政党が主だが，確かに州レベルでは1980年代中盤に共和党が台頭して以来，外国人排斥を主なスローガンにしていくつかの右翼政党が議席を獲得して既成政党を脅かすことは繰り返されている。しかしこれら極右政党が全国レベルで一本化する可能性は乏しく，阻止条項の効果もあって連邦議会での議席獲得には至っていない。

AfD が従来の右翼政党とは異なるため CDU/CSU にとっては右派陣営のライバルとして脅威である反面，将来の連立可能性に言及する党内右派も出ている。実際，2014年末のテューリンゲン（Th）州議会選挙の後，SPD，緑の党，DL の連立交渉に対抗して CDU は AfD との連立に関する話し合いを画策したものの，党内外で激しい批判を浴びたのである。

5.「大連立国家」ドイツ

ドイツ統一以降，とりわけ３つの小政党の得票率が上昇した2005年以降，従来の左右各々の陣営内での２党連立では過半数の議席を獲得できない可能性が高まってきた。2005年選挙後の連立交渉では，各陣営の２党と対立陣営の小政党による３党連立[18]も模索されたが叶わず，最終的には二大政党による大連立政権の成立に落ち着いている。

この第二次大連立政権は1966年の第一次の成立時とはいささか様相が異なる。当時は与党議席が90.3%，野党が小政党 FDP のみであったことから野党のチェック機能の低下，議会の機能不全が喧伝され，学生運動や右翼政党などの議会外野党の台頭が目立ち，論壇でも強大すぎる連立与党への批判的論調が展開された。その一方で同政権下では12の基本法（憲法）改正が行われ，史上最も改正比率の高い政権になっている（Seemann/Bukow 2010, 27)。2005年と2013年に1966年ほどの批判的論調が目立たなかったのは，二大政党の合計得票率が低いこと（2005年73.0%；2013年（第三次）80.0%），連邦参議院の多数派構成が連邦議会のそれと異なることが増え，法案成立が危ぶまれる頻度が増したこと，ドイツ統一以降の1990年代の経済不況下で構造改革の必要性が繰り返し叫ばれたにもかかわらず，参議院の多数派構成等が原因で改革案は実現されず政権の実行力が問われたことなどに発しているのだろう。二大政党の連立という最強の組み合わせから発する強大な権力を恐れる論調から，政府権力の限界が認識される中で最も政策遂行力を有すると思われる政権に期待する論調に移ったのである。

とはいえ参議院の多数派関係を見ると，大連立政権自体の政策形成力が高いとはいえない。連邦参議院は16の州政府代表から構成される。連邦政府・議会与党との関係では，党派に関係なく，①連邦政府かその一部と同じ構成の州，②連邦の野党かその一部と同じ構成の州，③連邦の与党（の一部）と野党（の一部）からなる混合州の３パターンがある。第一次，第二次大連立政権となるにつれて連立パターンが複雑化して③の混合州が増え，連立与党が参議院で多数派形成できる期間は短くなっている。第三次では①②ともこれまで一度も多数派形成ができていない。

もっとも，たとえ連邦レベルで連立政権を構成していなくてもドイツはつねに「大連立国家」であると説く論者もいる（Schmidt 2011）。確かに1990年代以降の様々な重大決定の多くは必ずしも大連立政権下で下された訳ではないが，その多くが与野党合意の上だともいわれる。たとえは1999年の連邦軍のコソボ空爆は左派のシュレーダー政権下でなされたが，空爆を決定する連邦議会の決議は，右派のコール前政権時の多数派の下で行われた。あるいは2003年からのシュレーダーの一連の改革政策にCDU/CSUは賛同していたし，2005年初頭に締結された新移民法は二大政党の合意の上でのものだった。

また党派対立を引き起こす可能性の高い法案は，イデオロギー・政策的に反対派が多い政党が与党の時に締結されることが少なくない。例えば，2000年代中盤の構造改革関連の法案や2005年の新移民法は，社会福祉改革や選択的移民政策に批判的な左派陣営のSPDが首班政党の時に締結されている。これに対して徴兵制停止や原発稼働年数延長の廃止の決定は，軍備・親原発路線のCDU/CSUのメルケル政権下で行われた。これはおそらく連邦参議院の存在と無縁ではなかろう。前述のように，現在のドイツでは連邦参議院の多数派は与党のみ・野党のみ・与野党混合のどの州も多数派を取れないのが一般的である。もし連邦議会（下院）で上記の法案が他陣営の政党首班で締結された場合，連邦議会の野党が与党の州は，団結して党派対立を優先させて連邦参議院で否決か棄権に回る可能性が高い[19]。すると連邦参議院で連邦議会与党は多数を獲得できなくなる。

しかしもし上記のように法案に批判的な政党が連邦議会与党として法案を可決すると，連邦議会野党は（政策的には当該法案に賛成の立場なので），参議院で党派対立に持ち込む可能性が少ない。その場合，参議院内の各州政府代表は，党派より自身の州の事情で法案への賛否を決めるだろう。そのため連邦政府が批判的な州を個別に説得する余地が出てくる（河崎2011）[20]。

6．新たなる多数派形成の様相

4党か5党が議席を獲得する現在，ドイツの選挙は政権選択的な意味合いが薄れつつある。西ドイツ時代には各党は選挙後の連立パートナーを明言して選挙に臨むことが多かったが，現在は明示しないことが増えてきた。どのような連立の組み合わせによる政権が誕生するかは，議席数が確定しないと分からないからである。予測可能性が減じる点は有権者にとっても政治家にとっても同様である。過去2回の連邦議会選挙での投票率の低下の一因は，有権者が選挙後の政権をイメージしにくくなったことも作用していよう。一方，政治家や政党の側でも将来の政権イメージが不明瞭になる。連立組み合わせの変化から生じる不確実性を減らして政治の舵取りを安定させるには，選挙結果に左右されない連立政策が必要になってくる。そのためには，自党の得票率を伸ばして連立交渉を少しでも有利にすると同時に，連立可能なパートナー政党を増やすこと，さらに可能ならば連立政党間関係を安定させる必要がある。

とはいえ左右の陣営を超えた連立が困難なことに変わりはない。各党は連立の選択肢を増やしながらも，優先順位をつけざるをえないし，連立を組む相手の政党如何で党内の権力バランスに変化が生じる可能性もある。左右陣営はどのような連立政策を模索しているのだろうか。

6－1．左派陣営

長らくSPDとの連立しかできなかった緑の党はSPDの「バビロン捕囚」と呼ばれていた（河崎 2005, 55)。シュレーダー政権期の政策課題の多く（環境税，原発停止，再生可能エネルギー法締結，国籍法改正）が緑の党にとっても中心的なテーマであり，2002年選挙では得票率を上げて連立政権内での存在感を高めたものの，シュレーダー首相が譬えた「コックと給仕」というSPDの緑の党に対する家父長的な関係は大きく変わらなかった。2005年にシュレーダーが連邦議会選挙の前倒しを決定した時も連立パートナーである緑の党との協議なしの公表だったという。同様の失望感は州の緑の党も味わっており（Probst 2011, 345-6)，連立交渉での主導権を確立すべく2005年と2009年の連邦議会選挙戦の間，慎重に他の連立可能性を模索していた[21]。そして2008年にはハンブルク（Ha）都市州でCDUとの連立を画策し，党本部もこれに同意した[22]。2009年の総選挙でSPDが再び大連立政権を組んだため，緑の党にはSPDとの連立を明言することは難しかった（Probst 2015, 142）こともあるのか，2011年から2012年までザールランド州でCDU，FDPと緑の党との3党政権，いわゆる「ジャマイカ連合」が結成されている。

2013年選挙でFDPが議席を失ったことで，緑の党は政党制の中でFDPが占めていた位置への自党の勢力拡張を試みている。1970年代の学生や市民運動家を中核に設立された緑の党だが，現在では高学歴・高所得の中間層の党員・支持者が多いという。組織基盤の弱い旧東独地域で高学歴層を吸収したことも影響していよう。他方，経済界の支持も厚いFDPは西独では高所得者層が多かったが，近年では労働者階層が増えているという（Walter 2010, 124）。緑の党は上層へ，FDPは中下位層へ拡大することで支持者の社会層の面では両党は似てきているのである。とはいえ中小自営業者が多くて若い男性の支持が高いFDP，高級官僚が多くて中年女性の支持が高い緑の党と両党の違いも依然として大きい。原発についても是（FDP）と非（緑の党）で相容れない。要するに社会的立場は類似しているが，視点は正反対に近いのであり，論者がこの両党に連立を強要してはならないというほどである（ibid., 125-6）。

拡張の試みは具体的には，エコロジーとエコノミーをいかに両立させるか，持続可能性を維持しつつ，いかに競争力を高め，国家の介入を抑えるかという議論を広めることで，党内右派（現実派）が主導している。右派の狙いは，党勢拡張と同時に党内左派の弱体化にあるという。一方の党内左派は緑の党が社会的にはすでに自由主義政党であり，弱者保護，婚姻に限定されないパートナーシップ，データ保護などに尽力してきたと主張する[23]。確かに社会的自由主義という点で緑の党とFDPにはかなりの共通点が存在する。FDP支持者の獲得に関しては経済的自由主義を党がどれほど受容できるかにかかってくるだろう。

左派の他党の事情はどうか。SPDのDL (PDS) との連立可能性は，統一直後の1994年に旧東地域の州で既に議論されるようになっていた。同年のザクセン・アンハルト（SA）州では，赤（SPD）と緑の少数政権でPDSが閣外協力をすることになった[24]。旧西側では一部で未だに反共意識があり，東独の独裁政党の後継であるPDS (DL) への忌避感情は強い。しかし

PDSとSPD左派の合併により結成されたDLは，旧西側の州議会選挙でも議席を獲得するようになっており，左派陣営の多数派形成のためには無視できない規模になってきている。

2008年にヘッセン（He）州ではSPDの筆頭候補イプシランティが選挙戦の最中はDLとの連立を明確に否定していながら，選挙後の多数派関係からDLとの連立可能性も排除しないという方針に転換したことが問題視された。結局He州でのSPDとDLの連立は成立せず，2009年の再選挙で中道右派政権が成立している。

同年，最大州のNRW州では，SPD筆頭候補のクラフトも最初からDLを政権入りするに相応しくない政党と明言していた。選挙後，クラフトは緑の党との少数政権を結成，首相指名の3回目でDL議員が棄権したために，（結果として閣外協力という形で）少数政権で首相に就任したのである（Spier/Alemann 2015, 54-5）。

以上のようなDLの連立政策について同党の二重戦略を説く論者がいる。いわく，DLは連邦レベルでは，自党をあくまで急進的な野党として位置づけている。2005年と2009の選挙でも抵抗運動としての選挙戦で勝利しているのだが，その際スローガンにしたのが，2005年に党首になったラフォンティーヌがもたらした『赤い停止線」（Rote Haltelinie）である。「赤い停止線」とは，2013年選挙後にSPDと連立するための基本的条件を指す。具体的には，介護事業の民営化，社会福祉国家の解体，公共部門の業務遂行力の低下を防止するという内容で（Neu 2013, 330），構造改革を実施してきたSPDとの連立の条件としては厳しい。これに対して州レベルでは連邦のような厳しい条件は課しておらず，条件は党大会で決定するとされている（ibid.）。そのため現在は旧東の州政府ではDLの連立参加はどこでも可能になっている。

他の論者も連邦レベルでの赤赤緑政権成立の難しさを指摘する。理由としては，⑴SEDの後継政党としてのPDSの問題（前述），⑵DLには極左イデオロギーをもつ党員も関係していることから，右派陣営にはDL(PDS)党員の一部のデモクラシー観を問題視する声がある，⑶DLは，シュレーダー政権下での経済・社会政策をめぐる対立を契機に誕生した政党であるためSPDとの連立は困難，という3点を挙げる。また政権参加でDLが党員・支持者を大量に失う可能性も否定できない（Spier 2013, 369, 388）[25]。さらにDLの政策的な位置も同じ左派ながらSPDとの連立を難しくしている要因であるという。FDPも含めた連邦議会に議席をもつ5党を比べると，経済政策では陣営間の相違は明確であるが，同じ左派でもSPD・緑の党とDLの乖離は小さくない。しかし社会文化政策（市民権の保護，新たな家族形態の受容，少数派の権利保護など）については，小政党同士は共にリベラル色が強くて近い立場にいる。CDU/CSUとは乖離しており，SPDはその中間の小政党寄りに位置づけられるが，決してリベラルとはいえないという。一方外交政策では左派陣営の中でも乖離は大きい。

このような状況下で赤赤緑政権が成立するにはSPDの立場如何だという。第一党になり，CDU/CSUとの連立で首相を擁立できるのであれば，SPDは大連立政権を目指すであろう。だが，現在のように第二党として大連立内のジュニア・パートナーに留まっている限り，第一党になれる別の選択肢を模索し，その場合には緑の党とDLとの赤赤緑の連立の可能性が高まってくるだろう（ibid., 380-8）[26]。

2014年12月，旧東独のTh州でDL首班のSPDと緑の党との連立政権が誕生し，DL初のラメロウ州首相が誕生した。上記のように旧東独の州と連邦の事情は異なるとはいえ，左派陣営は将来の連邦での赤赤緑の連立の可能性が高まったとしている[27]。もちろんDL内の（とくに旧西独の）極左的要素の問題は大きいのだが[28]。

6－2．右派陣営

左派の分裂の一番の要因がSPDの弱体化だったのに対して，右派の多数派獲得が困難なのは，SPDとは逆にCDU/CSUが包括政党としての特徴を維持しているためであろう。単独過半数には達しないものの，過去2回の連邦議会選挙では40％前後の得票率を獲得している。もっとも左右陣営間比較では1998年以降は左派陣営がほとんど多数派を占めており，州ではそれ以前から左派優位になっているという。つまりアデナウアー・コール時代とは異なり，現在のCDU/CSUの優位は自党の力ではなく，左派陣営の協力体制の不備から来ているのである（Zolleis 2015, 88）。

右派陣営全体の弱さと陣営内でのCDU/CSUの存在感の高まり。加えて選挙法の改正や「貸し票」戦略の見直しもあり，目下のところFDPが仮に5％以上の得票率をあげてCDU/CSUと連立しても過半数を取れるか否かは不明である[29]。中道の無党派層から新たな支持票を掘り起こすにはCDU/CSUとの差異を際立たせる必要があるだろう。

FDPが今後取りうる政策面での選択肢として論者は以下のような可能性を指摘する。⑴ユーロに懐疑的なリベラル政党への転換。2013年選挙前に試みた路線だが，党内で多数派を獲得することは難しい。ただ前回選挙でFDP支持者の多くがAfD支持に流れたことから，多くがユーロ危機に敏感だったといえるし，今後の展開次第で党内で支持者が増える可能性もある。⑵新自由主義色の強化。左傾化傾向にある大連立政権と野党の左派政党に対して，社会経済的な観点で唯一明確に市場主義の立場を代表できる。この路線は野党時代の2009年まで追求されていたが，2009年の政権入り以降，有権者には左傾化したCDU/CSUに対するFDPの立場の弱さを印象づけざるをえなかった。⑶社会自由主義（自由主義左派）の復活。米国国防省の諜報員スノードン容疑者の事件や，米国の同盟国への監視活動の実態が露呈されて以来，治安問題が争点化しにくくなり，逆に国家権力からの市民権の保護が再び重大なテーマとなってきた。むろん路線転換には党執行部の指導力よりも党内諸勢力の力関係が大きく作用することは間違いない（Treibel 2014, 248-9）[30]。

一方，CDU/CSUはFDP以外のパートナーを模索しており，その第一候補は緑の党といわれる。CDU/CSUと緑の党の連立，いわゆる黒緑連立は現在では多くの市町村や一部の州で実践されている。CDUが緑の党との連立を考慮しはじめた直接の契機は，2002年の連邦議会選挙での敗北である。選挙分析を行った党首脳は，CDUが都市住民，女性，若年層の票を取り込めなかったこと，緑の党が大都市の高所得者居住区に浸透していることを察知し，大都市の状況を調査する党内部会を立ち上げたのである（Probst 2011, 348）。実際州レベルでの初めてのCDUと緑の党の連立は2008年のHa州で成立した。He州では2013年9月の州議会選挙の結果，与党のCDUとFDPでは過半数に達しないことで，翌2014年1月より黒（CDU）緑政権が誕生している[31]。

6－3．2つのレベルの政党間競争

以上，左右の二大政党は連立の選択肢を拡大しつつ，自党首班の政権作りを目指していると思われる。

政党の党員や支持者には当該政党のレゾンデートルについては最低限の共通合意が必要だが，それ以外ではなるべく多様な人材を吸収する必要があるだろう。もちろんイデオロギーの幅が拡がりすぎては党内対立が激化し，2000年代半ばのSPDのように党の分裂につながる恐れがある。しかしそれでも極力イデオロギーや政策面で幅のある人材を引き入れて党内論争を活性化させると共に，複数の連立オプションに備えて政党別や政策別の専門家・交渉役を養成しなくてはなるまい[32]。とくに二大政党の場合，組織も巨大で人材も豊富であり，多数派形成の中核政党として新たな連立パートナーを開拓する必要がある。ただしSPDの場合には同じ左派陣営のDLとの連立について旧西独や党内右派の党員をいかに説得するかだろう。CDU/CSUの場合には，FDPとの連立で多数派形成ができない場合，左派陣営でいかにパートナーを見つけられるか，場合によっては（可能性は低いが）AfDとの連立を模索するかだろう。

一方，小政党には陣営間の競争とは別に小政党間での競争が激化している。とりわけ支持層が近似してきたFDPと緑の党の対立関係は熾烈であり，連邦ではこの両党と二大政党どちらかとの3党連立は，陣営をまたぐ一方の小政党の拒否で成功していない。

二大政党間の政党間競争が首班政党としての多数派形成をめざすものだとしたら，小政党間の競争は，自党の主張を政権入りによって実現させるための競争だろう。しかし小政党の場合には政権入りは危険と裏腹である。野党時代は自党特有のイデオロギー的主張により支持率を高めても，連立政権内では大政党の意向に逆らえず，主張を通すことは難しい。2009年に政権入りしたFDPは減税の主張を通せず公約違反のレッテルを貼られて次の選挙で議席を失った。シュレーダーの赤緑政権では環境など緑の党の主張に適った政策が遂行されたが，一貫してSPD主導で実施された[33]。

与党入りの危険は大政党に飲み込まれる恐れだけではない。新たなイッシューを掲げて登場する新興政党も脅威となりうる。近年のドイツでは「著作権の自由化」を掲げて結成された海賊党（Die Piraten）や前述の反ユーロ政党AfDが登場しており，これらの党は州や欧州議会で議席を獲得，連邦議会ではいまだに議席を獲得していないものの，その躍進により既存の党は票を奪われることになる。とりわけ新たなイッシューの提示により無党派の有権者の支持が期待できる。

この危険を回避するには，３党制時代のFDPや，現在緑の党が模索しているような連立の選択肢を増やすことかもしれない。ただ大政党と異なり，小政党内での左右対立は路線転換の際の脱党者の増加や州議会選挙での敗北により党存亡の危機に直面する恐れがある。

7. おわりに

過去の反省や戦後の冷戦体制の影響などから戦後西ドイツの政党制には左右の過激勢力の台頭を抑制すべく厳格な制度的枠組みが構築された。国家の側からの代表制度の規制が正当化されていたのである。政党制も比例代表制でありながら，約30年間ほぼ３党のみで構成され，また先進国の中でも高い投票率で国政選挙が推移しており，政党による統合機能も安定していた。

しかし1960年代後半から左派勢力の分裂傾向が顕著になると，環境や平和，旧東独の利益といった新たなイッシューの登場を機に緑の党とPDSが定着した。また同時期に外国人排斥を唱える右翼政党がいくつか現れ，その一部は州議会で議席を得ている。他方，建国以来議席をもつ既成政党への世間の目は厳しくなり，投票率も下がったのである。代表制を統制してきた制度は不変だが[34]，社会の変容に呼応して多様化・複雑化した利益を代表するには既成３党では不十分となり，新たな社会運動や新興政党が勢力を伸ばしてきたのである。

３党制時代には「規制された代表制」により政党間の連立パターンは安定しており，政党に投票する選挙は同時に政権選択の意味合いも多分に含んでいた。だが新興政党の議席獲得で連立可能性が多様化し，政党間の連立交渉には不確実性が増した。連邦議会与党が参議院の多数派を獲得することも難しくなり，政権選択は有権者にも可視できる選挙ではなく，舞台裏でのエリート間の交渉に委ねられようになったのである。

今後は各党が左右陣営を跨いだ組み合わせも含めて，連立の選択肢を増やすことで様々な連立パターンが有権者に示される機会が増えるかもしれない。他方で有権者，とりわけ無党派層は（特定の政党よりも）特定の連立パターンを考慮して投票する可能性が高まるだろう。結果，政権の交代頻度が高まるか，現メルケル政権のように，首相と首班政党は同じながら，連立政党が頻繁に代わるという事態も想定しうる。そして政権への不満票は連立可能性をもつ野党ではなく，過激性を潜めた極左・極右政党に流れるだろう。今後とも注目されるところである。

（1） もっともSPDは16州のうち14州で政権入りし，うち９つの州で首班政党として首相を擁立している（2015年８月現在）。

（2） ドイツの選挙制度の変遷としては，Jesse 1985，参照。日本語での簡潔な紹介としては，河崎 2014を参照。

（3） CDUとCSUは別の政党だが，本稿ではとくに断らない限り，同一政党として扱う。

（4） 1971年のフライブルク綱領は左派主導の「社会的自由主義」を唱えたものであり，1982年のラムスドルフ・ペーパーは新自由主義的政策を訴えたものであった。

（5） 渡辺は西ドイツ時代の政党制を「二政党集団制」と称している（渡辺 1989）。

（6） ドイツ統一後，旧東独地域の緑の党や市民運動と合併し，連合90/緑の党という名称になったが，本稿では緑の党という表記で統一する。

（7） 緑の党が政党制に定着したことでSPDとの関係について様々な議論が巻き起こった。例えば緑の党登場の背景には新たな社会的亀裂（クリーヴィッジ）の存在があるのか否かといった論争である。詳細は，Berger 1995 を参照。

（8） DLを左翼政党と決めつけることは難しい。ドイツ語ではRadikalismus（急進主義：体制内での抗議活動が原則）とExtremismus（過激主義：反体制的・体制に対する破壊的な行動の可能性あり）という概念があるが，極右も極左勢力も総じて次第に急進主義に落ち着くようになってきた。そのため1950年代の２つの過激政党に対して下された違憲判決は，それ以降は下されていない。PDS (DL) が極左か否かの議論を整理したものとして，Pfahl-Traughber 2015, 111-23 参照。日本語では「左派党」と「左翼党」という別々の訳がある。本稿では，日本でより広範に流通していることと，DLが州レベルで連立していることから「左翼」という表現はふさわしくないと考え，「左派党」と訳した。左翼党と表記する研究者の見解として，木戸 2015を参照。

（9） SPDの外交政策と党内諸勢力の関係については，Herkendell 2012 を参照。

（10） 左傾化するCDUに対して「社民化」という評価がなされるが，CDUが政策的にSPDの位置に移動したのではなく，選挙戦略などを理由にSPDの重点テーマを積極的に取り上げる機会が増したためであり，「社民化」という評価は相応しくないという論調もある（Zolleis 2015, 81）。

(11)　大連立政権発足で党の左傾化を恐れる人々が，保守票の掘り起こしのため再度「模範的文化」を掲げるようになった。しかし連邦議会議長ラマートが，2000年時に存在した「ドイツの」という形容詞を削除して紹介し，他の論者は「共通の」模範的文化という言い方をして，同概念が含んでいた保守的・国家主義的な色彩をなくしたのである。そのため保守層にとっても魅力的な概念とはならずに終わっている（Walter et al. 2014, 196-7）。

(12)　4人は，Stefan Mappus，Markus Söder，Philipp Mißfelder，Hendrik Wüst という政治家で，Mißfelder は連邦議会議員，他の3人は州議会議員であった(当時)。グループ名は会合に使用されたベルリンの喫茶店から由来している（Walter et al. 2014, 198ff.）。

(13)　この時期の CDU 支持層と脱宗教化の関係については，河崎 2004を参照。

(14)　コール首相は1998年選挙で敗北すると CDU 党首も辞任，後任にはショイブレ院内総務が就任したが，コール政権下での構造的汚職が発覚すると，関係者の一人であったショイブレは党首を辞任，党幹事長だったメルケルが新党首に選ばれたのである。

(15)　連邦同様，州議会選挙でも比例議席獲得には5％の得票率が必要である（5％条項）。

(16)　NDS 州議会選挙後，メルケル首相をはじめ CDU 首脳は，第二票（比例票）も CDU に投じるよう，異例の呼びかけを行うことになった。またメディアも「貸し票」を求める「第二票キャンペーン」を批判的に報じている（Niedermayer 2015, 124）。

(17)　連邦議会の新選挙制度と，その2013年選挙への影響については，河崎 2015b 参照。

(18)　右派陣営の2党（CDU/CSU と FDP）と左派陣営の小政党 B90/G の連立は，3党のシンボルカラー（黒黄緑）から同じ配色の国旗に模して「ジャマイカ連合」と呼ばれる。一方，左派陣営の2党（SPD と B90/G）と右派陣営の小政党 FDP との連立は配色（赤緑黄）から，「信号連合」と言われている。

(19)　この施策で政権に対峙したのが1995年から SPD 党首になったラフォンティーヌである。中道右派が連邦議会で可決した法案を参議院で否決することで，コール政権下での「改革の遅滞」が批判を呼び，1998年の政権交代に繋がったのである。

(20)　連邦参議院の州政府メンバーは個人が投票の自由をもつ議員ではない。連邦参議院条項に謳われているように，同州のメンバーは同一の投票行動をしなければならず，一致できない場合には棄権することになっている。

(21)　連立与党として戦った2005年選挙でも両党は連立パートナーとしてではなく，競争相手として選挙を戦ったという（Probst 2013, 169）。

(22)　州レベルでのCDUと緑の党の初めての連立政権で両党の共通点も少なかったのだが，成立時にはそれぞれが担当できる分野に明確な線引きができたため，「互いに欠けているところを補う合う政権」ということで肯定的に評価されたのである（Probst 2011, 347）。

(23)　http://www.zeit.de/politik/deutschland/2014-06/gruene-fdp-liberalismus（2015年８月28日閲覧）

(24)　赤緑少数政権がPDS (DL) を閣外協力するという連立パターンはSA州の州都から名前をとって「マクデブルク・モデル」という。同様のパターンはザールランド州（2009年），ベルリン都市州（2001年）に成立している。

(25)　DLは結成後の2005年と2009年の連邦議会選挙で各々SPDから100万票以上を奪ったという（Spier 2013, 369）。

(26)　2013年連邦議会選挙直後の党大会でSPDは，現在の反目する左派陣営の状況を看過できない点として確認している（Zolleis 2015, 88）。なお日本語で左派陣営の詳細を論じたものとして，小野 2012を参照。

(27)　http://www.spiegel.de/politik/deutschland/thueringen-afd-csu-und-cdu-kritisieren-ramelow-a-1006794.html（2015年８月28日閲覧）

(28)　いまだに旧東独時代の犯罪との関連でDLを批判する者がとくに旧東独に多いが，このような態度は却って極左勢力の増加という今日のDLの問題を看過させる恐れがあるという。(http://www.zeit.de/politik/deutschland/2014-11/gauck-linke-ddr-sed-ramelow-kommentar)（2015年８月30日閲覧）

(29)　とはいえ，最近の世論調査でのFDP支持率は回復傾向にあり，５％以上の得票率も十分に期待できるという（*Frankfurter Allgemeine Zeitung*, 19. August 2015, S.8.）。

(30)　また選挙結果如何では過半数確保のための３党連立も模索されるだろうが，その場合FDPの求める選択肢としては「ジャマイカ連合」よりは「信号連合」の方が成立可能性は高いであろう。というのは，赤緑との連立では唯一の右派政党として経済・財政政策の担当能力を発揮できるからである（Vorländer 2013, 403-4）。CDU/CSUとの連立では独自性の発揮が困難で，CDU/CSUと緑の党の間で埋没しかねない。

(31)　DLとCDU/CSUの連立はさすがに想定しにくい。しかし旧東独の独裁政党を支持していたPDS (DL) シンパは体制側についていたのであり，とくに東の党員・支持者には極めて保守的な人が多いとも指摘される。そのためある有名政治家が茶化しながらも，DLとCDU/CSUとの連立可能性に言及している。http://www.spiegel.de/spiegel/print/d-130335530.html（2015年８月30日閲覧）。

(32) 連邦議会の多くの常任委員会には当選前に培った専門分野を活かして専門家として党や会派の執行部に認知され，議会や政府で昇進していく議員が多い。河崎 2015a 参照。

(33) DL では2015年秋の執行部交代で SPD 党首に近い改革派と西の急進派が共同代表に就任するが，党では連邦での政権入りで党員が割れるのを恐れているという。*Wirtschafts Woche*, 36, 28. 08. 2015, S.28.

(34) もっとも，多くの国で模範とされてきた（西）ドイツの選挙制度（阻止条項，超過議席，議席配分方法など）に関しては1990年代以降様々な問題点が指摘されるようになり，紆余曲折の末2013年に新選挙法が成立している。なおドイツの欧州議会選挙については2014年の選挙より阻止条項が撤廃されている。河崎 2015b 参照。

参考・引用文献

Berger, R. (1995), *SPD und Grüne*, Opladen.

Beyme, K. v. (2010), *Das politische System der Bundesrepublik Deutschland*, 11. Aufl., Wiesbaden.

Bösch, F. (2013), „Christlich-Demokratische Union Deutschlands (CDU)“, in: Decker/Neu, (Hg.), S.203-218.

Decker, F./V. Best (2011), „Schwarz-grüne Koalitionen als strategische Herausforderung für die Sozialdemokratie“, in: Kronenberg/Weckenbrock, (Hg.), S.415-426.

Decker, F./V. Neu (Hg.), (2013), *Handbuch der deutschen Parteien*, 2. Aufl., Wiesbaden.

Herkendell, M. (2012), *Deutschland: Zivil- oder Friedensmacht?: Außen- und sicherheitspolitische Orientierung der SPD im Wandel (1982-2007)*, Bonn.

Jesse, E. (1985), *Wahlrecht zwischen Kontinuität und Reform*, Düsseldorf.

Jun, U. (2013), „Sozialdemokratische Partei Deutschlands (SPD)“, in: Decker/Neu, (Hg.), S.387-403.

Kronenberg, V./C. Weckenbrock (Hg.), (2011), *Schwarz-Grün*, Wiesbaden.

Mappus, M./S. Markus/P. Mißfelder,/H. Wüst (2007), *Moderner bürgerlicher Konservatismus*, Berlin.（http://www.faz.net/aktuell/politik/dokumentation-moderner-buergerlicher-konservatismus-warum-die-union-wieder-mehr-an-ihre-wurzeln-denken-muss-1460453.html）(2015年８月30日閲覧）

Neu, V. (2007), „Mitglieder der CDU“, in: *Zukunftsforum Politik*, Konrad-Adenauer-Stiftung, St. Augustin, 84, S.1-57.

Neu, V. (2013), „Die Linke“, in: Decker/Neu, S.316-331.

Niedermayer, O. (2015), „Von der dritten Kraft zur marginalen Partei: Die FDP von 2009 bis nach der Bundestagswahl 2013“, in: Niedermayer, (Hg.), S.103-134.

Niedermayer, O. (Hg.), (2015), *Die Parteien nach der Bundestagswahl 2013*, Wiesbaden.

Pfahl-Traughber, A. (2015), *Linksextremismus in Deutschland*, Bonn.

Probst, L. (2011), „Schwarz-Grün: Das schnelle Ende einer kurzen Beziehung?“, in: Kronenberg/Weckenbrock, (Hg.), S.343-356.

Probst, L. (2013), Bündnis 90/Die Grünen (Grüne)“, in: Decker/Neu, (Hg.), S.166-179.

Probst, L. (2015), „Bündnis 90/Die Grünen: Absturz nach dem Höhenflug“, in: Niedermayer, (Hg.), S.135-158.

Roberts, G. (1988), „The German Federal Republic: the two-lane route to Bonn“, in: M. Gallagher/M. Marsh, (eds.), *Candidate Selection in Comparative Perspective*, London, Sage, pp.94-118.

Sarrazin, T. (2012), *Deutschland schaft sich ab*, 2. Aufl., München.

Schmidt, M. G. (2011), *Das politische System Deutschlands. Institutionen, Willensbildung und Politikfelder*, München.

Seemann, W./S. Bukow (2010), „Große Koalition in Deutschland“, in: ders. (Hg.), *Die Große Koalition*, Wiesbaden, S.9-40.

Spier, T. (2013), „Realisierbare Koalitionsoption im Zeithorizont 2013/17? Perspektiven von Rot-Rot-Grün“, in: F. Decker/E. Jesse (Hg.), *Die deutsche Koalitionsdemokratie nach der Bundestagswahl 2013*, Baden-Baden, S.369-388.

Spier, T./U. v. Alemann (2015), „In ruhigerem Fahrwasser, aber ohne Land in Sicht? Die SPD nach der Bundestagswahl 2013“, in: Niedermayer, (Hg.), S.49-69.

Treibel, J. (2014), *Die FDP*, Baden-Baden.

Vorländer, H. (2013), „Welche Koalition sichert das Überleben? Bündnisaussichten der FDP“, in: Decker/Jesse, S.389-404.

Walter, F. (2010), *Gelb oder Grün?*, Bielefeld.

Walter, F./C. Werwath/O. D’Antonio (2014), *Die CDU*, 2. überarbeitete. Aufl., Baden-Baden.

Zolleis, U. (2015), „Auf die Kanzlerin kommt es an: Die CDU unter Angela Merkel“, in: R. Zohlnhöfer/T. Saalfeld, (Hg.), *Politik im Schatten der Krise*, Wiesbaden, S.73-91.

小野一（2012）『現代ドイツ政党政治の変容』吉田書店。

河崎健（2004）「2002年ドイツ連邦議会選挙と投票行動－中長期的な政党支

持構造の変化に着目して－」『日本選挙学会年報・選挙研究』第19号，16－26頁。

河崎健（2005）「統一ドイツの政党制－東西地域の差異を中心に」『ドイツ語圏研究』第23号，45－68頁。

河崎健（2011）「ドイツ連邦参議院と「ねじれ現象」－政党の参議院対策を中心に－」日本ドイツ学会年報『ドイツ研究』第45号，148－158頁。

河崎健（2013）「ドイツの社会民主主義と保守主義の現在」2013年度日本政治学会研究大会・分科会Ａ－４「ヨーロッパにおける社会民主主義・保守主義の位相」発表ペーパー，1－18頁。

河崎健（2014）「ドイツの選挙制度と選挙過程（２）選挙制度の特徴」『月刊・選挙』８月号，10－12頁。

河崎健（2015a）『ドイツの政党の政治エリート輩出機能』コンラート・アデナウアー財団。

河崎健（2015b）「ドイツ連邦議会の選挙制度改革をめぐる議論－2013年選挙結果との関連で－」『日本選挙学会年報・選挙研究』No.31－1，44－55頁。

木戸衛一（2015）『変容するドイツ政治社会と左翼党』耕文社。

近藤正基（2013）『ドイツ・キリスト教民主同盟の軌跡』ミネルヴァ書房。

中村登志哉（2006）『ドイツの安全保障政策』一藝社。

渡辺重範（1989）『選挙と議席配分の制度』成文堂。

フランス・オランド政権下の政治的代表制

久邇良子＊

要旨：フランス第五共和制は，行政府優位の構造に議会主義を組み入れた独特の統治体制をとる。2012年５月に直接公選で第五共和制７代目の大統領となったフランソワ・オランドは，大統領選の一カ月後に実施された下院選挙における社会党の大勝により，議会多数派の支持を受けながら政権運営に着手した。しかし，景気は低迷したまま，失業問題も悪化し，大統領支持率は急降下し，第五共和制の歴代大統領の中でも最低の記録を更新した。本稿では，オランド政権下の政治的代表制の様相を，同政権下で実施されてきた選挙結果を中心に考察する。フランスを国内外の窮状から救う有効な処方箋を提示できない政権への国民の不信感は高まるばかりで，2014年３月の統一地方選挙を皮切りに実施された選挙全般において，与党・社会党の敗北，国民の不満の受け皿となった極右政党の勢力伸長，高い棄権率といった共通の傾向が見られる。投票が，伝統的な既成政党の政権運営に対する不信任の意思表出手段と化し，投票率の低下で選挙の結果作り出された「多数派」自体の信頼性が損なわれ，第五共和制下の政治的代表による国家の統合が機能障害を起こしている。

キーワード：フランス，フランソワ・オランド，半大統領制，代表制，選挙

はじめに

フランスの第五共和制は制度疲労を起こしているのか。2012年の大統領選挙で現職のニコラ・サルコジ（Nicolas Sarkozy）大統領を破り，第五共和制下で七人目，社会党からは二人目の大統領となったフランソワ・オランド（François Hollande）は，続く国民議会（下院）選挙における左派系

＊　東京学芸大学人文社会科学系社会科学講座法学・政治学分野教授　政治学

会派の大勝を受けて，盤石の体制で政権運営をスタートした。しかし，景気は低迷したまま，失業問題も悪化し，政権発足直後55％あった大統領支持率は急降下を続け，第五共和制の歴代大統領の中でも最低の記録を更新し，2014年12月には15％にまで落ち込んだ[1]。

1958年からスタートした第五共和制は，立法府優位だった第三・第四共和制で繰り返されてきた政治的停滞[2]を打破する目的で，議会に依存しない，強力で機動的な行政府を作り出すことを主眼に，行政府優位，大統領中心の制度となった。米国型の大統領制でもなく，イギリス型の議院内閣制でもない，これら２つの統治類型の中間形態である「半大統領制」下の大統領は，1962年の憲法改正により直接公選[3]となり，国民から直接授権されるという権限行使の正統性と，国民議会における議会多数派の支持をもって，政党政治に振り回されることなく行政権を完全に掌握し国家統治できるように設計されていた。

それから半世紀を経過した昨今，フランスは袋小路に入り込んだままそこから脱出できずにもがき続けている。景気の浮揚と雇用の改善を最優先課題として政権に就いたオランド大統領も，低成長，高い失業率，財政赤字など，サルコジ保守政権から引き継いだフランスが長らく抱える病に対して，政権発足後３年がたっても効果的な処方箋を見いだせずにいる。対外的にもフランスはその存在感を弱め，欧州統合を共に牽引してきたドイツに欧州政治の指導権を奪われ，オランド大統領の外交力不足が露呈した。冷戦中，欧州は，国連安全保障理事会常任理事国で核戦力を有するフランスの政治力，そしてドイツの経済力に支えられ，統合を進めた。しかし冷戦終結とともに，フランスの政治・安全保障分野でのドイツに対する圧倒的優位性はその意義を失い，ドイツの経済的優位性がそのまま欧州国際関係の力関係にも反映される時代が到来した。グローバリゼーションや欧州統合の進展が次第に加盟国の行動の自由を狭め，経済力を高めたドイツが欧州政治においてますます主導性を高めてきた。欧州をリードする指導者を求めるフランス人にとって，オランド大統領の外交力はふがいなく映る。

フランスでは，2000年の憲法改正により大統領の任期が７年から５年に短縮され，任期を同じくする国民議会選挙が大統領選の直後に実施されるようになって以降，大統領は確固たる議会多数派の支持をほぼ確実に得られるようになった。これまでのところ，第五共和制下で３回起こったコアビタシオン[4]は起きていない。さらに，小選挙区二回投票制が殆どの選挙に適用されていること[5]により，議会は社会党を中心とした左派グループと保守党[6]を中心とした右派グループに二極ブロック化され，二つの勢力間での政権交代が安定して繰り返されてきた。どちらのグループにも属さない極右政党，国民戦線の昨今の再台頭は，小選挙区二回投票制による制約を受け，政党システムの大勢に大きな影響を与えるには至っていない。

本稿では，2012年にスタートしたオランド政権下の政治的代表制の様相を，同政権下で実施されてきた選挙結果を中心に考察する。政権が保守系から革新系へ代わろうとも，フランスを国内外の窮状から救う有効な施策を提示できない政権に対する国民の不満は高まるばかりである。2014年3月の統一地方選挙を皮切りに実施された選挙全般において，与党・社会党の敗北，国民の不満の受け皿となった極右政党の勢力伸長，高い棄権率といった共通の傾向が見られる。投票が政権党あるいは既成政党の政権運営全般に対する不信任の意思表出手段と化し，投票率の低下で選挙の結果作り出された「多数派」自体の信頼性が損なわれ，第五共和制下の政治的代表による国家の統合が機能障害を起こしている。

1．盤石な体制

フランスの統治形態である半大統領制の下では，大統領が議会に対して無問責ながら議会解散権を持つ一方で，首相（内閣）の対議会責任という議院内閣制の基本的枠組みが否定されていない。執行権が大統領と首相とに分有される「二頭制」において，行政府内での大統領の執行権の掌握度合いは，議会多数派次第で決定する。大統領が議会多数派と同一の政治勢力に属する場合には，大統領が行政権を完全に掌握できるが，議会多数派が大統領の党派的基盤と異なる場合には，大統領の政治的影響力は制約を受けることになる。この意味でオランド大統領は，大統領選挙に続いて実施された国民議会（下院）選挙で社会党が大勝したことにより，盤石な体制で政権運営をスタートさせた。

(1) 2012年大統領選挙

2012年の4月22日に行われた第一回投票で過半数の票を獲得した候補がいなかったために，第一回投票で得票数上位2候補（社会党のオランド候補と国民運動連合のサルコジ候補）が５月６日の決戦投票に進んだ。第二回投票の結果，オランド候補が51.64％の得票率でサルコジ候補を破り，1995年以来17年ぶりに社会党政権を復活させた。再選を目指す現職大統領が第一回投票で首位の座を譲ったのは第五共和制史上初めてであり，また再選失敗もヴァレリー・ジスカール・デスタン（Valéry Giscard d'Estaing）[7]以来だった。

この大統領選挙には，第一回投票に10名の立候補者があり，そのうち５人が10％以上の得票だったが，その中で，国民戦線の党首マリーヌ・ルペン（Marine Le Pen）が，2002年の大統領選に臨んだ父，ジャン＝マリー・ルペン（Jean- Marie le Pen）の第一回投票の得票率16.88％を若干上回る，17.94％で第三位につけた。第四位のジャン＝リュック・メランション（Jean-Luc Mélenchon）候補は，社会党から離党して2008年７月に左派党を創設し，大統領選には共産党と組んで政党連合の「左派戦線」の候補者として参戦し，得票率11.1％だった。フランソワ・バイル（François Bayrou）候補は，中道右派の民主運動の候補者として9.13％，ヨーロッパエコロジー・緑の党のエヴァ・ジョリ（Eva Joly）候補は，2.31％と振るわなかった[8]。

第一回投票の結果で注目されるのは，左右の急進勢力の躍進ぶりである。これらの勢力は，既成の二大政党に対する不満の受け皿となって勢力を伸ばしたと考えられる。極右政党の国民戦線と急進左派の政党連合，左派戦線の得票率を合わせると，全体の３割近くになる一方で，社会党と保守党あわせての得票率は全体の56％に過ぎない。表１から，国民戦線候補者が

表１　1974年以降のフランス大統領選
中道政党，社会党，保守党，国民戦線の得票率（％）

		1974	1981	1988	1995	2002	2007	2012
中道政党	第一回投票	32.60	28.32	16.54		6.84	18.50	9.13
	第二回投票	50.81	48.24					
社会党	第一回投票	43.25	25.85	34.11	23.30		25.87	28.63
	第二回投票	49.19	51.76	54.02	47.36		46.94	51.64
保守党	第一回投票			19.94	39.42	19.88	31.18	27.18
	第二回投票			45.98	52.64	82.21	53.06	48.36
国民戦線	第一回投票	0.75		14.39	15.00	16.86	10.44	17.94
	第二回投票					17.79		

フランス内務省のHP（最終閲覧2015年８月末日）から作成
http://www.interieur.gouv.fr/Elections/Les-resultats/Presidentielles/elecresult_PR2012/(path)/PR2012/FE.html

第一回投票で10％以上の得票率を安定的に出すようになる1988年以降，国民戦線や中道政党候補者の得票率による影響はあるものの，伝統的二大政党候補者への支持の低迷は一貫して継続してきたことが確認できる。

2012年の大統領選挙前に行われた世論調査によれば，政策項目のうち，国内の社会経済分野に関連する項目でオランドがサルコジよりも政策実行力があると期待されていた。「社会における不平等の是正」，「教育システムの改善」，「医療システムの改善」，「より公正･効率的な財政政策の実施」，「購買力の向上」，「失業率の改善」，「年金の保障」，などの争点において，オランドの課題解決に対する期待度は，サルコジの倍の割合を示していた。一方，「経済，財政危機への取り組み」，「欧州連合の機能改善」，「治安の向上」，「外交または軍事的な危機への取り組み」，「不法移民対策」などの項目においては，サルコジに対する期待度がオランドのそれを上回っていた。「公的債務の削減」及び「経済危機の回避」の項目については，オランド，サルコジ共に，過半数の期待を集めることができなかった[9]。

オランド候補は，「成長と雇用」重視を掲げて選挙運動を展開した。サルコジとの政策の違いを強調するために，経済成長がないまま緊縮財政を行えば，景気が悪化し，税収が減少，結果として財政赤字も増加するという悪循環を招くと主張した。2012年１月に発表した選挙公約「60の公約」では，雇用に関する公約として，次のものが挙げられていた[10]。①フランス国内で事業を行う企業には，助成金支給や税・社会保障負担の軽減などの優遇策を講じる一方で，事業所を海外展開させる企業に対しては助成金の返還を求める。②若年層や女性，非熟練労働者に多い，不安定な雇用体制を是正するために，当該企業に対して，失業保険の保険料率を引き上げる。③15万人の雇用支援を実施して若年層の就業を促進する。④超過勤務手当に対する税・社会保障負担の減免措置を見直し，従業員の解雇を行う企業に対する罰則を強化する。⑤教育分野の雇用を2017年までに６万人増加させる。

この大統領選から２カ月もたたない６月10日，17日両日に行われた国民議会選挙でも，左派勢力は大統領選で勝利したその勢いにのって議席を大きく伸ばし，過半数を制した。

⑵ 国民議会（下院）選挙

国民議会選挙の選挙制度は，小選挙区単記二回投票制をとる。第一回投票の有効投票のうち，過半数かつ登録有権者数の25％以上を得た候補者が当選する。該当者がいない場合には，１週間後に決選投票が実施される。決選投票には，第一回投票において12.5％以上の票を得た候補が立候補することができる。12.5％以上の得票を得た候補者が一人のみ，または該当者がいない場合は上位２名が立候補し，最多の票を得た候補が当選する。577議席のうち555は本土の各県に，22が海外領土に配分される。各県の定数配分は，人口により決定され，２から24となっている。

６月10に実施された第一回投票で決着がついた議席数は577中36だった。そのうち左派が25議席（社会党22，左派急進党１，ヨーロッパエコロジー・緑の党１，左派諸派１），右派は11議席だった（国民運動連合９，新中道１，右派諸派１）[11]。

６月17日に行われた決選投票をめぐる政党間の争いは，これまでとは異なった様相をみせた。国民議会選挙の第二回投票における対決パターンは，二人の候補による一騎打ちの様相を呈するパターンと，そこにもう一人の候補が加わって展開される三つ巴の対決パターンに二分できる。2012年の選挙では，前者が495，後者が46だった。二人の候補による決戦投票では，過去の国民議会選挙時に見られた左右両党派候補による対決型が依然としてその大半を占めるものの（417），左派候補対国民戦線候補（19），左派候補対左派戦線候補（15）など，新たな対決パターンが加わった。三つ巴の決戦のパターンで最も多いのは，左右両会派候補に国民戦線候補が加わっての決選投票だった。(33)[12]

表２　2012年国民議会選挙結果

政党名	獲得議席数	得票率(％)
社会党	280	48.53
ヨーロッパエコロジー・緑の党	17	2.95
左派諸派	22	3.81
左派急進党	12	2.08
大統領与党	331	57.37
国民運動連合	194	33.62
右派諸派	15	2.60
新中道	12	2.08
急進党	6	1.04
中道連合	2	0.35
議会右派	229	39.69
国民戦線	2	0.35
左派戦線	10	1.73
民主運動	2	0.35
レジョナリスト	2	0.35
極右（EXD）	1	0.17

フランス内務省のHP（最終閲覧2015年８月末日）から作成
http://www.interieur.gouv.fr/Elections/Les-resultats/Legislatives/elecresult_LG2012/(path)/LG2012/FE.html

表２のとおり，二回の

投票の結果，定数577のうち社会党が280議席を獲得し，ヨーロッパエコロジー・緑の党，左派急進党，左派諸派と合わせた大統領与党は，331議席（得票率57.37％）を確保した。一方議会右派は，国民運動連合を中心に新中道，急進党，中道連合と合わせても，39.69％の得票率で229議席にとどまった[13]。結果として，オランド大統領の政権運営は，議会多数派の支持も得て[14]円滑な滑り出しをみせた。

2. オランド政権下の改革の試み

重債務，脆弱な経済成長，失業問題を解決するために，大統領選では，大企業や富裕層へより多く課税し貧困層にまわすという，伝統的な左派の政策である「富の再分配」を訴えて当選したオランド大統領は，政権発足後早速公約実現に向けて動き出した。当初は，法人税減税の他，雇用支援の強化，中小企業支援強化，労働市場の柔軟化を目的とした施策が実施されたが，目に見える効果を上げることができず，オランド政権は次第に右寄りに舵を切っていく。

(1) 公約実現に向けた諸政策

2012年５月に大統領に就任したオランドは，総選挙を前にした６月，一部労働者の年金受領年齢を62歳から60歳に戻す決定を下した。18歳から働き始めた労働者と３人以上の子供を持つ女性労働者，失業者などは60歳から年金を受領できるようにしたもので，サルコジ前政権が年金の部分受領のための最低定年を60歳から62歳に延長し，勤労期間に関係なく満額年金受領開始年齢を65歳から67歳に遅らせた改革に逆行するものだった。

12年７月には，富裕層を対象とした増税や，前政権が決定していた付加価値税の最高税率の引き上げ（19.6％から21.2％へ）撤回を盛り込んだ12年度の補正予算を可決した他，若年層の雇用拡大への取り組みを強化するべく，５年間であわせて65万人の雇用創出を目的とした二つの制度の導入を発表した。一つは「未来雇用契約制度」[15]で，公共事業部門に国が賃金の75％を支援する形で，16歳から25歳の就労困難な若者の雇用を促進するものである。一方「若年・高齢世代同時雇用契約制度」[16]は，57歳以上の社員を若年労働者の教育・指導社員として雇用し続けながら，若年労働者を無期限雇用契約で新規に雇用した民間企業を対象に助成を行うものであった。

さらに，同年12月には中小企業支援を目的とした公的な投資銀行を設置し，一定の条件を満たした従業員の賃金の一部（2013年から賃金の４％，2014年から６％）を法人税から控除するために，「競争力・雇用創出のための税額控除制度」[17]を導入した。

2013年６月には，雇用の安定化と柔軟化を目的とした「雇用安定化法」[18]が成立した。短期契約での雇用分の事業主による社会保障負担を引き上げ，短時間労働者の労働時間に下限を設定するなど，雇用を安定させる施策の他，10人以上の従業員を経済的理由で解雇するような集団解雇にかかわる手続きの簡素化，経営状態が悪化した際の雇用維持のための賃金・労働時間の調整にかかわる条件の緩和，転職機会の創出など，労働市場を柔軟化するための措置も盛り込まれた。

以上のように，政権発足直後からとられた政策は，主に労働コスト[19]の削減によって企業活力を向上させ，投資の拡大，雇用の創出，経済成長率の上昇につなげることを狙っていたが，単位あたりの労働コストは上昇しており，政策の効果は出ていない[20]。

(2) 路線の転換

政権発足直後から公約実現に向けた施策に取り組んだオランド政権だったが，前政権から引き継いだ過剰な財政赤字や低い価格競争力を背景に，急速な経済成長をもたらすことはできず，欧州連合（以下 EU）からも財政緊縮策の早期実行を求められ，経済政策の路線変更を迫られることになっていった。

欧州債務危機の再発防止策として，EU は加盟国の経済・財政政策についても監視・統制を強化した。ユーロ圏の中でもドイツに次ぐ２番目の経済規模をもつフランスの経済が低迷していることは，ユーロ圏のみならず欧州経済全体へ暗い影を落としていた。EU は，2011年１月から加盟国の経済・財政政策に対する事前評価・是正勧告制度（ヨーロピアン・セメスター制度）[21]を導入し，2011年12月からはユーロ国に求められる財政規律[22]違反国に対する制裁措置の発動手続も簡素化した。フランスの財政赤字は，対 GDP 比４％，公的債務残高も GDP 比95％と，収斂基準を上回った状況が続いている。大胆な構造改革の早期断行を EU 側から要請される中，オランド大統領は，選挙戦では2013年としていた財政赤字解消期限を15年までに延期し，さらに17年まで再延長した。ユーロ圏内の国家は，経済・財政政策策定にあたって，EUから出される国別勧告や，財政規律との適合性を意識せざるを得なくなった。

2014年１月にオランド政権が発表した「責任協定」[23]は，景気の浮揚をはかるためには企業活動の活性化が不可欠として，政府が企業の税・社会保障負担を軽減する見返りに，企業に対して雇用創出を求めるものだった。同協定では，家族手当に関わる社会保険料を2017年までに廃止することで，事業主負担を300億ユーロ削減すること，法人税率を2020年までに段階的に28％まで引き下げる（現在33.33％）こと等が盛り込まれていた。財源は，2015年から2017年に500億ユーロの歳出削減で捻出するとしている。

2014年12月には，主要な経済改革政策が盛り込まれた「経済成長・経済活動・経済の機会均等のための法律案」，通称「マクロン法案」[24]が議会に提出された。この法案には，サービスや交通分野での規制緩和のほか，労使裁判手続きの簡素化を含めた解雇規制緩和などが盛り込まれた。法案審議の過程で，様々な規制緩和策が野党・保守党から反対され，また解雇規制の緩和に代表されるように，雇用者側に有利な労使関係合理化案は，与党・社会党内からも反発を招くことになった。結局，マニュエル・ヴァルス（Manuel Valls）首相は，憲法49条３項の規定[25]に訴え，国民議会の票決を経ずに同法案を強行通過させ，2015年７月10日，法案成立にこぎ着けた。2015年８月７日，同法は憲法評議会の審議を経て発効した。

企業の業績改善を背景にした成長を目指す構えを強くしていったオランド政権に対し，大統領が自由主義経済志向，企業優遇へ変心したとして，雇用改善の優先を主張する与党・社会党の支持者の間からも，公約違反との批判が出始めた。大統領としてのオランドの力量について聞いた2015年６月のIfopの世論調査では，オランドの経済政策を支持すると答えた人たちは24％で，２年後の大統領選でオランド再選を望む人たちは，22％だった[26]。

政策の効果が数字に表れるのにはまだ時間がかかると思われる。高額給与を支給する一部企業への増税，付加価値税率の引き上げ（2014年１月から一般商品の付加価値税率を19.6％から20％へ，また飲食・宿泊料金に対する付加価値税率も７％から10％へ増税），満額年金受給要件の納付期間の延長・年金保険料率の引き上げも実施されたために，結果的に他の政策による景気刺激効果が薄れ，景気低迷，失業率の高止まりが続いている。国立統計経済研究所（INSEE）の発表（2015年5月13日）によると，フランスの2015年第1四半期の実質GDP成長率は前期比0.6％となり，前期の0％からいったん持ち直したものの，第2四半期に再び0％へ下がった[27]。またフランスの失業率は，INSEEの発表（2015年6月4日）によると，2015年第1四半期は10％で，前期の10.1％からわずかに下がったものの，2桁のままである。また15歳から24歳までの若年層の失業率は深刻で，男性で25.6％（前期25.5％），女性が22.4％（前期21.9％）と，他の年齢層と比較しても突出して高い[28]。

3. オランド政権下の政治的代表制

オランド政権発足から2年目の2014年3月に行われた市町村議会選挙を皮切りに，欧州議会選挙，元老院（上院）選挙，県議会選挙と4回の選挙が続くことになるが，任期前半の政権運営に対する評価は，手厳しいものとなった。与党・社会党を含む左派は全敗し，極右勢力の躍進を許した。その一方で棄権率の上昇にも歯止めはかからず，「民主主義の衰退」が進んでいることが明らかになった。以下では，オランド政権下の政治的代表制の実態について，選挙結果から考察する。

⑴ 与党・社会党の連敗と国民戦線の躍進

①市町村議会選挙

フランスの市町村議会選挙は6年毎に実施され，人口規模により投票方法が変わるものの，基本的に2回投票制が適用される[29]。

2014年3月23日に行われた第一回投票では，極右を除く中道右派勢力が46.38％の得票率で第一党になり，極左を除く与党社会党中心の左派勢力は得票率38.20％と大敗した。国民戦線と極右政党の得票率はあわせて4.88％，極左党は0.60％だった[30]。

3月30日の第二回投票の結果，主要勢力の得票率と獲得議席は次の通りとなった。右派勢力が45.65％で105840議席（内，国民運動連合は11151議席），左派勢力が41.56％で72624議席（内，社会党が12278議席），極右勢力6.87％で1600議席（内，国民戦線が1498議席），極左政党は0.05％で64議席だった[31]。

人口1万人以上の都市で，中道右派が制した都市は，これまでの433から572都市（そのうち人口10万人以上の大都市は，12から22都市へ）へと増大した。一方左派勢力が人口1万人以上の都市で勝利をおさめられたのは349都市（うち人口10万人以上の大都市は29から19へ）と，前回の509から大きく後退した。伝統的に左派色の濃い，パリ，リヨン，ストラスブールは維持できたものの，長年社会党が支配してきた10都市（ex. Saint-Etienne, Limoges, La Roche-sur-Yon）で中道右派に負けたことが，社会党に衝撃を与えた[32]。

一方国民戦線は地方選挙において未曾有の躍進ぶりを見せた。第二回投票での国民戦線の得票率は6.75％と社会党の5.73％を上回り，国民運動連合の7.24％にあともう少しで届く勢いだった。前回2008年の選挙で60人の当選者を出した国民戦線が，今回はその数を1498人と一気に約25倍にまで押し上げた。比例代表制が適用された北部と南東部に位置する11の市町村で，国民戦線は市長を輩出した（Hénin-Beaumont, Béziers, Fréjus, Villers-Cotterêts, Le Pontet, Beaucaire, le Luc, Hayange, Cogolin, Mantes-la-Ville, le 7e secteur de Marseille）。これらの諸都市は，斜陽産業を多く抱える工業地域に位置する。戦後一貫して左派勢力の伝統的地盤であったが，景気低迷に伴い，1990年代初めから労働者たちの支持が，社会党から国民戦線へと徐々に移り始め，今回の選挙結果はその延長線上にあったものとも考えられる[33]。

しかし，国民戦線もこの結果を手放しで喜ぶことはできない。選挙から一年後に実施されたIfopによる世論調査で，国民戦線が制した11都市の有権者に対して一年前に国民戦線を選んだ第一の理由を聞いたところ，31％が「改選者に対する総合的判断」を挙げ，「オランド大統領に対する不支持」と「当該市町村の深刻な経済・財政状況」が同率の17％で続き，15％が「伝統的政治家の拒否」と答えた。それに対して，「国民戦線の公約」を挙げた人が11％，さらに「国民戦線の名簿に登載された候補者」と答えた人たちは全体の4％だった[34]。すなわち，今回の国民戦線の勝利は，同党の公約の内容や候補者によってというよりも，それまでの市政運営に携わってきた左右両派の政治エリートたちに対する市民の「拒絶反応」がもたらしたものだったといえよう。

大統領は社会党の大敗を受けて，3月31日に国民に向けて演説を行った。

大統領は「私は，あなた方の不満や失望を理解した。新たな段階に踏み出す時だ」と訴え，ジャン＝マルク・エロー（Jean-Marc Ayrault）に代わって，内相だったヴァルスを首相に任命し，新内閣の下で企業の社会保障の負担軽減や減税を進め経済を強化する意思を示した[35]。

②欧州議会選挙

欧州議会議員の任期は５年で，加盟28カ国の人口比に応じて議席が配分される。各国で比例代表制による選挙を実施し，主張の似た政党が国を超えてグループを形成する。

フランスでは，８つのユーロレジオン[36]と呼ばれる欧州議会選挙用の選挙区毎に政党が候補者名簿を提出し，拘束名簿式比例代表制で議員が選出される。有効投票総数の５％の得票がない名簿には議席の配分はない。候補者名簿登載順は男女交互となっていなければならない。

2009年から2010年にかけて起きた欧州債務危機がもたらした緊縮財政と高失業の痛みの直撃にあった欧州市民は，その不満の矛先を加盟国政府とEU に向けていった。統合に対する懐疑論は今に始まったわけではないが，2014年５月25日に実施された欧州議会選挙は債務危機収束後初の選挙であり，また有権者がEU の政治に直接関与できる唯一の機会であったこともあいまって，EU 主導の緊縮政策に対する域内市民の不満がぶつけられ，「反 EU」を掲げる政党の躍進を演出する最高の舞台となった。

EU 全体では，選挙前に第一会派だった中道右派「欧州人民党」グループが，60議席減らしたものの214議席を確保したのに次いで，中道左派「社会民主進歩同盟」も189議席を確保して第二会派を維持したことにより，中道の二会派が過半数を維持する体制に変化はなかった。

しかし，フランス，イギリス，ギリシャなどで政権与党を凌いで反 EU 政党が第一党の座を獲得した選挙結果は，当事国はもとより欧州各国政府を震撼させた。さらに，「反 EU」を掲げる勢力は，オーストリアやデンマークなどでも議席を伸ばし，欧州議会全体の約２割近い議席を占めるほどにまでなった[37]。

フランスでは，反ＥＵや移民排斥を訴えた国民戦線がフランスに割り当てられた74議席中24議席を得て（得票率24.86％），与党，野党第一党両党を破って初めて首位に立った。2009年の前回選挙で得た３議席から８倍に議席数を増やしての大躍進ぶりだった[38]。

この選挙で与党・社会党は結党以来，欧州議会選を含む国政選挙で最低の得票率を記録した。社会党が確保できたのは，国民戦線，国民運動連合（20議席，20.81％）に次いで，13議席（13.98％）であった。国民戦線に敗北するばかりか，第三党の座に甘んじたことに大きな衝撃を受けたオランド大統領は，この選挙結果が出た翌日のテレビ演説で，その敗因を，「多くの人々にとって，遠い存在となり，理解できない存在になってしまったEU に対する人々の不信感」にあるとした。また，ユーロ危機からの脱却の代償である財政緊縮策が欧州統合を傷つけたと批判し，EU の役割を縮小させていくよう働きかけを強めていくと共に，フランス国内の経済・社会改革を引き続き断行していくことをフランス国民に約束した[39]。一方，ヴァルス首相は，選挙結果が出た翌日のRTL ラジオ番組で，今回の国民戦線の躍進の理由がフランスで実施された増税にあるとし，フランス人の政府に対する信頼を取り戻すためには，失業率を低下させ，購買力を向上し，税負担を減らさなければならないと述べ，中・低所得者層を対象とした減税の必要性に言及した。また今後３年間で歳出を500億ユーロ減らし，財政赤字をEU 基準内におさめることを目標とすると述べた[40]。

③元老院（上院）選挙

欧州議会選挙から５カ月後の９月28日に実施されたフランスの上院にあたる元老院選挙においても，与党・社会党の党勢回復はならなかった。

元老院の定数は348で，議員の任期は６年である。定数の約半数を３年ごとに改選する。今回の改選議席は178で，そのうち再選議席は91だった。元老院議員は，県を選挙区として，地方議員らで構成する選挙人団[41]が投票する間接選挙により選出されるため，有権者の声が議席に直接反映されるわけではない。

選挙の結果，最大野党の国民運動連合を中心とする右派グループが，114議席（64％）を獲得し，非改選分75議席（44.1％）とあわせて188議席（54％）を確保し，三年ぶりに過半数を制した。一方左派グループは，57議席（32％）しか獲得できず，非改選分95（55.9％）とあわせて151議席（43.4％）にとどまった[42]。先の市町村議会選挙で敗北した社会党にとって，選挙人団の大半が市町村議員から成る当該選挙での苦戦はおりこみ済みだった。また，法案の最終議決権は左派勢力が過半数を維持している国民議会にあるため，元老院を右派勢力が制したとしても政権運営への影響は実際限定的となる。しかし，市町村議会選挙，欧州議会選挙に続き，政権党を中心とした左派グループが相次ぐ選挙で３連敗したことと並んで，国民戦線が第五共和制史上初めて元老院に２議席を確保したことは，政権与党を取り巻く環境がさらに厳しくなったことを示すのに十分であった。

④県議会選挙

2015年３月に実施された県議会選挙は，地方選挙としてはこれまでになく注目を集めた。それは，１月７日の風刺週刊紙「シャルリ・エブド」銃撃事件に端を発した連続テロ事件後，初めての全国レベルの選挙であったこと，また2013年５月17日の法改正により選挙制度が変更されてからはじめての選挙だったためである。

法改正により，県議会選挙は，従来６年任期の議員のうち半数が３年毎に改選されていたが，法改正により全議員が一斉に改選されるように変更された。さらに，今回の選挙から，立候補は男女２人１組で行い，各選挙区から１組を選出するという，男女２人組多数代表２回投票制が導入された[43]。フランスでは，2000年以降，男女両性の平等な政治過程への参画を表す「パリテ」（parité）に関する制度改革がなされてきたが，小選挙区二回投票制をとってきた県議会選挙ではその適用が難しく，女性議員の割合は少ないままだった[44]。この状況を打破するべく導入されたのが今回の新たな立候補の形だった。１選挙区から１組２名の議員が選出されるため，選挙区の数は従来の3971からほとんど半減され，2054となった。第一回投票で当選者が確定するには，有効投票数の過半数かつ登録選挙人数の４分の１以上の票が必要となる。この要件を満たす者がいない場合に限り，第二回投票が行われる。第二回投票に進むことができるのは，登録選挙人数の12.5％以上得票したペアである。ただし，この要件を満たすペアが１組しかいない場合には，次点のペアも第二回投票に進む。またこの要件を満たす者が１組もいなければ上位２組が第二回投票に進む。

３月22日の第一回投票の結果，与党・社会党会派は支持を落し（21.78％），野党第一党・国民運動連合を中心とする保守中道会派が，29.1％の得票率で勝利した。国民戦線は単独政党としては，右派連合の得票率（20.89％）を４％ほど引き離して25.2％と結党以来最高の得票率で，101県のうち43県で第一党となった。しかし29日の第二回投票では，国民戦線が過半数の議席を得られた県は一つもなく，22.3％の得票率で14の県議会で62議席を獲得するのみにとどまった[45]。

フランスの県議会選挙に導入されてきた小選挙区二回投票制は，大統領選，下院選挙同様，第2回投票に向けて，左右の政党グループ内での戦略的協力関係を作り出す。右派勢力の大勝をもたらした要因も，さらには，第二回投票の結果，国民戦線が単独で右派連合の27.61％に次ぐ第2位の得票率をもってしても一つの県議会も制することができなかった要因も，政党間の協力関係構築の成否にあった。

第一回投票の結果確定した議席は全体で308議席であった。そのうち右派が230，左派が66，そして国民戦線が8議席を確定させた。第二回投票に進んだ候補者たちの対決のパターンは，不戦勝が13，二派対立が1614（内，左右両派候補同士の対決型が682，右派勢力と極右勢力との対決型が538）三派対立が278あった[46]。

決選投票を闘うにあたって，保守中道勢力は，国民運動連合の下結集した。右派勢力側が，国民運動連合を中心に，右派連合，民主独立連合，民主運動，中道連合から成る会派を作り上げたのに対し，左派勢力は，社会党が左派連合および左派急進党と組んだものの，左派戦線，共産党および左派党から成る左派戦線会派とは袂を分かった。左派内の政党を一つにまとめることができなかったことが，第二回投票における得票の分散を招き，結局右派の勝利を招くことになった。

一方，第二回投票の結果を自党の議席確保に有利に結びつけるための戦略的連携相手を欠いた国民戦線への影響も大きかった。第二回投票まで残った国民戦線の候補者たちは，右派全体で集票した約832万票の半分にあたる410万8千票を単独で集めながら，得票数を議席につなげられなかった。

今回の県議会選挙は，大統領選と同じ選挙制度の下，全国レベルで実施されたことから，2017年の大統領選の前哨戦の意味合いをもった。今回の選挙の第一回投票時の投票動機に関する世論調査では，40％の人たちが，大統領と政府による諸政策への不支持を挙げていた。この割合は国民運動連合支持者たちの間では63％に，国民戦線支持者たちの間では65％にのぼった[47]。

2015年3月31日，独仏閣僚会議出席のためドイツのベルリンを訪れたオランド大統領は，県議会選挙での社会党の大敗を受けて，「政府は選挙で示された国民のメッセージに対応するつもりである」としつつも,「その対応は,現在の企業寄りの枠組みの中で行われる」と述べた[48]。

これで,2017年の大統領選挙を前に予定されている選挙は,現時点で2015年12月の地域圏議会選挙のみになった。比例代表制が適用される当選挙では,国民戦線の躍進が再び予想される。この選挙結果は少なからず次回の大統領選挙の行方に影響を与えると考えられるが,現在の左右二極ブロック化された政党システムの再編が予見できない現状では,国民戦線の孤軍奮闘は今後も続くことになろう。

⑵ 棄権率の上昇

オランド政権に対する国民の不満は2014年以降実施された一連の選挙にぶつけられ,政権与党・社会党の敗北と,不満の受け皿となった国民戦線の躍進を一様にもたらした。選挙が,社会の中で様々に分散した利害を統一的国家意思に向かって集約する役割を果たすどころか,選挙公約を果たすことのできない政権与党を否定する,切り捨てる場と化し,一部,政治的信条に基づくことのない大衆迎合的な政党への「擬似的支持」を結果として表出する。そればかりか,左右二極ブロック化された政党システムの中で,社会党,保守党以外に選択肢を見いだせない有権者が,政党,政府,政治そのものに対する関心,信頼感を失い,選挙を棄権する傾向が強まっており,選挙によって作り出される「多数派」の重み,政治的代表制の本質が問われる事態を招いている。

①選挙全般における棄権率の上昇

オランド大統領が政権に就いてからこれまで実施されてきた選挙全て(間接選挙の上院選挙を除く)で,高い棄権率が記録された。国民議会選挙,市町村議会選挙における棄権率は,第一回,第二回投票いずれも最高記録を更新した(国民議会:第一回投票42.8%,第二回投票44%,市町村議会:第一回投票36.45%,第二回投票37.87%)。欧州議会については,第一回投票こそ56.5%と前回の59.4%を下回ったものの依然として高く,第二回投票では57.39%と過去最悪の棄権率となった。県議会選挙においても,第一回,第二回とも55.5%だった前回の棄権率よりは低くなったが,二回とも約半数の選挙登録者が選挙権を行使しなかった(第一回投票49.83%,第二回投票50.02%)[49]。

選挙名簿未登録者（人口の７％）を加味すると，棄権率の高い欧州議会選挙，県議会選挙のみならず，国民議会選挙や市町村議会選挙においても棄権率は50％近くになる。2014年の市町村議会選挙で最も棄権率が高かった10都市のうち半数の５都市が，パリやリヨンの郊外にある都市だった。（Villiers-le-Bel:62.2%, Vaulx-en-Velin:62.1%, Evry:61.3%, Stains:61%, Clichy-sous-Bois:60.2%, Bobigny:59.4%）選挙名簿に登録していない人たちを考慮に入れると，これらの市町村議会は，ほんの一握りの有権者の利害しか反映していないことになる[50]。

②選挙制度にみる棄権誘発要因

棄権率が高くなる原因の一つに，選挙名簿登録要件が挙げられる。フランスでは18歳以上の有権者には，居住地の市役所で，選挙が実施される年の前年の12月31日までに選挙名簿への登録手続きを行うことが求められる（18歳になった年のみ，自動登録）。転居するたび新たな居住地で選挙の１年前に選挙名簿登録を改めて行わなければならない煩わしさが，移動性の高い，多くの潜在的な投票者を選挙から遠ざけている[51]。

二回投票制にも，棄権を誘発する要因があることが指摘されている。二回目の投票が決戦投票であることが認識されているために，第一回投票を「本番」と見ていない有権者が，とりあえず様子を見ようとする結果が，第一回投票の棄権につながる。第二回投票を棄権する可能性が高くなるのは，第一回投票で決着せずとも，票差が開いて第二回投票の結果が有権者に事前に明らかになっている場合と，第二回投票に残った候補者の中に，妥協できる次善の「選択肢」を見いだせない場合である[52]。

さらに，選挙実施のタイミングも，投票率の低下に影響を及ぼしてきた。従来，棄権率が相対的に低いといわれてきた国民議会選挙における棄権率が，特に2002年以降高い割合を示すようになったことには，大統領選の直後に国民議会選挙が実施されることになったことが関係していると考えられる。大統領選の勝者を輩出した政党が，大統領選の勢いそのままに直後の下院選挙も制するようになったために，国民議会選挙が単に大統領選の結果を再確認するだけの場となり，候補者同士の政策論争をめぐる競合的色合いを失い，有権者の選挙参加に対する意欲も奪うことになった。国民議会選挙棄権者の12％しか大統領選を棄権していなかった[53]。

③政治的無関心と信頼感の喪失

欧州委員会の世論調査によると，図１のとおり，フランス人の政党に対する信頼度は，サルコジ政権が始まった2007年ですでにわずか17%だったが，全体として降下し続け，オランド政権下では５%となった。一方，政府に対する信頼度も，発足時の割合を維持できず，サルコジ政権，オランド政権ともに国民の信頼を失っている。

2015年２月に行われたCEVIPOF（パリ政治学院の政治研究センター）による世論調査では，政治に対して関心があると答えた人たちが59%だった。政治制度に対する信頼度については，身近な制度ほど信頼度が高い結果となった。市町村議会に対する信頼度が68%で最も高く，県議会（58%），地域圏議会（57%）と続く。大統領制度に対する信頼度は40%で，EU（44%），国民議会（41%）に次いで６番目となり，政府に至っては33%で国内制度では最低の信頼度だった。一方，国家統治を行う政党に対する信

図１　政党・政権に対する信頼度

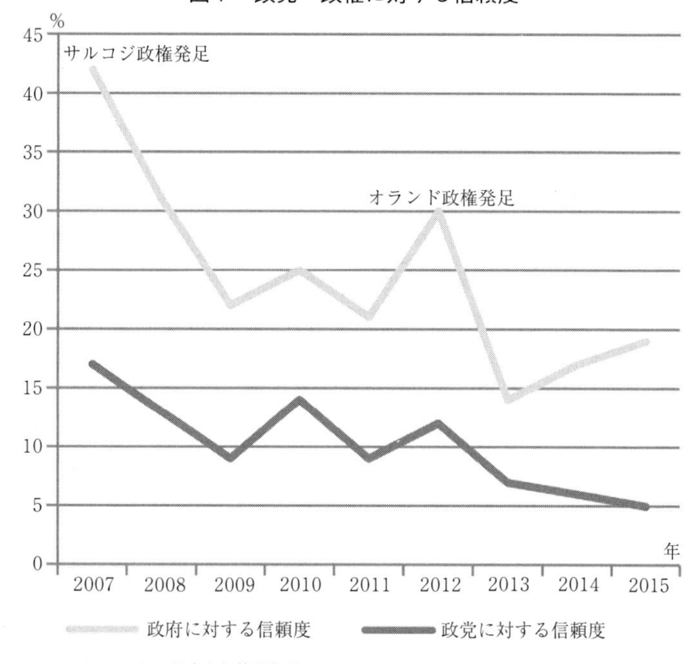

ユーロバロメーター調査より筆者作成
http://ec.europa.eu/public_opinion/cf/showchart_column.cfm?keyID=2191&nationID=6,&startdate=2007.05&enddate=2015.05

頼度については，左派，右派による国家統治では各々20％で拮抗しているが，左派右派どちらによる国家統治も信頼できないと答えた人が59％にのぼった[54]。

このような政治的無関心の高まり，政治に対する信頼感の喪失が，選挙のたびに棄権票となって表出することになるが，結果として高い棄権率がどの政党に有利に働くかを判断することは難しい。最も人口の多い労働者層が未だに社会党の支持基盤である場合は，社会党が棄権の影響を最も受けやすくなる。しかし，時代の変化とともに，社会党の支持基盤の多くが，右派政党や国民戦線に奪われてきた。その一方で，社会党の支持層は，最も投票率の高い定年前の中高年層，学歴の高い層となっている[55]。若年層，学歴がより低い層にその大衆迎合的な政策が受容されているはずの国民戦線は，棄権率の上昇によって影響を被ることになるが，これまでの一連の選挙結果が示す限り，その仮定は妥当とはいえない。

むすびにかえて

2017年の大統領選挙の第一回投票について2015年７月に行われた世論調査では，決選投票には保守党候補と国民戦線候補のマリーヌ・ルペンが進むとの結果が出た。保守党候補がアラン・ジュペ（Alain Juppé）か，サルコジどちらになろうとも，オランド社会党候補は第一回投票の結果３位に沈み，2002年の大統領選同様，極右政党候補に決選投票進出権を奪われるだけではなく，再選を目指す大統領選で現職大統領が決選投票に進めないという不名誉な記録を新たに打ち立てることになる[56]。

しかし，2015年２月に実施されたTNS-Sofresの世論調査によれば，国民戦線の政策に対する支持率は33％で，これまで国民戦線に投票したことはなく，今後も支持はあり得ないと答えた人たちは62％にのぼり，将来国民戦線を支持する可能性があると答えた人たちの６倍近くになった[57]。また今後の国民戦線のフランス政治における役割として，政権に参加する力があると考える人は36％，政権への反対票を受け止めるだけの政党と答えた人たちが54％だった[58]。

これから2017年の大統領選までの間に，オランド政権がこれまで実行してきた諸政策の成果を出し国民からの支持を取り戻し，この世論調査の結果を裏切るような現実をもたらすとは考えにくい。第五共和制の大統領は，

2000年の憲法改正以降，任期は２年間短縮されたものの，議会多数派の支持を得てその５年間の任期中存分に行政権を発揮できるはずだった。しかしオランド大統領もサルコジ前大統領同様，フランス国民の期待に応える形で自国の経済を再生するに至っていない。盤石な体制下での政権運営だからこそ公約の実効性を示せないことが，かえって大統領の無能ぶりを際立たせ，国民のさらなる離反を招くという皮肉な結果となった。

政治制度の抜本的刷新によって統治能力と国民の信頼を回復させた模範的な事例として紹介[59]されてきた第五共和制は，60年近い歳月の間に，統治能力，国民の信頼をともに失い，機能不全となった。これまで同様，前の政治体制を支える原理を根本的に否定することにより，フランスは再生できるのか。三権分立の明確な米国型大統領制への移行か，それとも議会中心主義の議院内閣制への回帰か，第五共和制を否定してもその先は見通せない。

（1） オランド大統領の支持率推移：2012年６月55％，12月35％，13年６月29％，12月21％，14年６月16％，12月15％，2015年６月19％。http://www.tns-sofres.com/dataviz?type=1&code_nom=hollande

（2） 議会内に小政党が乱立し安定した多数派が形成されることがなかったために，議会に堅固な基盤を持てない内閣は短命だった（第三共和制：65年間で107内閣，第四共和制政：12年間で25内閣）。

（3） 1962年10月28日の国民投票により，大統領直接公選制を導入する憲法改正が同年11月６日制定の選挙法によって行われた。これにより，直接選挙によって選出される国民議会との関係においても，大統領の民主的正統性は強化され，大統領中心主義の統治構造が構築されていく。

（4） 保革共存内閣。所属勢力の異なる大統領と首相が行政府内に共存する状態を指す。第一次コアビタシオン：1986年３月～1988年５月ミッテラン（社会党）大統領とシラク（共和国連合）首相，第二次：1993年３月～1995年７月ミッテラン大統領とバラデュール（共和国連合）首相，第三次：1997年３月～2002年５月シラク大統領とジョスパン（社会党）首相。

（5） 比例代表制がとられているのは，欧州議会選挙，地域圏議会選挙ならびに人口1000人以上の市町村議会選挙。上院選挙は間接選挙制をとる。

（6） ドゴール主義政党として発足した共和国連合（RPR）が非ドゴール主義政党であったフランス民主連合（UDF）と統合して2002年に国民運動連合（UMP）となり，2015年保守党と改名した。2014年11月29日にサルコジ元大統領が党首に選出された。

（7）　1974年から第五共和制3代目の大統領を務めたが，1981年の大統領選でフランソワ・ミッテラン（François Mitterrand）に敗れ，再選を逃した。
（8）　フランス内務省 HP（最終閲覧2015年8月末日）。http://www.interieur.gouv.fr/Elections/Les-resultats/Presidentielles/elecresult_PR2012/(path)/PR2012/FE.html
（9）　Présidoscopie– Ipsos / Logica Business Consulting pour *Le Monde*, le CEVIPOF, la Fondapol et la Fondation Jean Jaurès / Avril 2012 – Vague 9, p.19.
（10）　フランス社会党の公式 HP（最終閲覧2015年8月末日）。http://download.parti-socialiste.fr/projet_presidentiel_2012_francois_hollande.pdf
（11）　Ibid.
（12）　Wikipédia（最終閲覧2015年8月末日）. https://fr.wikipedia.org/wiki/%C3%89lections_l%C3%A9gislatives_fran%C3%A7aises_de_2012
（13）　フランス内務省 HP（最終閲覧2015年8月末日）。http://www.interieur.gouv.fr/Elections/Les-resultats/Legislatives/elecresult_LG2012/(path)/LG2012/FE.html
（14）　2011年9月25日に行われた元老院（上院）選挙の結果，改選された170議席で社会党を含む左派会派が95議席（55.9%），国民運動連合を含む右派が75議席（44.1%）を獲得し，元老院全体の議席配分は左派177議席（50.9%），右派171議席（49.1%）とほぼ拮抗していた。フランス内務省 HP（最終閲覧2015年8月末日）。http://www.interieur.gouv.fr/Elections/Les-resultats/Senatoriales/elecresult_senatoriales_2011/(path)/senatoriales_2011/index.html
（15）　フランス政府の公式 HP（最終閲覧2015年8月末日）。
http://www.gouvernement.fr/action/les-emplois-d-avenir
（16）　フランス政府の公式 HP（最終閲覧2015年8月末日）。
http://www.gouvernement.fr/action/le-contrat-de-generation
（17）　フランス経済省の公式 HP（最終閲覧2015年8月末日）。
http://www. economie.gouv.fr/pacte-responsabilite/cice/detail
（18）　フランス政府の公式 HP（最終閲覧2015年8月末日）。
http://www.gouvernement.fr/action/la-securisation-de-l-emploi
（19）　フランスでは法定最低賃金が高く，厳しい雇用規制によって雇用コストが高くなっている。法人税率が高く，社会保障費の雇用主負担割合が大きいことも，企業収益を圧迫してきた。
（20）　2010年の値を100とした場合，11年101，12年103，13年104，14年105.9で推移。ユーロスタット（EU 統計局）の HP（最終閲覧2015年8月末日）。
http://ec.europa.eu/eurostat/tgm/refreshTableAction.do?tab=table&plugin=1&pcode=tipslm20&language=en
（21）　詳細は次の文献を参照されたい。加賀美雅弘，川手圭一，久邇良子，

『ヨーロッパ学への招待　第２版』学文社，2014，222頁。

(22)　ユーロ圏の国家は，財政赤字を名目 GDP 比３％以内，公的債務残高を名目 GDP 比60％以内におさめなければならない。1997年に決定された「安定・成長協定」に盛り込まれたが，運用当初から順守できない国が続出し，「柔軟化」の名の下に順守規定が緩和されたことが，ユーロ危機を招く一つの要因となった。

(23)　フランス経済省の公式 HP（最終閲覧2015年８月末日）。http://www.economie.gouv.fr/pacte-responsabilite

(24)　2014年８月に経済産業デジタル相に任命されたエマニュエル・マクロン（Emmanuel Macron）がまとめた。フランス政府の公式 HP（最終閲覧2015年８月末日）。http://www.gouvernement.fr/action/le-projet-de-loi-pour-la-croissance-l-activite-et-l-egalite-des-chances-economiques

(25)　会期内の法案一件（予算法案と社会保障予算法案は別扱い）について，首相は国民議会に対する責任をかけ，採択することができる。

(26)　“Le tableau de bord politique”, Ifop, juin 2015, p.10. http://www.ifop.com/media/poll/3047-1-study_file.pdf

(27)　INSEE, *Infos rapides*, 14 août, 2015, no.195.

(28)　INSEE, *Infos rapides*, 4 juin, 2015, no.136.

(29)　人口1000人未満の市町村議会：非拘束名簿式多数決二回投票制。第一回目投票で有効投票数の過半数を取るなどの条件を満たすと当選となる。当選人が議席数に達しないときは二回目の投票を行い，相対多数の順に当選する。②人口1000人以上の市町村議会：拘束名簿式比例代表二回投票制。候補者名簿上男女の差が１を超えてはならず，登載順は男女交互でなければならない。第一回目の投票で有効投票数の過半数に達した名簿は，その時点で議席数の半数を獲得し，残り半数の議席について当該名簿も含めて比例配分する。第一回目投票で過半数に達する名簿がない場合は，二回目の投票が行われ，相対多数の名簿にまず議席数の半数が配分され，残りの議席を当該名簿も含めて比例配分する。③パリ，リヨン，マルセイユの議会：パリ，リヨンは区，マルセイユは16区を２つの区毎にまとめた連合区が選挙区となる。選挙制度は②と同じ。

(30)　フランス内務省 HP（最終閲覧2015年８月末日）。http://www.interieur.gouv.fr/Elections/Les-resultats/Municipales/elecresult_MN2014/(path)/MN2014/FE.html

(31)　Ibid.

(32)　“Municipales 2014: ces villes qui ont basculé à droite”, *Le Figaro. fr.*, 31 mars 2014. http://elections.lefigaro.fr/municipales-2014/2014/03/30/01052-20140330ARTFIG00204-municipales-2014-ces-villes-qui-ont-bascule-a-droite.php

(33)　Paul Laubacher, "Municipales: ces 11 villes qui tombent aux mains du Front National", *L'OBS municipals*, 30 mars 2014. http://tempsreel.nouvelobs.com/politique/elections-municipales-2014/20140330.OBS1874/municipales-ces-villes-qui-tombent-aux-mains-du-front-national.html

(34)　"Enquête Ifop/Fiducial pour Paris Match, iTélé et Sud Radio", *Paris Hatch*, 2015 3/12. http://www.parismatch.com/Actu/Politique/Enquete-exclusive-Ifop-Fiducial-Un-an-apres-un-premier-bilan-des-mairies-Front-national-723998

(35)　"Hollande nomme Valls à Matignon et promet des baisses d'impôts", *Le Monde. fr.*, mars 31 2014. http://www.lemonde.fr/politique/article/2014/03/31/francois-hollande-s-adressera-aux-francais-a-20-heures_4393110_823448.html

(36)　Nord Ouest, Ouest, Est, Sud-Ouest, Sud-Est, Massif-Central Centre, Ile-de-France, Outre-Mer.

(37)　欧州議会議員は各国の政党から立候補するが，出身国に関係なく国家横断的に政治会派を作ることができる。会派結成には７カ国以上の加盟国から25人以上の議員が必要になる。現在のところ「反 EU」勢力は，この要件を満たし新会派を結成できるほどまでは，結束・連携の動きを強めていない。

(38)　フランス内務省 HP（最終閲覧2015年８月末日）。http://www.interieur.gouv.fr/Elections/Les-resultats/Europeennes/elecresult_ER2014/(path)/ER2014/FE.html

(39)　"Hollande calls for EU to change tack after far-right elections success", *DW*, 26/5/2014, http://www.dw.de.hollande-calls-for-eu-to-change-tack-after-far-right-election-success/a-17664449

(40)　"French PM Valls promises more tax cuts after far-right win, *DW*, 26/5/2014. http://www.dw.com/en/french-pm-valls-promises-more-tax-cuts-after-far-right-poll-win/a-17662485

(41)　全87625人中，約95％を市町村議会議員代表，残りの約５％を下院議員，地域圏議会議員，県議会議員で構成する。

(42)　フランス内務省 HP（最終閲覧2015年８月末日）。http://www.interieur.gouv.fr/Elections/Les-resultats/Senatoriales/elecresult_SN2014/(path)/SN2014/index.html

(43)　改正内容については次の文献が詳しい。服部有希「フランスの県議会議員選挙制度改正－パリテ２人組投票による男女共同参画の促進－」『外国の立法　261』（2014.9）22～28頁。

(44)　拙稿「フランスの政治過程への女性参画－男女同数制導入の成果と限界－」『年報政治学　2010－Ⅱ　ジェンダーと政治過程』（Vol. 61－２）74頁。

(45) フランス内務省 HP（最終閲覧2015年８月末日）。http://www.interieur.gouv.fr/Elections/Les-resultats/Departementales/elecresult_departementales-2015/(path)/departementales-2015/FE.html

(46) *Le Monde*, 23 mars 2015.

(47) “Sondage Ifop pour Paris Match”, *Paris Match* fév. 24 2015. http://www.parismatch.com/Actu/Politique/Sondage-Ifop-pour-Paris-Match-Vers-un-vote-sanction-aux-departementales-715898

(48) “Hollande en Allemagne pour un Conseil des ministers commun”, *rfi. fr.*, mars 31 2015. http://www.rfi.fr/europe/20150331-hollande-allemagne-berlin-merkel-departementales-valls

(49) “Abstention”, TNS Sofres, 1.1.2014 http://www.tns-sofres.com/etudes-et-points-de-vue-abstentions

(50) Céline Braconnier et Jean-Yves Dormagen, «Ce que s’abstenir veut dire», *Le Monde diplomatique*, mai 2014, pp.4-5.

(51) 2015年12月６日，13日に実施される地域圏議会選挙に限り，選挙名簿登録手続きの締め切りが2015年９月30日まで延期される措置がとられた。

(52) 山下茂『フランスの選挙－その制度的特色と動態の分析－』第一法規，2007，２頁。

(53) Xavier Niel et Liliane Lincot, “L’inscription et la participation électorales-en 2012 Qui estinscrit et qui vote”, *Insee Première*, no.1411, sept. 2012.

(54) “Baromètre de la confiance politique vague 6bis”, *CEVIPOF*, fév. 2015, p.17. http://www.cevipof.com/fr/le-barometre-de-la-confiance-politique-du-cevipof/resultats-1/vague6/vague6bis

(55) Rémi Lefebvre, “Le partisocialiste”, Pascal Delwit (ed.), *Les partis politiques en France*, Editions de l’Université de Bruxelles, 2014, pp.55-57.

(56) “Les intentions de vote pour le 1er tour de l’élection présidentielle de 2017”, *Ifop*, juillet 2015. http://www.ifop.com/media/poll/3099-1-study_file.pdf

(57) “Baromètre d’image du Front national”, *TNS Sofres*, fév. 2015, p.13. http://www.tns-sofres.com/sites/default/files/2015.02.16-baro-fn.pdf

(58) Ibid. p.16.

(59) 増田正『現代フランスの政治と選挙』芦書房，2001，51頁。

「政党の共和国」から「大統領の共和国」へ？

――イタリア第2共和制における大統領――

池谷知明*

要旨：イタリアの共和体制は政党によってつくられた。「政党の共和国」，政党支配体制といった表現に示されるように，政党は政治の中心に位置していた。1990年代半ばの選挙制度の変更と政党の交代によって第2共和制に移行したと言われるが，そこで現出したのは「政党の第2共和国」ではなく第1共和制において政党の陰に隠れていた大統領であり，第2共和制は「大統領の共和国」と称されたりもする。第2共和制において左右の2極化と政権交代は実現したが，安定した政党システムは確立されなかった。左右の対決政治が先鋭化したことによって，また，多数決型政治と合意形成型制度の齟齬の中で大統領は政治過程に積極的に関与するようになった。公式の権限に加え，チャンピ，ナポリターノの二人の大統領は，非公式の権限としてのコミュニケーション・パワーを行使し，その存在感を高め，世論の支持を受けた。不安定な政治状況の下で，大統領は「国の統一を代表する」(憲法第87条1項）役割を果たしている。

キーワード：イタリア，第2共和制，大統領，国の統一，代表

はじめに

1990年代半ばの政治変動によって，イタリアは第2共和制に移行したと言われる。それは第1に，戦後の共和体制をつくってきた政党の多くが消える一方で，新たな政党が台頭したことによる。「政党の共和国（la Repubblica dei partiti)」(Scoppola, 1997）と呼ばれたように，戦後のイタリア政治を主導したのは政党であり，脆弱な官僚機構に代わって，政党支配体制(partitocrazia）をつくりあげた。「政党の共和国」，政党支配体制は上下両院

* 早稲田大学社会科学総合学術院教授　政治学

選挙で採用された比例代表制[1]によって補強されていた。1993年選挙法によって，小選挙区相対多数代表と比例代表の混合選挙制度が採用されたが，このことが第2共和制移行の第2のメルクマールである。言わば，ゲームのプレーヤーの交代とゲームの基本的ルールの変更によって，憲法改正[2,3]がなかったにもかかわらず，体制移行を遂げたと考えられるようになった。

第2共和制の特徴は，左右の2極化と政権交代の実現にある。諸政党は，選挙前に選挙連合を結成し，首相候補を有権者に示して選挙に臨むようになった。2008年まで，選挙は明確な勝者を生み，勝利連合が政権を担うことになった。選挙は政党選択のみならず，政権と首相選択の意味を持つようになり，また，選挙ごとに勝利連合が異なり，政権交代も実現した。左右2極の対決政治と政権交代の実現によって，1980年代末から起こった政治改革運動は，その実を挙げたかのように思われた。しかし，2極化と対決政治は，新たな「政党の共和国」をつくらなかった。

政党に代わって第2共和制において注目されるのは，国家元首である共和国大統領（以下，単に大統領と記す）である。第1共和制において，大統領は，議会，政府，とりわけ政党のように政治過程の中心に位置せず，世論の関心を集めることもなかった。大統領は政党中心の政治過程から切り離された存在[4]として，その政治的役割よりも人間性，個性という側面から判断され，評価され，また批判されてきた。ところが，第2共和制において大統領は，政治過程の中心に躍り出て（Mammarella e Cacace, 2011, v），その影響力から「大統領の共和国」（la Repubblica del presidente）（Lippolis e Salerno, 2013）とも評されている。言わば大統領制の大統領主義化が進行している状況にある（Palladino, 2015）。

本稿の目的は，第2共和制における大統領の中心性について検討することにある。以下では，まず大統領の役割と権限について考察し，次いで第2共和制の政党システムについて検討する。第2共和制が新たな「政党の共和国」とならなかった（なれなかった）ことが，大統領を政治過程の中心に導いたと考えられるからである。2極化と対決政治が定着する中で，大統領がどのような権限を行使しているかについて検討し，最後に大統領が果たしている機能の中でもとくに重要だと考えられる統合機能について考察する。政党の交代と選挙制度の変更に特徴づけられるイタリア第2共和制を，大統領制の変容という視角から検討することも，本稿の目的の一つである。

1. 大統領の役割と権限

イタリア共和国憲法は，「第２部　共和国の組織」の「第２章　大統領」で，その選出方法，地位，権限などを定める。これらの規程の中で本稿が注目するのは，大統領の選出（第83条）規程および地位・権限を定める第87条のうち「国家元首であり，国の統一を代表する」（第87条１項）点，両議院への教書送付（同２項）権限，政府提出法案の承認権限（同４項），両院の解散権（第88条１項）を定めた条項[5]である。大統領の権限等は第２章の他に，議会，政府の関連条項で規定されている。行論では，議会との関係の点で，大統領による法案の再議請求権（第74条１項），政府との関係から，首相の任命および大臣の任命（第92条２項）[6]について言及する。

2. 政治システムの安定性と大統領

議院内閣制において国家元首の影響力が，国家元首の個性に加えて，公式の権力と政治システムの安定性という要素から構成される（Lippolis e Salerno, 2013, 20）とするならば，第２共和制における大統領の政治的影響力はどのように考えるべきか。

合議制の内閣や議会と異なり，大統領職が単独制である限り，大統領の個性はその権限行使に影響を与えうる。第１共和制においても，各大統領は，政治介入に積極的であろうと消極的であろうとそれぞれの個性を発揮し，ときに賞賛され，ときに批判・非難された。憲法上の規定に加えて，ときどきの大統領の政治的実践が先例・慣例として大統領職・像をつくった。しかし，彼らは「政党の共和国」を崩しはしなかった。

公式の権力，すなわち大統領に関する憲法上の規定は，第１共和制から第２共和制への移行に当たって憲法改正がなかったことから変更はない。国家元首であるイタリア大統領は，組閣，議会の解散，終身上院議員の任命，政策形成への関与などの点で，他のヨーロッパの議院内閣制をとる国の国家元首に比べて強い権限を持つと考えられる（Tebaldi, 2014, 563-564）。しかし，第１共和制において，その存在は政党の陰に隠れていた。

以上のように考えれば，第２共和制における大統領の役割の増大，注目の高まりは，政治システムの（不）安定性に起因すると言えよう。実際，第1共和制から第2共和制への移行・過渡期のイタリア政治はきわめて不安定かつ流動的で，その時期に大統領を務めたスカルファロ（Oscar Luigi Scalfaro）は，政治過程への関与から，大いに注目を集め，それゆえ批判を浴びたのであった。

3．体制移行と大統領

第1共和制に終焉を迫る動きは，1980年代末から起こっていた。既成政党を批判し，イタリアへの連邦制の導入を主張するロンバルディア同盟がキリスト教民主党の地盤である北部イタリアで支持を集めた。他方で，政権交代の欠如とその結果としての政治腐敗を批判し，政治改革を求める動きがレファレンダムに結びつき，1991年6月に下院選挙法の優先投票に関して廃止が可とされた[7]。

ロンバルディア同盟は，他の地域主義政党と合同して北部同盟と党名を改めて初めて戦った1992年両院選挙で，両院ともに8％を超える全国得票率を示した。その煽りを受けて，キリスト教民主党の全国得票率は両院で初めて30％を割り込んだ。第2党の共産党は，ベルリンの壁の崩壊を受けて党名と政治方針の変更を決定し，1991年に左翼民主党が誕生したが，他方で，左派が共産主義再建党を結成することにより，1992年両院選挙での得票率は1989年両院選挙のそれを下回ることになった。

組閣を前にして，政治システムの刷新を訴え，その過激な発言から耳目を集め，それゆえ諸政党から批判を受けていたコッシーガ（Francesco Cossiga）が1992年4月28日に任期を2カ月余り残して大統領を辞任し，大統領選挙が行われることになった。

大統領選挙は5月13日から始まったが，有力視されていたキリスト教民主党のフォルラーニ（Arnaldo Forlani）らがいずれも選出に必要な票を得られず，15回目の投票を終えても決しなかった。5月23日にマフィア捜査の責任者である司法官がシチリアで暗殺される[8]と，下院議長のスカルファロを選出することで政党間の合意が成立した。25日に行われた選出会議で大選挙人[9]1011人のうち1002人が投票する中で672票を獲得して，スカルファロが第9代大統領に選出された。憲法制定議会からの議会人で，いくつかの内閣で大臣を務めていたものの，スカルファロはキリスト教民主党と政治に対する異端者とみなされていた。選挙前にほとんど予想されていなかったスカルファロが大統領に選出された（Della Sala, 1993, 43-47）こと自体が，イタリア政治の不安定性・流動性を象徴していた。

スカルファロが大統領に就任したあとも，政治変動は止まなかった。むしろスカルファロとともに政治は大きく変化し，第１共和制は終焉を迎えることになる。

1993年４月に上院選挙法の小選挙区における阻止条項の廃止に関するレファレンダムが成立し，同月，スカルファロは共和国初の非議員首相であるチャンピ（Carlo Azeglio Ciampi）を任命した。プロフェッショナルな政治家でないリーダーを望む世論に応える形で，大統領が首相の任命権を文字通りに行使した（Pasquino and Vassllo, 1994, 56-59）。

４月のレファレンダムの結果を受けて，議会は早くも同年８月に上院の選挙法を改正し，さらに同レファレンダムの対象になっていなかった下院の選挙法をも改正するに至った。他方で，ミラノに端を発した汚職摘発が全国に広まり，多くの国会議員に捜査通告がなされ，秋に行われた地方選挙では左翼民主党が躍進していた。

年が改まると，スカルファロは議会がもはや代表性を喪失していることを理由に両院を解散（1994年１月）し[10]，1993年選挙法のもとで選挙を行うことになった（Pastore, 2003, 106; Timiani, 2008, 320-321）。

選挙を前にしてキリスト教民主党は解党し，代わってメディアの帝王と呼ばれたベルルスコーニ（Silvio Berlusconi）がフォルツァ・イタリアを立ち上げて政界入りした。４月に行われた選挙では，フォルツァ・イタリアを軸とした中道・右翼連合の勝利によってベルルスコーニ政権が誕生した[11]。しかし，政権連合から北部同盟が離脱したことによって同政権が12月に崩壊すると，スカルファロはベルルスコーニが求めた両院の解散を拒否し，翌95年１月にディーニ（Lamberto Dini）を首相に任命し，全閣僚が非議員のテクノクラート内閣をつくった（Lippolis e Salerno, 2013, 24）。

第１共和制から第２共和制へと移行する過程で，スカルファロによるチャンピ，ディーニの首相任命と議会の解散および拒否が注目され，また，批判された。しかし，スカルファロの権限行使は第１共和制から第２共和制への「船頭」（Mammarella e Cacace, 2011, 228-257）として果たしたものであり，過渡期における一時的なものと考えられた。1993年選挙法が定着し，とくに1996年両院選挙以降，諸政党が左右２極の選挙連合に結集して選挙を戦うようになると同時に，選挙結果が首相と政権を決めることになったからである（Cotta and Verzichelli, 2007, 116）。

しかし，イタリア政治のその後の推移は，大統領の影響力が一時的なものであるという見方を否定した。いったん政治過程の中心に躍り出た大統領は，チャンピ，ナポリターノと代が替わっても脇に退くことはなく，第2共和制の政治において重要な役割を演じる。第2共和制で進展した左右の2極化の中で，大統領への注目・関心は高まった。むしろ2極化が大統領の影響力を強め，大統領の政治過程における中心性を促進したと考えられるのである。

4. 2極化と不安定な政党システム

1994年両院選挙で諸政党は選挙連合を結成して選挙に臨むようになった。この選挙では，左翼，中道，右翼の3極の競合となったが，1996年両院選挙以降，中道・左翼，中道・右翼の2極の選挙連合に諸政党が収斂し，選挙競合を展開するパタンが定着した。選挙連合の結成は，2005年選挙法によって制度化された。しかし，2極化の定着，制度化は，安定した政党システムを構築しなかった。選挙連合はそのときどきの選挙を戦うためにつくられた政党の連合体にすぎなかった。選挙で勝利すれば政権連合を形成したが，敗れた場合に野党連合として政権に対峙することはない。選挙連合に継続性はなく，選挙連合の名称が変更されることもあった。前回選挙と同一の名称を用いていても，連合を形成する政党は異なった。選挙連合は，選挙競合の単位ではあったが，安定性，継続性，一貫性に欠け，政党と異なり，政治における確立した単位とならなかった。

政党に目を向ければ，2極化によって政党の破片化状況がつくり出された。選挙で勝つためには，広範な勢力を選挙連合に結集させなければならず，小政党を選挙連合引き入れる必要があった。1993年選挙法の下では，小選挙区での当選を小政党に保証するために票の取引が行われたり，協定が結ばれたりした。2001年下院選挙では，比例代表で阻止条項の4％を突破して当選者を出した比例リストが5に過ぎなかったのに対して，15もの政党（連合）が小選挙区で当選者を出した（池谷，2003）。

2005年選挙法は多数派プレミアム制[12]を導入したことで知られるが，他方で小政党に対してもプレミアム制が用意されていた。というのも，阻止条項が選挙連合の大小によって異なり，小政党はより大きな選挙連合に加わることによって議席の配分を受けるからである[13]。

2007年の民主党の結成とその対抗措置としての中道右派勢力の自由の国民への結集は，２極化から２党化への移行を思わせた。実際，2008年両院選挙においても左右の２極の選挙競合が展開されたが，左右２つの選挙連合に加わった政党は，それぞれ３，２と激減した。しかし，2013年両院選挙では再び選挙連合内の破片化が進んだ。何よりも５つ星運動が台頭したことによって，２極化は崩れ，むしろ３極化の様相を呈した。後述するように，このような状況で，ナポリターノ（Giorgio Napolitano）が共和国史上はじめて再選される大統領となった。

2013年秋に自由の国民が分解し，フォルツァ・イタリアが復活したように，政党市場は流動的で，安定した政党システムは確立していない。このような状況では，新たな「政党の共和国」が生まれるはずもない。

5．政権危機と大統領の役割の変化

イタリア議院内閣制の特徴の一つは，首相の任命権が大統領にあり，首相の推薦の下に大臣が大統領に任命されて内閣が組織され（憲法第92条１項），その後，両院の信任を受ける必要がある（同第94条１項）点にある。

首相の任命権は，第１共和制においても行使されていた。両院選挙の前に首相候補が示されず，選挙後であっても，誰が首相になるかただちに予想がつかない状態であったから，大統領が各党と協議し，首相の調整を行うことが求められた。無事に政権が発足しても，不安定な連立ゆえ，政権危機も頻繁に起こったため，やはり大統領が調整・調停役として諸政党と協議をして，後継首相を任命した。しかし，第１共和制においては，政権はキリスト教民主党を中心にして形成され，危機が起ころうと連立の組み合わせに大きな変化はなかったし，起こりえなかった。組閣に当たって大統領による複雑かつ長時間の調停が必要であったとしても，次期首相候補は多数派の多様な利益を均衡させることができるか，連立を組む政党あるいはキリスト教民主党内から拒否権を行使されないような人物であった（Pastore, 2003, 76-77）。したがって，大統領が直接的に介入する余地は少なかった。キリスト教民主党が政権から外れることはなかったし，不完全な２党制と呼ばれた（Galli, 1966）ようにキリスト教民主党に代わって共産党を軸とする政権がつくられることはあり得なかった。議会の解散も政党によって決定されていたし，政治危機の際の調停者・仲介者としての大統領の役割も形式的で，事実上，政党によって危機は克服されていた（Lippolis e Salerno, 2013, 23）。第1共和制における大統領の首相任命は，消極的コントロール（Grimaldi, 2001, 175）に過ぎなかった。

第2共和制では，2013年両院選挙を除いて，選挙結果が政権と首相を決定し，選挙後の大統領による首相の任命は形式的行為となった。言わばウェストミンスター・モデルへの移行によって，大統領はイギリス女王の役割に近くなった（Lippolis e Salerno, 2013, 24）とも評された。しかし，選挙連合が政党連合体であり，凝集・一体性が保証されていない以上，連立政権の不安定性が払拭されたわけではない。実際，全立法期を通じて，つまり選挙から次の選挙まで継続して政権の座にあったのは，2001年両院選挙で勝利したベルルスコーニだけであった。1996年両院選挙で勝利して成立したプローディ（Romano Prodi）政権は，選挙連合に加わっていた共産主義政権党が離れたことによって1998年に崩壊した。後任首相はやはり中道・左翼連合のダレーマ（Massimo D'Alema）であったが，オリーブの木に加わっていなかったコッシーガが率いる共和国民主連合が支持したことによって成立したから，オリジナルなオリーブの木が継続したわけではなかった。その後，2000年にダレーマ政権が崩壊すると，1999年に大統領に就任したチャンピはアマート（Giuliano Amato）に組閣命令を下した。

2006年選挙両院選挙で勝利して誕生したプローディ政権が，小会派の離脱によって2008年1月に上院で信任を得られなかったあと，大統領であったナポリターノの後継首相の調整・調停が失敗に終わり，議会が解散されたことに見られるように，大統領の首相任命権は絶対的なものではない。他方で，2011年秋の金融危機の際にモンティを首相に任命し，テクノクラート内閣を組閣させたように，政治状況によっては強力な権限行使となる場合がある。大統領の首相任命は，きわめて形式的行為である場合と，政治に大きな影響を与える実質的行為である場合があり，その役割・権限は振幅が大きい。大統領の権限がアコーディオン（Pasquino, 2010, 154-160）と呼ばれるゆえんである。

6. 対決政治と大統領

第1共和制における政党間の合意形成的な政治運営に代わって，2極化は政権派と反対派，多数派と少数派との対決政治を現出させた。政治改革運動が求めた多数決デモクラシーの実現によって効率的な議会運営が期待されたが，対決の先鋭化は，むしろ大統領への関心と大統領の存在を高めることになった。というのも，数で劣る反対派が法案の成立を阻止したいがために，「クイリナーレの丘に登る」[14]ことをたびたび行ったからである。ベルルスコーニが一貫して政権の座にあった第14立法期においても，大統領チャンピは，存在感を確かに示したのであった。

大統領は立法に関する権能として，政府提出法案を承認する権限（第87条4項）や両院が可決した法案に対する再議要求権（第74条1項）をもつ。数で劣る反対派は，「小さな兄弟が口論をして父親の権威にすがる」ように「大統領の上着を引っ張る」と揶揄されたように，大統領の保護を求めたのであった。チャンピが在任中に行使した再議権は8回で，回数的には歴代の大統領と異ならない。しかし，歴代の大統領がもっぱら行使したのは，予算案に対する再議であった（Grimaldi, 2011, 180-181）。他方で，チャンピの場合には，ガスッパリ法と呼ばれたテレビ・ラジオ制度再均衡法（2003年12月）や司法組織法改正案（2004年12月）など，政権と反対派が激しく対立する法案が含まれていた。2極化と対決政治に対する未成熟ゆえの大統領への直訴とも批判されるが，いずれにしても政権安定期においても大統領に注目が集まり，また，大統領の立法過程への介入をもたらした（Lippolis e Salerno, 2013, 24-25）のである。

7. 大統領のコミュニケーション・パワー

公式の権限以上に，近年の大統領の影響力において注目されているのが，大統領が行使する非公式の権限である。その一つが「表明（esternazione）」である。表明は，声明，インタビュー，ニュース報道など，公式，非公式を問わず，大統領が発する，あるいは大統領が発したと伝えられるメッセージである。表明を通じて，大統領は人々の関心を集め，存在感を示すとともに，その影響力を行使する。大統領が公式の権限を行使する際には，関連する大臣の副署が必要であり，その点で大統領の権限は制約されている。しかし，表明は憲法に規定されない非公式の行為であるから，大臣の副署は求められない。表明は，大統領が持つ公衆に向けた自立的・個人的なコミュニケーション・パワーと理解されている（Amoretti and Giannone, 2014, 443）。

表明を世論との直接的なチャンネルとして意識的に活用し始めたのは，ペルティーニ（Sandro Pertini）であったが，それはイタリアにおける民間放送の普及期と重なる。歴代の大統領が行った「表明」のテーマは，政治状況・制度に留まらず，外交，社会問題，司法，治安，経済，文化など多岐にわたり，大統領の一般への認知を高めることに貢献した。メディアが伝える表明によって，大統領は一般に可視化されるようなったが，それはチャンピ，ナポリターノにおいてとくに高まり，２人は（成功した）メディア化された大統領[15]と考えられている。両者とも表明をときに意図的，戦略的に用いることによって，世論の支持を獲得（しようと）した（Tebaldi, 2005, 261-305; Fusaro, 2010, 201; Amoretti and Giannone, 2014, 443-447）。

チャンピ，ナポリターノの２人の大統領が行使した非公式の権限として注目され，活用された大統領のもう一つのコミュニケーション・パワーが「道徳的説得（moral suasion）」（Marrone, 2013）である。道徳的説得は，中央銀行が金融機関の自律性を尊重しながら行う指導・圧力から転用された用語であるが，まさに中央銀行総裁を務めたチャンピによって導入されたとされる（Amoretti and Giannone, 2014, 447-448）。

道徳的説得は，法案の正統性や合憲性を理由に法案修正のためになされたり，政権と反対派が議会で激しく対立する政策の修正を勧告したりする，大統領による立法過程への関与・介入である。とくにナポリターノは，再議権の行使という公式かつ事後的介入よりも非公式かつ事前的介入である道徳的説得を好み，中道右派政権が提出した法律命令[16]への懸念を表明した[17]（Grimaldi, 2011, 182-183）。

道徳的説得は，大統領と首相との会談・協議による非公式かつパーソナルなもの，立法関係者（首相，両院議長，関係委員会の委員等）への文書による公式なものの他，メディアを介した直接的（声明，インタビューなどの表明），間接的（公式の声明を伴わない報道，解説など）なものに分けられるが[18]，これらを併用し，メディアを介して世論と直接的に結びついた。その点で，チャンピもナポリターノもメディア化された大統領であった（Amoretti and Giannone, 2014, 448-449）[19]。

イタリアにおけるメディア政治と政治の個人化については，ベルルスコーニに対して言及される（Calise, 2010）ことが一般的であるが，他方で，チャンピ，ナポリターノの２人の大統領においても当てはまる。イタリアでは，政党リーダーだけでなく，大統領に関してもメディア化，（もともと単独職ではあるが）個人化が進行したと言えるのである。

8. 大統領の統合機能

大統領は，組閣・議会の解散に見られる「政治 politics」的役割，再議権の行使・道徳的説得による立法過程への介入に示される「政策 policy」への関与を行う。さらに，大統領は「国の統一を代表する」（憲法第87条１項）ことで，「政治的共同体 polity」における代表と統合の役割を有する（Grimaldi, 2011, 172-173）。

第２共和制の大統領は，政治，政策の両面で，第１共和制の大統領に比して積極的な役割，関与を行い，その存在感を示している。しかし，第１共和制の「安定した」政党システムが崩壊し，２極化と破片化の中で不安定な政治が続く第２共和制において，大統領の存在感を高めているのは，政治共同体を代表し，それを統合する機能にあるように思われる。チャンピにせよ，ナポリターノにせよ，政治・政策への関与よりもむしろ統合と代表に意を置いていた，あるいは統合と代表の機能を果たすために，政治・政策への関与を果たしていたように思われる[20]。

実際，第２共和制への移行の過程で起こった構造変化とシステムの危機に伴って，近年のイタリア憲法学では，大統領の政治的役割は国の統一を保障，保護し，代表する機能にこそあると解釈するようになってきた。首相の任命（第92条），議会の解散（第88条）を大統領の政治的影響力に関する権限，法律の公布を憲法保障に関する権限として区別して捉えてきた伝統的な憲法学では，大統領像の進化を適切に理解できないと考えるためである（Amoretti and Giannone, 2014, 441-442）。

大統領が「国の統一を代表する」（第87条１項）規定は，大統領の選出規定と密接に関連する。すなわち憲法第83条は，大統領が上下両院議員に各州３名（ヴァッレ・ダオスタ州のみ１名）の代表が加わった会議の３分の２の多数で選出される（３回目の投票の後は，絶対多数で決する）[21]ことを定める。州を基礎として選挙で選ばれることになった上院[22]にさらに，州代表を加えることになったのは，大統領がたんに議会の多数派の代表ではなく，立法部と行政部の仲裁者として両者から等距離に位置し，両者の均衡を保つため，社会諸集団の表現としての特別な選挙人団に大統領選挙を託すことが提案されたためであった。大統領は，上位（*super partes*）に位置することで，保護者（後見人）であり，保障人となることが期待された（Tebaldi, 2005, 45-46）。

9．チャンピと国の統一

チャンピは，１回目の投票で大統領に選出されたが，このこと自体がチャンピへの統合機能遂行の期待を示していた。

1992年の大統領選出に当たって政党間の合意がないまま投票に入った結果，膠着状態に陥ったことを受け，1999年の大統領選出では，投票前に主要政党間の意見の一致をみることが試みられた。大統領選挙は，第２共和制において対立する左右の両政治勢力が，憲法を保障し，したがって，またデモクラシーの諸価値と諸原理を共同して代表することを意図しながら，国の最高職をともに指名し，選挙することを通して「相互認知」を試みる機会と捉えられた（Nevola, 2003, 255; Ponthoreau e Rayner, 2007, 154-155）。

長い議員経験から議会主義者として知られていたスカルファロは，政治変動の渦中で大統領主義者として政治ゲームにきわめて積極的に関わったが（Pasquino, 2000, 136），そのこと自体が論争を引き起こした。対決政治が先鋭化する政治状況で，大統領には国の統一を代表する機能を果たすことが求められ，スカルファロの後継大統領選出に当たって，ベルルスコーニは「部分を超えた人物，真の保障人が大統領宮に行くことをつねに求めた」とされる。このような状況で，首相の経験はあったが，議員経験はなく，政党に所属していなかったチャンピは，「国にとって最適の人物」として超党派の候補者として支持されたのであった（Mammarella e Cacace, 2011, 259-261; Nevola, 2003, 255-256）[23]。

大統領が代表する国の統一は，エイナウディ（Luigi Einaudi）において示されたように，状況とパーソナリティーにより，ときに多数派の統一として理解された（Baldassarre e Mezzanotte, 1985, 32-43; Tebaldi, 2005, 46）が，国の統一として理解される場合は，たんなる制度としてではなく，そのアイデンティティを形成する歴史，言語，文化，伝統全体を共有する共同体としてのイタリア全体と解される（Fusaro, 2003, 63）。この点で，チャンピはまさに国の統一を代表しようとした。

チャンピの任期は，一方で分権化を主張する北部同盟が台頭し，他方でユーロ導入に示されるようにヨーロッパ統合が進んだ時期に重なる。こうした状況で，チャンピは自身の役割が国の統一にあることを認識していた。

2極化が進展する中で選出された際，「多数派と反対派との通常の，活気に満ちた純粋の対決を否定しない，むしろ仮定する」と述べたが，それは「憲法上の一致」が存在する場合であり，自身の職務が「国の統一」にあることを強調した（1999年5月18日就任演説）（Mammarella e Cacace, 2011, 262）。

チャンピは分権化に反対ではなかったが，「一つにして不可分の」（第5条）共和国に固執し，言語，文化およびリソルジメントとレジスタンスの歴史に言及しつつ，イタリアというアイデンティティを強調した。憲法に規定された大統領としての役割を超えて，イタリアの愛国主義の再生のシンボルとして，国民の大統領として，彼自身を見せた。チャンピの行動と発言は，共通の祖国に誇りを持つようイタリア人を鼓吹し，そのため国の統一は「ナショナル・愛国の記憶」を伴って代表された。それは1977年に，6月第1日曜日に移動された共和国記念日を2001年に本来の6月2日に戻したこと，「歴史的記憶への旅」にでかけ，行く先々で国歌を流し，国旗を掲げ，「祖国 patria」を，とくに青年層，学生に向けて強調したことに示されていた（Nevola, 2003, 256; Ponthoreau e Rayner, 2007, 152-153; Grimaldi, 2011, 186-188; Mammarella e Cacace, 2011, 262; Piermattei, 2014）。

10. ナポリターノと国の統一

チャンピと異なり，ナポリターノは4回目の投票で選出された（2006年5月10日）。大選挙人1009人のうち1000人が出席し，543人がナポリターノに投票した。当選に必要な505票をわずか38票上回っただけであった。

4月に行われた両院選挙で勝利した中道・左派連合は当初ダレーマを次期大統領の候補として推していた。これに対してベルルスコーニは，ほぼ同じ勢力で国が二分された状況の下で，「一方の立場に立つ」候補者ではなく，「国の統一を代表する」人物を要求した。大統領は可能な限り多数派に属し，しかし，反対派が受け入れられる人物でなければならない。選挙で勝利した中道・左派連合は小政党を多く抱え，まず政権連合内の合意を獲得しなければならない。さらに，一部の中道・右派勢力の支持を受けることが必要であったが，それが可能であったのはナポリターノであった(Ponthoreau e Rayner, 2007, 155-159; Mammarella e Cacace, 2011, 258)。

共産党出身の大統領としてナポリターノは，就任に当たって「厳しい選挙競合の結果を受けた，深い苦悩の中で始まる新たな立法期」において，多数派と反対派とが「敬意を払って相手の意見を聞き入れ，相互に承認する」ことを要請した。そして，「私を選出した多数派の大統領とはならず，あらゆる政治的ポジションおよびそうしたポジションを取るすべての人々に留意し，敬意を払う」ことを誓った（2006年５月15日）。

ナポリターノが「国の統一を代表する」大統領であったことは，2013年４月20日に証明されたと言ってよい。この日，ナポリターノの大統領任期満了を前にして４月18日から始まった大統領選挙の６回目の投票が行われ，大選挙人1007人中997人が出席し，投票した中で，738票を獲得して，ナポリターノは大統領に再び選出され，二期目を務める初の大統領となった。

２月24・25日に投票が行われた上下両院選挙は，上院で明確な勝者が生まれなかったため，新政権が発足し得ない事態にあった。下院では中道左派連合がプレミアム議席を獲得して過半数を制したが，上院では過半数議席を獲得した選挙連合，政党はなかった。組閣は難航し，中道左派連合と５つ星運動による改革政権，中道左派連合と中道右派連合による大連立政権のいずれの構想も実現できなかった（Clementi, 2014, 173）。

改めて信を問おうにも，大統領は任期の最後の６カ月の間は，解散権を行使することができない(第88条２項)。ナポリターノは任期を待たず大統領を辞することとし，状況打開を新大統領に委ねることとした。

しかし，中道左派，中道右派および５つ星運動が拮抗し，これら勢力が合意できる組閣ができない状況において，首相の任命を行うことになる新大統領候補者の選定は難事であった。民主党は当初マリーニ（Franco Marini）元上院議長を推し，次いでプローディを候補者としたが，前者には党内から，後者には中道右派から反対が出た。こうして，５つ星運動を除いた勢力が合意できる候補者はナポリターノだけとなり，再選を拒んでいたナポリターノも，主要政党のリーダー，州代表からの「懇願」を受け入れることになった。ナポリターノの再選は，危機を打開する唯一の道であり，まさに「国の統一を代表する」という憲法第87条の精神を体現するものと理解された。不安定なイタリアの政治状況において，唯一ナポリターノだけが安定した人物であることを示していた（Amoretti and Giannone, 2014, 452; Clementi, 2015, 171-181）。

就任演説（2013年4月22日）でナポリターノは「共通の制度的責任を共有し，解決に当たるために，多数派と反対派との間のより広範な合意の必要性」を説いた。4月28日，民主党，自由の国民，市民の選択の広範な合意の下，レッタ（Enrico Letta）内閣が発足した。

結びに代えて

2015年1月14日，高齢を理由にナポリターノが辞意を表明し，1月29日から次期大統領選出の投票が行われた。1月31日に行われた4回目の投票でマッタレッラ（Sergio Mattarella）が第12代大統領に選出された。大選挙人1009人のうち995人が出席・投票し，665票を獲得した。民主党の党首であり，若き首相レンツィ（Matteo Renzi）が推した候補者で，ベルルスコーニとの合意は得られていなかった。

就任に際して，マッタレッラは「何よりも国の統一を代表する責任」に言及した。「北部から南部まで，イタリアの領域を分かちがたく結びつける統一」は「同胞の期待と熱望全体からつくられる」が，「この統一は困難で脆く，希薄になる恐れがある」（2015年2月3日就任演説）。果たして，マッタレッラは，チャンピ，ナポリターノのように，「国の統一を代表する」大統領となるのか。

2015年5月に下院選挙法が改正され，多数派プレミアム制が維持されるとともに，決戦投票制が導入された[24]。進行中の上院改革が実現すれば，より対決型の政治へ移行する。第2共和制における2極化と対決政治は，安定した多数決型デモクラシーを実現せず，それによって大統領の存在感が高まった。5つ星運動が台頭し，中道右派勢力が分裂しつつある状況下での対決型政治の強化によって，ただちにイタリア政治が安定し，「政党の共和国」が復活するとは思われない。そうだとするならば，イタリア政治の混沌状況は続き，「大統領の共和国」が継続することになろう。

（1）上院選挙は各州を単位として選挙区が設けられ，各選挙区に定数と同数の小選挙区が置かれていた。小選挙区での当選には65％の得票率が必要で，少数の選挙区を除いて当選者が出なかった。そのため各選挙区で政党・党派の得票が集計され，議席が比例配分されていた。65％条項は，1993年4月のレファレンダムで廃止が可とされた（投票率77.7％，賛成82.7％）。

（2） 1997年から99年にかけて，バッサニーニ法と呼ばれる一連の法律によって地方自治体へのコントロール，干渉の軽減，行政事務の合理化，簡素化が推進されるとともに，国の権能の多くが州へ委譲されることになった。さらに，州の権能と州知事の権限が強化され，州政府がその形態を独自に定められるようになった。加えて，財政連邦主義が推進され，州，県，コムーネの財政規模も拡大した。これらは2001年の憲法第2部第5章「州，県，コムーネ」の改正で確認され，国の権能とされてきた権能が州以下の自治体に委譲された。中央集権主義から連邦主義への移行は，第2共和制の一つの特徴と言える。

（3） 1992－94年，1997－98年に，憲法改正案の起草権を有した「両院合同委員会」が設置されたが，いずれも失敗に終わった。また，ベルルスコーニ政権下の2005年に憲法改正案が議会で可決されたが，翌年6月に行われたレファレンダムで否決された。改正案では，首相の権限が強化され，これに伴って共和国大統領は下院の実質的解散権と大臣の任免権を失うことが定められていた。他方で，大統領を「憲法保障機関」としての性格を強化しようとした。また，大統領の被選挙資格を50歳以上から40歳以上へと引き下げた（高橋，2005；2007；2008；岩波，2006）。

（4） それゆえ，たとえば大統領の組閣についてはもっぱら公法，憲法の側面から研究され，政治学による研究，とくに経験研究は乏しかった（Tebaldi, 2005, 151）

（5） 第83条1項　共和国大統領は，国会議員の合同会議において国会が選出する。

2項　この選挙には，少数派の代表が確保されるような方法で州議会が選出した各州につき3人の代表者が参加する。ヴァッレ・ダオスタ州の代表者は，1人とする。

3項　共和国大統領は，秘密投票により，会議の3分の2の多数で選出する。3回目の投票の後は，絶対多数で決する。

第87条2項　共和国大統領は，両議院に教書を送ることができる。

第88条1項　共和国大統領は，その議長の意見を聴取して，両議院または一議院のみを解散することができる。

条文の日本語訳は田近（2014）に依拠したが，表現を変更している箇所がある。

（6） 第59条1項　共和国大統領であった者は，辞退しない限り，当然に終身の元老院議員である。

同２項　共和国大統領は，社会，科学，芸術および文学の分野における最高の功績により祖国の名を高めた市民を５人，終身の元老院議員に任命することができる。

第74条１項　共和国大統領は，法律に審署する前に，両議院に対する理由を付した教書によって再議を求めることができる。

第92条２項　共和国大統領は，首相を任命し，その提案に基づいて各大臣を任命する。

（７）候補者名簿に対し３ないし４人の（選挙区の規模によって異なる）候補者への優先投票の規定を削除し，優先投票を一つに減らすとともに，政党名簿に付されている候補者の番号を記してもよいという補足規定の廃止を問うた。補足規定がとくに南部での政治腐敗と結びついているとされた。キリスト教民主党，社会党など与党が棄権を呼びかけたものの，投票率62.5%，賛成95.6%で成立し，レファレンダムが政治改革に有効な手段と認識されるようになった。

（８）1992年５月23日，マフィア捜査の責任者であったファルコーネ（Giovanni Falcone）判事がパレルモ空港から市内に向かう途中で妻と警護官とともにマフィアによって暗殺された。カパーチの虐殺（Strage di Capaci）と呼ばれる。

（９）大統領選出に関わる両院議員，州代表は，一般に大選挙人（grandi elettori）と呼ばれる。

（10）議会の解散は大統領の権能であるが，第１共和制においては実質的には政党間の協議で解散が決定された。大統領の判断のみに基づく解散は，1994年１月のスカルファロによる事例のみとされる（Cacace, 2008, 305, n. 6）。

（11）新内閣が宣誓をしたのは，スカルファロがベルルスコーニを首相に任命した14日後で，選挙から６週間後であった。組閣に当たって，スカルファロはプレヴィーティ（Cesare Previti）の司法大臣就任に反対した。プレヴィーティは国防大臣となった（Grimaldi, 2011, 177）。

（12）下院では630議席中の340議席が最多得票連合に保証され，残りの議席を比例配分する。上院では州を単位とする選挙区ごとに55%の議席がプレミアムとして付与される。

（13）下院の場合，選挙連合の全国得票率が10%に達しない場合，あるいは選挙連合に加わっていない場合の阻止条項は４%で1993年選挙法と同じである。しかし，選挙連合の全国得票率が10%に達した場合，阻止条項は２%となり，さらに２%に達しない政党のうち最大得票を獲得した政党にも議席が配分される。2006年両院選挙では，中道・左翼連合は13政党から構成され，８政党が議席を獲得した（最低得票率は南チロル人民党の得票率0.48％で４議席を獲得）。12政党から構成された中道・右翼連合は５政党が議席を獲得（最低得票率はキリスト教民主党－新イタリア社会党の得票率0.75％で４議席）した。

(14)　クイリナーレ（Quirinale）はローマの７つの丘（Colle）の一つで，大統領宮がある。そのため，大統領に面会に行くことは「クイリナーレ(の丘)に登る」，あるいは単に「丘に登る」と表現される。

(15)　旧態依然とした政治システムの刷新を訴えたコッシーガへの注目も高まったが，伝統政党が世論とのチャンネルをなお持っていたため，成功しなかったとされる。また，スカルファロの「表明」――主として憲法上の権限行使の正当性の説明，中道・右翼勢力からの批判への応答――は，コッシーガ以上に注目を集めたが，支持率が50％を超えることはまれであった（Amoretti and Giannone, 2014, 444-445）。

(16)　法律命令（decretol egge）は，憲法第77条の規定に基づき，緊急の必要のある場合に政府の責任で法律の効力を有する暫定措置として発せられる命令。60日以内に法律に転換されない場合，その効力を失う。

(17)　ナポリターノは両院で可決された労働関連の規定に関する法案に対して，１度だけ再議権を行使した（2010年３月31日）。

(18)　この点で，立法・政策に関する「表明」は「道徳的説得」の一つと見なされる。

(19)　ナポリターノとマンチーノ（Nicola Mancino）元内務大臣との電話が盗聴されたことに対してナポリターノが訴えた裁判の判決で，憲法裁判所は，大統領は国家のさまざまな権力機関の連結・均衡機関であり，コミュニケーションにおける不可侵性を判じ，非公式の「説得権限」は公式の権限と分かちがたく結びついているとした（2013年判決１号）。

(20)　チャンピは再議権の行使を，大統領が公布した法律が憲法裁判所で違憲とされることは避けなければならないため，合憲性の観点から判断しているとした（Galliani, 2011, 540）。

(21)　国土解放（1945年４月25日）後に設置された制憲議会省に置かれた作業準備委員会においても，また，共和制移行決定後の制憲議会においても，国王に代わって国家元首としての大統領を置く議論において，アメリカ型の大統領主義を推す声は少数派であった。ファシスト体制成立以前の自由主義期に不安定ではあったが議会主義の伝統があったことから大統領主義はイタリアの政治制度発展と相容れないとされたこと，ヨーロッパ型，とくにフランス第３共和制の大統領像に親近感があったこと，さらにファシズムの経験から国民が直接選挙で選出する大統領制に危険を見たことによる。このような理由から本会議中心主義の議会主義を必要に応じて修正し，システムの均衡を図る権限を付与する国家元首像が描かれ，それに伴って大統領は間接選挙で選出されることになった（Cotta and Verzichelli, 2007, 105; Tebaldi, 2005, 42）。

(22)　イタリア王国においては，上院議院は国王により任命された。

(23)　政党との関係が希薄なこともあり，「表明」を活用して世論と直接的に結びつく必要があった（Amoretti and Giannone, 2014, 445）。

(24)　2005年選挙法では選挙連合内の各政党が候補者名簿を提出できたが，連合の一体性を高めるために連合と単一の候補者名簿を出すことが定められた。また多数派プレミアム制は維持され，40％の得票率を獲得した政党（連合）に340議席を与え，残余議席を他の政党（連合）に比例配分する。40％の得票率に達する政党（連合）が存在しない場合は，上位二政党（連合）で決選投票を行い，勝利した政党（連合）が340議席を獲得する。選挙法は2016年７月１日より効力を持つ（芦田，2015）。上院の選挙制度は改正されなかったが，それは上院の権限を縮小するとともに議員を公選としない改革を行っているためである。

引用文献

Amoretti, F. and Giannone, D. (2014) The power of words: the changing role of the Italian head of state during the Second Republic, in *Modern Italy,* Vol. 19, No. 4.

Baldassarre, P., e Mezzanotte, C. (1985) *Gli uomini del Quirinale. Da De Nicala a Pertini*, Laterza.

Calise, M. (2010) *Il partito personale: I due corpi del leader,* Laterza.（マウロ・カリーゼ，村上信一郎訳『政党支配の終焉－カリスマなき指導者の時代－』法政大学出版局，2012年

Clementi, F. (2014) L'elezione del president della Repubblica e l'eredità della Presidenza Napolitano, in Fusaro, C. e Kreppel, A. (a cura di), *Politica in Italia. I fatti dell'anno e le interpretzaioni. Edizone 2014*, Il Mulino.

Cotta, M. and Verzichelli, L. (2007) *Political Institutions in Italy,* Oxford University Press.

Della Sala, V. (1994) The Cossiga Legacy and Scalfalo's Election: in the Shadow of Presidentialism?, in Hellman, S., and Pasquino, G. (eds)., *Italian Politics: A Review, vol. 8,* Pinter Publishers.

Fusaro, C. (2003) Il presidente della Repubblica, Il Mulino.

Fusaro, C. (2010) Un presidente contropotere d'influenza, in Passarelli, G., (a cura di), *Presidenti della repubblica: forme di governo a confronto*, Giappichelli.

Galli, G. (1966) *Il bipartitismo imperfetto*, Il Mulino.

Galliani, D. (2011) *Il capo dello Stato e leggi, Tomo II, Il concreto svolgimento costi-*

tuzionale, Giuffrè editore, 2011.

Grimaldi, S. (2011) Presidenti, in Almagisti, M., e Piana, D. (a cura di), *Le parole chiave della politica italiana*, Carocci editore.

Lippolis, V., e Salerno, G. M. (2013) *La repubblica del Presidente. Il settenato di Giorgio Napolitano*, Il Mulino.

Mammarella, G., e Cacace, P. (2011) *Il Quilinale. Storia politica e istituzionale da De Nicola a Napolitano*, Laterza.

Marrone, A. (2013), Il presidente della repubblica in trasformazione, 《Quaderni Costituzionali》 XXXIII (2)

Nevola, G. (2003) From the 'Republic of Parties' to a 'Fatherland for Italians': the Italian Political System in Search of a New Principle of Legitimation, in *Journal of Modern Italian Studies*, Vol. 8, N. 2,

Palladino, N. (2015) 'Presidentialisations' in Italy: the battle for leadership between the Prime Minister and the President of the Republic, in *Contemporary Italian Politics*, Vo. 7, No, 2.

Pasquino, G. (2000) L'elezione di Ciampi alla presidenza della Repubblica, in Gilbert, M., e Pasquino, G., (a cura di), *Politica in Italia. I fatti dell'anno e le interpretzaioni. Edizone 2010*, Il Mulino.

Pasquino, G. (2010) Le parole della politica, *Nuova edizione*, Il Mulino.

Pasquino, G., and Vassallo, S. (1994) The Government of Carlo Azeglio Ciampi, in Mershon, C., and Pasquino, G., eds., *Italian Politics: Ending the First Republic, A Review, vol. 9*,

Pastore, F. (2003) *Evoluzione della forma di governo parlamentare e ruolo del capo dello Stato*, G. Giappichelli Editore.

Piermattei, M. (2014) Teritorio, nazione, Europa: le presidenze Cossiga, Scalfaro e Ciampi, in Ridolfi, M., (a cura di), *Presidenti. Storia e costumi della Repubblica nell'Italia democratica*, Viella.

Ponthoreau, M., e Rayner, H. (2007) Da Ciampi a Napolitano, in Briquet, J., e Mastropaolo, A., (a cura di), *Politica in Italia. I fatti dell'anno e le interpretzaioni. Edizone 2007*, Il Mulino.

Scoppola, P. (1997) *La repubblica dei partiti. Evoluzione e crisi di un sistema politico 1945-1996*, Nuova edizone, il Mulino.

Tebaldi, M. (2005) *Il president della Repubblica*, Il Mulino.

Tebaldi, M. (2014) From Notary to Ruler: The Role of the President of the Republic during the Italian Crisis (2010-14), *South European Society and Politics*, Vol. 19, No. 4.

Timiani, M. (2008) Il potere di scioglimento nel sistema bipolare: considerazioni

《sotto dettatura》della prassi, in《Quaderni Costituzionali》, 2008, n. 2.
芦田淳（2015）「【イタリア】違憲判決を踏まえた下院選挙制度の見直し」『外国の立法』No. 264－１。
池谷知明（2003）「２極化と破片化－2001年イタリア上下両院選挙」『選挙研究』第18号。
池谷知明（2015）「第４章　野党なき政党の共和国イタリア－二党制の希求，多元主義の現実」吉田徹編『野党とは何か－組織改革と政権交代の比較政治』ミネルヴァ書房。
岩波祐子（2006）「イタリア2006年憲法改正国民投票～改正案の概要と国民投票までの道程～」『立法と調査』No. 259。
高橋利安（2005）「イタリア共和国憲法の最近の改正動向について」全国憲法研究会編『憲法改正問題法律時報増刊』日本評論社。
高橋利安（2007）「ポスト「冷戦」ＥＵ統合時代におけるイタリア憲法体制の変容」憲法理論研究会編著『憲法の変動と改憲問題』敬文堂。
高橋利安（2008）「憲法体制転換期におけるイタリア憲法の変容：第１共和制から第２共和制への移行の中で」『修道法学』30巻２号。
田近肇（2014）「イタリア共和国」初宿正典・辻村みよ子編『新解説世界憲法集』第３版，三省堂。

スウェーデンにおける代表と統合の変容

――選挙連合政治の出現と右翼ポピュリスト政党の台頭――

渡辺博明 *

要旨：本稿は，スウェーデンの民主政治における代表と統合の変容を，政党政治の変化から論じるものである。従来の同国政治の特徴は，議院内閣制の中でも特に「委任－責任」関係が単純化された制度設計になっていることと，多党制でありながら「ブロック政治」や「消極的議院内閣制」の慣行により少数派政権でも意思決定を進めやすいことにあった。そして，それらを結びつけて機能させていたのが，職能的ないし思想的に社会集団を代表しつつ，議会内では合意形成を目指して合理的に行動しうる諸政党であった。しかし，高度経済成長を経て有権者の政党支持が流動化するとともに，予算編成方式の変更を機に政党側の多数派形成志向が強まり，ついには左右の選挙連合が対決するに至った。そこでは各党の政策距離が縮小する中，有権者が政権選択のみを迫られる傾向が強まった。その一方で，移民政策をめぐる既成政党の対応を批判する右翼ポピュリスト政党が台頭し，議会政治に大きな影響を与えるまでになっている。今日のスウェーデンは，選挙制度を含む諸制度への支持の安定という点で直ちに統合の危機に陥る恐れはないものの，政党による代表と調整の機能が問い直される局面を迎えている。

キーワード：スウェーデン，代表と統合，政党政治，選挙連合，右翼ポピュリスト政党

はじめに

スウェーデンでは2014年９月の選挙で政権交代が起こり，社民党と環境党からなる左派連立政権が誕生した[1]。しかし，12月初めに同政権が次年度予算をめぐる対立で野党側に敗れると[2]，レヴェーン（Stefan Löfven）

＊　龍谷大学法学部教授　政治学

首相は翌年3月に再選挙を行うと発表した。それは，通常定期的にしか選挙が行われない同国で，五十数年ぶりに臨時選挙が行われることを意味していた。また，政府の予算案が承認されなかったこと自体，メディアや専門家もほとんど予想しておらず，この展開はスウェーデン国民を驚かせた（後に再選挙の実施は取り消されるが，その点については本稿の最後で述べる）。

こうした波乱の最大の原因は，2010年選挙で国政に進出し，14年選挙でも議席を増やしていた右翼ポピュリストのスウェーデン民主党の行動にあった。同党は，ネオ・ナチの流れを汲む排外主義勢力とみなされることから，他のすべての議会政党から交渉相手として認められていないが，社民党，環境党，左翼党の左派3党（閣外協力の左翼党も含めた現与党勢力）と，保守党，自由党，中央党，キリスト教民主党の右派4党（前政権与党の右派連合）のいずれもが議席の過半数を占められない中で，決定票を握る立場にあった。このスウェーデン民主党が，選挙の直後から予算審議で右派連合を支持する可能性に言及して政府に圧力をかけていたが，国政を混乱させたという非難を浴びる危険を冒してまで，彼らが実際に野党案支持に踏み切ると見る者は少なかった。しかし，同党は票決において，あえて政府を窮地に追い込むことを選んだのであった。

一般にスウェーデン政治については，社会的利害の調整を促す諸制度の存在を前提に，政党間の交渉を通じて合意形成がめざされる「コンセンサス・ポリティクス」としてとらえられてきた（岡沢 1984：57－63）。しかし，上記の事実が示すのは，すでに政党システムの中に他党とは交渉の機会さえもたない勢力が存在していて，それが有権者の間で支持を伸ばしており，さらにそのような党が国政に影響を与えるまでになっているということである。またそれは，かつて安定的に機能していた同国の民主政治が変質しつつあることの表れでもある。

以下では，まず，スウェーデンの民主政治の歴史的展開を概観し，その特徴を代表と統合という観点から整理した上で，政党が両面において鍵となる役割を果たしてきたことを指摘する。続いて，そのような政治のあり方が，1990年代以降，社会経済的な構造変化を背景に様々に変容しつつあることを見ていき，最後にそれらが意味するところを考察する。

1. スウェーデン政治における代表と統合

近代民主主義には「代表」の要素が不可欠であり，そこでは代表を通じた統合がめざされる。他方，政治における「統合」を，社会的秩序を形成するための規則や制度が確立し，構成員もそれを受容している状況だと考えると，その概念は民主主義より広くなる。とはいえ，ヨーロッパでは一般に，17世紀以降，国民国家が国際社会の構成単位になるとともに，各国においては絶対君主による統治が様々な経路で立憲君主制ないし共和制へと至った後，普通選挙をともなう議会制民主主義が確立された。したがってここでは，国民国家を前提として，民主的な政治制度への合意とともに，それを通じて実現される政策にも一定の支持があるか，また，いかなる形の代表を通じてそれらが維持されているか，といった点を意識しながらスウェーデン政治の特質を検討していく。

⑴ 民主政治と代表制の展開

北欧諸国の国家形成を比較したロッカン（Stein Rokkan）によると，スウェーデンはすでに17世紀半ばには明確な国境をもった政治体へと統合され，それが民族的な対立によって影響されることもなくなっていたという。また，都市ブルジョア層が弱かった同国においては，独立自営農民と貴族層が当時の身分制議会を通じて国王と権力を争っており，その政治体制は19世紀初頭まで絶対王政と代表制による統治との間で揺れ動いていたとされる（Rokkan 1981: 57-59）。18世紀には，議会の地位が高まって政党政治の原型が見られた「自由の時代」を経験し，その後再び国王による専制へと向かった後，1809年憲法の制定によって立憲君主制へと移行した（Petersson 2007: 18-22）。

この体制の下で，1840年代にはそれまで王の助言者の立場であった各大臣の地位が強化され，所管分野に責任を負うようになり，内閣制への接近が見られた。しかし，国王に対する議会の権限は強まる一方，それは旧来の４身分制（貴族，聖職者，市民，農民）のままであり，人口の１％に満たない貴族と聖職者が議席の半数を占めていたため，知識人を中心とする自由主義者が，身分ではなく個人を代表する議会への改革を求めていった。やがて彼らは，有産・有識者のために任期を長くした上院を設けることで国王の同意を取りつけ，二院制議会への再編を実現させた。その結果1866年には，両院に極端な差があり（任期が９年と３年，被選挙権が35歳以上と25歳以上など），財産や性別による制限が大きかったものの，国民代表の原理に基づく議会制度が誕生した（Halvarson et al. 2003: 2-3）。

この二院制議会では当初，上院が貴族や富裕層に支配され，下院では農民層の力が強かったが，産業の発達にともない都市居住者や労働者が増えるにつれ，彼らが選挙権の拡大を要求するようになっていった。1890年代には普通選挙権を求める動きが強まり，自由党と社民党もその実現をめざした。その結果，財産による選挙権の制約が段階的に弱められ，1909年には男子普通選挙，21年には男女普通選挙権が実現した。

またこの頃，選挙制度が多数代表制から比例代表制へと変更された。普通選挙への要求が高まる中で，比例代表制の導入を求めたのは，新興勢力の急激な拡大を恐れた保守派であった。20世紀に入り両院への普通選挙の導入と比例代表制への変更が論じられるようになった際に，社民党と自由党はそれに反対したが，保守勢力が上院議員の任期を６年に短縮なするなどの妥協案を示したことにより，1909年に比例代表制へと移行した。

さらにこの時期には，①政府・内閣への行政権の集中，②議会多数派による政府の形成，③政権交代を可能にする野党の存在，という要件を満たす議院内閣制が確立した（Ibid.: 4）。特に1917年の選挙後に，保守党政権の継続を望んでいた国王が，下院の多数派による政権樹立を認めざるを得なくなり，社民党と自由党による連立政権が発足したことで，それが確実なものとなった。ここに比例代表選挙によって選ばれる政党が多数派を形成すれば完全な統治権を得る状況が生まれたのである。

⑵ 民主政治の安定と持続

スウェーデンでは，1920年前後に確立した代表制と民主政治のシステムが，第二次世界大戦の前後での断絶を経験することもなく，高度経済成長期を経て今日に至るまでほぼ維持されている。

最大の変化は，1970年に一院制に移行したことであろう。それは，地方議会の議席配分に応じて毎年８分の１ずつ改選されていた上院が，民意の変化を反映しにくいとして問題視され，廃止されるに至ったためであるが，従来から政権は下院の勢力配置によって決まっていたうえに，上院議員の選出も比例代表制をとる地方議会を基にしていたことからすると，政党単位で競い合うという点に原理的な変更はなかった。さらに，一院制となっても，年間スケジュールや選挙区，議会内委員会の役割や討論のスタイルまで，二院制時代と変わることはなかった（Peterson 2007: 121-122）。

また，1974年には憲法が全面改正されたが，その理由は，当時効力をもっていた1809年憲法が，国民主権や議院内閣制といった重要な原則に関して，部分改正では対応できないほど現実と乖離していたからであった。したがって新憲法については，議院内閣制を明文化した部分だけでなく，一院制移行にともなう議席数の変更，議員任期の４年から３年への短縮（94年から再び４年），選挙権年齢の18歳への引き下げといった点も，統治原理の変更ではなく，スウェーデンが積み重ねてきた民主政治の実践を継承しながら，それを現状に合わせて規定し直すものであったといえる。

政治勢力についても，保守党，自由党，社民党，農民党，共産党の５党で全議席を占める状態が，1920年頃から1980年代末まで70年近く続いた。この５党体制について，その地域の社会的亀裂の構造や諸革命の作用からその出現を説明するロッカンらによれば，国家形成期の「中心－周辺」対立が，貴族を中心とした保守派に対抗して農民とブルジョア層が結びつく形で現れ，その後，自由主義勢力の分離，産業化にともなう労働者層の増大，ロシア革命による労働運動の分断を経てそこに至ったとされる（Lipset/Rokkan 1967）。また，社民党の活動を支えた労働運動や，自由党の支持者が多く関わっていた自由教会運動や禁酒運動は，社交や学習の場をも組織する形で当時の人々の日常生活に深く根ざしており，「国民運動」と呼ばれていた。農業者を母体とした農民党（中央党）は，議会内政党として生まれたものの20世紀に入ると経営者団体が支持するようになった保守党を含め，この間のスウェーデンの主要政党は，基本的に議会外に強固な支持基盤をもつ組織政党であった。

⑶ 民主政治の制度設計と政党の役割

現代政治は政党なしでは成り立たないともいえるが，上述のような特質をもったスウェーデン政治においては，政党の果たす役割も大きかった。そのことを，スウェーデンの政治学者ベリマン（Torbjörn Bergman）らに倣い，本人－代理人（principal-agent）関係の視点を取り入れながら，民主政治の制度設計との関係で見ておこう。

まず，民主政治を権限委譲（delegation）とそれに対する説明責任（accountability）の関係（以下＜委任－責任＞と表記）でとらえると，主権者たる国民から政策決定者たる政治家へ，そこからさらに政策実行者である行政官吏へと，権限が委譲され，各段階で後者が前者に対して説明責任を果たす仕組みと見ることができる。すなわち，民主政治の制度の全体は，＜委任－責任＞の連鎖として構築されていると考えられる（Strøm et al. 2003）。

現代の民主制は，大きく大統領制と議院内閣制に分けられるが，有権者が行政府の長たる大統領と立法府の構成員である議員とを別々に選ぶ大統領制は，＜委任－責任＞の経路が複線的になる。それに対し議院内閣制では，有権者が立法府の構成員たる議員を選び，その多数派が行政府の長たる首相を決める形になるため，＜委任－責任＞の経路が単線的なものになる。さらにスウェーデンのように一院制がとられる場合は，それがより単純化されたものとなる。

また，職能的利益や政治思想に基づく諸政党が比例代表選挙を通じて競い合う場合，小選挙区制で二大政党が争う場合に比べて，代理人問題（代理人たる政治家が本人たる有権者の意向に沿わない行動をとること）が深刻化する可能性は，相対的に小さくなる。そのため，有権者と議員との間でも，議会と内閣との間でも，＜委任－責任＞関係がより安定したものとなる（Bergman/Strøm eds. 2011: ch.1）。ただし，多党制の場合，政権の形成や維持をめぐる混乱が頻発すれば，＜委任－責任＞の関係も不明瞭になりかねない。しかし，スウェーデンでは，以下に挙げるような慣行や条件が存在するため，政府の立場は比較的安定したものとなる。

まず，議会と政府が「消極的議院内閣制」の一形態とされる関係にあり，首相の選出や政府の信任の際に，投票は行われるが，過半数の反対がない限り承認されることになっている（Bergman 2003: 130-134）。そのため，無理に多数派形成をめざす必要はなく，実際に同国では，連立政権の場合も含めて少数派政権が多い（Bäck/Larsson 2006: 108-109）。

次いで，「ブロック政治」の慣行が挙げられる。先述の５党は，経済的争点を中心としたいわゆる左－右軸に沿って，共産党，社民党，農民党（1956年に中央党と改称），自由党，保守党の順に並ぶ形になっており，共産党と社民党からなる「社会主義（左派）ブロック」と他の３党による「ブルジョア（右派）ブロック」に別れ，両者の議席数によって政権のゆくえが決まる傾向が強かった（Lundmark et al. 2010: 55-57）。1950年代の社民党と農民党との連立政権のような例外もあり，また実際には，常に最大勢力であった社民党が，自らの位置を飛び越えて右派政党と協力する可能性がない共産党の存在を利用して単独で政権に就くことが多かったが，政治家も有権者も左右ブロックの対抗という枠組みを意識しており，それが政党政治の混乱を抑える方向にはたらいてきた。

他に，議員任期が固定されていることも政権の安定に寄与している。すなわち，制度上は議会を解散し，再選挙を行うことも可能であるが，その場合でも再選された議員は前の議員の任期の残りを引き継ぐだけであるため，有権者からの批判も含めたコストが考慮され，解散が避けられる傾向にある[3]。

以上から，主要な社会集団を効果的に代表する諸政党が合理的に行動することを前提に，＜委任－責任＞関係を簡素化するような制度や慣行を発達させたところに，スウェーデンの民主政治の特徴があると考えられる。

⑷ 小括

スウェーデンでは議院内閣制の確立以降，一院制への移行はあったが，統治原理に大きな変更は見られず，民主政治のシステムの安定性は高い。代表という点で特に重要な選挙制度については，一貫して比例代表が用いられてきており，諸政党がそれぞれに社会集団の利害を代表し，議会政治の場で調整するという性格が強い。さらに，1980年代までは政党の離合集散や新規参入もほとんど起こらず，政治勢力の布置も極めて安定していた。

スウェーデンの政治制度は，議院内閣制の中でも，＜責任－委任＞関係が単純化されている上に，議会が政府の活動を制限する度合いが低く，多党制であることを除けば，政府主導での意思決定が進みやすいシステムであるといえる。さらには，多党制であるにもかかわらず，諸政党がブロック政治の枠組みを意識しつつ，交渉による合意形成を重視して行動することで，議会運営における混乱が避けられる傾向にある。これらのことから，スウェーデンでは，政党が民主政治における代表機能を担うと同時に，政治統合に不可欠なシステムの安定性という点でも重要な役割を果たしているといえる。

その中で，政治システムへの支持に関する指標のひとつとなる国政選挙の投票率も，第二次大戦後ほぼ一貫して上がり続け，1970年代から80年代の初めにかけては90％台を記録するまでになった（その後は少し下がり，90年代末以降は80％台前半となっている）（SCB 2014: 514）。

以上のような特徴や条件については，今日まで持続しているものも多い一方で，1980年代後半ないし90年代以降，それ以前から進んでいた社会経済的な変化の影響を受けて変容し始めている部分もある。以下でその点を検討しよう。

2．1990年代の環境変化

先進資本主義国の多くは，1980年代頃からポスト産業化にともなう諸変化を経験した。フォーディズムと呼ばれる生産・発展様式に依拠した長期的な経済成長が終わりを迎え，低成長時代に入ったことにより，完全雇用が困難となり，社会保障の見直しが議題に上るようにもなる。加えて，経済成長が人々の生活や価値観を変えた結果として，環境問題やジェンダーの問題など，新たな争点が現れるようになった。それらは，利益集団や政党の動きに影響を与えたり，政治制度の改革を促したりもした。

スウェーデンでも1970年代の後半に右派連立政権が成立したが，80年代には再び社民党政権となり，社会保障が目立って削減されることはなかった。他方で，同政権の下で自国通貨クローネの平価切下げによる輸出振興がはかられるとともに，金融規制緩和を中心とした新自由主義的手法がとられた。後者の結果生じた「バブル経済」が収縮に向かい始めた90年代の初頭に，民間金融機関が経営破綻に陥ると，それをきっかけに第二次世界大戦後最大といわれる深刻な経済危機が起こった。91年から92年にかけてはGDPがマイナス成長となり，財政状況も急速に悪化し，失業者も急増した。

こうした状況の下で1991年に政権についた右派4党は，社民党と協力して，緊縮財政による危機克服策をとった。94年に復帰した社民党政権も，各種社会保障給付の算定基準となる基礎額の引き下げ，疾病手当の減額や待機日の導入などの福祉削減策を断行せざるを得なかった。90年代後半には経済が回復に向かい，財政収支も黒字に戻るが，危機の前まで3％以内であった失業率は，元の水準には戻らないまま現在に至っている（SCB 2012: 240, SCB 2014: 254）[4]。それは，社民党主導で完全雇用と社会保障の拡大に階級的妥協を見出してきたスウェーデンが転機を迎えたことを意味していた。

もう一つの大きな環境変化として，欧州統合の動きが挙げられる。グローバル化への対応戦略として欧州連合（EU）の拡大がめざされる中，スウェーデンも1994年に国民投票を経て加盟を決めた。それによって国家が多層的な意思決定構造の一部となり，EU レベルの決定や政策に対応するためにスウェーデンの中央政府がまとまって迅速な決定を下すよう求められる場面が増えることとなった（Petersson 2007: 150）。

3．政党政治の変化

⑴ 多党化

1988年の選挙では，長期にわたり同じ５つの党が全議席を占め続けるという点で際立った安定性を見せていたスウェーデンの政党制にもついに変化が訪れた。原子力発電の是非を問う国民投票の後，既成政党の対応に不満をもった人々によって結成された環境党が，３度目の挑戦で初めて比例代表制の議席獲得要件である得票率４％に達したからである。同党は，環境保護を中心に，男女同権や国際平和を主張し，経済成長重視の左右の既存政党とは異なる観点から，社会や生活のあり方自体を問い直すオルタナティブ政党であった（彼らは次の91年選挙で議席を失ったが，94年選挙で復活し，今日まで議席を維持している）。

次いで1991年の選挙では，さらに二つの新党が議会に参入した。その一つがキリスト教民主党である。同党は60年代に結成されながら長く４％の壁を破れずにいたが，ついに国政進出を果たした。彼らはドイツやオランダのキリスト教政党のような多数派の保守勢力ではなく，世俗化が非常に進んだスウェーデンにおいて，家族や伝統の重視を訴える文化的保守の対抗勢力として登場した。

もう一つは，この年の選挙戦が本格化する直前に２人の著名人によって結成された新民主党であった。同党は，政府批判と減税の主張を繰り返し，音楽を交えた派手な選挙運動により短期間に支持を集めた。その主張には一部移民批判も見られたが，特に排外主義が強いわけではなく，基本的には経済自由主義志向のポピュリスト政党であった。

これらの新勢力のうち，新民主党は指導者間の対立もあって次の選挙で議席を失い自壊したが，環境党とキリスト教民主党はその後議会勢力として定着し，さらにはそれぞれ左派，右派のブロックに属する形で政党システムに組み込まれていった。とはいえ，当初は環境党が左右両勢力の経済成長至上主義を批判し，キリスト教民主党が伝統への回帰を志向する形で，いずれも既存の政党システムの中では代表されない価値や意見の拡大を受けて登場している。さらに，新民主党のような勢力が，既存の政治に不満をもつ人々の支持を得たのは，従来の代表のあり方が揺らいでいることの表れでもあった。

⑵ 政党支持の流動化

産業化が社会にもたらした変化は，人々の政党支持の構造をも変えていった。

イェーテボリ大学のグループによる投票行動に関する長期的かつ体系的な調査研究によると，まず，固定的な支持政党をもつ人の割合は年とともに低下してきている。すなわち，1960年代末に65％であったものが，その後緩やかに低下して80年代に入るころには60％前後になり，その後も下がり続けて2000年代に入ると40％に，2010年には30％を切るまでになった（Oscarsson/Holmberg 2013: 352-354）。それに関連して，（はっきりした支持政党がなく）選挙期間中に投票先を決める人の割合は，1960年代の20％程度から徐々に増えて80年代初頭に30％に達し，多党化が進んだ1991年選挙では一気に10％以上増えて50％台となり，以後は（94年選挙時の49％以外は）その水準が続いている（Ibid.: 171）。また，前回と異なる党に投票した人（投票先を変更した人）の割合は，1960年代から80年代半ばまでは緩やかな上昇を見せながらも10％台であったのに対し，88年選挙で20％，91年選選挙では一気に30％に達し，次の94年選挙ではわずかに下がるも，以後は30％台で推移している（2010年には37％で，３分の１以上の人が前回と異なる党に投票した）（Ibid.: 163-164）。

これらのことから，投票行動の変易性が高まり，政党支持構造の流動化が進んでいることがわかる。それは，産業化の時代を経て，人々と政党との関係が変化したことの表れだと考えられる。これらは先進工業国に共通する現象でもあるが，政党政治の安定性が際立っていたスウェーデンにおいても，その背景にあった各党の職能的・思想的支持基盤が弱まりつつあるといえよう。

(3) 政党間競争の変容

近年のスウェーデンの政党政治においては，左右の両ブロックで選挙連合化が進むという現象が生じている。特に2010年の選挙では，当時与党であった右派４党と野党の左派３党とが，それぞれに共通の首相候補と政権公約を掲げた選挙連合を結成して競い合った。

これは一見すると，伝統的なブロック政治の慣行のようでもあるが，いくつかの点で質的に異なっている。すなわち従来のブロック政治は，協調可能な政党の組み合わせとして意識されていたに過ぎず，ブロック全体はもとより，いずれかの二つの党の間でさえ選挙前に公式な協力関係が築かれることはまれであった。各党はブロックを意識しながらも，それぞれの主張を掲げて選挙に臨み，結果が出て初めて（必要であれば）政権協議に入った。したがって，政権交渉時にも，以後の議会運営においても，たとえば社民党と中央党ないし自由党による協議の可能性が残されていたし，個別政策ごとの協力も可能であった。しかし，2010年選挙では全議会政党が二つの陣営に分かれ，事前に政権の構想を公表して争ったのである。この状況においては，有権者は投票時に政権選択を迫られることになり，投票の意味合いにも変化が生じる。

それでは，いかなる経緯でこのような選挙連合の政治が生まれたのだろうか。時を遡って見ていこう[5]。

2010年選挙の前の2006年選挙では，右派４党がその２年前から「スウェーデンのための同盟」を結成し，共同で宣伝活動を行うとともに，保守党が経済・外交，自由党が教育，中央党が農業・環境，キリスト教民主党が福祉，と主導分野を分担して共通の政策目標を策定するという，これまでにない周到な共闘戦術をとって政権奪取に成功した（Allians för Sverige 2006)。その際，危機感を強めた左派の側でも環境党を中心に共闘を模索する動きがあったものの最終的に実現せず，それが2010年選挙での左派の結束を促すこととなった。その意味では，2006年選挙が選挙連合政治への流れを決定的にしたともいえるが，実は，このときの右派の共闘戦術を招いたのは，それに先立つ左派の動きでもあった。なぜなら，1998年選挙から2006年選挙までの２期８年は，社民党の少数単独政権を環境党と左翼党（1990年に共産党から改称）が閣外協力で支える体制であり，これら３党の関係が強まっていたからである。

1998年選挙では，与党社民党が辛うじて政権を維持したが，同党と左翼党では議席の半数に届かず，当時はまだ左派ブロックへの帰属を明確にしていなかった環境党に協力を求めた。環境党がこれに応じると，社民党は左翼党をも招きいれて協議し，予算の作成と執行に向けて，経済・雇用・福祉・男女同権・環境の５分野で協力していくことを決めた。社民党はこのとき，環境党だけでなく，長らく同じブロックに属すると目されてきた左翼党とも初めて正式な協力関係を結んだ。この３党は，ほぼ同様の勢力配置となった2002年選挙後にはさらに関係を強め，各党の立場が異なる外交・安全保障・欧州統合の分野を除き，共通目標を文書化して，議員任期を通じて協力関係を継続することを決めた（S, V, Mp 2002）。

それでは，そもそもなぜ社民党がそのような協力関係に踏み切ったのか。もちろん同党がかつてほど優位ではなくなったこともあるが，直接の原因は予算編成に関わる制度変更にあった。すなわち，それ以前のスウェーデンでは，政策分野ごとに積み上げ式で編成した予算を細分化して審査しながら執行していくという方式がとられていたが，予算規模が拡大しがちなことや政府の責任が曖昧になることが問題視されるようになり，数年にわたる議論を経て，1996年からは政府主導で作成した次年度予算を一括して法案化し，議決する方式がとられるようになった（Larsson 1995: 91-95）。これにともない，かつてのように少数与党であっても案件ごとに野党と交渉しながら承認していくということができなくなり，政権党は予算法案の採決前に議会内で確実に多数派を形成しておこうとするようになった。

そのため社民党は，1995年から1997年にかけてはブロックの枠を超えて中央党に協力を求めていた（Lagercrantz red. 2005）。この時は双方の指導部の間での合意に基づき，文書による取り決めにまでは至らない緩やかな関係であったが，1998年選挙以降は，上述のように社民，環境，左翼の３党の協力が進んだ。こうして，政党が早い段階から明確な多数派の形成へと向かうようになったことが選挙連合化を進めたのである。

⑷ 移民問題と右翼ポピュリスト政党の台頭

近年のスウェーデンの政党政治においては，選挙連合化が進む一方で，移民批判を展開する右翼政党，スウェーデン民主党が台頭している[6]。1988年に民族主義運動を母体として結成され，党首も含めてネオ・ナチ団体での活動歴がある者が参加していた同党は，1990年代末までは国政選挙での得票率が１％に満たない泡沫政党であった。それが2000年代に入る前後から穏健化を進め，南部を中心としたいくつかの地方議会で議席を増やしていった。そして2005年に当時26歳のオーケソン（Jimmie Åkesson）が党首となり，執行部を若手で固めると，過去にネオ・ナチと関わったメンバーを追放するとともに，党員の人種差別発言を禁ずるなどして組織改革を進め，2006年選挙では議席獲得要件の４％には届かなかったものの，2.9%の得票率を記録した。その後も彼らは，特に議会制民主主義を尊重する姿勢を強調し，次期選挙での議席獲得を狙って活動を続けた。

他方，スウェーデンでは2000年代に入ると，移民をめぐる諸問題が注目されるようになっていった[7]。同国は，第二次世界大戦後，国外から多くの人々を受け入れており，1970年代に労働移民を制限するようになって以降も，世界の紛争地域からの難民や亡命者，その家族を受け入れ続けた。近年になって，かつては寛容な移民政策を採っていたオランダやデンマークが厳格化路線に転じた後も，スウェーデンは人道主義的な立場から受け入れを続けており，結果として2012年までに移民の割合は総人口の２割に達した[8]。同国は，そうして受け入れた移民に対してスウェーデン語教育と職業訓練を無償で提供し，職を得て自立することを通じて社会に統合するという方針を貫いてきた。1970年代からは，条件を満たした移民にネイティブと同様の諸権利を認めるだけでなく，出身地の文化をも尊重する多文化主義的統合をめざし，福祉国家に包摂しようとしてきている。

こうした移民政策は，ある時期までは概ね機能したが，1990年代の経済危機以降は，増え続ける移民の間で失業率が特に高まったり，移民が低賃金職に集中する傾向や移民集住地区の拡大が目立つようになったりして，社会的周辺化が進んでいると指摘されるようにもなった。他方で，既存の議会政党は，この点については右派も左派も人道主義と多文化主義を掲げ，2000年代に入って以降もアフリカ北部，イラク，最近ではシリアといった紛争地域からの難民，庇護申請者を受け入れ続けており，スウェーデン民主党だけがそれに反対し続けている。

スウェーデン民主党は，たとえば2010年選挙では，「スウェーデンを我々の手に取り戻そう」というスローガンの下に「責任ある移民政策」「安心で尊厳ある老後」「犯罪への妥協なき対応」という三つの重点目標を掲げていた（Sverigedemokraterna 2010）。同党は，移民への在留許可や市民権付与の厳格化を求めるとともに，「スウェーデンのイスラム化を阻止する」とし，さらには移民の社会統合にかかる費用を高齢者介護に充てるよう主張したり，犯罪を起こした移民の国外追放を求めたりしている。こうして文化，福祉，治安など様々な問題と結びつけて移民批判を展開するという点で，ポピュリスト的性格をもつ。

2006年選挙から2010年選挙へと先述の選挙連合の政治が展開される一方で，移民問題は公式な政治的争点からは除外され続けた。スウェーデン民主党はそれを争点化しようとして支持を伸ばし，2010年選挙で5.7%，20議席を獲得して議会参入に成功した。そして，2014年選挙では12.9%，49議席と躍進し，社民党，保守党に次ぐ議会第三党となり，慣例により第二副議長のポストをも得た。こうして勢力を拡大した同党が政権への対決姿勢を強めたことで，冒頭で紹介したような事態が生じたのである。

4．代表と統合の変容に関する考察

すでに見たように，スウェーデンでは19世紀末から20世紀初頭にかけて，一部は大衆的な社会運動とも結びつきながら，職能的および思想的な社会集団の利害を効果的に政治の舞台へと媒介する組織政党が現れ，その後もそれらを担い手として比較的安定した議会政治が続いてきた。しかし，政治制度や政党布置の持続の背後で，高度経済成長期にはすでに政治的争点の質や政党支持の構造に変化が生じ始めていた。1990年代に入る前後に相次ぐ新党の参入によって政党システムに明確な変化が現われたが，その頃までに各党の支持基盤は溶解し始めており，政党支持の流動化は今日まで続いている。

国によっては社会経済的な変化や政治的課題の変容を受けて，選挙制度を含む制度改革に踏み切ったところもあるが，スウェーデンの場合，基礎的な政治制度，とりわけ，比例代表制の選挙制度自体を変更することは，現実的な可能性としてはほとんど議論されていない[9]。各党の支持基盤が揺らぎ始めているにもかかわらず，選挙制度にも規定される形で政党を基本単位とした政治は続いており，近い将来にそれが大きく変わる可能性も低い。

その一方で，1980年代の国際的な新自由主義の時代に福祉削減に転換することがなかったスウェーデンでも，1990年代初頭の深刻な経済危機とEU 加盟の前後からは，国内の行財政の制度を見直す議論が進んだ。その中で予算制度については，その編成と執行における政府の立場を強め，分野間に優先順位をつけて歳出削減を実行できるようにすることを目的とした改革が行われた（Larsson 1995: 89-94）。このことが，すでに見たように，早い段階から多数派形成へと向かうように政党の行動を変えるきっかけとなり，ブロック政治の固定化，ひいては選挙連合の政治を生み出すことになった。

しかし，当然ながら，そこには新たな状況に対応しようとした個々の政党の戦略的行動も関わっている。例えば，かつての農業者政党である中央党が，支持基盤を中小企業関係者へと広げようとして，経済自由主義を受け入れる方向に進んだために保守党との共闘が容易になったことがある。さらに，右派中心勢力の保守党は，2002年選挙での大敗を受けて政策路線の転換を図った際に，社会保障の削減と減税を求める従来の新自由主義的主張を改め，福祉国家の成果を認めたうえで，若年層の雇用問題への取り組み強化や，競争原理の部分的導入による医療や教育の質の改善などを掲げて，社民党支持者の一部を取り込もうとする戦略をとった。その結果，中央党や自由党との共闘が容易になっただけでなく，社民党との間で立場の違いは小さくなった。

主要政党間の政策距離が縮小しているにもかかわらず，左右のブロック間の対立だけが強まれば，有権者の選択肢を狭めることにもなりかねない。実際に2010年の選挙戦においては，ブロック対抗の論理に基づく政権選択を強調することは多様化する有権者を愚弄するものだとの批判があった[10]。人々の間に既成政党への不満が募りつつあるところに，移民問題への対応の遅れや「無策」を批判するスウェーデン民主党への支持が増える形となった。同党に投票するのは政治的右派の人々であるという指摘がある一方で（Wingborg 2014），彼らが議会参入を果たした2010年選挙の出口調査の結果では，(投票先の変更で見ると) 左右ブロックのすべての党から票を奪った形となっている（Dagens Nyheter 2010.9.20）。その支持者像については議論の余地があるが，いずれにしてもスウェーデン民主党への支持は伝統的なパターンとは異なっている。もちろん，政党支持が流動化しているとはいえ，現在でも約7割の組織率をもつ労働組合に支えられた社民党や，いまなお圧倒的に多くの農業者が支持する中央党は，大衆組織政党の特徴を色濃く残しているし，他の諸政党についても政策的主張や中核的支持者は比較的はっきりしており，政党の性格が完全に変わってしまったわけではないが，政治的代表のあり方については不可逆的な変化が生じていると見るべきだろう。

他方で，政治的統合の側面については，比例代表選挙と一院制議会への支持は安定しており，それがただちに危機に陥るという状況にはない。民主政治の基礎的な制度への合意という点では，スウェーデン民主党でさえ議会政治のルールに則って行動することを強調している。しかし，移民政策をめぐって主要政党が一致して追求してきた路線への疑念が広がっている現状は，従来のスウェーデン政治への信頼が揺らぎ始めていることの表れでもあると考えられる。

おわりに

冒頭でふれた臨時選挙の話に戻ろう。主要日刊紙を含むメディアも選挙報道の体制をとり始めた中，12月27日にレヴェーン首相が環境党および右派4党の党首とともに会見を開き，突然その中止を発表した。クリスマス休暇を挟んで水面下で交渉を進めていた与野党が，再選挙を避けることで合意に至ったのである。

この決定の理由について，公式には国政の混乱を避けるためということ以外語られていないが，選挙後の世論調査で支持率を下げ続けていた社民党にとっても，選挙で敗れ，党首の交代を発表していた保守党にとっても，再選挙を行う利点は少なく，さらにキリスト教民主党をはじめとする小政党には，得票率が4％を切って議席を失う心配さえあった。そして何より，再びスウェーデン民主党が決定票を握る可能性が小さくないからでもあった。

なおこの時には，2022年までは予算に関して与党案を優先する（採決の際には反対票を投じない）という申し合わせ（「12月合意」）も発表された（Dagens Nyheter 2014.12.28）。議会の政府に対するコントロールをさらに弱めることにもなる異例の取り決めではあるが，そこには，混乱の要因を除去するとともに，スウェーデン民主党の影響力を削ぐ狙いがあった。これを政党間の協議による危機管理という点で，選挙連合政治によって弱まりつつあった「コンセンサス・ポリティクス」の復活と見ることもできよう。

しかしその一方で，スウェーデン民主党は2015年に入っても各種世論調査で支持を伸ばし，10％台後半の数値をたびたび記録している。同党内では，2014年選挙後にオーケソンが過労で療養に入ると，代わりに党の運営を担ったセーデル（Björn Söder）が民族的少数派への差別発言により幹事長の職を辞さざるをえなくなったり，４月には路線対立から青年部の議長が除名されたりと，混乱が続いているが，彼らへの支持は減るどころか増えている。

現実に目を向ければ，スウェーデンの移民は，すでに製造業，小売業，介護，医療補助，家事補助などの分野で不可欠な労働力として定着しており，同国の経済と福祉は彼らの存在なしには成り立たなくなっている。スウェーデン民主党が一部の人々の権利を奪い，排除しようとすることで支持を伸ばせば，国民の間に深刻な亀裂が生じることになる。他の諸政党がこうした問題状況への対応に手間取り，国民の間に政党政治そのものへの不満や疑念がさらに広まれば，政治的な統合が揺らぎはじめる可能性も否定できない。かつての安定した政党を支えた諸条件が変化するなかで，スウェーデンはいま，政党の代表機能と調整能力が問い直される局面を迎えている。

（1） スウェーデンの政党の名称については，英語表記をも参照しながら，日本語として実態をよく表し，かつできるだけ簡潔に，という観点から以下のようにする（括弧内が原語。日本語と意味が明らかに異なる場合は直訳も併記）。共産党（Sveriges kommunistiska parti）／左翼党（Vänsterpartiet），社民党（Sveriges socialdemokratiska arbetarpartiet 社会民主労働党），環境党（Miljöpartiet de Gröna 環境党・緑），農民党（Bondeförbundet 農民同盟）／中央党（Centerpartiet），自由党（Folkpartiet liberalerna 国民党：自由主義者），キリスト教民主党（Kristdemokraterna），保守党（Högern

右翼党［1969年まで］／Moderata samlingspartiet 穏健連合党），スウェーデン民主党（Sverigedemokraterna）。なお，農民党から中央党への改称（1957年）および共産党から左翼党への改称（1990年）については，党の性格の変化にも関わるため，日本語でも区別している。

（2） 現在のスウェーデンの国家予算については，法案化されたものが一括して採決される制度となっている（本稿3. (3)を参照のこと）。このときは，野党は合同で提出していた政府法案への対案の採決が先に行われ，可決された。

（3） 議院内閣制の確立後は，その初期の1921年と，1958年（年金改革論争時）の2回のみである。解散を避けた顕著な例としては，1978年に（中道）右派連立政権が崩壊した際，選挙までの約1年間，最大野党の社民党の意向もあって，議会第4党（議席占有率11％）の自由党による単独政権となったことが挙げられる。

（4） 2005年以降は測定方式が変わったため以前よりも数値が高めに出るが，6％から9％の間で推移している。

（5） 以下の記述について，詳細は［渡辺 2009］を参照されたい。

（6） スウェーデン民主党の結党以来の活動や実態については，［Ekman/Poohl 2010］に詳しい。

（7） 以下の記述について，詳細は［渡辺 2013］を参照されたい。

（8） スウェーデンの統計で用いられる定義では，「外国生まれないし両親が外国生まれの者」であり，その数値は2012年末に20.1％であった（SCB 2014: 114）。

（9） 選挙制度に関する主な改革としては，1998年から「個人選択投票制」が導入されたことが挙げられる。これは，（希望すれば）投票用紙の候補者名簿の中の一名に印を付けられるようにし，一定数（国政選挙では8％）の支持を得た候補が一位に繰り上げられるというものである。そこにはたしかに新しい理念が含まれるが，基本的には比例代表制の部分的改良であり，その後4回の選挙でも制度利用者は2～3割にとどまっている。

（10） たとえば，政治ジャーナリストのエークダール（Niklas Ekdal）もその点で社民党と保守党の双方を批判していた（Dagens Nyheter 2010.5.6）。

引用文献

Allians för Sverige 2006 *Fler i arbete – fler att dela på: Valmanifest 2006.*

Bergman, Torbjörn 2003 Parliamentalism, Ingver Mattson och Olof Petersson (red.), *Svensk författningspolitik*, Stockholm: SNS Förlag, 130-147.

Bergman, Torbjörn and Kaare Strøm (eds.) 2011 *The Madisonian Turn: Political Parties and Parliamentary Democracies in Nordic Europe*, Ann Arbor: University of Michigan Press.

Bäck, Henry och Torbjörn Larsson 2006 *Den svenska politiken: Struktur, processer och resultat*, Malmö: Liber.

Ekman, Mikael och Daniel Poohl 2010 *Ut ur skuggan: En kritisk granskning av Sverigedemokraterna*, Stockholm: Naturoch Kultur.

Halvarson, Arne, Kjell Lundmark och Ulf Staberg 2003 *Sveriges statsskick: Fakta och perspektiv*, Stockholm: Liber.

Lagercrantz, Arvid 2005 *Över blockgränsen: Samarbetet mellan centerpartiet och socialdemokraterna 1995-1998*, Möklinta: Gidlunds Förlag.

Larsson, Torbjörn and Henry Bäck 2008 *Governing and Governance in Sweden*, Lund: Studentlitteratur.

Larsson, Torbjörn 1995 *Governing Sweden*, Stockholm: The State Agency for Administrative Development.

Lipset, Saymour Martin and Stein Rokkan 1967 Cleavage Structures, Party Systems, and Voter Alignments: An Introduction, Lipset and Rokkan (eds.), *Party Systems and Voter Alignments: Cross-National Perspectives*, New York: The Free Press, 1-64.

Lundmark, Kjell, Ulf Staberg och Arne Halvarson 2010 *Sveriges statsskick: Fakta och perspektive (Upplaga 13)*, Stockholm: Liber.

Oscarsson, Henrik och Sören Holmberg 2013. *Nya svenska väljare*, Stockholm: Norstedts Juridik.

Petersson, Olof 2007 *Svensk politik (Sjunde upplagan)*, Stockholm: Norstedts Juridik.

Rokkan, Stein 1981 The Growth and Structuring of Mass Politics, Erik Allardt et al. (eds.), *Nordic Democracy*, Copenhagen: Det Danske Selskab.

Socialdemokratiska arbetarepartiet, Vänsterpartiet och Miljöpartiet de Gröna (S, V, Mp) 2002 *Hundaratjugoen punkter för ett tryggare, rättvisare och grönare Sverige (4.oktober 2002)*.

Statistiska centralbyrån（SCB) 2012 *Statistisk årsbok för Sverige 2012*.

Statistiska centralbyrån（SCB) 2014 *Statistisk årsbok för Sverige 2014*.

Strøm, Kaare, Wolfgang C. Müller and Bergman (eds.), 2003. *Delegation and Accountability in Parliamentary Democracy*, Oxford: Oxford University Press.

Sverigedemokraterna 2010 *Ge oss Sverige tillbaka!*（スウェーデン民主党選挙綱領）.

Wingborg, Mats 2014 *En Röst på SD är en röst på högern*, Spånga: Kata Förlag.

岡沢憲芙 1984「連合と合意形成―スウェーデンの連合政治」篠原一編『連合政治Ⅰ―デモクラシーの安定をもとめて』岩波書店，57－124頁。

渡辺博明 2009「2006年スウェーデン議会選挙と政権交代―『選挙連合』と中道右派政権の成立」日本選挙学会編『選挙研究』第25巻，第2号，32－43頁。
渡辺博明 2013「スウェーデンの移民問題と政治」松尾秀哉・臼井陽一郎編『紛争と和解の政治学』ナカニシヤ出版，107－124頁。

新聞

Dagens Nyheter

南欧政治における代表と統合の背理

——欧州債務危機とデモクラシーの縮退——

横田正顕 *

要旨：欧州危機に伴う南欧３国の政治的危機は，各国の政治構造の基本的特徴と外圧への適応形態（対外的統合）の水準に応じて様々な形をとった。スペインとポルトガルでは，対外的統合の強化による政策選択肢の消滅という形での代表の危機が生じたが，政権の側ではこれを新自由主義政策の徹底化の好機と捉える動きもあった。かねてから政策自律性を失っていたポルトガルでは，統治機構内の水平的統合機構が外圧と結託した政府の暴走を抑制したが，脱政治化の加速によるデモクラシーの空洞化を防げていない。スペインでは水平的統合機能が有効に作用せず，カタルーニャ独立問題に代表される対内的統合の危機もまた，外圧を背景とする中央政府の権力の突出と民主化期以来のコンセンサス型要素の後退につながっている。過剰な多数決型政治を特徴とするギリシャでは，外圧の下での構造調整が伝統的な政党支配を掘り崩すとともに，ポピュリズム的な両極政党の台頭を促し，対外的統合と代表との間に鋭い緊張関係を生じた。同国では単純多数を前提とする政治の手詰まりが執行府と立法府との関係をも不安定化した結果，他に類を見ない政治的カオスが現出した。

キーワード：欧州危機，デモクラシー，南欧，緊縮政策，外的拘束

1．序論

1．1．南欧政治の収斂と分岐

冷戦期の「東欧」等とは対照的に，「南欧」は必ずしも明確な領域的アイデンティティと結びついていないが，世界経済における半周辺的地位，ク

＊　東北大学大学院法学研究科教授　比較政治学

ライエンテリズムやポピュリズム等が蔓延する政治社会学的な病理，これらを背景とする19世紀以降の政治発展の諸段階の顕著な並行性がこの地域を比較研究における可能性の沃野となしている。本稿の対象とするスペイン，ポルトガル，ギリシャ（以下「南欧３国」）は，民主化の「第３の波」（the third wave）の最前線で民主化を推し進める傍ら，ECへの接近を図り，1980年代半ばまでに加盟を実現した。また市場統合と通貨統合の流れに加わった後，米国発のグレート・リセッションを欧州全域にわたる危機へと結びつけた問題国家群として注目された。南欧３国の民主政治の軌跡は，21世紀初頭の破局によって再び不幸な形で収束した。

欧州債務危機（以下，欧州危機）において重債務国状態に陥った南欧諸国の財政・経済危機が，部分的には当該諸国の構造的脆弱性から発していたことは否定できないが，だからこそ３国の財政・経済危機が政治危機と密接に関連していることや，各国の政治危機の内容の違いが浮かび上がってくる。欧州危機の直撃を受けた多くの欧州諸国ではデモクラシーの正統性の低下が生じている。その原因は経済状況の悪化や緊縮政策および構造改革それ自体ではなく，危機対応における政治的手法であるという指摘があるが（Armingeon and Guthmann 2014），実際にはそれほど単純でないことも，ユーロバロメーターに示された３国のデモクラシーへの満足度，政府への信頼，議会への信頼の値の変化に明らかである。

一連の値は2007年秋（EB68），2011年秋（EB76），2015年春（EB83）にかけて確実に変化しているが，変動幅が最も大きかったのは，突出した政治的混乱に見舞われたギリシャではなく（［満足］63→17→32；［政府への信頼］46→８→37；［議会への信頼］52→12→25），スペイン（同77→45→35；49→16→12；47→19→12）であった。ギリシャでは途中からの巻き返しさえ見られる点が特徴的である。ポルトガルでは下げ幅がそもそも劇的ではなく，どの値も低いところから出発し低迷している（同36→29→28；30→24→21；34→22→25）。

ところが，財政・経済危機の量的および質的な違いは，なぜ上のような偏差が生じるのかを十分に説明しない。ギリシャとスペインはともに好景気から突然の経済の暗転を迎えたが，政党システムの流動化はギリシャでのみ生じた。失業率の上昇はスペインではるかに早く進行したにもかかわらず，である。また，ギリシャの公的債務残高や政府財政赤字の問題はより深刻であったが，救済との引き換えに政策自律性の放棄を強く迫られたポルトガルとギリシャでは，従順な受入れと執拗な抵抗という対照的な反応が見られた。このような対応の違いはなぜ生じ，またデモクラシーの作動にどのような影響をもたらすか。一連の疑問に答えるためには，3国の政治構造に目を向けることが必要となる。

1．2．代表と統合の論理

国家規模の政治共同体におけるデモクラシーの現実態は「代表制デモクラシー」（representative democracy）概念で一括されるが，そもそも「代表」と「デモクラシー」との結合には原理的緊張が伴う。ピトキンの包括的論考によれば，選好・意見の忠実な「反映」（standing for）を要求する「記述的代表」（descriptive representation）は民主的代表モデルとして不完全であり，統治に対する情報提供の機能ほどしかない。他方で代表とは行為に関わる概念であり，代表する者がされる者を「代行」（acting for）する際には，前者の自由裁量の余地を認めつつ，その行為をどのように制約するかが深刻な課題となる（Pitkin 1967）。

プシェヴォルスキらは「反映」と「代行」の理論の経験的応用として「委任（mandate）としての代表」と「アカウンタビリティとしての代表」とを区別した上で，両方の代表モデルに適度に立脚した有権者の投票行動が全体としてデモクラシーの代表性（representativeness）を高めるとした。彼らは投票のみに依拠する代表性確保の試みの限界として，代表が所期の公約に固執することの弊害，不完全情報下での懲罰的投票行動の問題点等にも言及しているが（Manin, Przeworski and Stokes 1999），政治課題の高度な専門化やグローバル化の下で「本人－代理人」（principal-agent）の関係性が捻じれ，代表制デモクラシーの下で応答性と答責性との間の相克が不可避となる構図は，もはや現代政治に関する公知の描写となっている（Mair 2014）。

欧州危機の発生に伴い，南欧3国では財政支出の削減と年金改革・労働市場改革の遂行による「内的減価」（internal devaluation）の推進こそが，財政健全化と景気回復とを両立させる緊急支援の唯一の条件として国際機関や市場から提示された。緊縮政策の不人気性を普遍的前提とする「非難回避」（blame avoidance）モデルは今や単純にすぎるとはいえ（Armingeon and Giger 2008; Giger and Nelson 2011)，実質的な決定主体が国民国家の外に存在することは，ショック療法に伴う政治的コストの転嫁・軽減の口実となり得る。「外的拘束」(vincolo esterno) は南欧の改革政治における重要な梃子であった（Dyson and Featherstone 1999, pp. 455-459）が，それを利用して強いられた選択が行われる時，投票権行使は代表政府の統制手段として十分でない。不可能な選択肢を掲げる政党・候補者への支持や「街頭の政治」という形での「抗議」(voice) や政治生活自体からの「退出」(exit) は，累積的には政党システムの流動化と政策実効性の低下を招来する逆説をもたらすであろう。南欧政治は，欧州危機を契機として代表制の致命的な空洞化に直面しているのである。

一方，デモクラシーにおける「統合」(integration) の次元については「代表」理論に比肩する検討が行われてこなかったが，経験的分析の領域ではエスニック・マイノリティ問題や分断社会の統治に関連する用例が多数である。南欧３国も多かれ少なかれこの「国民統合」という意味での統合問題と無縁ではないが，地域主義と排外主義を正面から論じることが本稿の目的ではない。また，南欧３国が直面する危機は「欧州統合」の深化に伴う政策実効性の喪失や通貨同盟の制度的欠陥とも関連している。議論の混乱を避けるためには「統合」の意味内容を予め限定的に示しておくことが不可欠であろう。

本稿では，従来の一般的用法との混同を避けながら，南欧デモクラシーの機能（不全）に接近するための方法としてガヴァナンス次元における「統合」に注目し，さらにその内容を「水平的統合」(horizontal integration) と「垂直的統合」(vertical integration) とに区分する。「水平的統合」とは各国統治機関の内部における部門間の，端的には３権の間の力学（いわゆる抑制と均衡）に関わる。その崩壊を示す極端な場合が，執行権の絶対化による「委任デモクラシー」(delegative democracy)（O'Donnell 1999）である。「垂直的統合」とは多層的ガヴァナンスにおける異なる層の間の関係に関わり，外的拘束に対する「対外的」(external) 統合と国境線内の「対内的」(internal) 統合に区分できる。

垂直的統合には，非公式の調整と妥協または効率性と引き換えにデモクラシーの中核的理念を掘り崩す「ファウスト的取引」の側面がある（Guy Peters and Pierre 2004, pp. 86-88）が，層と層の間の亀裂の発生も新たな危機の発生源になり得る。中央政府が対外的な統合圧力に抵抗する場合や，外圧を盾に対内的統合を推し進めようとする圧力に対して地方が反旗を翻す場合等が考えられるが，実際にこうした亀裂をめぐる危機的状況は，ギリシャとスペインで具体的に生じている。

以上の予備的考察に基づいて，本稿の叙述は以下の構成に従う。まず，3国におけるデモクラシーの構造的特徴が危機の態様の違いに関連しているという仮定から，第2節では「第3の波」により成立した3つのデモクラシーの性質を多面的に論じる。続いて第3節では3つのデモクラシーの下での代表の危機と統合の危機の具体的諸相を描出し，欧州危機を契機とする変化のベクトルを検討した上で，代表制デモクラシーに対する欧州危機の残存効果について考察したい。

2. 体制移行と3つのデモクラシー

2. 1. 多数決型とコンセンサス型の間

南欧3国は，1970年代半ばに，旧体制の急激な崩壊（ポルトガルとギリシャ）または新旧体制間の連続性を担保された体制内改革（スペイン）を通じて今日のデモクラシーの基本的枠組みを手に入れた。諸外国に模範を仰ぎながら形作られた公式の制度の組み合わせは複雑であるが，いずれも20世紀末までに多数決型の傾向を示すようになった。このことは，1980年代から90年代にかけて3国でともに大政党への得票・議席の集中が進んだことに端的に表れており，1990年代の議会内有効政党数（ENPP）はポルトガルで2.26，スペインで2.70，ギリシャで2.30となった（Freire, Meirinho e Moreira 2008, pp. 29-31）。

レイプハルトがデモクラシーの下位分類のために提起した「政府－政党」（executive-party）次元の指標によれば，スペインではこの値が0.06（1977～82年），0.64（1982～1989年），0.53（1989～96年），1977～96年期全体で0.72となった。ポルトガルでは1976～95年期全体の値が－0.14となるが，－0.81（1976～80年），－0.90（1980～87年），1.24（1987～95年）で後半に急上昇する。ギリシャでは1.29（1974～81年），1.00（1981～89年），0.43（1989～96年）となり，1974～96年期全体で0.66となった（Bruneau et al. 2001, pp. 18-34）。「連邦制－単一制」（federal-unitary）次元では，高度の集権的国家であるギリシャとポルトガルの値がほとんど変化せず，期間全体を通じてそれぞれ0.90と1.00であった（２つの次元で数値が高いほど多数決型の傾向が強いことを示す）。

当該時期に関して，フェリペ・ゴンサーレス（スペイン）とアニバル・カヴァコ・シルヴァ（ポルトガル）による長期単独政権の経験や，ギリシャで連立政権と少数派政権が続いた1989～93年を例外的と見なせば，明白な多数決型はギリシャのみであり，他の２国は折衷型と考えることができる。「連邦制－単一制」次元におけるスペインの値は0.22（1977～82年），－0.27（1982～1989年），－0.50（1989～96年）となり，コンセンサス型要素の強まりすら観察される。デモクラシーに至る過程で３国が経験した内戦（スペイン，ギリシャ）や革命（ポルトガル）のような深い断裂が，こうした差異の背景として重要であった。

歴史的断裂に対するギリシャの対応は執行府への権力集中であり，その権力基盤を補強する要素である。1975年憲法は当初その権威主義的性格ゆえに非難され，ND（新民主党）のみの賛成で成立した正統性に瑕疵のある憲法であった（Alivizatos 1990, p. 134）。1950年代以来継承されてきた「強化比例代表制」（reinforced proportional representation）とは議席配分方法を異にする多層的な選挙区の組み合わせで議会多数派を強制的に作り出す作用を持ち，その多数派を背景とする内閣が圧倒的立法権限を持つ。加えて議会により選出される大統領（1986年の憲法改正で首相任命の際の裁量の余地と閣僚任命権を喪失）の存在と，行政機関である国務院以外の独立の憲法裁判所の不在が，「異常な多数決主義」（eccentric majoritarianism）を倍加している（Trantas and Zagoriti et al. 2003）。

政権の安定を重視しつつ妥協と和解を政治制度の中核に取り込んだのがスペインである。その端的な表れが，歴史的３地域（バスク，カタルーニャ，ガリシア）への限定的導入を予定されていた分権化の枠組みの拡大適用によって成立した「自治州国家」（el Estado de las autonomías）である（横田 2009）。建設的不信任制度を有するスペインの議院内閣制の下では少数派政権の存続が容易であるが，政策実効力を担保するには少数政党への閣外協力の要請が不可欠である。1989年選挙で184議席から175議席（350議席中）に後退したPSOEは，1993年選挙で159まで議席を減らし，これに対応して「多極共存的」（consociational）行動様式を強めていった。

第4次ゴンサーレス政権下では政府提出法案の多くが野党の協賛で成立し，逆にPSOEは野党会派から提出された313件の立法案のうち305件に合意する形で応じた（Magone 2003, p. 87）。また，上記のように，少数派政権が不可避となった1980年代後半から90年代前半にかけては，有力な地域政党の1つであるカタルーニャのCiU（集中と統一）の協力を促す要素が2大全国政党の選挙公約に多く取り入れられたことも明らかにされている（Artés Caselles 2008）。こうしてスペインでは，権限移譲をめぐる交渉と妥協が進展し，左右軸と中央－周辺軸の2つの対立軸を抱える複合的な政党システムの下で「ほどほどの多数決型政治」（majoritarianism, ma non troppo）が展開されていった。

1974～76年の社会革命の経験を経て民主化したポルトガルでは，PCP（ポルトガル共産党）と他の主要3党との間に体制選択をめぐる亀裂が走り（Jalali 2007, pp. 23-25），軍と諸政党との間にも軍の後見的役割をめぐる対立が存在した。前者に伴う政党政治の流動化は1976～86年に9つの内閣（平均存続期間は328日）が去来する事態を招いたが，PSD（社会民主党）単独多数派政権の成立（1987年）によって解消した。後者の問題は空軍出身のラマーリョ・エアネス大統領の制度的権限の制限を目的とする1982年の憲法改正と1986年のマリオ・ソアレス大統領の誕生で終止符を打たれたが，同時に大統領の持つ法案拒否権と連動して法令審査を行う専門の憲法裁判所が設置された。以後，憲法裁判所が軍に代わる制度的拒否権プレイヤーとして振る舞い始め，多数決政治への傾斜を抑止した（Freire and Pinto 2010）。

2. 2. 政党支配の多様性

3つのデモクラシーの運用形態に見られる特徴は，それぞれの政党システムによっても規定されている。南欧政治では政治・経済・社会を全面的に支配する政党の圧倒的プレゼンスを意味する「政党支配」（partidocracia）が強調される場合があるが，民主化直後の南欧3国の主要政党は，PCPのような例外を除き，いずれも明確なイデオロギーと強固な組織によって部分社会の中に深く投錨（anchoring）されていなかった。そのような緩やかな組織原理に加え，ケインズ主義的福祉国家の理論的・現実的基盤が動揺する時代に生まれた南欧3国の「政党支配」の実態は多様であった。

ポルトガルの4大主要政党のうち3党は，旧体制の崩壊前夜に国外で結成されるか（PS［社会党］），革命の渦中に旧体制改革派から分岐して国外友党の支援を受けつつ成長した新興政党である（PSDとCDS［民主社会中央党］）。1975年の制憲議会選挙以来，左右両陣営内の中核を占めるPSとPSDは，ともに包括政党型の得票最大化を基本としながら政権参入による国家資源依存型発展を目指した。互いに政権を目指す上で競争的な関係にありながら，党組織の弱さからこのような戦略をとらざるを得なかったPSとPSDは，1980年代に官僚機構への統制強化を目的とした上級官職のパトロネージ化による政治的任用を普及させた（De Sousa 2001; Jalali, Silva and Moreira 2012）。

スペインでは民主化を主導した中道右派政党UCD（民主中道連合）の崩壊とユーロコミュニズムを標榜するPCE（スペイン共産党）の不振が，1982年選挙でのPSOEの圧勝と14年にわたる同党の単独統治を可能にした。PSOEの早すぎる成功は，ケインズ主義的福祉国家の黄金時代を経験したことがないPSOE自身に対して新自由主義的な均衡財政と労働市場改革への全面的関与を促し，やがてUGT（労働総同盟）との歴史的紐帯の解消につながった。他方でPSOEは，政策的Uターンの代償としてアンダルシアを始めとする拠点地域への特殊利益の配分に力を注ぎ，政権末期に露見する腐敗・汚職事件の種を拡散した（横田 2008，278－286頁）。

地方有力者の政治的影響力に依存するスペインのUCDに組織としての限界があったように（Hopkin 2001），両国主要政党は，有権者の2％に満たない軽い党組織を前提としつつ，クライエンテリズムには頼らずにプログラム指向型の投票動員に訴えざるを得なかった。時代の要請として「恒常的緊縮」（permanent austerity）の要素のプログラム化が不可避となったことは，PCPとPSDとの競争に同時に直面したポルトガルのPSの一時的衰退を招き，長期政権が許されたスペインのPSOEの政策的立場を大きく右方に遷移させることになった。

一方，ギリシャは逆に極端な政党支配の確立に向かった。KKE（ギリシャ共産党），PASOK（全ギリシャ社会運動），NDの3政党のうち，KKEはPCPより小規模な原理的野党であって，当初はNDとPASOKによる政権獲得競争に実質的影響を与えることがなかったが，2大政党間の競争は当初から熾烈を極めた。1981年に実現したPASOKへの政権交代は，右派陣営の弱さゆえにもたらされたのではない。地方有力者のネットワークに依存するNDを旧いギリシャの象徴と見なすPASOKは，活発な組織拡大の努力によって政権に到達し，その後さらに与党の地位を利用し官僚機構への全面的浸透を図って政治的顧客集団への利益供与を基盤とする巨大な政治マシーンを作り上げたからである。

このPASOKの動員モデルは野に下ったNDにおいて模倣され，両党による競争的組織化の結果として「官僚制的クライエンテリズム」(bureaucratic clientelism）の発達が促された（Lyrintzis 1984; Mavrogordatos 1997）。この政党支配は民主化後の労使紛争の激化を背景として労働組合にも及び，これを個別的な政治的交換の機構に取り込み懐柔することがギリシャの利益政治の支配的特徴となった。曲がりなりにも政労使の緊張関係を前提とする他の２国の「競争的コーポラティズム」（competitive corporatism）と異なり，ギリシャの「分断的コーポラティズム」（disjointed corporatism）は，それ自体が構造化された拒否権を体現し，政策過程の枠組みとして機能することはなかった（Lavdas 2005）。

加えて，初期のNDの優位を掘り崩す手法としてPASOKのアンドレアス・パパンドレウが採用した手法は，政党の「顔」の強調とエスタブリッシュメントへの攻撃的言説であった（Pappas 2014, pp. 22-26）。クライエンテリズムが官僚制的に組織化され非人格的性格を強める一方，政治の人格化と一体となったポピュリズムの浸透は極端な多数決主義と相まって２大政党間の敵対的競争を増幅し，陣営ごとの政党支配の構造を補強した。コンスタンディノス・カラマンリスが意図したギリシャ政治の近代化の目標は，ポピュリズムと政党支配に汚染された「妥協不可能な二極化」（村田 2014，352－352頁）の論理に屈していった。

2．3．欧州統合と政策収斂

３つのデモクラシーの下で進行した政党間競争の２極化と一定の政権構成パターンの定着は基本政策の収斂と関係があったが，政策の幅は欧州統合過程によっても規定された。イベリア両国では，民主化を支える現実的な支援や協力を背景とする「欧州回帰」が早くから追求されてきた。東方拡大に伴う配分資源の減少や統合深化に向けての取り組みに伴う実質的コストの増加は，両国で一定の不満を生じた。しかし，統合の根本的・理念的拒絶（強硬な懐疑論）と，統合の方向性に対する状況的または条件付きの反対（穏健な懐疑論）の２つを区別するならば（Taggart and Szczerbiak 2008），両国で強硬派の政党が主流を占めたことはない。

植民地帝国と革命的独裁への反作用として当初からPCPを除く主要３党が「欧州回帰」を強く支持してきたポルトガルでは，1980年代後半以降のPSDの優位の下で政治的埋没を恐れるCDSがPP（人民党）に党名変更して極右的立場を標榜し始めたことから，「右」からの強硬懐疑論が顕在化した。しかし，PPはポルトガルが通貨統合の基準を達成するまでに右派陣営内での失地回復に失敗し，再度の路線転換により穏健化を余儀なくされた。この時左派の側では，PCPに代わる経済統合批判の急先鋒としてBE（左翼ブロック）が頭角を現したが，結局ポルトガルの欧州懐疑論は，政党間競争の従属変数として両極においてのみ例外的に存続するだけであった（Lobo and Magalhães 2011）。

スペインでは長期政権下で親欧州派の立場を堅持したPSOEに加え，通貨統合に消極的であったPPの態度変更により，穏健懐疑派の全国政党としてIU（統一左派）だけが残った。２次元の対立軸を持つ政党システムにおける「左下」からの懐疑論の噴出は，特に2000年代以降に顕在化する現象であり（Ruiz Jiménez and Egea de Haro 2011），PNVやCiU等は基本的には親欧州派であった。他方でこれらの古参の右派系地域政党は，欧州統合の深化とスペイン国家の存在感の低下とを肯定的に結びつけ（Vázquez García et al. 2010），主権性の強化を目指すPPとの齟齬が明らかであった。複合国家スペインでは，親欧州派の内部にこうした同床異夢が生じる余地があった。

このように欧州懐疑論の挑戦が弱かった両国では，オイル・ショック後のマクロ経済的調整とEC加盟交渉を念頭に置いた財政・経済体質の強化が指向され，社会保障制度の抑制的拡充と税制改革と規制緩和を軸とするサプライサイド改革からなる政策ミックスが共通の政策的フレームワークとなった。皮肉にも，このような政策パッケージの導入と施行に中心的に携わったのは中道左派を標榜するPSOEとPSであり，特にゴンサーレス政権によるサプライサイド改革の採用は迅速かつ徹底していた（Boix 1998）。PSOEは左右からの挑戦の実質的不在を背景に新自由主義への傾斜を強め，最終的に一連の改革を景気回復局面に接合することによってPP政権への橋渡しを演じた。

体制選択の亀裂を抱えるポルトガルでは，外的要因（1979年と1983年の２度にわたるIMFスタンドバイ・クレジット）によってPSの右方遷移が促され，左右から挟撃された同党の弱体化と下野（1985年）を招いた。他方で財政学者カヴァコ・シルヴァに率いられたPSD政権は，PCP系労組のCGTP（労働組合総連合会）とPS系大統領マリオ・ソアレス（1986年以降）を強力な社会的・政治的拒否権プレイヤーとして，1990年代初頭のEMS（欧州通貨システム）危機までの短い期間の主業績が税制改革と国有産業民営化に留まったのである。雌伏10年を経て1995年に再登板したPSもまた，通貨統合を前にして社会的パートナーとの協調に依拠した微温的改革に終始し，通貨同盟の発足と同時に経済の失速と財政規律の弛緩に直面せざるを得なかった。

民主化後のギリシャは，同国の特殊な地政学的位置を反映して，NDに代表される右派陣営の親欧州的立場とも敵対する強硬な懐疑論が左派陣営から噴出した点で，他の２国と大きく異なっていた。PASOKはND政権期を通じて西側（EC，米国，NATO）への従属的編入をめぐる世界観的対立を煽り続け，EC加盟（1981年）の10カ月後の選挙では，強化比例代表制による増幅効果で議会の６割が強硬懐疑派によって占有される事態となった。もっとも，その後10年以内に与党PASOKが反欧州的言説を後退させ，最終的に明示的な親欧州派に転じたこともまた特徴的である（Verney 2011, pp. 55-58 and pp. 60-64）。主流派政党の欧州政策における両義性は，経済政策の一貫性の欠如をもたらした。

EC加盟交渉の進捗状況に配慮する必要がなかったPASOK政権は拡張的・再分配的政策を採用する誘惑に駆られやすい状況にあり，同党の組織戦略からもそれは避け難い選択肢となっていた。その帰結としての財政状況の悪化と景気の低迷は1985年以降の部分的財政緊縮を不可避とするが，政治の作用に起因する経済の歪みを是正するには不十分であり，1990年までに財政赤字は対GDP比で2.3％（1980年）から14％に，公的債務残高は28％から120％に膨張した（Kalyvas 2015, pp. 142-147）。非PASOKの変則的連立政権と少数派政権が続く例外的状況（1989～1993年）を経て，PASOK自らが通貨統合への参画を果たした上で構造的諸問題に取り組み始めるのは，パパンドレウの死後を受け継いだコスタス・シミティス政権（1996～2004

年）の下であった。

ギリシャにおける改革政治の致命的遅れと失敗，特に1980年代における財政規律の放棄は，スペインの改革政治と対比される場合があるが（Bermeo 1994; Pappas 2010），「成功」した改革の代償にも公平に言及する必要がある。一時は20％以上にも達した失業率を抑制するためにPSOE政権がとった対策の１つが，労働者憲章法の改正によって有期雇用契約を新規承認したことに始まる労働市場改革であった。この改革を発端とする柔軟化戦略は非典型雇用の激増を招き，労働市場の二重性構造の拡大再生産に貢献した（Polavieja 2005）。PSOE自身は結果的に労働市場のインサイダーを事実上の中核的支持層とするようになり（Rueda 2007），1990年代半ば以降の長い好況は，スペイン経済の構造的脆弱性の一部であるこの問題を覆い隠した。

3. 代表危機と統合危機

3. 1. 選択肢なき選挙，責任なき代表

ギリシャ経済が悪化の一途をたどりつつあった2009年10月，コスタス・カラマンリス首相（ND）による議会解散・総選挙でPASOKが160議席を獲得し，ゲオルギオス・パパンドレウ政権が誕生した。同政権がND政権期の杜撰な財政統計処理の実態を暴露したことは欧州債務危機の発火点となり，危機の伝播が欧州全域で政権与党の敗北や政党システムの流動化を伴う「選挙感染症」（electoral epidemic）を引き起こした（Bosco and Verney 2012）。2011年にポルトガル（６月）とスペイン（11月）で行われた繰り上げ総選挙もその連鎖の一部である。2012年のギリシャ総選挙に先立ち，両選挙では中道左派（PS/PSOE）が歴史的敗北を喫し，中道右派（PSD+CDS/PP）に政権が移動した。

2008～2011年の財政赤字の急激な拡大（スペインとポルトガルで対GDP比4.4％→9.4％，3.8％→7.4％［公的財務残高は39.4％→69.2％，71.7％→111.1％］）と失業率の悪化（スペインとポルトガルで11.3％→21.4％，8.8％→12.9％［若年層：24.5％→46.2％，20.6％→30.2％，長期失業：2.0％→8.9％，4.1％→6.2％］），2009年の実質GDP成長率の下落（スペインとポルトガルで−3.6％，−3.0％）等の経済・財政状況の全般的悪化を背景に，2011年

選挙で経済運営を「基幹争点」(valence issue) とする懲罰的投票行動が増幅することは避けられなかった (Lewis-Beck and Nadeau 2012)。その結果，2011年選挙は，イベリア両国史上最も純粋な形の新自由主義政権が成立する画期となった。

2011年選挙に先立つ十数年間，特に通貨同盟の成立後のスペインは未曾有の好景気に沸いたことで知られるが，2008年3月の総選挙でサパテロ政権 (PSOE 少数派) が再選された後に景気後退が加速した。政府はその深刻さを過小評価し，プランEを始めとするGDP比4％相当の財政出動を続けた後，2010年初頭に緊縮の方向に転換し，同年5月により全面的な緊縮パッケージの採用に踏み切った。PSOE 政権は危機対応の遅れと甘さ，政策的Uターンの唐突さに対する非難を一身に浴びた。サパテロ政権の左派リバタリアン的政策展開は2008年選挙で PP との分極的対立を彩ったが (Jesús González y Bouza 2009, pp. 185-191)，健全財政を前提とするコスト抑制的な社会保障改革と労働市場の柔軟化を両輪とする基本政策を定着させたのは PSOE 自身であり，サパテロ政権もその軌道から大きく外れていなかったことになる。

地方選挙で予見されていたPSOEの歴史的敗北(429万票の得票減と59議席の喪失) は，PSOE 支持層の忠誠度の低さ (2008年の投票者の40％が投票先を変えた)，すなわち棄権と他党 (PP [16％]，IU [5％]，UPyD [連合・進歩・民主主義] [4％]) への投票移動を含む投票行動の断片化が主な原因であった(Torcal 2014, p. 208; Medina y Muños 2014, pp. 92-96)。一方のPPは，サパテロ政権の労働市場改革や緊縮政策を批判し続け，選挙での勝利を見越して具体的政策提案を行わなかった (Urquiz-Sancho and Martín 2012, p. 358)。経済危機に際しては，有権者がイデオロギーの違いを超えてより有効と思われる政策を選択する傾向が強まるという指摘がある (Bartels 2014) が，政策選択肢が示されない選挙にこの分析は妥当しない。

一方，ポルトガルの第2次ソクラテス政権 (PS) は，2009年9月末の総選挙で少数派に転落した上，ギリシャ危機の直撃で緊縮政策の即時採用を迫られていた。しかし，EU 過剰財政赤字是正手続きの適用 (2001年と2005年) に示されるように，通貨同盟の発足とともに景気低迷と恒常的緊縮の悪循環に陥ったポルトガルは，すでに一定の外的拘束の下に置かれ，財政とマクロ経済に関する政策自律性を失っていた (Torres 2009; 横田 2003)。

2010年3月以降の約1年間で4次にわたる安定・成長プログラム（PEC）が提出されたことは異常であったが，2011年3月にPEC4に対する戦略的反対でソクラテスを解散総辞職に追い込んだ野党（特にPSDとCDS）がPSと並んで「トロイカ」（EU–ECB–IMF）との救済案交渉にあたったことは，有権者をさらに困惑させた。

ポルトガルではPSが23議席を失ったが，PSDの躍進は2002年の水準を回復する程度（27議席増，108議席）に留まった。多くの批判にさらされた緊縮政策の責任の所在が，主流派政党の離合集散と外圧への従属により曖昧化したことが1つの原因である。危機は通常時に増して2大政党の議会内での活動をコンセンサス型に仕向けていた（De Giorgi et al. 2015, p. 66-71）。にもかかわらず，選挙戦では遠心的競争が展開され，福祉国家の維持・拡大（PS）と新自由主義改革（PSD）が争点化した。PSDが唱える極小国家を支持する世論は少数派であったが，PSの政権実績と選挙公約の非整合性も明白であり，この対立は責任転嫁の応酬に帰結した（Magalhães 2012; Magalhães 2014）。結果として大連立の可能性が失われ，PSDとCDSの中道右派連立が成立したことは，主体的な政策選択ではなく政党間力学の論理的帰結に過ぎない（Freire and Santana-Pereira 2012, p. 184）。

2011年選挙は，国内世論よりも国内外の債権者やEU諸機関の意向に応答する政府を両国に生み出した。雇用破壊ともいうべき経済状況の下での「内的減価」戦略は政権交代以前から激しい反発を引き起し，2011年に澎湃と沸き起こったスペインの「怒れる者たち」（indignados）の占拠運動と示威行動は，ポルトガルの抗議運動と共鳴しながら国際的にも注目された（Baumgarten 2013; Dean 2014）。しかしながら，有効な選択肢のない選挙に直面した有権者の行動は，当面は棄権率の上昇や無効票の増加，非主流派政党の伸長という形でのみ両国の政党政治に影響を与えた。主流派政党間の緊縮政策をめぐる政党間亀裂の不在が，有権者の投票行動および投票外の行動と政党システムの再編との化学反応を阻止していた。

ギリシャでは，2009年12月～2010年3月にパパンドレウ政権が公的債務削減のための4つのパッケージ案を提起したが，2010年冒頭にEUが同国財政統計の再修正の必要性を指摘したことからデフォルトの危険が高まり，これを回避するための財政金融支援の要請が必至となった。2010年5月2日，トロイカとの間で1100億ユーロの支援と引き換えの経済調整プログラム（EAP）が合意されたが，すでにそれ以前から追加財政支援策に対する暴力的な反対運動が国内各所で噴出し,「覚書」に対する議会承認がなされた直後から非難の矛先が自国政府に向かった（Teperoglou and Tsatsanis 2014, p. 233)。

第１党に40議席を与える新方式（2012年から50議席に改定）で作られた多数派を基盤とするパパンドレウ政権に対して，メディア，世論，野党はその委任的権限の無効性を主張し始め，同政権は欧州サミットの合意内容を国民投票に付するという首相提案を経て迷走していった（Dinas and Lori 2013, pp. 273-274)。同政権は，通貨同盟の防衛とギリシャの構造的脆弱性の克服には強硬な施策が必要であると考えるトロイカと，国内の政治的・社会的拒否権プレイヤーとのはざまで身動きが取れなくなった。2011年11月，元ECB副総裁ルーカス・パパデモスを首班とする超党派内閣が成立したが，その実態は追加緊縮策をめぐってPASOKに反対し続けてきたNDとPASOKによるギリシャ史上初の大連立であった。

しかしながら，議会の８割以上を制する圧倒的な多数派政権さえ，第２次救済案の承認までが限界であり，2012年５月には繰り上げ総選挙の実施が不可避となった。しかし，この選挙で２大政党が６割の議席（102議席）を失い，合計でも過半数に達しなかったという大誤算から，６月の再選挙が必要となり，ついにはPASOKに代表される中道左派の壊滅的な地盤沈下とともに，左のSYRIZA（急進左派連合)，右のANEL（独立ギリシャ人）とXA（黄金の夜明け）の台頭による分極多党制化が生じたのである。2010〜2012年の選挙変易性は40を超えた。強硬な欧州懐疑派が50議席，緊縮反対派が得票率で50％を超える中で，アントニス・サマラスはND少数派政権の舵取りを強いられた。

2009年10月以降のギリシャの改革政治は，主流派政党の間もしくは内部に伝統的な左右軸を超えた緊縮／反緊縮の亀裂を持ち込んで強硬な欧州懐疑論を再活性化し，両極のポピュリズムによって一連の対立を増幅する傾向を生み出した。街頭の抗議はその頻度や暴力性において他の２国を凌駕し，政党政治への幻滅は2009〜2012年６月の投票率の大幅な低下（70.9％→62.5％）にも表れた。しかし，ギリシャでは，救済パッケージ交渉をめぐる各党の立場と支持者の政治的選好との乖離が比較的小さく（Teperoglou and Freire et al. 2014, p. 472)，選挙制度による歪曲さえ小さければ，この争点に関する限り忠実な応答的政府が実現したかもしれない。しかし，その先には政治的退嬰主義と対外的摩擦が控えており，答責性と応答性の二律背反を避けることはできなかったのである。

3. 2. 外からの拘束，下からの挑戦

ギリシャにおけるEAPの遂行とは，すなわち民主化後の２大政党制の基底構造をなす官僚制的クライエンテリズム，分断的コーポラティズム，そしてこれに付随する非効率な官僚機構，硬直的な労働市場，肥大化した社会保障制度を根底から見直すことであった。PASOKとNDがどのような議会多数によってこれに取り組んだとしても，自らの存立基盤を掘り崩すことでしかなかった（Afonso et al. 2015, pp. 325-328）。また，2012年選挙を通じて顕在化した緊縮／反緊縮の亀裂と，この亀裂に沿った議会内党派の拮抗が，外圧への対応を難しくした。

この矛盾は2014年末の大統領選出投票の行き詰まりを契機とする解散総選挙でSYRIZAが第１党となったことで増幅された。ツィプラス政権は，国内で優勢な反緊縮世論と外圧とのバランスをとりながら2015年７月５日の国民投票の実施を含むアクロバティックな政権運営を続け，その着地点が未だ明らかでない。国民投票では投票率62.5％で61.3％の多数が国際債権団の緊縮財政案を拒否したにもかかわらず，政府がその受け入れを決定したことが引き金となって議会運営が難しくなり，ツィプラスは新たな選挙の実施を余儀なくされた。ギリシャでは欧州とギリシャ国家の間の断層を前提とする比較的単純な争点構造を有する２層ゲーム（Putnam 1988）が展開されるとともに，その２層ゲームの下で代表と対外的な垂直的統合とが直接的なトレードオフの関係に置かれている。

これに対してイベリア両国では，2011年総選挙以来，トロイカの直接監視下に入るかどうかの違いはあれ，外圧との摩擦を最小限に留める形での構造調整が基本政策となっていた。スペインのラホイ政権は，2012年４月に財政安定プログラムを閣議決定して財政再建の道筋を示しながら，６月には住宅バブルの崩壊に伴う金融システム不安に関し，EFSF（欧州金融安定ファシリティー）およびESM（欧州安定メカニズム）から資本増強のための最大1000億ユーロの支援を受けることについて了解を得た。その上で，７月には財政赤字削減目標の１年延長がECOFIN（ユーロ圏財務相会合）

で了承された。

赤字削減目標の猶予は，付加価値税率の引き上げや失業給付削減を含む650億ユーロ規模の「予算安定･競争力向上法」の緊急実施の決定と連動していた。貯蓄銀行（caja）の不良債権問題が財政を圧迫したことに加え，自治州の隠れ赤字の発覚による一般政府財政赤字の増加が政府の決定を促した。スペインでは中央政府の新自由主義化がすでに州政府の一部においても再生産されつつあったが，EU と中央政府の連携による徹底的な財政緊縮の追求は，民主化過程およびその後の複雑な交渉と妥協の産物である自治州国家の構造そのものに対する見直しの動きを刺激した。

スペインの自治州国家は，その基本構造を決定する憲法上の青写真の欠如によって，政治的交渉と妥協の中で徐々にその形を整え，結果として現在の自治州国家の枠組みにおいては，各層の政府権限の重複や州政府間の非対称性という問題が残された。自治州国家体制の合理化をめぐり，２大政党の間には，規制権限と執行権限を厳格に分離して自治州の立法権限を弱体化させる新中央集権主義（PP）と連邦制化構想（PSOE）の対立が存在したが，少数派政権として成立したサパテロ政権下では，正規の憲法改正に代わるものとして自治憲章の改正が多く行われた（Máiz et al. 2010, pp. 70-71; Colino and Olmeda 2012）。

歴史的共同体であるカタルーニャの新憲章（2006年）は特に注目された事案であったが，2010年６月に憲法裁判所が下した部分的違憲判決（判決31/2010）が新たな問題を生じた。この判決のタイミングは，第２次サパテロ政権の大胆な緊縮政策への転換によって，国と州との間の軋轢要因が高まりつつある時期と重なっていた。スペイン経済の５分の１を担い不動産バブルの中心であったカタルーニャが「緊縮政策の実験場」（Vidal-Folch 2013）となっていたところに，違憲判決が不満の火に油を注いだのである。2010年11月の州議会選挙で誕生した CiU のアルトゥール・マス州政府首相は，違憲判断の対象となった財政主権問題を取り上げ（Martín and Urquizu-Sancho 2012, p. 355），中央政府との財政契約（pacte fiscal）に基づく双務的財政関係の構築を模索し始めた。

しかしながら，資源配分をめぐるゼロ・サムまたはマイナス・サムのゲームが支配的となる中で，外的拘束との結託を通じて中央政府が対内的な垂直的統合に関する権力の梃子を強化しつつある状況では，カタルーニャが求めるような財政契約を成立させることは容易ではなかった。2011年9月にサパテロ政権下で憲法への財政規律条項（第135条）の追加が実現した後，PP多数派政権の下では，先に述べた予算安定･競争力向上法が成立した（2012年5月）。中央政府による州財政の管理･監督権の強化と並行してカタルーニャを含む自治州から相次ぐ財政支援要請が生じたことで，財政主権の実現は困難を増した。

こうしてマスの主張の重心は世論を背景として独立に置かれるようになり（Crameri 2015, pp. 14-18 and pp. 45-52），2013～2014年のスペイン政治は，カタルーニャ州の独立を問う住民投票の実施をめぐる攻防が焦点となったが，ラホイ首相の憲法裁判所への提訴と実施凍結命令等のやり取りを経て，州法に基づく法的拘束力を持つ住民投票の実施は見送られ，2014年11月9日に非公式の住民投票のみが行われた。80.8％の高率で独立支持が多数を占めたものの，投票率は40％前後と推定され，結果として政府からの譲歩を引き出すことさえできなかった。2015年6月には，元来2つの政党の連合体であったCiUが，独立反対論（46.2％）を多く抱えるUDC（カタルーニャ民主連合）とマスの属するCDC（カタルーニャ民主集中）とに分裂した。

独立論の現実的根拠やマスの戦略の妥当性に関する評価は別として，当該問題に象徴される対内的な垂直的統合に対する挑戦は，欧州危機の過程で自治州国家の構造的重心が中央政府の側に大きく傾斜したことに対する反作用に他ならない。しかし，中央政府の政権構成が変化し交渉環境が変化したとしても，問題の出発点にある財政主権問題に技術的解決の道が見出せるかは不透明である。自治州国家の合理化のさまざまな選択肢の中で非対称性の拡大につながる改革案の支持者はごく一部に過ぎないが，欧州危機の下で新中央集権主義への流れがロックインされてしまったとすれば，これを覆すことはさらに困難となる。

3. 3. 横からの牽制，内からの崩壊

スペインでカタルーニャ問題が実際に独立を問う住民投票にまで発展した背景としての中央政府への権力集中を象徴するのが，ラホイ政権下における政令法（decreto-ley）の多用である。政令法とは，非常事態時に緊急の必要性がある場合に限り政府が発令することを認められ，法律と同一の

効果を持ち，事後的に下院による承認を必要とする法形式である。このような方式は緊縮政策への転換を転機としてサパテロ政権下でも一般化していたが，ラホイ政権発足後の15カ月間に議会を通過した60本の法律のうち35本が政令法であった。しかし，首班指名投票直後の12月30日に閣議承認された経済緊急措置のような実質的な緊急立法を除けば，ラホイ政権が期待できる議会多数派の支持にかんがみて，より丁寧に審議すべき立法が含まれていたことは否定できない。

2012年２月12日から暫定施行段階に入った労働市場改革法（政令法３/2012）もその１つである。同改革法は，サパテロ政権下で2010年６月に政令法として行われた労働者憲章法の改正（政令法10/2010，法律35/2010）を基礎としながら，これを労働市場の柔軟化の観点からさらに徹底させたスペイン労働法制史上最も新自由主義的な改革であるとされる（Sanromà Meléndez 2012; Baylos 2013）。雇用の不安定化や労働協約の効力の決定的低下という副次効果を別とすれば，同改革法が雇用状況の顕著な改善に寄与した確実な証拠は得られていない。いずれにせよ，立法の意図とは別に，政権与党が緊急性や外的拘束を口実として安易な立法手続きに依存し暴走すること，すなわち，水平的統合の次元における執行権の突出が欧州危機後のスペイン政治を特徴づけている。

スペインに先立って外的拘束への適応を常としてきたポルトガルにも，同じ種類の危機が存在していた。実業界出身のパッソス・コエーリョ首相（PSD）は，連立政権の発足直後から，2011年選挙の選挙戦を通じて公言してきた徹底的な新自由主義改革の実現に意欲を示していた。GDP の45%に相当する780億ユーロの緊急借款を含むトロイカ救済案と引き換えに，増税，公務員給与の削減，公共サービスの縮小，社会保障改革，労働市場改革等の包括的な改革が求められた非常事態は，新政権が「トロイカ以上のトロイカ派」として本来の意図に沿った政策をフルスロットルで推進する「機会の窓」を提供した（Freire and Moury 2013; Freire 2014, pp. 59-61）。

世論による政権批判は，専門家閣僚であるヴィトール・ガスパール財務大臣の突然の辞任に続くパウロ・ポルタス外務大臣（CDS）の連鎖的辞任を引き起した（2013年７月）点で効果があったが，ポルトガルにおいて与党の権力を持続的に牽制するもう重要な制度的要素は，大統領の法案拒否権と連動した憲法裁判所による法令審査である。スペインの憲法裁判所がカタルーニャ問題に際してもっぱら中央政府の立場を補強する役割を果たしたのに対し，ポルトガルでは政府の行き過ぎた改革を抑制する機能を果たし，カヴァコ・シルヴァ大統領がトロイカの支援条件の妥当性に公式に疑義を示すことでこの動きを側面支援したのである。

緊縮政策の一部に対する憲法判断は，ソクラテス政権期の緊縮パッケージに含まれていた遡及税に対する違憲性の指摘（憲法第103条第３項）に始まり，次いで所得税追加税率や公務員給与の削減の妥当性も検討された。2012年国家予算法の一部（公務員とその退職者の休暇・クリスマスの賞与の支払の停止）と2013年国家予算法の一部（失業給付・疾病給付への課税，年金の削減等）に対しても違憲判断が下った（判決253/2012，判決187/2013）。また，トロイカとの「覚書」に沿った解雇規制の大幅緩和を含む新労働法（法律23/2012）についても，雇用の安定保障（憲法第53条）に抵触するとして一部無効が宣言された（判決602/2013）（Esposito 2014, pp. 17-23; Magone 2014, pp. 355-357）。

頻繁な法令審査の背景には，同国憲法に革命期の遺産として社会的権利や経済組織に関する規定が多く残されていることがある。首相時代に憲法改正によって民営化の根拠を手に入れたカヴァコ・シルヴァも，これらの規定の全てに手を入れて自由化を推進することはできなかった。また，憲法裁判所の任命判事の党派性が憲法審査に影響することを排除できず（Amaral-Garcia et al. 2009），必ずしも政権与党に好意的に作用するとは限らない。ポルトガルでは，水平的統合のメカニズムを通じた横からの政策介入が，トロイカ「覚書」の過剰適用に一定の歯止めをかけている。

ギリシャの政治は多数決型の性質を３国の中で最も濃厚に示し，憲法で執行権と立法権の強固な融合とその上に君臨する万能の首相の存在を規定している（Mitsopoulos and Pelagidis 2012, pp. 44-45）。また，独立の憲法裁判所が存在せず，これに代わる国務院が実際上の最終的な憲法判断を行うことから，司法的作用によってから政府の権限の肥大化を掣肘する機能がそもそも弱かった。実際に，国務院は「覚書」に沿った公務員給与および年金支給額の引き下げ（訴訟668/2012）や，年収６万ユーロ以上の所得のある者に対する遡及税の適用について（判決1685/2013），事態の緊急性を根拠として合憲性を認めてきた。これに対して会計検査院が，わずかに法的拘束力を持たない判断として年金支給額の引き下げや公務員賞与の廃止等に関する違憲性を指摘したに留まった（Esposito 2014, pp. 25-28）。

ギリシャにおける水平的統合の危機は，単純多数による強力な政治指導という憲法上の前提が外圧による包囲と2大政党の凋落によって事実上崩壊したことで，本来想定されていない執行府と立法府との間の連携性の低下という形で生じている。他の2国において2011年の繰り上げ選挙によって成立した新政権が任期を全うしようとしている時に，ギリシャではパパンドレウ政権の崩壊から数えて3人の首相（選挙管理内閣の暫定首相を除く）が交代し，2012年と2015年にそれぞれ2回の繰り上げ・やり直し選挙が行われた。多数派の創出を眼目として設計された選挙法にもかかわらず，2012年5月選挙以来，単独政党による単純多数が困難となり，多数派形成のために選挙をやり直すという代表の論理の倒錯が生じた。

しかしながら，世論と外圧のダブルバインドに陥った政権与党にとって，安定的な多数を実現することは至難の業である。伝統的な2大政党は外的拘束に従って構造調整に取り組むことで弱体化した。一方，NDやSYRIZAのように，反緊縮の世論を煽りながら自らが与党となった場合でも，追加支援を勝ち取るための条件闘争に従事しなければならず，結果として支持者や議員団を裏切ることになる。2010～2012年だけで，与党から75名の国会議員の離党が生じたことは，政権基盤の流動化の顕著な証拠といえるが，それらの中には，新たな買票の可能性を模索する個々の議員の戦略的行動も含まれていた（Kovras and Loizides 2014）。クライエンテリズム型の投票動員モデルが，危機の時代の党派的凝集性を弛緩させているのである。

4. 結論

本稿の執筆時点（2015年9月初旬）において，3国は再び総選挙を迎える事態となり，報道や世論調査においては政権与党後退の共通の予測がなされている。本稿では，具体的にどの政党が勝利を収め，どのような新政権が成立するかという短期的な問題よりも，欧州危機を契機とする3国のデモクラシーの中長期的な変質を中心的考察対象とした。南欧3国のデモクラシーは「第3の波」の民主化によって誕生した新興のデモクラシーとして弱さを抱えていたが，イベリア両国は当初から欧州に寄り添うことによってその弱さを補強し，国内においてはコンセンサス型ないしは非多数決型の政治制度を発達させた。ギリシャでは欧州に対する両義的な態度が長く残存する一方，ポピュリズムと政党支配を基盤とする極端な多数決型デモクラシーが構築された。

欧州危機は完成した代表制デモクラシーに対してきわめて大きな負荷を加えることになった。通貨統合への参加の局面で政策決定の自律性をある程度失っていた3国は，この自律性を踏み込んだ形で放棄することを迫られたからである。イベリア両国では対外的統合の強化による政策選択肢の消滅に伴って代表の危機が生じているが，欧州危機以前から政策自律性を事実上失っていたポルトガルでは，憲法上の水平的統合の機構が外圧と結託した政府の暴走を抑制した。これに対してスペインでは，水平的統合による政府の牽制機能が有効に作用せず，代わりに対内的な垂直的統合の次元で発生したカタルーニャ独立問題もまた，暫定的には対内的統合を強化する方向で収束した。スペインでは外的拘束を背景として（中央）政府の権力が突出し，民主化期以来のコンセンサス型要素を封じ込める形となっている。

ギリシャでは対外的な垂直的統合の強化が2大政党の支配を掘り崩すとともに政府への支持を急降下させ，ポピュリズム的な両極政党の台頭を促して，外的拘束に対する政府の一貫的姿勢がとれなくなった。対外的統合と代表との間に鋭い緊張関係が発生する中で，同国では単純多数を前提とする過剰な多数決主義が執行府と立法府との関係を不安定化し，水平的統合まで危機にさらした。その結果，同国では，欧州危機を契機としてイベリア両国に見られないような政治的カオスが現出した。このように，欧州危機に伴う対外的統合の力学が，それぞれのデモクラシーの制度的・構造的特徴を媒介としながら異なる危機の態様を生み出している。

イベリア両国では経済・財政危機の尖鋭な局面が過ぎ去り，ポルトガルは若干の不安要因を残しながらも2014年5月にトロイカの調整プログラムを終了した。このことを前提に，欧州危機の政治的残存効果について最後に簡単に触れておきたい。第1に，既成政党に対して高まった不信や嫌悪感は，ギリシャで新興政党の台頭による政党システムの再編に直結し，持続的な政治的混乱の原因となっている。旧2大政党の回復の困難はPASOKにおいて顕著であり，混乱が長引くほど組織復元能力は失われていく。他方で，政党支持自体が流動化する中で，SYRIZA等の新興政党がPASOKに代わる動員基盤を整備し，現職政府を攻撃することで多数派を狙うポピュリズム政治に終止符を打つ展望は必ずしも明るくない（Karyotis and Rüdig 2015, pp. 136-139）。

第２に，社会運動が政党システムの変動を引き起こす可能性は，目下スペインとポルトガルでは異なっているようである。スペインでは「怒れる者たち」ないし15－M運動の収束後に，それとは必ずしも直結しないPodemos（Calvo y Alvarez 2015）やC's（市民党）等のネットワーク型の運動を基盤とする左右の新興政党が２大政党の地位を脅かそうとしている。この状況が政党連合のゲームを複雑化させる可能性を持つ一方で，政治におけるコンセンサス型要素をどう回復させるかが注目される。これに対してポルトガルでは街頭での抗議運動と政党再編とが連動せず，政治からの退出が加速した（Lobo 2013）。ポルトガルが欧州危機以前の雇用水準を回復するまでの間に，デモクラシーの静かな空洞化がさらに進行するであろう。

第３に，トロイカの要請を部分的に先取りする形で導入された労働市場改革や，憲法の財政規律条項による自治州政府への監督強化，普遍的医療保健制度の切り崩し，教育投資の減少，労使関係の分権化等は，すでに巻き戻し困難な政策効果を生じている。この問題はラホイ政権下で新自由主義改革が極端に進行したスペインで特に深刻であり（Banyuls and Albert Recio 2012），欧州危機の下で傷ついたデモクラシーの正統性を修復する過程を阻害することが危惧される。しかしながら，そもそもデモクラシーは傷ついただけで済んだのだろうか。欧州危機によって縮減を命じられたのが財政赤字ではなく代表制デモクラシー自体であったのだとすれば，その回復はますます容易ではないであろう。

＊　本研究は，科学研究費補助金基盤研究（B）「ユーロ圏危機下における南欧政治の構造変容に関する比較研究（25285043）」（2013～2016年度）および同「先進民主主義諸国における恒常的緊縮の政策過程と政治的効果に関する比較研究（15H03307）」（2015～2018年度）に関する研究成果の一部である。

引用文献

［欧文］

Afonso, Alexandre, Sotirios Zartaloudis and Yannis Papadopoulos (2015) “How party linkages shape austerity politics: clientelism and fiscal adjustment in

Greece and Portugal during the eurozone crisis," *Journal of European Public Policy*, Vol. 22, No. 3, pp. 315-334.

Alivizatos, Nikos (1990) "The Difficulties of 'Rationalization' in a Polarized Political System: the Greek Chamber of Deputies," in Ulrike Liebert and Maurizio Cotta (eds.), *Parliaments and Democratic Consolidation in Southern Europe: Greece, Italy, Portugal, Spain and Turkey*, London: Pinter Publishers, pp. 131-153.

Amaral-Garcia, Sofia, Nuno Garoupa and Veronica Grembi (2009) "Judicial Independence and Party Politics in the Kelsenian Constitutional Courts: The Case of Portugal," *Journal of Empirical Legal Studies*, Vol. 6, No. 2, pp. 381-404.

Armingeon, Klaus and Nathalie Giger (2008) "Conditional Punishment: A Comparative Analysis of the Electoral Consequences of Welfare State Retrenchment in OECD Nations, 1980-2003," *West European Politics*, Vol. 31, No. 3, pp. 558-580.

Armingeon, Klaus and Kai Guthmann (2014), "Democracy in crisis? The declining support for national democracy in European countries, 2007-2011," *European Journal of Political Research*, Vol. 53, pp. 423-442.

Artés Caselles, Joaquín (2008) *Gobiernos minoritarios y promessa electorales en España*, Madrid: CIS.

Banyuls, Josep and Albert Recio (2012) "Spain: the nightmare of Mediterranean neoliberalism," in Steffen Lehndorff (ed.), *A Triumph of Failed Ideas European Models of Capitalism in the Crisis*, Brussels: ETUI, pp. 199-217.

Bartels, Larry M. (2014) "Ideology and Representation in Electoral Responses to the Great Recession," in Nancy Bermeo and Larry M. Bartels (eds.), *Mass Politics in Tough Times: Opinions, Votes, and Protests in the Great Recession*, Oxford and New York: Oxford University Press, pp. 185-223.

Baumgarten, Britta (2013) "Geração à Rasca and beyond: Mobilizations in Portugal after 12 March 2011," *Current Sociology*, Vol. 61, No. 4, pp. 457-473.

Baylos, Antonio (2013) "La desconstitucionalización del trabajo en la reforma laboral del 2012," *Revista de Derecho Social*, No. 61, pp. 19-41.

Bermeo, Nancy (1994) "Sacrifice, Sequence, and Strength in Successful Dual Transitions: Lessons from Spain," *Journal of Politics*, Vol. 56, No. 3, pp. 601-627.

Boix, Carles (1998) *Political Parties, Growth and Equality: Conservative and Social Democratic Economic Strategies in the World Economy*, Cambridge and New York: Cambridge University Press.

Bosco, Anna and Susannah Verney (2012) "Electoral Epidemic: The Political

Cost of Economic Crisis in Southern Europe, 2010-11," *South European Society and Politics*, Vol. 17, No. 2, pp. 129-154.

Bruneau, Thomas C, P. Nikiforos Diamandouros, Richard Gunther, Arend Lijphart, Leonard Morlino, and Risa A. Brooks (2001) "Democracy, Southern European Style," in P. Nikiforos Diamandouros and Richard Gunther (eds.), *Parties, Politics, and Democracy in the New Southern Europe*, Baltimore and London: Johns Hopkins University Press, pp. 16-82.

Calvo, Kerman y Iago Alvarez (2015) "Limitaciones y exclusiones en la institucionalización de la indignación : del 15-M a Podemos," *RES*, No. 24, pp. 115-122.

Colino, César and José A. Olmeda (2012) "The Limits of Flexibility for Constitutional Change and the Uses of Sub-national Constitutional Space: The Case of Spain," in Arthur Benz and Felix Knüpling (eds.), *Changing Federal Constitutions: Lessons from International Comparison*, Opladen: Verlag Berbara Budrich, pp. 191-209.

Crameri, Kathryn (2015) *'Goodbye, Spain?' The Question of Independence for Catalonia*, Eastbourne: Sussex Academic Press.

De Giorgi, Elisabetta, Catherine Moury and João Pedro Ruivo (2015) "Incumbents, Opposition and International Lenders: Governing Portugal in Times of Crisis," *Journal of Legislative Studies*, Vol. 21, No. 1, pp. 54-74.

De Sousa, Luís (2001) "Political Parties and Corruption in Portugal," *West European Politics*, Vol. 24, No. 1, pp. 157-180.

Dean, Jonathan (2014) "Tales of Apolitical," *Political Studies*, Vol. 62, No. 2, pp. 452-467.

Dinas, Elias and Lamprini Rori (2013) "The 2012 Greek Parliamentary Elections: Fear and Loathing in the Polls," *West European Politics*, Vol. 36, No. 1, pp. 270-282.

Dyson, Kenneth and Kevin Featherstone (1999) *The Road To Maastricht: Negotiating Economic and Monetary Union*, Oxford and New York: Oxford University Press.

Esposito, Vincent L. (2014) "Constitutions Through The Lens Of The Global Financial Crisis: Considering The Experience Of The United States, Portugal, And Greece," *Law School Student Scholarship*, Paper 461 (http://scholarship.shu.edu/student_scholarship/461).

Freire, André (2014) *Austeridade, democracia e autoritarismo*, Lisboa: Nova Vega.

Freire, André, M. Meirinho e D. Moreira (2008) *Para uma melhoria da representação política: a reforma do sistema eleitoral*, Lisboa: Sexante.

Freire, André e António Costa Pinto (2010) *O poder presidencial em Portugal: os dilemas do poder dos presidentes na república portuguesa*, Lisboa: Dom Quixote.

Freire, André and José Santana-Pereira (2012) "Portugal 2011: The victory of the neoliberal right, the defeat of the left," *Portuguese Journal of Social Science*, Vol. 11, No. 2, pp. 179-187.

Freire, André and Cathrine Moury (2013) "Austerity Policies and Politics: the case of Portugal," *Póle Sud*, No. 39, pp. 35-56.

Giger, Nathalie and Moira Nelson (2011) "The electoral consequences of welfare state retrenchment: Blame avoidance or credit claiming in the era of permanent austerity?" *European Journal of Political Research*, Vol. 50, No. 1, pp. 1-23.

Guy Peters, B. and Jon Pierre (2004) "Multi-level Governance and Democracy: A Faustian Bargain?" in Ian Bache and Matthew Flinders (eds.), *Multi-level Governance*, Oxford and New York: Oxford University Press, pp. 75-89.

Hopkin Jonathan (2001), "A 'Southern Model' of Electoral Mobilisation? Clientelism and Electoral Politics in Spain," *West European Politics*, Vol. 24, No. 1, pp. 115-136.

Jalali, Carlos (2007) *Partidos e democracia em Portugal, 1974-2005: da revolulção ao bipartidarismo*, Lisboa: ICS.

Jalali, Carlos, Patrícia Silva and Diogo Moreira (2012) "Party Patronage in Portugal: Treading in Shallow Water," in Petr Kopecký , Peter Mair and Maria Spirova (eds.), *Party Patronage and Party Government in European Democracies*, Oxford and New York: Oxford University Press, pp. 294-315.

Jesús González, Juan y Fermín Bouza (2009) *Las razones del voto en la España democrática, 1977-2008*, Madrid: Catarata.

Kalyvas, Stathis N. (2015) Modern Greece: *What Everyone Needs to Know*, Oxford and New York: Oxford University Press.

Karyotis, Georgios and Wolfgang Rüdig (2015) "Protest Participation, Electoral Choices and Public Attitudes towards Austerity in Greece," in Georgios Karyotis and Roman Gerodimos (eds.), *The Politics of Extreme Austerity: Greece in the Eurozone Crisis*, Basingstoke and New York: Palgrave Macmillan, pp. 123-141.

Kovras, Iosif and Neophytos Loizides (2014) "The Greek Debt Crisis and Southern Europe: Majoritarian Pitfalls?" *Comparative Politics*, Vol. 47, No. 1, pp. 1-20.

Lavdas, Kostas A. (2005) "Interest Groups in Disjointed Corporatism: Social Dialogue in Greece and European 'Competitive Corporatism'," *West European Politics*, Vol. 28, No. 2, pp. 297-316.

Lewis-Beck, Michael S. and Richard Nadeau (2012) "PIGS or not? Economic voting in Southern Europe," *Electoral Studies*, Vol. 31, No. 3, pp. 472-477.

Lobo, Marina Costa (2013) "Uma cidadania política, mas pouco," em Marina Costa Lobo (coord.), *Portugal e a Europa: novas cidadanias*, Lisboa: Fundação Francisco Manuel dos Santos, pp. 53-84.

Lobo, Marina Costa and Pedro C. Magalhães (2011) "Room for Manoeuvre: Euroscepticism in the Portuguese Parties and Electorate 1976-2005," *South European Society and Politics*, Vol. 16, No. 1, pp. 81-104.

Lyrintzis, Christos (1984) "Political Parties in Post-junta Greece: A Case of 'Bureaucratic Clientelism'?" *West European Politics*,Vol. 7, No. 2, pp. 99-118.

Magalhães, Pedro C. (2012) "After the Bailout: Responsibility, Policy, and Valence in the Portuguese Legislative Election of June 2011," *South European Society and Politics*, Vol. 17, No. 2, pp. 309-327.

Magalhães, Pedro C. (2014) "The Elections of the Great Recession in Portugal: Performance Voting under a Blurred Responsibility for the Economy," *Journal of Elections, Public Opinion and Parties*, Vol. 24, No. 2, pp. 180-202.

Magone, José M. (2003) *The Politics of Southern Europe: Integration into the European Union*, Westport and London: Praeger.

Magone, José M. (2014) "Portugal Is Not Greece: Policy Responses to the Sovereign Debt Crisis and the Consequences for the Portuguese Political Economy," *Perspectives on European Politics and Society*, Vol. 15, Issue 3, pp. 346-360.

Mair, Peter (2014) "Representative vs. Responsible Government (2009)," in Ingrid van Biezen (ed.), *On Parties, Party Systems and Democracy: Selected Writings of Peter Mair*, Colchester: ECPR Press, pp. 581-595.

Máiz, Ramón, Francisco Caamaño and Miguel Azpitarte (2010) "The Hidden Counterpoint of Spanish Federalism: Recentralization and Resymmetrization in Spain (1978-2008)," *Regional and Federal Studies*, Vol. 20, No. 1, pp. 63-82.

Manin, Bernard, Adam Przeworski and Susan C. Stokes (1999) "Elections and Representation," in Adam Przeworski, Susan C. Stokes and Bernard Manin (eds.), *Democracy, Accountability, and Representation*, Cambridge and New York: Cambridge University Press, pp. 29-54.

Martín, Irene and Ignacio Urquizu-Sancho (2012) "The 2011 General Election in Spain: The Collapse of the Socialist Party," *South European Society and Politics*, Vol. 17, No. 2, pp. 347-363.

Mavrogordatos, George (1997) "From Traditional Clientelism to Machine Politics: The Impact of PASOK Populism in Greece," *South European Society and Politics*, Vol. 2, No. 3, pp. 1-26.

Medina, Lucía y Jordi Muños (2014) "¿Quiénes y por qué cambian su voto? El análisis de las transferencias de voto entre las elecciones generales de 2008 y 2011," en Eva Anduiza, Agustí Bosch, Luís Orriols y Gullem Rico (eds.), *Elecciones generales 2011*, Vol. 5, Madrid: CIS, pp. 83-102.

Mitsopoulos, Michael and Theodore Pelagidis (2012) *Understanding the Crisis in Greece: From Boom to Bust*, revised edition, Basingstoke and New York: Palgrave Macmillan.

O'Donnell, Gullermo (1999) *Counterpoints: Selected Essays on Authoritarianism and Democratization*, Notre Dame: University of Notre Dame Press.

Pappas, Takis S. (2010), "Macroeconomic Policy, Strategic Leadership, and Voter Behaviour: The Disparate Tales of Socialist Reformism in Greece and Spain during the 1980s," *West European Politics*, Vol. 33, No. 6, pp. 1241-1260.

Pappas, Takis S. (2014) *Populism and Crisis Politics in Greece*, Basingstoke and New York: Palgrave Macmillan.

Pitkin, Hanna Fenichel (1967) *The Concept of Representation*, Berkeley and Los Angeles: University of California Press.

Polavieja, Javier G. (2005) "Flexibility or polarization? Temporary employment and job tasks in Spain," *Socio-Economic Review*, Vol. 3, Issue 2, pp. 233-258.

Putnam, Robert D. (1988) "Diplomacy and domestic politics: the logic of two-level games," *International Organization*, Vol. 42, No. 3, pp. 427-460.

Rueda, David (2007) *Social Democracy Inside Out: Partisanship and Labor Market Policy in Industrialized Democracies*, Oxford and New York: Oxford University Press.

Ruiz Jiménez, Antonia M. and Alfonso Egea de Haro (2011) "Spain: Euroscepticism in a Pro-European Country?" *South European Society and Politics*, Vol. 16, No. 1, pp. 105-131.

Sanromà Meléndez, Esteve (2012) "El marcado de trabajo español en la crisis económica (2008-2012): desempleo y reforma laboral," *Revista de Estudios Empresariales*, No. 2, pp. 29-57.

Taggart, Paul and Aleks Szczerbiak (2008) "Opposing Europe? The politics of Euroscepticism in Europe," in Paul Taggart and Aleks Szczerbiak (eds.), *Opposing Europe? The Comparative Party Politics of Euroscepticism*, Oxford and New York: Oxford University Press, Vol. 1, pp. 1-15.

Teperoglou, Eftichia, André Freire, Ioannis Andreadis and José Manuel Leite Viegas (2014) "Elites' and Voters' Attitudes towards Austerity Policies and their Consequences in Greece and Portugal," *South European Society and Politics*, Vol. 19, Issue 4, pp. 457-476.

Teperoglou, Eftichia and Emmanouil Tsatsanis (2014) "Dealignment, De-legitimation and the Implosion of the Two-Party System in Greece: The Earthquake Election of 6 May 2012," *Journal of Elections, Public Opinion and Parties*, Vol. 24, No. 2, pp. 222-242.

Torcal, Mariano (2014) "The Incumbents Electoral Defeat in the 2011 Spanish National Elections: The Effect of the Economic Crisis in an Ideological Polarized Party System," *Journal of Elections, Public Opinions and Parties*, Vol. 24, Issue 2, pp. 203-221.

Torres, Francisco (2009) "Back to External Pressure: Policy Responses to the Financial Crisis in Portugal," *South European Society and Politics*, Vol. 14, No. 1, pp. 55-70.

Trantas, Georgios, Paraskevi Zagoriti, Torbjörn Bergman, Wolfgang Müller, and Kaare Strøm (2003) "Greece: 'Rationalizing' Constitutional Powers in a Post-dictatorial Country," in Kaare Strøm, Wolfgang C. Müller, Torbjörn Bergman (eds.), *Delegatoion and Accountability in Parliamentary Dermocracies*, Oxford and New York: Oxford University Press, pp. 376-398.

Urquiz-Sancho, Ignaco and Irene Martín (2012) "The 2011 General Election in Spain: The Collapse of the Socialist Party," *South European Society and Politics*, Vol. 17, No. 2, pp. 347-363.

Vázquez García, Rafael, Santiago Delgado Fernández and Miguel Jerez Mir (2010) "Spanish Political Parties and the European Union: Analysis of Euromanifestos (1987-2004)," *Perspectives on European Politics and Society*, Vol. 11, No. 2, pp. 201-221.

Verney, Susannah (2011) "An Exceptional Case? Party and Popular Euroscepticism in Greece, 1959-2009," *South European Society and Politics*, Vol. 16, No. 1, pp. 51-79.

Vidal-Folch, Xavier (2013) *¿Cataluña independente?* Madrid: Fundación Alternativas.

[和文]

村田奈々子（2014）「民主化後のギリシアの政治構造：ギリシア型ポピュリズムと欧州統合の理想」『人文・自然研究』（一橋大学・大学教育研究開発センター紀要）第８号，346－373頁。

横田正顕（2003）「現代ポルトガル政治における『ヨーロッパ化』のジレンマ―ガヴァナンスの変容とデモクラシーの『二重の赤字』」日本比較政治学会編『ヨーロッパ統合と国民国家デモクラシーの変容』（日本比較政治学会年報）47－72頁。

横田正顕（2008）「体制移行と政治的クライエンテリズム―南欧諸国の経験―」河田潤一編『汚職・腐敗・クライエンテリズムの政治学』ミネルヴァ書房，270－299頁。
横田正顕（2009）「スペインにおける非対称的・競争的『連邦制』の展開―その構造と力学―」『法学』（東北大学法学部紀要）第72巻第6号，189－231頁。

Representation and Integration of New Political Issues in Party Systems:

Analyses of New Challenger Parties in 15 West European Democracies

Airo Hino*

abstract: Advanced democracies have witnessed new types of political issues being represented and integrated in their party systems in the past decades. Yet, their patterns still remain unknown as to the conditions in which new political issues are first represented and eventually integrated in each party system. To fill this gap, this article illustrates such patterns through different phases of socio-economic transformation, party system responses to newly emerging issues, and electoral systems' openness. By applying a 'double-hurdle' model, the article tries to elucidate the mechanisms in which new political issues are represented in the first hurdle and then integrated in party systems in the second hurdle. The analyses of new challenger parties across 15 West European democracies revealed that New Politics issues are represented through New Politics Parties (NPPs) when existing party systems are *not responsive* to the new issues but NPPs further grow and New Politics issues are integrated in party systems when existing party systems are more *responsive* to these newly emerging issues. Likewise, different conditions mattered differently for the representation and growth hurdles for both NPPs and Extreme Right Parties (ERPs).

Key Words: New Challenger Parties, new political issues, double-hurdle model, political opportunity structure

Introduction

Advanced democracies constantly experience change and persistence of her

* Waseda Univercity, Faculty of Political Science and Economics, Professer, Electoral Studies Comparative Politics

party system and scholars have long paid attention to its causal patterns and consequences. One of the causes of party system change is a transformation of cleavage structures (Lipset and Rokkan, 1967) and changes in a line of conflicts with regard to value systems (Inglehart, 1977; 1990; Flanagan, 1987). To name but a few examples in the history of West European democracies, the Industrial Revolution led to the formation of labour and social democratic parties; and the arrival of 'affluent society' (Galbraith, 1958) and its subsequent penetration of 'post-materialist' or 'left-libertarian' values gave rise to a formation of green and New Politics parties (Müller-Rommel, 1985b; Poguntke, 1987). The impacts of these waves of socio-economic transformation are certainly present in each of the countries, yet the patterns in which it appears are diverse. It is these patterns that this article puts particular focus on. How would a newly emerging political issue be *represented* in each party system? Subsequently, how would a new political issue be *integrated* in each party system? These phases of *representation* and *integration* of new political issues could be reasonably different but such mechanisms are not sufficiently elucidated in the literature. With this motivation, this article aims to provide a set of patterns in which new political issues affect party systems and to examine what factors promote or hinder their representation and integration. To this end, the article analyses the development of new challenger parties in 15 West European democracies over the decades. Below the article first describes main patterns in which new political issues could be represented and/or integrated in a party system. After discussing which cases, variables and models to be employed in an overall research design, it will then present the findings from the analyses of new challenger parties, in particular, New Politics Parties (NPPs) and Extreme Right Parties (ERPs) in Western Europe. It will conclude with some discussions over the findings.

1. Patterns of Representation and Integration of New Political Issues

The ways in which new political issues are represented and/or integrated in a party system are determined in the sequences of the following four phases.

Figure 1 Patterns of Representation and Integration of New Political Issues

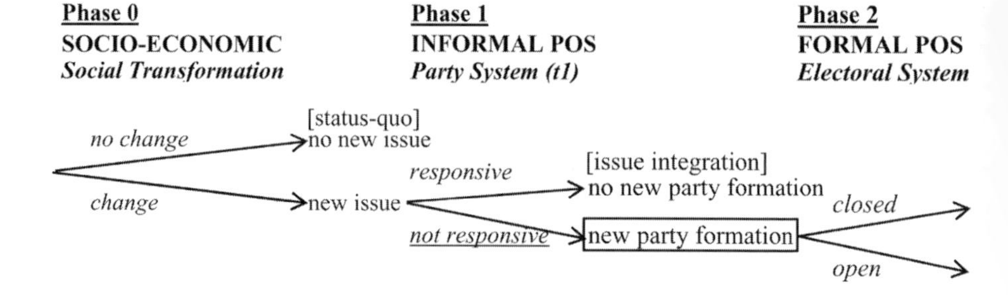

Figure 1 illustrates the four phases and how new issues (do not) end up being represented and/or integrated.

In Phase 0, new political issues need to arise with a socio-economic transformation, or if not, issue dimensions remain as a status-quo. It is labelled Phase 0 since this is a phase rooted in a socio-economic domain, which is prerequisite for representation and integration of new political issues. Although these social-economic transformations are operationalised empirically later to control for their variations, new political issues are treated as given from this point onwards in theorising their patterns of representation and integration in party systems.

Phase 1 to Phase 3 constitute political and institutional domains and, in other words, Political Opportunity Structure (POS) of new parties. Political Opportunity Structure is different from the socio-economic domain of Phase 0 in that it is the domain related to 'institutions' in general. In more concrete, these institutions range from informal institutions related to party systems to *formal* institutions related to electoral systems.

In Phase 1, existing party systems, an *informal* component of POS, play a role in facilitating or not facilitating new party formation. If existing parties are responsive to newly emerging issues, then there is no need for new parties to be formed. New interests articulated in the form of movements and/or interest groups remain as such and would not result in a formation of new political

<u>Phase 3</u>
INFORMAL POS
Party System (t2)

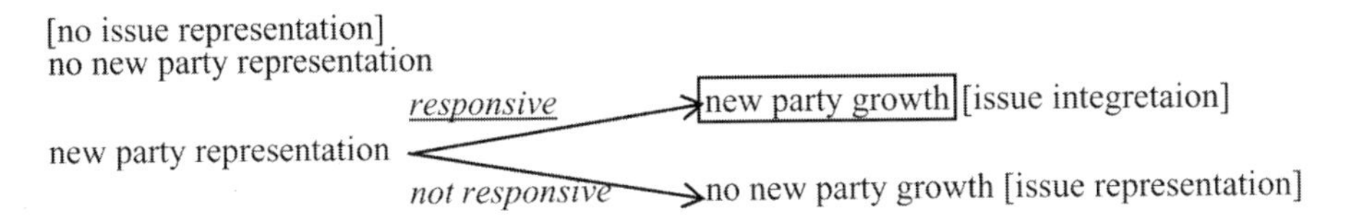

party. Contrarily, if existing parties are not responsive to new issues, a political party is more likely to be formed to convey new voices and demands of society. Let us call this phase Party System (*t1*).

In Phase 2, electoral systems, a *formal* component of POS, play a role in determining whether or not new parties are represented in parliament. If electoral systems are closed to new entrants, newly formed parties would not have a chance to be represented. This would lead to 'no new party representation' in Figure 1. If electoral systems are open to new political forces which tend to be small in size, new parties earn legislative representation. In which case, new issues will be represented in parliament.

In Phase 3, existing party systems, an *informal* POS, once again play a role in encouraging or not encouraging a further growth of new parties. Unlike in Phase 1, party systems are expected this time to assist a further growth of new parties if they are responsive to the new issues already represented. Once the existing parties understand the importance of new issues, it would help new parties in garnering more votes, and eventually more seats in parliament. In this scenario, new issues are well integrated in its party system. On the contrary, if existing parties do not react to the entry of new parties in parliament, new parties would not gain a momentum to further grow. In this scenario, new issues are represented but not well integrated in its party system. Let us call this phase Party Systems (*t2*).

Each phase will be discussed in more detail in the sections below.

1. 1 Phase 0: Socio-economic Transformation

One may put socio-economic transformation as the 'push' factor, while the POS of Phase 1 to Phase 3 as a 'pull' factor of new parties' development (Rüdig, 1990). Socio-economic transformation can be mainly summarised in the following four aspects: i) the arrival of 'affluent society'; ii) the post-war consensus on the welfare state; iii) the globalisation of the economy coupled with the increasing circulation of goods and people; and iv) the development of a multi-cultural society.

It has been widely argued that post-war economic prosperity has given rise to the evolution of 'New Politics' parties (Inglehart, 1977, 1990; Dalton et al., 1984; Müller-Rommel, 1985a, 1993; Poguntke, 1987, 1993). The theory of value change maintains that post-materialist value orientations have diffused in western democracies during the post-war decades, and that this wave of generational 'value change' leads to various social movements such as student, environmental, feminist, and anti-war movements (Inglehart, 1977, 1990, 1997). The eruption of new social movements has led to the formation of new parties, often referred to as Greens (Rüdig, 1985), ecology parties (Müller-Rommel, 1982), left-libertarian parties (Kitschelt, 1988), and 'New Politics' parties (Poguntke, 1987).

It has also been suggested that modern welfare states have been a source of general discontent among western publics. Full-fledged welfare states have produced 'more regulated and less democratic civil societies' (Redding and Viterna, 1999: 495), and new social movements often criticise the domination of bureaucracy in the public arena. Modern welfare states generated the social thrust underlying 'New Politics' parties, but on the other hand produced a source of public discontent on which extreme right parties capitalise. Extreme right parties have attacked neo-corporatist management of the political economy; and generous welfare benefits for immigrants are often the object of their criticism. Examples abound of the success of extreme right parties, such as the Austrian Freedom Party in 1999 that campaigned against Austrian neo-corporatism.

The intensification of globalisation may also be part of the radical socio-economic transformation. Some claim that extreme right parties (or radical right-wing populist parties) are invigorated by the acceleration of globalisation (Swank and Betz, 2003). Voters for extreme right parties tend to be predominantly small shopkeepers, farmers, semi- and unskilled workers, who are vulnerable in the increasing competition of a global economy (Kriesi, 1999). The increasing globalisation entails a further circulation of goods and people, which often endangers the life of marginalised workers.

The deepening of multi-cultural societies may also have contributed to the eruption of new political parties. Many have argued that increasing numbers of immigrants have given rise to xenophobic and anti-immigrant sentiments among publics, around which extreme right parties have mobilised (e.g. Swyngedouw et al., 1997; Lubbers et al., 2002; Golder, 2003; Lucassen and Lubbers, 2012). The growing diversity of contemporary societies may have, on the other hand, mobilised support for 'New Politics' parties that subscribe to human rights and libertarian principles (Poguntke, 1989). Some scholars have developed a model of a 'new politics dimension' in which 'New Politics' parties and extreme right parties represent the New Left pole of libertarianism and the New Right pole of authoritarianism respectively (Flanagan, 1987; Inglehart and Minkenberg, 1989; Ignazi, 1992, 1997; Swyngedouw, 1994; Kitschelt, 1995). In this context, this article examines both 'New Politics' parties and extreme right parties to understand the nature of socio-economic transformation.

1. 2 Phase 1: Party Systems (*t1*)

Party systems are expected to play an important role in determining how new political issues are represented and/or eventually integrated. New issues are politicised as a result of new demands arising in society. This can be understood as an 'input' process in political system (Easton, 1965). In such a situation, political parties have two options. One is to take a *responsive* approach to new demands in taking up the new issues in their policies and representing the concerns in society, thereby integrating the new issues into the existing party systems. The other is to take a *non-responsive* approach to the newly emerging issues, thereby not representing the new concerns in the party system. In the former scenario, new parties would not be formed as the new issues are already taken up in the existing system, whereas in the latter scenario, new parties would be formed to convey new messages in society through the electoral process.

Whether party systems take a *responsive* or a *non-responsive* approach would depend on various factors including types of new demands and patterns of party competitions. If new issues are related to the increasing presence of immigrants in society and welfare services to be given to them, existing parties that are part of neo-corporatist management of welfare states would be inclined to defending the existing system of universalistic welfare provisions. In turn, existing parties may find it easier to take in concerns over environmental protection. Similarly, it would be more difficult for parties to adopt new issues in a centripetal party system as the competition is mainly centred on bread and butter issues, while it would be easier in a centrifugal party system to address new issues since there are more policy flexibility and fluidity.

1. 3 Phase 2: Electoral Systems

Electoral systems play a crucial role in determining whether new parties are to be represented or not. When electoral systems are more open, new political issues are represented through the representation of new parties in the legislative arena. When electoral systems are more closed, new political issues are not represented. Whether issues are to be integrated in party systems depends on the responsiveness of existing party systems at the subsequent phase. As discussed more extensively below for the double-hurdle model, the openness of electoral systems could affect the fate of new party representation and the degree of their further growth differently.

Electoral systems here refer to institutional constraints and facilitators that new parties have in the electoral process. This includes not only the electoral systems per se but also conditions in which public party funding is available to new challenger parties. The details of the variables are further discussed below.

1. 4 Phase 3: Party Systems (*t2*)

Party systems are expected to play yet again an important role in determining whether new political issues would be integrated in the system. Contrary to Phase 1, existing parties now face new parties represented in legislature. If party systems are *responsive* to the new political issues that new parties address, they would be eventually integrated in the system. If party systems are *non-responsive* to the new political issues, they would not be integrated but represented in the system.

The fate of new political parties differs according to the responsiveness of existing parties on new issue domains. If existing parties are responsive and address new political issues, it would help new parties to earn 'issue ownership' on the new issues and eventually help them grow further. In contrast, if existing parties are non-responsive and ignore the new political issues, new parties would not gain a salience of the issues of their ownership and struggle in growing further. This theoretical prediction is partly in line with Meguid (2005: 350) in that adversarial strategies of mainstream parties could potentially increase niche party electoral support. But it differs from Meguid (2005) in that accommodative strategies of main stream parties does not decrease their electoral support but further strengthen the electoral appeal of new parties.

2. Research Design

2. 1 Case Selection

To examine the effects of socio-economic, party systems, and electoral systems conditions, cases in this article are selected based on the Most Similar Systems Design (MSSD) (Przeworski and Teune, 1970; Pennings *et al*., 1999; Landman, 2000; 2003). In an MSSD study, one can control for the basic features of cases of comparison while analysing the key features that vary across them. This research strategy is particularly pertinent to a comparative study based on a single area such as Europe and Latin America (Przeworski and Teune, 1970: 33; Landman, 2000: 28), since the conditions of similar systems are largely met from the outset.

The fifteen countries analysed in this article are thus Austria, Belgium, Denmark, Finland, France, Germany, Iceland, Ireland, Italy, Luxembourg, Netherlands, Norway, Sweden, Switzerland, and United Kingdom. These countries are homogeneous in that they all have 1) established and long-term democracies; 2) advanced industrial economies with GDP per capita of more than 20,000 US dollars; and 3) Christianity-based cultures with a predominantly Christian population[1]. By holding constant the basic country characteristics that are 'mostly' similar, this design would allow us to examine the socio-economic conditions and POS in more direct terms.

New challenger parties are defined as new parties that attempt to enter the party system to stress the importance of new issues such as environmental protection and immigration control (Hino, 2012). New Politics Parties (NPPs) and Extreme Right Parties (ERPs) are often regarded as challenger parties of new left and new right respectively that distinguish themselves from the existing parties. These two types of new challenger parties are selected in this article based on their programmatic profile mainly available from their manifestos using the Comparative Manifesto Project (CMP)[2]. The parties se-

Table 1 List of New Politics Parties (NPPs) and Extreme Right Parties (ERPs) in the study

Country	NPPs	ERPs
Austria	Green Alternative (Die Grüne Alternative)	Austrian Freedom Party (Freiheitliche Partei Österreichs)
Belgium	Agalev [Live Differently] (Anders Gaan Leven)	Flemish Bloc (Vlaams Blok)
		National Front (Front National)
	Ecolo (Ecologistes confédérés pour l'organisation de luttes originales)	
Denmark	Socialist People's Party (SocialistiskFolkeparti)	Progress Party (Fremskridtspartiet)
	Common Course (Fælles Kurs)	Danish People's Party (Densk Folkeparti)
	Red-Green Unity List (De Rød-Grønne)	
Finland	Democratic Alternative (Demokraattinen Vaihtoehtoe)	True Finns (Perussuomalaiset)
	Green Union (Vihreä Litto)	Young Finns (Nuorsuomalainen Puolue)

Table 1 List of New Politics Parties (NPPs) and Extreme Right Parties (ERPs) in the study, more

Country	NPPs	ERPs
France	The Greens (Les Verts) Ecology Generation (Génération Écologie)	National Front (Front National)
Germany	The Greens (Die Grüne), renamed to Alliance 90/Greens (Bündnis 90/Die Grüne) in 1993	National Democratic Party of Germany (Nationaldemokratische Partei Deutschlands) German People's Union (Deutsche Volksunion) The Republicans (Die Republikaner)
Iceland	Women's Alliance (Kvennalisti) Left-Green Movement (Vinstrihreyfingin - Grænframboð)	
Ireland	Green Party	Progressive Democrats
Italy	Green Federation (Federazione dei Verdi)	Italian Social Movement (Movimento Sociale Italiano) The Northern League (Lega Nord)
Luxembourg	Green Alternative (Di Grëng Alternativ) Green List Ecological Initiative (Greng Lëscht Ekologesch Initiativ)	
Netherlands	Democrats 66 (Democraten 66) Radical Political Party (Politieke Partij Radikalen) Green Left (GroenLinks)	Centre Party (Centrumpartij), renamed to Centre Party '86 (Centrumpartij '86) in 1986 Centre Democrats (Centrumdemocraten)
Norway	Socialist People's Party (Sosialistisk Folkeparti), renamed to Socialist Left Party (Sosialistisk Venstreparti) in 1975 New People's Party (Det Nye Folkepartiet)	Anders Lange's Party (Anders LangesParti), renamed to Progress Party (Fremskrittspartiet) in 1977
Sweden	Green Ecology Party (Miljöpartiet de Gröna)	Sweden Democrats (Sverigedemokraterna) New Democracy (Ny Demokrati)
Switzerland	Greens (Grüne), renamed to Federation of Green Parties (Fédération Suisse des Partis Écologistes) in 1983, and to Green Party of Switzerland (Grüne Partei der Schweiz / Parti Écologiste Suisse) in 1987	National Action against Foreign Domination (Nationale Aktion gegen die Überfremdung von Volk und Heimat / Action Nationale contre l'Emprise et la Surpopulation Etrangère), renamed to National Action for People and Fatherland (Nationale Aktion für Volk und Heimat / Action Nationale pour le Peuple et la Patrie) in 1979, and to Swiss Democrats (Schweizer Demokraten / Démocrates Suisses) in 1991 Swiss Motorists' Party (Schweizer Auto Partei / Parti Automobiliste Suisse), renamed to Freedom Party of Switzerland (Freiheitspartei de Schweiz) in 1994
UK	Green Party	National Front British National Party

lected for each of NPPs and ERPs are shown in Table 1.

2. 2 Operationalisation

As illustrated in Figure 1, formations of new challenger parties and their further growth are determined by socio-economic, party systems, and electoral systems conditions. Since the nature of variables differs between NPPs and ERPs, operationalisation of variables is detailed below separately.

2. 2. 1 New Politics Parties (NPPs)

For NPPs, the conditions comprise of three socio-economic variables (labelled *S*), two party systems (informal POS) variables (labelled *P*), and three electoral systems (formal POS) variables (labelled *I*).

The details of operationalisation and data source are as follows[3].

S1: GDP per capita

Inglehart (1977, 1990) has argued that younger generations in advanced industrial countries, or affluent societies, tend to subscribe to 'postmaterialist' values that emphasise the needs of 'self-actualisation', namely intellectual and aesthetic needs. The hypothesis linking economic growth and the rise of a New Politics agenda has been tested in previous studies by using income per capita (Kitschelt, 1988), growth rate of GDP (Müller-Rommel, 1998), and GDP per capita (Redding and Viterna, 1999). All of these studies, but to varying degrees, support the hypothesis. Thus, in line with existing studies, we expect that higher economic growth promotes the emergence of NPPs, which, in turn, contributes to their growth. The measure of affluence is GDP per capita from the Penn World Table 6.1, which represents real GDP per capita in US dollars at current prices (Heston *et al.*, 2002)[4].

S2: Urbanisation

Urbanisation is an important element in Inglehart's theorisation, with the process of urbanisation bringing lifestyle issues and environmental protection on to the political agenda (Inglehart, 1977; 1990). This variable on urbanisation measures the percentage of dwellers in urban centres among the population in each country (Easterly and Sewadeh, 2005), and is employed to capture the socio-structural transformation.

S3: Government expenditure

In Kitschelt (1988) and Redding and Viterna (1999), government social security expenditure is discussed as an important factor in the development of new social movements and NPPs. Comprehensive welfare states, as Redding and Viterna (1999: 495) argue, have produced 'the more regulated and less democratic civil societies', and new social movements tend to criticise the domination of bureaucracy in the public arena. Kitschelt (1988) treats this variable as a part of the Political Opportunity Structure, while Redding and Viterna (1999) theorise it as a factor on the 'demand' side (socio-economic conditions). This study takes the latter approach and identifies it as one of the socio-economic conditions. This variable on government expenditure represents the total current disbursements for general government, including central, state, and local government, as a percentage of GDP[5].

P1: Policy space of New Politics issues

The hypothesis on 'policy space' forms an integral part of the 'informal' POS. If existing parties were already covering the issues that new political forces wish to address, there would be little political opportunity for new challenger parties to introduce their policy innovations into the electoral market. This idea of 'policy space' or 'policy niche' has been noted in several studies (Hauss and Rayside, 1978; Müller-Rommel, 1982; Harmel, 1985; Rüdig, 1992) and presented in the most formalised form by Hug (1996; 2001), yet there has been little attempt to test the claim comparatively except for some studies (e.g. Meguid, 2005; 2008)[6]. This study measures the policy distance between the NPPs and other parties with regard to the New Politics agenda referring to a set of policy items available from the Comparative Manifestos Project (CMP) dataset[7]. The policy space variable is expected to have an impact on the emergence of NPPs but in the opposite way on their success. Since other parties can be expected to react to the emergence of NPPs, attempting to incorporate the new issues to close the gap, the policy distance would be narrowed after the breakthrough of NPPs into a party system. Once existing parties follow the NPPs, it would then strengthen their chance of increasing their support and securing more seats in parliament.

P2: Party system convergence (divergence)

This hypothesis derives from the classical theory of Downs (1957) that parties converge to the middle of the political spectrum as a result of electoral competition to secure the so-called 'median voter' (Budge *et al.*, 1987; Budge, 1994). Party system convergence opens a space on both extremes of the political spectrum. Under such circumstances, as the mainstream party of the right and the left moves to a centrist position, NPPs have a political opportunity to mobilise in the space to the left, attracting votes from those dissatisfied or disaffected with the conventional parties. To construct the index, the study employs the CMP data (Budge *et al.*, 2001). For each election in each country, an index score is computed by taking a standard deviation (a square root of variance statistic) of parties' scores on the left-right scale of the CMP data (i.e. 'rile' index). The left-right position of each party is given a weighting according to its party size by multiplying each party's vote share for each election by its score on the left-right scale[8].

I1: Threshold

The threshold to secure a seat is determined by district magnitude and legal threshold if applicable. The general rule is that the bigger the size of the electoral district is, in other words, the lower the electoral threshold is, the easier it is to be represented, and the more proportional the system becomes (Taagepera and Shugart, 1989; Lijphart, 1994). To quantify the threshold, the study applies the measurement of 'effective magnitude' or 'effective threshold'. Taagepera and Shugart (1989) measured the 'effective magnitude' (M´) by the formula: $M' = \frac{50\%}{T}$, where T is the 'average threshold'. Similarly, Lijphart (1994) formulated the 'effective threshold' (T´): $T' = \frac{50\%}{M+1} + \frac{50\%}{2M}$, if M>1; where M is the 'average magnitude', the upper threshold $\frac{50\%}{M+1}$ represents the threshold of exclusion, and the lower threshold $\frac{50\%}{2M}$ reflects the threshold of inclusion (representation). Despite some differences, both formulae are designed to convert district magnitude or threshold into an effective value[9]. Thus, in this study, the formula adopted for 'effective threshold' is: $T' = \frac{75\%}{M+1}$, where M is the average district magnitude (Lijphart, 1994: 183; 1999: 153; Taagepera, 1998: 394). In case of two-tier systems, decisive tiers set out by Lijphart (1994: 30-39) and Carter (2002: 129-31) are taken. This study follows the approach taken by Lijphart (1994) to place a higher value between 'effective threshold' and 'legal threshold'. For the sources of this variable, see Hino (2012).

I2: Electoral formulae

The literature suggests that there is a general consensus over which formula is more proportional than others. The various formulae in PR systems include the Hare quota, the Droop quota, and the Imperiali quota in the largest remainder systems, as well as the d'Hondt divisor method, the Sainte-Laguë divisor method, and the modified Sainte-Laguë divisor method in the highest average systems (Farrell, 2001: 71-79). Lijphart (1994: 24, 153-159) suggests that these formulae can be classified in the following order of proportionality: the Hare quota and the Sainte-Laguë divisor method are the most proportional formula; the Droop quota, the modified Sainte-Laguë divisor method, and the single transferable vote system are less proportional; and the d'Hondt divisor method and the Imperiali quota are the least proportional of all. Although Lijphart's decision to include the single transferable vote system in this list has been contested, the general order of listing matches with the existing literature (Rae, 1967; Loosemore and Hanby, 1971; Lijphart, 1986). To operationalise the proportionality of electoral formulae, this study classified them into the following groups in accordance with Lijphart's (1994: 159) 'proportionality' ordering: 0 = majority/plurality (First Passed The Post); 1 = d'Hondt/Imperiali; 2 = modified Saint-Laguë/Droop/Single Transferable Vote; 3 = Hare/Pure Saint-Laguë. See Hino (2012) for the sources.

I3: Public party funding

Financial resources are particularly important for new challenger parties; they determine the organisational survival and electoral success of parties (Rüdig, 1992: 187). Arguably, the rise of 'cartel party' (Katz and Mair, 1995) and the diffusion of public funding schemes could undermine the development of new parties; for example, by public funds being allocated to existing parties. Yet, some scholars argue that public party funding favours the development of new parties. Pierre *et al.* (2000: 16), analysing the impact of state subsidies, conclude that 'subsidies frequently play a fundamental role in the consolidation of new parties'[10]. Public party funding was operationalised in two steps. First, the study established whether or not such public funding is available. Second, it classified the criteria for obtaining state finance. The criteria vary across countries from equal allocation to all parties (equal basis), proportional allocation by a percentage of total votes in the previous election (vote basis), or a percentage of parliamentary seats (seat basis). For new challenger parties, the 'equal basis' would be the most favourable; the proportional allocation on a 'vote basis' the next most favourable; and proportional allocation on a 'seat basis' would be the less favourable. A new challenger party that failed to win seats might still attract public funds proportional to its vote share. No public financing is the least favourable setting for new challenger parties since they often lack financial resource at their launching stage. Hence, the variable is scaled as follows: 0 = 'no public finance'; 1 = 'proportional allocation'; 2 = 'equal allocation'. The data sources for this variable are detailed in Hino (2012).

2. 2. 2 Extreme Right Parties (ERPs)

For ERPs, three electoral systems (formal POS) variables (labelled *I*) are identical. Here three socio-economic variables (labelled *S*) are described in depth as they are set out differently from NPPs. Two party systems (informal POS) variables (labelled *P*) are also briefly discussed in the context of the rise of ERPs.

S1: Foreigners

The existing research suggests that ERP voters generally regard immigration as one of the key issues in deciding which party to vote for (Mitra, 1988; Mayer and Perrineau, 1992; Swyngedouw *et al.*, 1997: 12; Kessler and Freeman, 2004). Hence, it is logical to assume that ERPs are more successful in polities where the foreign population is more numerous (Golder, 2003: 440-441). This study used the percentage of foreign population to cover the whole time series[11].

S2: Unemployment

It has been suggested that higher rates of unemployment provide a favourable electoral ground for ERPs (Jackman and Volpert, 1996). Equally, in individual-level data analyses, there is plenty of evidence suggesting that unemployed people are more likely to support ERPs (Baimbridge, *et al.*, 1995; Lubbers *et al.*, 2002: 362-363). However, there is disagreement in the extant literature about the mechanisms at work. Knigge (1998: 266) found the adverse effect of unemployment on right-wing support and concluded that 'unemployment apparently dampens macro-level support for extreme right-wing parties.' This counter-intuitive finding is echoed in later studies, which find a negative relationship between the aggregate unemployment rate and ERP votes (Lubbers *et al.*, 2002: 364-367; Kessler and Freeman, 2004: 17) or report no significantly positive link between the two (Swank and Betz, 2003: 232). The data used here derive from the official unemployment statistics compiled by Eurostat.

S3: Taxation

Some scholars have stressed the neo-liberal trend in the policy programmes of ERPs. Kitschelt (1995) sheds important light on the anti-statist orientation of what he coins the 'New Radical Right' (NRR) and argues that the NRR is on the rise along with anti-statist and anti-establishment feelings among Western publics. This is exemplified in the Progress Party's success in the 1973 'earthquake' election in Denmark. High taxation is one key condition for the anti-statist appeal as the call for greater efficiency as well as less bureaucracy in a country's governance is often linked with tax issues. Swank and Betz (2003) tested this 'tax backlash' hypothesis and found a stable relationship with the electoral success of ERPs. Likewise, this study includes taxation by measuring the total tax revenue as percentage of GDP provided by OECD.

P1: Policy space of New Right issues

If the issues promoted by ERPs are already addressed by other parties, ERPs have no business to launch a party and strive to win votes; if the issues are not covered by other parties, ERPs have the comparative advantage in the electoral market. The role of existing parties on the electoral fortunes of ERPs has been most rigorously examined in recent research (e.g. Meguid, 2005; Ivarsflaten, 2008)[12]. To test the hypothesis, this study sets up a 'policy space' variable from the CMP data measuring the policy gap between ERPs and all other parties. A composite New Right Index is constructed based on neo-conservative and neo-liberal issues available from the CMP data (see Appendix Table A2). The distance between the score of the ERPs and all other parties on the New Right Index is measured by subtracting the average score of all other parties from the ERP score.

P2: Party system convergence (divergence)

The variable of party system convergence is identical to the one constructed for the NPPs. Here the contexts in the analyses for ERPs are given. Kitschelt (1995: 20-21) builds on this Downsian perspective to posit the hypothesis that 'NRR [New Radical Right] parties are most likely to appear and to be electorally successful … in circumstances where there has been a convergence between the main moderate left and right conventional parties'. While the hypothesis is widely disseminated, there have been limited attempts to test its validity cross-nationally. One exception is Abedi (2002) who tested the hypothesis in a systematic and cross-national manner. Abedi (2002: 554-555) criticises Kitschelt on two methodological points: the data used were only a single point in time (i.e. 1990) and only two major parties were used for calculating the 'divergence' score. To overcome these limitations, this study constructed an index of 'Party System Divergence' based on the left-right positions of all parties contesting an election. In addition, whereas Abedi (2002) uses expert surveys conducted at different time points (e.g. Dodd, 1976; Castles and Mair, 1984; Huber and Inglehart, 1995), this study uses the original manifestos data derived from the CMP.

2. 3 Double-hurdle models

As discussed above in Figure 1, existing party systems are expected to play a different role in the process of representing new political issues and in the process of integrating them. In other words, existing parties may well affect the emergence phase of new challenger parties and their growth phase in a distinct manner. The importance of distinguishing the emergence of new parties and their success has been theoretically discussed (Harmel, 1985; Harmel and Robertson, 1985: 502-7; Hug, 2000: 188; Hug, 2001: 65-70). This point is well illustrated by Harmel and Robertson (1985: 502) in stating that '[t]he distinction between the two dependent variables [new party formation and new party success] is particularly important for theoretical purposes because it cannot be assumed that the same conditions that encourage new party formation will necessarily provide those new parties with success; it also cannot be assumed that the lack of facilitators necessary for electoral success will inhibit the initial formation of new parties'. Yet, there has been little empirical research to model these two different dependent variables[13].

To model the differential effects of socio-economic, party systems, and electoral systems conditions, this study applies a 'double-hurdle model' (Jones, 1989). The 'double-hurdle model' or often referred to as 'Cragg's model' (Cragg, 1971) was developed to capture whether or not one would purchase certain goods (e.g. cigarette) and how much one would purchase once one decided to purchase them. In other words, the model encompasses the binary choice of goods consumption and the extent to which such goods are consumed. This model can be applied to studying new political issues that new challenger parties aim to focus on. The first 'hurdle' for new challenger parties is to gain seats in parliament (thus new political issues are represented), whereas the second 'hurdle' is to increase their seat share (thus new issues are integrated).

The model assumes the following two distributions: i) a binary distribution to depict the existence of new challenger parties (Probit equation); and ii) a truncated distribution to capture the distribution of the vote/seat share among the new challenger parties (truncated regression equation). The two equations enable us to capture these differential logics: the probit equation analyses the conditions of new challenger parties' presence (i.e. the emergence process), and the truncated regression equation analyses the conditions of their performance variations (i.e. the success process).

The double-hurdle model relaxes the Tobit restriction of a latent variable and applies a more general model by employing a decomposing technique[14]. The decomposed model is summarised in two equations (Lin and Schmidt, 1984: 174):

$$P\,(y_t = 0) = \Phi(-X_t\beta_1) \tag{1}$$

$$f(y_t|y_t > 0) = \frac{1}{\Phi(X_t\beta_2/\sigma)}\frac{1}{\sqrt{2\pi}\sigma} \times \exp\left\{\frac{-1}{2\sigma^2}(y_t - X_t\beta_2)^2\right\} \tag{2}$$

These two equations are based on the models developed by Cragg (1971: 831). The first equation captures the probit model and depicts the probability of a zero observation with parameter vector β_1, where y_t is the dependent variable, X_t is a row vector of K explanatory variables, and the notation $\Phi(.)$ denotes the standard normal cumulative distribution function. The second equation, in turn, captures the truncated regression model and depicts the value of the dependent variable y_t of a non-limit (i.e. positive) observation, where the density of y_t is N $(X_t\beta_2,\ \sigma^2)$, truncated at zero. The virtue of the double-hurdle model lies in its approach to estimate limit observations and non-limit observations separately and independently. If the two processes are estimated in one equation (e.g. the Tobit model), the differential mechanisms at work for the emergence and success processes remain concealed.

Whether or not to apply the Tobit model or the decomposed model is also an empirical question. The applicability of the decomposed model against Tobit model can be empirically tested by the Lagrange multiplier test (Lin and Schmidt, 1984: 175-6) or the likelihood ratio test (Greene, 2003: 770). This study applies the latter likelihood ratio test, which can be easily applied by computing:

$$\lambda = -2[\ln L_T - (\ln L_P + \ln L_{TR})], \tag{3}$$

where L_T is the likelihood for the tobit model with the same coefficients, L_P is the likelihood for the probit model with separate coefficients, and L_{TR} is the likelihood for the truncated regression model with separate coefficients. The results of the test indicate whether or not the decision to model the emergence and success of new parties separately is valid against the restrictive Tobit model. In using the likelihood ratio test, the analyses below follow the application in the literature (e.g. Liu and Reilly, 1999, Burke *et al.*, 2003).

3. Analyses

Table 2 and Table 3 report the results of the analyses for the NPPs and ERPs respectively[15]. In both analyses, the double-hurdle model is a valid model against Tobit model according to the likelihood ratio test reported in the footnotes of the tables, demonstrating that socio-economic conditions and the POS conditions (i.e. party systems and electoral systems conditions) *differently* determine the chances of emergence and success of NPPs and ERPs.

Among others, the most interesting finding is that "*P1*: Policy space of New Politics issues" is positively significant in the probit model but negatively significant in the truncated regression model for the analyses of NPPs in Table 2[16]. This means that when there is a policy gap between NPPs and existing parties, NPPs are more likely to emerge. Yet, NPPs are more likely to further succeed when the policy gap decreases. In other words, when existing parties are *not responsive* to New Politics issues, NPPs are likely to secure their seats in parliament, but in contrast when existing parties are more *responsive*, NPPs are likely to further increase their seat share.

At first sight, this finding may seem paradoxical, but was theoretically

Table 2　Double-hurdle Model of NPPs: Representation and Integration of New Politics issues

Dependent Variable: Seat share of NPPs	Tobit Model	Double-hurdle Model	
		Probit	Truncated Regression
S1: GDP per Capita	0.00030**	0.00009*	0.00024*
	(0.00011)	(0.00004)	(0.00012)
S2: Urbanisation	0.18012**	0.07247**	0.07948
	(0.03001)	(0.02008)	(0.05896)
S3: Government Expenditure	0.11004†	0.01729	–0.05629
	(0.06020)	(0.01679)	(0.07339)
P1: Policy space of New Politics issues	0.08399*	0.12636**	–0.11618*
	(0.03449)	(0.04701)	(0.05512)
P2: Party system divergence	0.05943	–0.00689	0.41160
	(0.19150)	(0.04156)	(0.28854)
I1: Threshold	–0.22333†	–0.01936	–0.78407**
	(0.13534)	(0.02462)	(0.26150)
I2: Electoral formulae	2.40107*	1.27934**	0.82126
	(1.20391)	(0.49519)	(0.79983)
I3: Public party funding	1.02002	0.36003	1.02648
	(1.47703)	(0.32856)	(1.26200)
Constant	–23.62171**	–9.50544**	0.16268
	(2.77812)	(2.62871)	(8.07085)
Observations	149	149	76

Robust standard errors (clustered by countries) in parentheses. ** $p<0.01$, * $p<0.05$, † $p<0.1$
Likelihood Ratio test of the double-hurdle model: 64.91>20.09 (df=8; $p<0.01$).

expected. As discussed above in Figure 1, when existing parties are not responsive to new issues in Phase 1, new parties are expected to emerge. Once new parties made their inroads into legislatures, they are expected to further grow when existing parties are in turn responsive to the new issues in Phase 3. The more existing parties try to catch up with new challenger parties by covering new issues, the more effective it becomes for new challenger parties to address their issues. At this stage, new challenger parties already possess ‘issue ownership’ and can capitalise on the increasing salience of their issues. Further attentions to the new issues would validate the credentials of new challengers.

A typical example can be found in the Belgian greens, Agalev (Dutch-speaking) and Ecolo (French-speaking). Being the first greens in the world to seize representation at national level in 1981, they had a competitive edge on New

Table 3 Double-hurdle Model of ERPs: Representation and Non-Integration of New Right issues

Dependent Variable: Seat share of ERPs	Tobit Model	Double-hurdle Model	
		Probit	Truncated Regression
S1: Foreigners	0.57300	0.30637**	0.02799
	(0.39385)	(0.09859)	(0.29864)
S2: Unemployment	0.66658	0.45538**	0.06214
	(0.43662)	(0.13696)	(0.41345)
S3: Taxation	–0.03865	–0.05939	–0.45168*
	(0.17571)	(0.05969)	(0.20801)
P1: Policy space of New Right issues	0.22336	0.12584**	0.06429
	(0.00000)	(0.03833)	(0.04351)
P2: Party system divergence	–1.75018**	–0.56550*	–0.98335
	(0.66000)	(0.23672)	(0.94414)
I1: Threshold	–0.20102	–0.12970**	–0.60990
	(0.17388)	(0.05029)	(0.38079)
I2: Electoral formulae	6.47653**	1.41374*	8.73607**
	(1.69109)	(0.65135)	(2.39280)
I3: Public party funding	4.38859*	1.21184	7.87202**
	(2.00288)	(0.84742)	(2.65277)
Constant	–12.27742	–2.51793	6.00262
	(12.20746)	(2.02187)	(9.10889)
Observations	75	75	48

Robust standard errors (clustered by countries) in parentheses. ** $p<0.01$, * $p<0.05$
Likelihood Ratio test of the double-hurdle model: 56.71>20.09 (df=8; $p<0.01$).

Politics issues against the existing parties, i.e. Christian democrats, liberals, socialists, and regionalists. The policy gap of New Politics issues was in fact 3.05 percent in the CMP data. In the next election in 1985, the existing parties closed the gap by addressing 15.57 percent of the whole manifestos on New Politics issues, which was in fact one percent more than the average of Agalev and Ecolo. Yet the results were a further growth of these two parties; Agalev doubled its seats from 4 seats and Ecolo grew from 2 to 5 seats.

A contrast is noteworthy in Table 3 for the effects of "*P1*: Policy space of New Right issues". ERPs indeed tend to emerge when the New Rights issues are not addressed by the existing parties as was the case with NPPs. However, ERPs do not grow when existing parties address the New Right issues after their appearance. Contrarily, they are more likely to increase their seat share when existing parties ignore the new issues and ERPs have a wider policy gap against the other parties. Even though the effect is not statistically significant, the coefficient for the truncated regression analysis is positive. Note that this was negatively significant for NPPs in Table 2.

Table 2 and Table 3 both show that socio-economic conditions and electoral systems conditions also matter for the development of new challenger parties. As discussed in Figure 1, social transformation paves the way for the birth of new parties in Phase 0. Economic growth and urbanisation are conducive to the emergence of NPPs, while increases in foreign population and unemployment foster the arrival of ERPs. Equally, electoral institutions play an important role as expected in Phase 2 of Figure 1. Electoral formulae are responsible for the representation of both NPPs and ERPs, while effective threshold promotes legislative appearance of EPRs and further growth of NPPs. Public party funding as part of electoral institutions favours further growths of ERPs.

Conclusion

This article attempted to analyse the topic of 'representation' and 'integration' in light of new political issues: under what conditions new political issues are represented and integrated in party systems. To this end, it first set out patterns in which new political issues can arise from social transformation and then can be channelled through the checkpoints of POS, ranging from informal ones of policy competition and to formal ones of electoral institutions. To test the effects of socio-economic, party systems, and electoral systems conditions on the two stages of parties' development, the 'double-hurdle' model was applied, which allows us to examine the effects separately.

The results mostly lent support to the theoretical expectation of all three domains of socio-economic conditions, and party systems and electoral systems conditions, which constitute the POS. Given that each domain appeared to be relevant in the development of new challenger parties, they are not sufficient but necessary to facilitate the rise of the new challenger parties. Yet for the representation and integration of new issues, existing parties play a crucial role in determining the formation of new challenger parties and also their further growth. If existing parties are already responsive to new issues in Phase 1, new parties would not be formed but new issues are already on its way to be integrated in party systems. In other words, policy renewal of existing parties is sufficient for integrating new kinds of political issues once social transformation makes it relevant for existing parties to take measures.

The main finding of this article among others was that the role of existing parties could differ for the first and second hurdles of the model. In the first hurdle, existing parties could facilitate the rise of new challenger parties by not being responsive to new issues. On the contrary, existing parties could in turn encourage, despite their will, a further growth of new challenger parties by trying to catch up with the new issues. Once new challenger parties succeed in establishing their 'issue ownership', they may well take advantage of this differential effect of policy gaps and build up their presence by letting other parties address 'their issue'.

One caveat with this though is that this differential effect only applied to NPPs not to ERPs. One possibility is that the different nature of New Politics issues and New Right issues may have affected the ways in which existing parties reacted to the emerging issues. Given that the New Politics issues tend to be 'valence' and 'consensus' types of issues such as environmental protection and promotion of democracy, existing parties could have easily adopted these new demands in society and incorporate into their policy packages. Whereas in the case of the New Right issues which stress the importance of traditional morality, law and order, and national way of life, existing parties could occasionally refrain from addressing these issues. The 'positional' nature of the New Right issues could have conditioned the ways in which existing parties (did not) react to the new issues brought attention to by ERPs.

The contrasting results between NPPs and ERPs could shed light on varying scenarios in which 'issue ownership' works for new challenger parties and how issues can be further *integrated*. If the issues are of consensus type, new challenger parties could be better off if existing parties follow their path. Once new challenger parties establish their issue ownership, they could manage to have their policy integrated into the whole party system by highlighting its salience. If the issues are of positional type, new challenger parties could be better off if existing parties neglect the new issues as they could stand in the electoral market as the only seller of such issues. In this perspective, it is reasonable to understand that some of extreme right and right-wing populist leaders choose the anti-establishment rhetoric and strategically distance themselves from the existing parties. It could be thus that new challenger parties are adopting their strategies according to the types of issues they are trying to address.

(1) Greece, Spain, and Portugal are not included due to the timing of their democratisation during the 1970s. Liechtenstein, Monaco, and San Marino are also excluded as they are mini-states (population less than 50,000).

(2) NPPs are mainly selected based on New Politics Index constructed with the CMP data and ERPs are primarily selected based on New Right Index based on the CMP data. For the construction of both indices, please see Appendix Table A1 and A2. For further discussions, see Hino (2012: 13-52).

(3) The descriptions of each variable derive from Hino (2012).

(4) Since the Penn World Table 6.1 lacks data for the 1960s in Germany, those data are supplemented by OECD National Accounts.

(5) The index consists of 'final consumption expenditure, subsidies, property income payable, current taxes on income and wealth payable, social benefits other than social transfers in kind and other current transfers' (OECD, 2001: 74).

(6) Another valuable exception is Lubbers *et al.* (2002), although their focus is on the development of extremeright parties in Western Europe. Lubbers and his collaborators calculated the 'policy space' based on an expert survey that located extreme right parties according to their stance on immigration issue. They calculated the difference between the score of extreme right parties on immigration and the score of a party with the next highest score on the issue.

(7) The New Politics Index (NPI) constructed from the CMP data is shown in Appendix Table A1.

(8) This approach is taken by Sigelman and Nam Yough (1978) in constructing the polarisation measure in the United States as well as by Dorussen and Nanou (2006) for measuring divergence in European party systems.

(9) Initially, both formulae suffered from an overestimation of thresholds in the

case of M=1. When M=1 (i.e. in single-member district systems), the formulae produce the threshold of 50 per cent while, in reality, candidates in single-member districts could win with less than 50 per cent of votes. To correct for this problem, Lijphart (1994: 182-3, fn.29; 1999: 153) and Taagepera (1998) put forward the form of $T' = \frac{25\%(3M+1)}{M(M+1)}$, which with simplifying assumptions is transformed to: $T' = \frac{75\%}{M+1}$. This formula captures the thresholds of plurality systems (i.e. $M=1$) more accurately (37.5 per cent instead of 50 per cent in the previous formulae).

(10) Kitschelt (2000: 174) seems to be of a similar view: 'State funding does not protect established parties from new party challenges'. In fact, Katz and Mair (1995) themselves speculated about the possibilities of right-wing populist parties benefiting from being excluded from the cartels (Katz and Mair, 1995: 23-5; Mair, 1997: 117-9).

(11) For the foreign population data, I used the variable complied by Golder (2003), which is mainly based on the OECD-SOPEMI data.

(12) Lubbers *et al.* (2002) tested the 'policy space' or 'policy niche' hypothesis based on an expert survey that located ERPs according to their stance on immigration. Arzheimer and Carter (2006) also tested the hypothesis by examining the policy positions of the major party of the mainstream right using the CMP data. Neither obtained the expected results: Lubbers et al. found no significant effect of the policy gap on immigration; Arzheimer and Carter found a positive effect of the policy position of the mainstream right party, suggesting that the narrower the gap the better the electoral performance of ERPs.

(13) Hug (2001: 79-123) built on this differentiation of the dependent variables by employing the number of new parties to analyse the emergence of new parties and their vote share for their further success. Instead of employing the number of new parties, this study considers emergence as a binary category of the existence of new parties and aims to integrate the analyses of both emergence and success.

(14) The description of the double-hurdle model derives from Hino (2012: 63-65).

(15) Standard errors are robustly calculated using the Huber-White sandwich estimator of variances and adjusted by clustering on each country to account for heterogeneity. Fixed effect models are not used as the estimates are bound to be inconsistent due to 'incidental parameter problem' (Neyman and Scott, 1948) for the limited dependent variables. See Hino (2010; 2012) for further discussions.

(16) The models including the lagged seat share as a control variable are shown in Appendix Table A3. "*P1*: Policy space of New Politics issues" is no longer statistically significant for truncated regression but remains negative (p=.138). Other approaches in controlling for time dependence have been taken by including time fixed effects (for each five year periods given that a national election is held at least once in five years). See Hino (2012) for the discussions in dealing with the time-series.

References

Abedi, Amir. 2002. 'Challenges to established parties: The effects of party system features on the electoral fortunes of anti-political-establishment parties'. *European Journal of Political Research*, 41(4): 551-583.

Arzheimer, Kai, and Carter, Elisabeth. 2003. 'Political opportunity structures and right-wing extremist party success'. *European Journal of Political Research*, 45(3): 419-443.

Baimbridge, Mark, Burkitt, Brian and Macey, Mary. 1995. 'The European Parliamentary election of 1994 and racism in Europe'. *Ethnic and Racial Studies*, 18(1): 128-130.

Budge, Ian, Robertson, David, and Hearl, Derek J. 1987. *Ideology, Strategy and Party Change: Spatial Analyses of Post-War Election Programmes in 19 Democracies*. Cambridge: Cambridge University Press.

Budge, Ian. 1994. 'A new spatial theory of party competition: Uncertainty, ideology and policy equilibria viewed comparatively and spatially'. *British Journal of Political Science*, 24(4): 443-467.

Budge, Ian, Klingemann, Hans-Dieter, Volkens, Andrea, Bara, Judith, and Tanenbaum, Eric (eds.). 2001. *Mapping Policy Preferences: Estimates for Parties, Electors, and Governments 1945 - 1998*. Oxford: Oxford University Press.

Burke, Andrew E., FitzRoy, Felix R., and Nolan, Michael A. 2003. Beyond the 'employee or entrepreneur' dichotomy: Accounting for entrepreneurial persistence and type'. The Centre for Small and Medium Sized Enterprises, Warwick Business School, Working Paper No. 81.

Carter, Elisabeth. 2002. 'Proportional representation and the fortunes of right-wing extremist parties'. *West European Politics*, 25(3): 125-146.

Castles, Francis G. and Mair, Peter. 1984. 'Left-right political scales: Some 'expert' judgements'. *European Journal of Political Research*, 12(1): 73-88.

Cragg, John G. 1971. 'Some statistical models for limited dependent variable with application to durable goods.' *Econometrica*, 39(5): 829-844.

Dalton, Russell J., Flanagan, Scot. C., and Beck, Paul. A. (eds.). 1984. *Electoral Change in Advanced Industrial Democracies: Realignment or Dealighment?* Princeton: Princeton University Press.

Dodd, Lawrence C. 1976. *Coalitions in Parliamentary Government*. Princeton: Princeton University Press.

Dorussen, Han and Nanou, Kyriaki. 2006. 'European integration, intergovernmental bargaining, and convergence of party programmes'. *European Union Politics*, 7(2): 235-256.

Downs, Anthony. 1957. *An Economic Theory of Democracy.* New York: Harper.

Easterly and Sewadeh. 2005. *Global Development Finance and World Development Indicators*, cited in the Macro Time Series Dataset of the Global Development Network Growth Database (compiled by William Easterly and Mirvat Sewadeh in the World Bank Group: http://econ.worldbank.org/WBSITE/EXTERNAL/EXTDEC/EXTRESEARCH/0,,contentMDK:20701055~pagePK:64214825~piPK:64214943~theSitePK:469382,00.html; accessed 7 November, 2015).

Easton, David. 1965. *A Framework for Political Analysis*. New York: Prentice-Hall.

Farrell, David. 2001. *Electoral Systems: A Comparative Introduction*. New York: Palgrave.

Flanagan, Scott, C. 1987. 'Value change in industrial societies'. *American Political Science Review*, 81(4): 1303-1319.

Galbraith, John Kenneth. 1958. *The Affluent Society.* London: Hamish Hamilton.

Golder, Matt. 2003. 'Electoral institutions, unemployment and extreme right parties: A correction'. *British Journal of Political Science*, 33(3): 525-34.

Greene, William H. 2003. *Econometric Analysis*. 5th edition. Upper Saddle River, NJ: Prentice Hall.

Harmel, Robert. 1985. 'On the study of new parties'. *International Political Science Review* 6(4): 401-418.

Harmel, Robert, and Robertson, John D. 1985. 'Formation and success of new parties: A cross-national analysis'. *International Political Science Review,* 6(4): 501-23.

Hauss, Charles, and Rayside, David. 1978. 'The development of new parties in western democracies since 1945', pp.31-57 in: Maisel, Louis and Cooper, Joseph. (eds.) *Political Parties: Development and Decay.* Beverly Hills: Sage Publication.

Heston, Alan, Summers, Robert, and Aten, Bettina. 2002. *Penn World Table Version 6.1*, Center for International Comparisons, University of Pennsylvania

(CICUP).

Hino, Airo. 2012. *New Challenger Parties in Western Europe: A Comparative Analysis*. London: Routledge.

Huber, Jon, and Inglehart, Ronald. 1995. 'Expert interpretations of party space and party locations in 42 societies'. *Party Politics*, 1(1): 73-111.

Hug, Simon. 1996. 'The emergence of new political parties from a game theoretic perspective'. *European Journal of Political Research*, 29(2): 169-190.

Hug, Simon. 2000. 'Studying the electoral success of new political parties: A methodological note'. *Party Politics*, 6(2): 187-197.

Hug, Simon. 2001. *Altering Party Systems: Strategic Behavior and The Emergence of New Political Parties in Western Democracies*. Ann Arbor: University of Michigan Press.

Ignazi, Piero. 1992. 'The silent counter-revolution: Hypotheses on the emergence of extreme right-wing parties in Europe'. *European Journal of Political Research*, 22(1): 3-34.

Ignazi, Piero. 1997. 'New challenges: Post-materialism and the extreme right', pp.300-324 in: Rhodes, Martin, Heywood, Paul, and Wright, Vincent (eds.), *Developments in West European Politics*. New York: St. Martin's Press.

Inglehart, Ronald. 1977. *The Silent Revolution*. Princeton: Princeton University Press.

Inglehart, Ronald. 1990. *Culture Shift in Advanced Industrial Society*. Princeton: Princeton University Press.

Inglehart, Ronald, 1997, *Modernization and Postmodernization: Cultural, Economic, and Political Change in 43 Societies*. Princeton: Princeton University Press.

Inglehart, Ronald, and Minkenberg, Michael. 1989. 'Neoconservatism and value change in the USA: Tendencies in the mass public of a postindustrial society', pp.81-109 in: Gibbins, John R. (ed.), *Contemporary Political Culture*. London: Sage Publications.

Ivarsflaten, Elisabeth. 2008. 'Populists in power: Attitudes toward immigrants after the Austrian Freedom Party entered government', pp.175-188 in: Deschouwer, Kris (ed.), *New Parties in Government: In Power for the First Time*. London: Routledge.

Jackman, Robert, and Volpert, Karin. 1996. 'Conditions favouring parties of the extreme right in Western Europe'. *British Journal of Political Science*, 26(4): 501-521.

Jackman, Robert, and Volpert, Karin. 1996. 'Conditions favouring parties of the extreme right in Western Europe'. *British Journal of Political Science*, 26(4): 501-521.

Jones, Andrew M. 1989. 'A double-hurdle model of cigarette consumption'. *Journal of Applied Econometrics*, 4: 23-39.

Katz, Richard, and Mair, Peter. 1995. 'Changing models of party organization and party democracy: The emergence of the cartel party'. *Party Politics*, 1: 5-28.

Kessler, Alan, E., and Freeman, Gary, P. 2004. 'Political opportunism, social exclusion, and support for right-wing extremist parties in Western Europe'. Paper presented at the 2004 Annual Meeting of the American Political Science Association, Chicago, 2-5 September.

Kitschelt, Herbert. 1988. 'Left-libertarian parties: Explaining innovation in competitive party systems'. *World Politics*, 40(2): 194-234.

Kitschelt, Herbert. 1995. *The Radical Right in Western Europe*. Ann Arbor: University of Michigan Press.

Kitschelt, Herbert. 2000. 'Citizens, politicians, and party cartellization: Political representation and state failure in post-industrial democracies. *European Journal of Political Research*, 37(2): 149-179.

Knigge, Pia. 1998. 'The ecological correlates of right-wing extremism in Western Europe'. *European Journal of Political Research*, 34(2): 249-279.

Kriesi, Hanspeter. 1999. 'Movements of the left, movements of the right: Putting the mobilization of the two types of social movements into context', pp. 398-423 in: Kitschelt, Herbert, Lange, Peter, Marks, Gary, and Stephens, John (eds.), *Continuity and Change in Contemporary Capitalism*. Cambridge: Cambridge University Press.

Landman, Todd. 2000. *Issues and Methods in Comparative Politics: An Introduction*. London: Routledge.

Landman, Todd. 2003. *Issues and Methods in Comparative Politics: An Introduction*. 2nd edition. London: Routledge.

Lijphart, Arend. 1986. 'Degrees of proportionality of proportional representation formulas', pp.170-179 in: Grofman, Bernard, and Lijphart, Arend (eds.), *Electoral Laws and their Political Consequences*. New York: Agathon Press.

Lijphart, Arend. 1994. *Electoral Systems and Party Systems: A Study of Twenty-Seven Democracies, 1945-1990*. Oxford: Oxford University Press.

Lin, Tsai-Fen, and Schmidt, Peter. 1984. 'A test of the tobit specification against an alternative suggested by Cragg'. *The Review of Economics and Statistics*, 66(1): 174-177.

Lipset, Seymour M. and Rokkan, Stein. 1967. 'Cleavage structures, party systems, and voter alignments: An introduction', pp.1-64 in: Lipset, Seymour M. and Rokkan, Stein (eds.), *Party Systems and Voter Alignments*. New York: The Free Press.

Liu, Qiming, and Reilly, Barry. 1999. 'The private income transfers of Chinese rural migrants: Some empirical evidence from Jinan'. Working paper. The Poverty Research Unit. University of Sussex.

Loosemore, John, and Hanby, Victor J. 1971. 'The theoretical limits of maximum distortion: Some analytic expressions for electoral systems'. *British Journal of Political Science*, 1(4): 467-477.

Lubbers, Marcel, Gijsberts, Mérove, and Scheepers, Peer. 2002. 'Extreme right-wing voting in Western Europe'. *European Journal of Political Research*, 41(3): 345-378.

Lucassen, Geertje, and Lubbers, Marcel. 2012. 'Who fears what?: Explaining far-right-wing preference in Europe by distinguishing perceived cultural and economic ethnic threats'. *Comparative Political Studies*, 45(5): 547-574.

Mair, Peter. 1997. *Party System Change: Approaches and Interpretations*. Oxford: Oxford University Press.

Mayer, Nonna, and Perrineau, Pascal. 1992. 'Why do they vote for Le Pen?'. *European Journal of Political Research*, 22(1): 123-141.

Meguid, Bonnie M. 2005. 'Competition between unequals: The role of mainstream party strategy in niche party success'. *American Political Science Review*, 99(3): 347-359.

Meguid, Bonnie M. 2008. *Party Competition between Unequals: Strategies and Electoral Fortunes in Western Europe*. Cambridge University Press.

Mitra, Subrata. 1988. 'The National Front in France: A single-issue movement?'. *West European Politics*, 11(2): 47-64.

Müller-Rommel, Ferdinand. 1982. 'Ecology parties in Western Europe'. *West European Politics*, 5(1): 68-74.

Müller-Rommel, Ferdinand. 1985a. 'New social movements and smaller parties: A comparative perspective'. *West European Politics*, 8(1): 41-54.

Müller-Rommel, Ferdinand. 1985b. 'The greens in western Europe: Similar but different'. *International Political Science Review*, 6(4): 483-499.

Müller-Rommel, Ferdinand. 1993. *Grüne Parteien in Westeuropa: Entwicklungsphasen und Erforgsbedingungen*. Opladen: WestdeutcherVerlag.

Müller-Rommel, Ferdinand. 1998. 'Explaining the electoral success of green parties: A cross-national analysis'. *Environmental Politics*, 7(4): 145-154.

Neyman, Jerzy, and Scott, Elizabeth. 1948. 'Consistent estimates based on partially consistent observations'. *Econometrica*, 16(1): 1-32.

OECD. 2001. Historical Statistics 1970-2000. Paris: OECD.

Pennings, Paul, Keman, Hans, and Kleinnijenhuis, Jan. 1999. *Doing Research in Political Science: An Introduction to Comparative Methods and Statistics*. London: Sage Publications.

Pierre, Jon, Svåsand, Lars, and Widfeldt, Anders. 2000. 'State subsidies to political parties: Confronting rhetoric with reality'. *West European Politics*, 23(3): 1-24.

Poguntke, Thomas. 1987. 'New politics and party systems: The emergence of a new type of party?'. *West European Politics*, 10(1): 76-88.

Poguntke, Thomas. 1989. 'The "new politics dimension" in European green parties', pp.175-194 in: Müller-Rommel, Ferdinand (ed.), *New Politics in Western Europe: The Rise and Success of Green Parties and Alternative Lists*. Boulder: Westview Press.

Poguntke, Thomas. 1993. *Alternative Politics: The German Green Party*. Edinburgh: Edinburgh University Press.

Przeworski, Adam, and Teune, Henry. 1970. *The Logic of Comparative Social Inquiry*. New York: Wiley Interscience.

Rae, Douglas. 1967. *The Political Consequences of Electoral Laws*. New Haven: Yale University Press.

Redding, Kent and Viterna, Jocelyn S. 1999. 'Political demands, political opportunities: Explaining the differential success of Left-Libertarian parties'. *Social Forces*, 78(2): 491-510.

Rüdig, Wolfgang. 1985. 'The greens in Europe: Ecological parties and the European Elections of 1984'. *Parliamentary Affairs*, 38(1): 56-72.

Rüdig, Wolfgang. 1990. *Explaining Green Party Development: Reflection on a Theoretical Framework*. Glasgow: Strathclyde Papers on Government and Politics.

Rüdig, Wolfgang. 1992. 'Comparing green parties', pp.185-198 in: Rüdig, Wolfgang (ed.), *Green Politics Two*. Edinburgh: Edinburgh University Press.

Sigelman, Lee and Nam Yough, Syng. 1978. 'Left right polarization in national party systems: A cross-national analysis'. *Comparative Political Studies*, 11(3): 355-379.

Swank, Duane, and Betz, Hans-Georg. 2003. 'Globalization, the welfare state and right-wing populistm in Western Europe'. *Socio-Economic Review*, 1(2): 215-245.

Swyngedouw, Marc. 1994. 'New cleavages in Flemish-Belgian politics: Testing theoretical models'. *ISPO Bulletin, 1994/13*. Leuven: University of Leuven.

Swyngedouw, Marc, Beerten, Roeland, et Billiet, Jaak. 1997. 'Les motivations électorales en Flandre 21 mai 1995'. *CRISP Courrier Hebdomadaire*, n. 1557. Bruxelles: Centre de Recherche et d'Information Socio-Politiques.

Taagapera, Rein and Shugart, Mathew S. 1989. *Seats and Votes: The Effects and Determinants of Electoral Systems*. New Haven: Yale University Press.

Appendix Table A1: Composition of the New Politics Index (NPI)

Programmatic Themes	Policy items	Description
Environmentalism / Ecologism	Environmental Protection (per 501)	Preservation of countryside, forests, etc.; general preservation of natural resources against selfish interests; proper use of national parks; soil banks, etc; environmental improvement.
	Anti-Growth Economy (per 416)	Favourable mentions of anti-growth politics and steady state economy; ecologism; "Green politics"; sustainable development.
Libertarianism	Democracy (per 202)	Favourable mentions of democracy as a method or goal in national and other organisations; involvement of all citizens in decision-making, as well as generalised support for the manifesto country's democracy
Multiculturalism	Multiculturalism: Positive (per 607)	Cultural diversity, communalism, cultural plurality and pillarization; preservation of autonomy of religious, linguistic heritages within the country including special educational provisions.
	Underprivileged Minority Groups (per 705)	Favourable references to underprivileged minorities who are defined neither in economic nor in demographic terms, e.g. the handicapped, disabled, homosexuals, immigrants, refugees etc.
Pacifism	Military: Negative (per 105)	Favourable mentions of decreasing military expenditures; disarmament; 'evils of war'; promises to reduce conscription
	Peace (per 106)	Peace as a general goal; declarations of belief in peace and peaceful means of solving crises; desirability of countries joining in negotiations with hostile countries
	Internationalism: Positive (per 107)	Need for international co-operation; need for aid to developing countries; need for world planning of resources; need for international courts; support for any international goal or world state; support for UN

Note: Each variable (issue category) represents the emphasis given to the item in the manifesto, expressed as a percentage of all sentences in the manifestos. For discussions on programmatic themes, see Hino (2012: 14-17).
Source: Budge *et al.* (2001: Appendix 3).

Appendix Table A2: Composition of the New Right Index (NRI)

Programmatic themes	Policy items	Description
Neo-conservatism	Traditional Morality: Positive (per 603)	Favourable mentions of traditional moral values; prohibition, censorship and suppression of immorality and unseemly behaviour; maintenance and stability of family; religion.
	Law and Order (per 605)	Enforcement of all laws; actions against crime; support and resources for police; tougher attitudes in courts.
	National Way of Life: Positive (per 601)	Appeals to patriotism and/or nationalism; suspension of some freedoms in order to protect the state against subversion; support for established national ideas.
	Military: Positive (per 104)	Need to maintain or increase military expenditure; modernising armed forces and improvement in military strength; rearmament and self-defence; need to keep military treaty obligations; need to secure adequate manpower in the military.
Neo-liberalism	Free Enterprise (per 104)	Favourable mentions of free enterprise capitalism; superiority of individual enterprise over state and control systems; favourable mentions of private property rights, personal enterprise and initiative; need for unhampered individual enterprises.
	Incentives (per 402)	Need for wage and tax policies to induce enterprise; encouragement to start enterprise; need for financial and other incentives such as subsidies.
	Economic Orthodoxy (per 414)	Need for traditional economic orthodoxy, e.g. reduction of budget deficits, retrenchment in crisis, thrift and savings; support for traditional economic institutions such as stock market and banking system; support for strong currency.
	Governmental and Administrative Efficiency (per 303)	Need for efficiency and economy in government and administration; cutting down civil service; improving governmental procedures; general appeal to make the process of government and administration cheaper and more effective.

Note: Each variable (issue category) represents the emphasis given to the item in the manifesto, expressed as a percentage of all sentences in the manifestos. For discussions on programmatic themes, see Hino (2012: 34-38).
Source: Budge *et al*. (2001: Appendix 3).

Appendix Table A3: Double-hurdle Model of NPPs (with a lagged seat share): Representation and Integration of New Politics issues

Dependent Variable: Seat share of NPPs	Tobit Model	Double-hurdle Model	
		Probit	Truncated Regression
Lagged Seat Share	0.65974**	0.21560	0.33349*
	(0.14615)	(0.13494)	(0.13478)
S1: GDP per Capita	0.00012*	0.00005	0.00016†
	(0.00006)	(0.00006)	(0.00008)
S2: Urbanisation	0.10463**	0.05435**	0.04488
	(0.01372)	(0.01308)	(0.04953)
S3: Government Expenditure	0.07927*	0.01723	–0.03595
	(0.04028)	(0.02138)	(0.05019)
P1: Policy space of New Politics issues	0.11352**	0.10510**	–0.06899
	(0.02355)	(0.03243)	(0.04653)
P2: Party system divergence	0.06439	–0.01312	0.33919
	(0.12100)	(0.04568)	(0.23304)
I1: Threshold	–0.12834†	0.00064	–0.59580**
	(0.07253)	(0.02146)	(0.18505)
I2: Electoral formulae	1.00707	1.00361*	0.22876
	(0.81043)	(0.44737)	(0.61708)
I3: Public party funding	0.09898	0.07091	0.28588
	(1.14839)	(0.31761)	(1.33026)
Constant	–14.71697**	–7.69584**	1.79892
	(2.00640)	(2.08675)	(6.11676)
Observations	149	149	76

Robust standard errors (clustered by countries) in parentheses. ** $p<0.01$, * $p<0.05$, † $p<0.1$
Likelihood Ratio test of the double-hurdle model: 48.03>20.09 (df=8; $p<0.01$).

Appendix Table A4: Double-hurdle Model of ERPs (with a lagged seat share): Representation and Integration of New Politics issues

Dependent Variable: Seat share of ERPs	Tobit Model	Double-hurdle Model	
		Probit	Truncated Regression
Lagged Seat Share	0.61389**	1.05598**	0.33454
	(0.16821)	(0.19622)	(0.26205)
S1: Foreigners	0.35437†	0.64630**	–0.12852
	(0.20698)	(0.23272)	(0.22182)
S2: Unemployment	0.31544	0.73742*	–0.23954
	(0.28395)	(0.28799)	(0.63177)
S3: Taxation	0.03822	0.04554	–0.28178
	(0.00000)	(0.06831)	(0.24652)
P1: Policy space of New Right issues	0.15378	0.18111**	0.01689
	(0.00000)	(0.03233)	(0.07615)
P2: Party system divergence	–1.23323†	–0.71765†	–0.70961
	(0.68558)	(0.42036)	(0.93876)
I1: Threshold	–0.16569	–0.19727**	–0.36466
	(0.13874)	(0.06203)	(0.43264)
I2: Electoral formulae	3.18117*	3.14268**	5.85834*
	(1.33280)	(1.04188)	(2.57622)
I3: Public party funding	2.42956†	0.14853	6.18836**
	(1.26017)	(1.22565)	(2.28150)
Constant	–8.25021	–12.86386**	5.62752
	(6.87184)	(4.35161)	(7.46799)
Observations	75	75	48

Robust standard errors (clustered by countries) in parentheses. ** $p<0.01$, * $p<0.05$, † $p<0.1$

Likelihood Ratio test of the double-hurdle model: 55.59>20.09 (df=8; $p<0.01$).

日本とイギリスにおける
若年就労支援政策と福祉国家再編

濵田江里子 *

要旨：本稿の目的は日本とイギリスの若年就労支援政策の比較を通じ，個人の雇用可能性を高める政策の類型を提示し，一連の政策展開は従来の福祉国家に対し質的変容を伴う形での再編を促していることを明らかにすることにある。日本とイギリスは異なる福祉レジームに分類され，若年雇用問題が顕在化した時期や規模も異なるにも拘わらず，共に1990年代後半以降，若者の雇用可能性を向上させた上で労働市場への（再）参入を促進する就労支援政策を展開している。先行研究は1990年代以降の雇用福祉改革をワークフェア／アクティベーションをキーワードに論じており，両者が混在しながらの福祉国家再編に関する実証分析が進められてきた。

本稿ではワークフェア／アクティベーションを新たに（Ⅰ）就労義務強化型と（Ⅱ）雇用可能性向上型（Ⅱ－a 職業能力開発型，Ⅱ－b 個別支援サービス拡充型，Ⅱ－c 参加による承認の契機型）に分類した上で，政権党の理念に着目した分析を行う。その結果，日本とイギリスでは共に時の政権党の理念を反映しながら若年就労支援政策が展開しながらも，類似の政策が異なる政治哲学に基づいている様子が明らかとなった。

キーワード：福祉国家，若年就労支援政策，党派性，政策過程

1. 問題の所在

若者が日々安定した生活を送り，安心して将来の展望を描くことが難しい状況が続いている。若者の生活の不安定化は，長期化する教育期間，高額化する高等教育費，学校から仕事への移行プロセスの複雑化，雇用形態が柔軟化する中でのキャリア形成といった生産的な活動に関する事柄から，

* 上智大学グローバル・コンサーン研究所特別研究員

晩婚化や非婚化，少子化といった家族形成や再生産に関するものまで多岐に及んでいる。若者の生活が不安定化した背景には，経済社会構造の変容がある。経済のグローバル化，少子高齢化，製造業からサービス業への産業構造の転換は，男性稼ぎ主の安定した雇用とそのパートナーで家事や育児・介護を担う女性がいる家族という第二次大戦以降発展してきた福祉国家の前提を崩している。旧来の福祉国家は男性稼ぎ主の雇用を安定させ，その勤労所得による家族扶養を前提とし，失業や老齢による男性稼ぎ主の所得断絶リスクに対する保障を充実化させてきた。しかし近年は「新しい社会的リスク」と呼ばれる稼働年齢期における長期の失業，低賃金な不安定雇用での就労，ひとり親，ケアを必要とする家族を抱えるといった旧来の福祉国家が想定していなかったリスクが出現している（Bonoli 2007; Armingeon 2006）。

「新しい社会的リスク」の特徴は，社会的排除を生み出す点にある。社会的排除とは経済的貧困だけでなく，生活の多様な領域における関係の不足と複合的な不利が重なり合い生じる社会関係全般への参加の欠如を意味する（バラ・ラペール 2005）[1]。つまり長期失業や低賃金な不安定職での就労，ひとり親であることは生存に必要な所得の不足だけでなく，技能形成の機会の喪失，既存の社会保障制度からの排除，地域コミュニティへの参加の制限といった社会関係からの隔絶や社会の諸活動への参加の欠如をもたらすのである。社会的排除は多元的な要因が複合的に作用することで，個人が他者との直接的な関わりを通じて自己を社会的に価値ある存在として認め認められる機会や場を奪い，自己の尊厳の喪失へとつながっていく。経済的・社会的自立の途上にある若年層は「新しい社会的リスク」に脆弱であるとされ，若年雇用の不安定化は教育，家族，社会保障の問題と絡み合いながら若者の貧困と社会的排除を進めている（樋口 2011）。

こうした状況に対し各国は仕事とのつながりを通じて社会との関わりをもたせることを重視する若年就労支援政策を展開している。その中でも日本とイギリスは1990年代後半以降，若者を能動的（active）にする政策を積極的に採用してきた。だが日本は雇用の質を問わず若者を労働市場での就労につなげることを最優先する「自助」型の就労支援を行っている。他方，イギリスは労働市場での就労を推進しつつも地域コミュニティでの社会活動といった労働市場以外の場への参加支援も行い，求職活動との引き換えに現金給付を支給する「自律（autonomy）」型の支援策を実施している。なぜ日本とイギリスでは異なる形態での若者の能動化政策が展開したのだろうか。

本稿の目的は日本とイギリスの若年就労支援政策の比較を通じ，両国における政策の質的な相違は既存の福祉レジームから生じるリスク構造の違いに規定されつつも，党派性の影響も受けていることを明らかにすることにある。日本とイギリスは共に欧米先進国の中では新自由主義色の強い雇用福祉改革を実施した国であり，個人の能動化政策を積極的に推進し，若年雇用問題を論じるにあたって若者のモラルを問う新自由主義的なレトリックを用いた。しかしイギリスでは1990年代後半以降，社会的排除・社会的包摂といった「社会」として若年雇用問題にどう向き合うのか，社会の構成員として若者をいかなる形で承認するのかが政策課題化しており，労働市場での就労はその一環に位置づけられた。これに対し日本では若年雇用問題は若者の「やる気」や意欲の問題として取り組まれており，若者の相互承認的な生きる場の確保という論点は後景に退いている。

本稿は両国の若者政策の質的相違は，中道左派政党が政権に就いていた期間の違いと中道右派・保守政党の社会ビジョンの違いに由来すると考える。まず左派政権の長さに関しては，イギリスでは労働党政権が1997年から2010年まで13年続き，社会的排除への取り組みが政策課題として定着した（小堀 2010）。日本の場合，民主党政権は2009年から2012年までの３年強と短期間だったため，相互承認的な生きる場を創出するプログラムは試行段階で終了してしまった。次に中道右派・保守政権の社会ビジョンとして，イギリスでは個人の自律と社会権の保障は依然として保守も共有する超党派的合意となっている。これに対し日本の保守は自助を強調し，若者の自律の必要性を認識しておらず，社会権の保障に否定的である。

本稿の構成は以下の通りである。第２節ではまず個人を能動的にする政策が福祉国家再編の世界的な潮流となっていること，そこには複数の政策志向が混在していることを確認する。その上で政策志向と政策内容を党派性から説明することの意義を述べる。第３節では日本を，第４節ではイギリスの分析を行う。各節においてそれぞれの国の若年就労支援政策の特徴を概観し，異なる政党が政権の座に就くことにより若年就労支援政策の重点が変化する様子を検証する。最後に第５節で日本とイギリスの事例分析から得られた知見を整理し，そこから得られる福祉国家再編に対する含意を検討することでまとめとしたい。

2. 能動的社会政策（active social policy）と福祉国家の再編

⑴ 個人の能動化と福祉国家の変容

1990年代以降，先進国の雇用福祉改革は受動的な所得保障よりも能動的な社会政策の役割を重視しながら進展してきた。能動的な社会政策は，政策対象，給付形態，リスク対応の３つの側面において旧来の福祉国家からの転換がみられる（宮本 2012）。「新しい社会的リスク」の影響を最も強く受けやすいのは女性や若者，移民，長期失業者といった従来の福祉国家において周縁化されていた人々である。能動的な社会政策はこうした人々の潜在能力の向上及び労働市場と社会への参加の促進を重視する。給付形態としては直接的な現金給付よりもサービス給付が中心となり，人々の新たなニーズに対し多様な選択肢を提供し，人々が社会とつながる機会の拡大に焦点がある。職業教育や技能訓練，介護や子育て支援サービスを充実させることで，より多様な働き方や就労インセンティブの向上がなされる。

リスク対応のあり方としては，リスクが生じてからの事後的な補償（repair）よりもリスクが起きる以前の段階から個人に対し何らかの措置を講じておく事前準備（prepare）に焦点が置かれる（Morel, Palier, Palme 2012）。具体的には労働供給サイドへの働きかけを行うことで個人の雇用可能性（employability）を予め高めておき，リスクが生じた際に対処できる適正（competency）を備えさせておくことを目指す。個人を能動的にしておくことで貧困への予防策とし，そのことをもってしてリスク・ヘッジとしようとしているのである。

能動的社会政策は世界的な潮流となっているが，その浸透はいかなる意味において旧来の福祉国家を変容させるのだろうか。先行研究は就労志向型の改革に対し２つの異なる見解を示している。１つ目は能動的社会政策の展開は福祉国家を構成する根本的概念が，普遍主義とリスクの社会化から選別主義とリスクの個人化に変容し，社会権を根拠とした福祉国家を根本的に変質させるものだとする（Serrano Pascual 2007; Gilbert 2004）。ギルバート（2004）はこうした就労志向な国家を福祉国家と対比する形で「能力開発国家（enabling state）」と命名し，先進福祉国家は選別的な市場志向を強める方向へと収斂していると指摘する[2]。その一方で，能動的社会政策はリスク構造の変容に対応するための福祉国家の機能転換だとする研究もある（Bonoli 2006; Taylor-Gooby 2004a）。こうした立場からの論者は，能動的社会政策はより多くの個人が賃労働に従事する機会を拡大し，福祉国家は「新しい社会的リスク」に対処すべくその機能を転換させていると肯定的に論じる。

個人の能動化が福祉国家にいかなる変容をもたらすのかに関しては異なる見解が示されているものの，能動的社会政策の展開は福祉国家再編の基本路線となっている。しかし，いかにして個人を能動的にするのか，その方策は多様である。そこで以下では能動的社会政策のバリエーションを検討していく。

(2) 能動的社会政策のバリエーション

能動的社会政策には２つの異なる政策志向が混在している。先行研究はワークフェアとアクティベーションを２大キーワードとして議論を発展させてきた[3]。日本ではワークフェアとアクティベーションを異なる政策アプローチとして対峙させて用いることが一般的であるが，英語圏での研究では必ずしもそうではない。雇用福祉改革の総称としてワークフェアを用いる場合（パターンⅠ）ないしは総称としてアクティベーションを用いる場合（パターンⅡ）が一般的である（Eichhorst et al. 2008; Larsen and Mailand 2007; Lindsay and Mailand 2004; Lødemel and Trickey 2001; Peck 2001）[4]。ただし，総称としてワークフェアと呼ぼうがアクティベーションと呼ぼうが，通常は下位分類を設けて就労義務を強調する政策と雇用可能性を高める政策に分けて論じられている。つまりワークフェアとアクティベーションを対峙させる場合はワークフェアを就労義務強化として，アクティベーションを雇用可能性向上として捉えていることになる。

このように能動的社会政策には異なる２つの政策志向が混在している。就労義務強化型は福祉受給者に対し福祉受給の条件として何らかの義務と違反時の制裁を課すことで就労を義務化し，労働市場での問題解決を試みる。これに対し雇用可能性向上型では労働市場への（再）参入に必要な資格や経験の取得を奨励する。雇用可能性向上型の場合には，政策の最終目標が必ずしも強制的な労働市場への統合だけでなく，社会参加とその帰結としての社会的承認の確保も想定されている5。

2つの政策志向は理念的には区別されるものの，実際にはどの国も両方の政策志向を混在させながら能動的社会政策を展開している。こうした政策志向の違いは，政策プログラムの違いにも反映されてくると考えられる。それでは政策プログラムのバリエーションは，いかなる要因から説明されてきたのだろうか。テイラー＝グービィー（2004b）は「新しい社会的リスク」に対する政策のバリエーションは，福祉レジームの経路依存性に由来すると論じる（Taylor-Gooby 2004b)。「新しい社会的リスク」が各国において顕在化する様相と政策的対応は既存の福祉レジームが規定している。普遍性が高い社会民主主義レジームでは「新しい社会的リスク」は旧来のレジーム内で対応されているため，そもそもリスクが顕在化する可能性が低い。男性稼ぎ主モデルに基づく家族と雇用への依存が強い保守主義レジームでは，新しい社会的リスクへの柔軟な対応が難しい。元来選別主義と市場志向に基づく社会保障システムを築いてきた自由主義レジームでは継続して選別的で市場中心の政策対応がなされる。

このように各国における能動的社会政策の差異を経路依存から説明する研究では，差異を生み出す要因としての党派性に関心を持たない傾向にある（Bonoli 2013)。こうした先行研究に対し，本稿では政権党の党派性に着目する重要性を指摘する。党派性から政策変化を説明する研究は，通常左派政党が政権に就くことにより福祉政策が拡大することを検証してきた（Döring and Schwander 2015)。本稿の分析の焦点はこうした研究とはやや異なり，政治的立ち位置が異なる政党が政権に就くことにより政策プログラム内容に焦点を当て，生じる様子を検証することに関心がある。

本稿は能動的社会政策の質的な相違を詳細に検討するために，雇用可能性向上型をさらに3つのサブカテゴリーに分類し，政策プログラムと政権党の関係を分析する。まず雇用可能性向上型の1番目のサブカテゴリーとしては，職業能力開発型がある。これは個人の職業能力の向上を目指す技能訓練や職業教育のことを意味する。2番目の個別支援サービス拡充型は個々の状況に応じたきめ細やかな就労支援サービスを提供する施策である。就労に際して何らかの困難を抱える若者に対し，労働市場への（再）参入を阻んでいる要因を取り除くために必要なサービスを提供する仕組みを指

表1　日英政権党と政策プログラム比較

		日本			イギリス	
		自民党政権（2003年～2009年）	民主党政権（2009年～2012年）	自民党政権（2012年～）	労働党政権（1997年～2010年）	保守党・自由民主党連立政権（2010年～）
就労義務強化型（パターンⅠ）		×	×	×	○	◎
雇用可能性向上型（パターンⅡ）	職業能力開発型（Ⅱ－a型）	◎	○	◎	○	△
	個別支援サービス拡充型（Ⅱ－b型）	×→△	◎	○	◎	△
	参加による承認の保障型（Ⅱ－c型）	×→△	◎	○	◎	○

出典：執筆者作成

す。3番目の参加による承認の契機型とは，労働を社会への参加手段あるいは機会として捉えるアプローチである。労働参加の奨励を通じて若者の社会における居場所や生きる意味を見いだせる場の提供に重きを置く施策である。

上述の類型に即して日本とイギリスを政権ごとに分類したものが表1である。日本の場合，就労義務強化型は実施しておらず，雇用可能性向上型のうち，職業能力開発型を中心に据えている。ただし，民主党政権は個別支援サービス拡充型と参加による承認の契機型のプログラムも重視した。イギリスは一貫して就労義務強化型と雇用可能性向上型の両タイプを併用している。雇用可能性向上型の中では参加による承認の契機型を重視するが，労働党政権は個別支援サービス拡充型にも重点を置いた。次節以降では日本とイギリスの若年就労支援政策の展開と政権ごとの特色を検証していく。

3．事例分析（1）日本：就労義務なき就労推進

日本の若年就労支援政策の特徴は，就労義務強化型が存在せず，雇用可能性向上型に特化している点にある。日本はそもそも若年層に対し，強制や懲罰を課せられる程の公的給付を行ってこなかった（Toivonen 2012: 9-12; 児美川 2010）[6]。日本の場合はヨーロッパと異なり，石油危機後に福祉国家の発展期を迎えたこともあり，学校と企業と家族以外に若者のセーフ

ティー・ネットとなりうる公的な社会保障制度が皆無だった。そもそも就労を奨励し，雇用を前提とする仕組みであるため，日本では諸手当の受給と引き換えに職業訓練や就労を義務付ける権利と義務の引き換えの論理が成立しない（児美川 2010：20－21）。実質的に就労が義務化されている状況で，若者の雇用可能性を高める施策を展開しているのが日本の特徴である。

⑴ 自己責任論：自民党政権（2003年～2009年）

日本で若年就労支援政策が本格的に展開するのは，小泉自民党政権の2003年からである[7]。小泉構造改革のさなかにあたるこの時期に始まった若年就労支援政策は，雇用可能性向上型の内，職業能力開発型に重点を置いた。2003年４月に若年雇用問題に関する省庁横断的な議論の場として，厚生労働大臣，文部科学大臣，経済産業大臣，経済財政政策担当大臣からなる若者自立・挑戦戦略会議を３年間の時限的措置として設立し，同年６月に「若者自立・挑戦プラン」を発表した（内閣府 2003）。若者の雇用状況の改善にあたり，政府，地方自治体，教育界，産業界が一体となった取り組みの推進を提唱し，都道府県の所管による若者の就労支援機関「若年者のためのワンストップサービスセンター（通称ジョブカフェ）」が始動した。プランは定期的に改訂され，在学中の者に対してはキャリア教育，既卒非正規労働者に対してはハローワークとジョブカフェの連携を通じた職業紹介や訓練が中心だった。開始当初は在学中の者や「フリーター」と呼ばれる既卒非正規労働者が主たる支援対象であったが，2005年頃からは「ニート」と呼ばれる若年無業者やひきこもりの若者を包括的に支援する合宿形式の若者自立塾が登場した[8]。

自民党政権の若年就労支援政策の重要なキーワードは自立支援である。「若者自立・挑戦プラン」の目的は，「若年者の働く意欲を喚起しつつ，全てのやる気のある若年者の職業的自立を促進し，もって若年失業者等の増加傾向を転換させる」となっている（内閣府 2003）。目指すべき人材像は「真に自立し，社会に貢献する人材」であり，若者の職業的自立を阻む要因として勤労観や職業観を醸成する機会に恵まれていないこと，職業的に必要な能力や態度が身に付いていないことが挙がっている。若年雇用問題の原因は働く意欲や能力を欠いた若者の増加にあり，解決策として学校教育での勤労観や職業観の育成を提唱した。2004年から2006年にかけては「ニート」言説の出現も重なり，若年雇用問題とは労働市場側の要因ではなく若者個人の意識や能力の欠如に原因があり，その責任は若者本人に由来するという問題の個人化と自己責任化が進んだ[9]。

一連の若年就労支援政策の根幹には新自由主義的な「強い個人」という若者観が通底している。キャリア教育により基礎的かつ汎用的な能力を身につけた若者は労働市場での雇用可能性が高まった状態にあるという前提の下，若年雇用問題は市場メカニズムによって解消されることが想定された。自民党は元来，個人や家族は国家の負担とならずに自助努力で自らの生活を維持することを望んできたが，2000年代以降はそこに新自由主義的な政策志向が加わり，自己責任論に由来する職業能力開発型の若年就労支援政策が展開したのである。

(2) 個別支援サービスと広義の就労支援：民主党政権（2009年〜2012年）

2009年に自民党から政権交代し発足した民主党政権もキャリア教育を推奨したが，同時に若者のキャリア形成が可能となるような包括的かつ個別的な支援サービスの提供も重視した。民主党政権では新自由主義に基づく自立支援的な職業能力開発型は弱まり，代わって個別支援サービス拡充型と参加による承認の契機型の萌芽が登場した。個別支援サービス拡充型としては，新卒ハローワークにおける個人相談員にあたるジョブサポーターを増員し，個々人の状況に応じたきめ細やかで一貫した支援体制の整備や大企業志向の若者と採用意欲の高い中小企業のミスマッチ解消策を進めた[10]。2012年６月に民主党政権の若年就労支援政策を体系的に示した「若者雇用戦略」では，非正規雇用の若者だけでなく，正規雇用の若者も支援を必要としているという認識を示し，全ての雇用形態の若者が働き続けられる職場環境の整備とキャリアアップ支援の強化を打ち出した。

民主党政権では様々な生活上の困難に直面する若者には労働市場での就労に限定せず，半福祉・半就労の推奨といったより広義な就労支援も進展した。支援を受けながら何らかの社会的な活動に従事することで社会との接点を維持し，自己を社会的に価値のある存在として認識することに意義を見出す，参加による承認の契機型の若年就労支援政策が登場した。中心的な役割を果たしたのが，「地域若者サポートステーション（通称：サポステ)」事業である[11]。民主党政権下ではサポステのアウトリーチ活動と呼ばれる訪問支援が拡充された。具体的には援助を必要としているが自ら支援団体に出向くことが難しい，あるいは支援団体の存在を知らない者に対し支援する側から積極的に手を伸ばす活動の強化である。支援を要する若者の来所を待つだけでなく，社会的な関係から阻害された状態にある若者が再び社会に参入するきっかけをサポステ側から提供することを重視したのである[12]。

自民党政権が自助自立を重んじたのに対し，民主党政権のキーワードは共生および社会的包摂である。民主党は自らの理念を「すべての人が生きがいと働きがいのある国」，「出番と居場所のある社会」という表現で示し，個々人の状況に鑑みた支援サービスの提供を通じた社会参加可能な構成員の増加と各々が持てる力を無理なく発揮できる持続可能な社会の構築を目指した（民主党 2009）。若年雇用問題に関しても問題は構造的に生み出されているという認識を示し，若者は社会的な支援を必要とする存在だと位置づけた[13]。その結果，若者向けの個別支援サービスの拡充および社会における居場所づくりを重視する支援を展開した。

⑶ エリート志向な能力開発：第２次安倍自民党政権（2012年～）

2012年12月に民主党から自民党へ再度政権が交代すると，職業能力開発型を最優先する若年就労支援政策に再び重点が置かれるようになった。ただし2012年以降の自民党政権での職業能力開発型は，2009年までとは問題認識と焦点に違いがある。2012年以降のキャリア教育では職業観の育成よりも在学中のインターンシップを重視し，世界を舞台に活躍する「グローバル人材」の育成を中心としている。職業能力開発の手法も従来のハローワーク中心の職業訓練から民間派遣会社へ委託する既卒者職業訓練の推奨へと変化している。ハローワークの求人情報を民間職業紹介事業者にも提供し，企業が民間派遣事業者を利用しやすくすることで民間中心の職業訓練を推進している。

2012年以降の自民党政権の職業能力開発型は，エリート育成色が強い。2009年までのように就労意欲が欠如する若者像の強調は減り，「グローバル人材」言説に基づく世界を舞台に積極的に活躍する若者像を打ち出し，若者にポジティブなイメージを付与した上で「活躍」を奨励する支援が中心となっている。成長戦略の一環として提唱される若年就労支援政策の関心はトップエリートの養成にあり，労働市場での就労が困難な若者に対する社会的就労の提供といった趣旨の政策は重視していない[14]。2012年の政権交代後の自民党政権では，2009年までとは表出する言説が異なりポジティブな若者像を打ち出しながらも，より一層新自由主義色が強まっている。

4．事例研究（2）イギリス：就労義務強化と社会参加の重視

イギリスの若年就労支援政策の特徴は⑴就労義務強化型と雇用可能性向上型の混在および⑵社会的に孤立している若者に対する社会参加の機会提供にある。労働党政権は前保守党政権が導入した求職者手当（失業給付）の受給要件として求職活動への参加義務化と違反時の懲罰規定を踏襲する一方，参加者には手厚い就労支援サービスを提供した。イギリスでは1990年代後半以降，社会的排除への闘いが主要政党間でコンセンサス化した（小堀 2010）。労働市場での就労に困難を抱える者が社会的に排除されることのない社会を念頭に置いた形で若年就労支援政策が展開している点がイギリスの特色である。

⑴ 社会的包摂志向に基づく就労支援：労働党政権（1997～2010）

労働党政権の若年就労支援政策は，1979年から1997年まで続いた保守党政権が行った公的給付受給要件として求職活動への参加義務化という側面を継承しつつも，若者の雇用可能性を高めるための個別支援サービスと社会参加の契機づくりを重視した。とりわけ低学歴，低技能，低所得地域出身の若者が社会的排除状態に陥りやすいとの認識に基づき，そのような若者を社会的に「包摂」する仕組みの構築を目指した。

若年失業者への就労支援は労働党政権の看板政策であり，政権発足直後から求職者手当を6カ月以上受給している18歳から24歳までの若年失業者を対象とする若者ニュー・ディール（New Deal for Young People，以下NDYP）を開始した[15]。NDYPには，就労義務強化型と雇用可能性向上型における個別支援サービス拡充型の両者の性質が混在している。就労義務の強化は求職者手当受給中の若年失業者がNDYPへの参加拒否や正当な理由なく途中でプログラムから脱退した場合に手当支給を打ち切った点に現れている。すなわち受給要件として参加を実質的に義務づけたのである[16]。

2001年に公共職業紹介機関と公的給付支給機関を一元化したジョブセンター・プラスの設立後は，就労可能な公的給付受給者は義務を果たした上で受給権を行使できるという方針をより強く表明している（今井 2012：165)。

だがNDYPは就労義務の強化だけでなく，参加者に対し同一の相談員が全期間にわたり一貫して担当する個人相談員制を導入し，個人のニーズに合わせた支援活動を重視する個別支援サービス拡充型の支援も行った。2001年以降は個人相談員の裁量権の拡大と社会的企業やボランティア団体，民間企業との連携を奨励することで個々人の事情に応じた支援を目指した。2009年にNDYPがフレキシブル・ニュー・ディール（Flexible New Deal, 以下FND）に改変されると，支援プログラムの策定と実施基準の設定を民間プロバイダーに委ねることで，個別のニーズに即した専門的な支援提供体制の整備を進めた[17]。

さらに労働党政権は就労義務強型と個別支援サービス拡充型だけでなく，参加による承認の契機型の拡充にも力を注いだ。ここでは労働市場への統合としての就労だけでなく，社会的に孤立している若者に社会での居場所を提供することに重点を置いた。まず1997年に内閣府内に社会的排除ユニット（Social Exclusion Unit，以下SEU）を設置し，社会のメインストリームから隔絶している若者のニーズ把握にに取り組んだ。1999年にSEUが発表した報告書「Bridging the Gap: New Opportunities for 16-18 Year Olds Not in Education, Training, or Employment」では，若年層における社会的排除の問題は，雇用，教育，家庭環境など複合的な要因から生じており，とりわけ低所得地域に教育にも雇用にも職業訓練にも参加していない「NEET」状態の若者が集中していることを明らかにした。報告書を受け「NEET」や複合的な困難を抱えた若者を対象とする広範な支援策として2001年からコネクションズ・サービス（Connexions Service）が始まった。対象は13－19歳の全ての若者であり，「NEET」化の防止と複合的な困難を抱える若者の地域支援ネットワークへの取り込みを目指した。

労働党政権の雇用福祉改革における理念は「福祉から就労へ（welfare to work)」のスローガンが体現する通り，就労が貧困から脱する最善の方法だという考えに基づく（Giddens 2002)。「ワーク・ファースト（work-first)」および「権利には義務が伴う」というブレア政権発足時の基本方針は，第２期ブレア政権および2007年以降のブラウン政権も共有している（今井

2012；Sunley, Martin and Nativel 2006: 189）。すなわち，稼働能力がある者はその「義務」を果たすことで初めて「権利（受給権）」を行使できるという考えが労働党政権の雇用福祉改革の基本方針であり，その理念は若年就労支援政策にも表れている。

だがその一方で労働党政権は，労働市場での就労に至る以前の段階で躓いている若者が多数存在することを認め，そのような者に対しては，まずは社会との関わりをもたせることが重要だという方針も示した。例えばNDYPでは参加者に提示される4つのプログラムのうち，1つは非営利のボランティア団体での活動，1つは環境保護団体での就労であり，労働市場以外の場への「包摂」を含んでいた。低所得地域においては，公的給付の受給方法の指導もコネクションズの役割に含まれ，生活に困難を抱える若者が何らかの形で社会とのつながりを維持し続ける方法を模索した（Cullen, Lindsay, and Dockrell 2009）[18]。労働党政権が貧困に代えて社会的排除への闘いという表現で就労に困難を抱える若者を政策対象として重視したことは，就労義務の強調と労働市場への統合だけでなく，社会参加とその帰結として社会的承認を与える場の確保を目指していたと言えよう[19]。

(2) 義務履行の強調と「社会」の位置づけ：保守党・自由民主党連立政権（2010年～）

2010年5月に労働党から政権交代し発足した保守党・自由民主党連立政権の若年就労支援政策は就労義務強化型が中心であり，職業能力開発型と個別支援サービス拡充型の拡充には消極的である。参加による承認の契機型のプログラムは実施しているが，労働党政権と比較すると就労義務強調的となっている。連立政権は政権の最優先課題として緊縮財政を打ち出し，若年就労支援政策においても給付削減と受給要件の厳格化による就労義務強化型を重視する傾向を鮮明にした。労働党政権時代に求職者手当の受給要件となっていたFNDを廃止し，代わりに始まったワーク・プログラム（Work Programme）では，18歳から24歳までの若年失業者に加え3カ月以上「NEET」状態にある若者にも参加を義務づけた[20]。ワーク・プログラムでも個人相談員との面談を行う必要はあったが，彼らの裁量は縮小し，代わりに民間プロバイダーの果たす役割が拡大した[21]。2009年のリーマンショック後に労働党政権が創設した「NEET」や若年失業者率が高い地域を対象とした雇用創出策も相次いで廃止され，連立政権では個別支援サービスは縮小し，自助努力での就労が重視されるようになったのである（Heyes 2012）。

連立政権は参加による承認の契機型のプログラムも実施したが，そこにも就労義務を強調する様子が現れている。コネクションズに代わって複合的な困難を抱える若者を地域社会に取り込むための施策として，6カ月以上失業している若者を対象としたユース・コントラクト（Youth Contract）が始まった。これは若者を地域の事業所に紹介し職業経験を積ませることで長期失業から社会的排除に陥ることを予防し，地域社会における居場所を提供することを目指していた。しかし同時にそこでは「契約」的な側面が強調され，参加を拒否した若者は求職者手当の支給が打ち切られた。すなわち手当受給は就労義務の履行と引き換えに受けることができる取引であるという論理が前面に出されたのである（DPMO 2011）。

連立政権の政策理念は「ビッグ・ソサエティ（big society）」というスローガンで表現されており，市民のボランタリー・セクターへの関与を増やし，個々の市民が社会での活動的な役割を担うことを推奨している。しかしその実態は，従来国家が管理していた公共サービスの実施や権限を地方自治体や地域団体に委譲し，より小さなコストで多様なサービスの提供を目指す新自由主義色の強い政策となっている。

5. 考察とまとめ

(1) 両国の若年就労支援政策の特徴

本稿では日本とイギリスの若年就労支援政策の変遷を政権党の党派性に着目しながら検証した。両国の政策は共に若者の能動化を目指しているが，そこに至るアプローチは両国間で異なり，両国内でも政権党が変わることにより政策内容に変容が生じている。

両国の特徴をまとめると，日本は「自助」型，イギリスは「自律」型の若年就労支援政策を実施している。「自助」型の日本では就労義務を強化する政策は存在せず，キャリア教育を中心とした職業能力の開発による労働市場への参入支援が主たるアプローチとなる。ただし，日本の場合は若年層に対する公的給付の支給が限定的なため，政策として就労義務を強化せずとも，実質的に若年層の就労は義務化されている。つまり自助が政策の基調となっているのである。特に2003年から2009年および2012年から現在まで続く自民党政権は新自由主義改革と相まり，若年雇用問題を若者個人の資質に還元する傾向が強い。他方，2009年から2012年まで続いた民主党政権は労働市場の構造的な要因に言及し，若者は社会的支援を必要とする存在だという認識を示した。民主党政権では労働市場への（再）参入支援だけでなく，社会における居場所づくりの萌芽も観察された。

「自律」型のイギリスでは，就労義務の強化と雇用可能性の向上の両者を混在させている。求職活動への参加を条件として求職者手当の支給をすることで，最低所得保障が行われている。労働党政権の雇用福祉改革の理念である「福祉から就労へ」は，労働市場への（再）参入促進と捉えられるが同時に個別支援サービス拡充型と参加による承認の契機型も充実させており，就労促進だけでなく社会的相続の緩和を織り込んだ支援体制を構築した（今井 2014）。特に社会的排除への取り組みの中には就労支援を労働市場での就労に限定せず，より広義に捉えた上で複合的な困難を抱える若者を社会関係の中に引き戻すことに注力した。連立政権も社会的排除への取り組みを行っているが，国家の役割を地域や社会に委譲し，「小さな国家」を推奨する様子が強い[22]。

日本の民主党政権とイギリスの労働党政権を比較すると，両者は共に社会的包摂を打ち出し，若者を社会の構成員として承認を重視した。しかし日本の場合は民主党政権が３年３カ月と短命だったこともあり，十分にそうした政策志向を制度化するに至らなかった。イギリスの労働党政権は支援プログラムへの参加を義務化しつつも，就労促進的な側面の緩和措置も取り入れることで困難を抱える若者も社会の一員として受け入れる姿勢を示した。

日本の自民党政権とイギリスの保守党・自由民主党政権を比較すると，どちらも労働市場での就労を重視し，新自由主義的な政策志向を共有している様子が窺えた。しかしイギリスではレトリックとしては保守党・自由民主党政権も「社会」として若年雇用問題に向き合う必要があり，若者の社会の構成員としての承認が論じられている。これに対し日本の自民党は，若者を労働市場に統合することを目指しており，社会の構成員としての若者という視点が欠落している。

⑵ 福祉国家再編論への示唆

本稿では日本とイギリスの若年就労支援政策の比較を通じ，若者の潜在能力の向上といった労働供給側に焦点を当てた政策のバリエーションを確認してきた。旧来型の福祉国家では全ての市民がニーズに応じて福祉受給が可能だったが，近年は道義的責任を果たさなければ権利行使ができないという側面が強調されている。それでは一連の政策展開は，福祉国家再編論にどのような示唆を与えるのだろうか。

職業紹介や技能訓練を通じ労働者が雇用される可能性を高める政策は，北欧を代表とする社会民主主義レジームを伝統的に特徴付ける政策であった。ところが近年は日本やイギリスといった社会民主主義レジーム以外に分類される国々も類似した政策プログラムを採用している。労働供給側を重視する政策においては,「新しい社会的リスク」に対する福祉国家の機能転換を肯定的に評する研究も有力である(Bonoli 2006; Taylor-Gooby 2004a)。しかし近年展開する労働供給側を「能動化」する政策と北欧諸国が実施してきた積極的労働市場政策（active labour market policy）は本質的に異なることに留意しなければならない。

レーン＝メイドナーモデルと呼ばれるスウェーデンの積極的労働市場政策の特徴は，充実した公的な職業訓練や職業紹介サービスにあり，この点は職業訓練や個別支援による労働供給側の能動化政策と共通している。だがレーン＝メイドナーモデルは生産性が低い産業を保護しない代わりに，整理された部門から流出した労働力が高生産性部門へ移動することを奨励するために積極的労働市場政策を実施していた。その核には，同一労働同一賃金原則による連帯的賃金政策，労働市場政策・所得保障政策・マクロ経済政策の連動によるインフレの抑制，完全雇用の達成と経済競争力の維持を据えていた（宮本 1999）。

これに対し労働供給側を能動化する政策には，マクロ経済政策との連携は想定されていない。完全雇用を前提とせずに所得保障政策との連携を強めることに重きが置かれ，国家の役割は個人の能力向上支援が中心となる。対 GDP 比に占める積極的労働市場政策関係支出も少ない。政策プログラムだけを見れば確かに両者は類似しており，また所得政策と雇用政策の連携という意味でも共通するが，国家の役割と社会政策の最終的な目標に着目するのであれば，両者の間には本質的な相違が横たわっているのである。

すなわち一見類似した政策プログラムが展開していたとしても，その政治的位置づけは各国の歴史的，政治的文脈によって異なってくるのである。労働力を能動化する政策と福祉国家再編の関係性を解明するには，各国においてアクターがいかなる選好に基づき能動化政策を展開してきたのかという政治過程分析を今後行う必要があるといえよう。

＜謝辞＞　本稿は日本比較政治学会2014年度研究大会での報告ペーパーを大幅に加筆・修正したものである。報告当日は討論者の近藤康史先生，水島治郎先生，司会者の伊藤武先生から有益なコメントを多数頂戴した。深くお礼申し上げる。また本誌匿名の査読者の先生方からも本稿の改善に有意義なご指摘をいただいた。記して感謝申し上げたい。

（1）　社会的排除の定義は国や機関により多様であるが，その特徴は貧困が所得を始めとする生活の「資源」の不足に焦点を当てるのに対し，社会的排除では「関係」の不足に着目する点にある。社会的排除に関する包括的な議論は福原（2007）を参照。

（2）　Enabling state の訳語として阪野は「条件整備国家」（阪野 2011：189）を用いているが，ここでは enabling のニュアンスを出すために「能力開発国家」とする。

（3）　ワークフェア／アクティベーションをキーワードに雇用福祉改革を論じる研究は多数あるが，これらの用語は論者により様々な文脈で使用されている上に各用語には個別の系譜がある。そのため使用には十分な注意が必要である。ワークフェア／アクティベーションの概念，使用法，文脈に関する詳細な整理は三浦・濵田（2012）を参照。

（4）　日本語の文献では埋橋（2007，2011）がワークフェアを包括的用語として用いた上で，「ソフトなワークフェア」と「ハードなワークフェア」に分類している。

（5）　例えば宮本太郎の場合は「参加保障」という概念を用いて，個人の雇用可能性を高める政策は個人を労働市場に速やかに立ち戻させるだけでなく，教育訓練や中間的就労（社会的協同組合など）に包摂されている時間を充実させることも重要だと論じる（宮本 2013）。

（6）　未就労者や加入期間が短い場合は，雇用保険の対象外となるため失業手当を受給できない。雇用保険の対象外である失業者が受給できる求職者支援制度が2011年に恒久化されたが，若年就労支援政策が本格的に展開し始めた2000年代初頭にこのような制度は存在しなかった。生活保護も稼働年齢層に対しては申請受理を制限する傾向が強い。

（7） 2003年6月の「若者自立・挑戦プラン」から2012年6月の「若者雇用戦略」までの日本における若年就労支援政策の展開経緯と政策理念のより詳細な比較は濱田（2013）が詳しい。

（8） もともとはイギリスで生まれた「Not in Education, Employment, or Training（NEET）」の頭文字を取りカタカナ表記にした「ニート」は，学生でもなく，就労もしておらず，職業訓練にも参加していない若者を意味する。だが日本とイギリスではその定義が大きく異なり，イギリスのNEETが求職活動中の16～18歳の失業者を含む一方，日本では15～34歳と年齢幅が広い上に失業者は含まれなかった。

（9） 日本の「ニート」は失業者を含まないため，勤労観が育成されておらず，求職活動も行っていない，やる気に欠ける若者というネガティブな「ニート」像が日本では構築された（本田・内藤・後藤 2006）。

（10） 若年者に対象を限定した支援ではないが，2010年にはパーソナル・サポート・サービスモデル事業が3年間の時限的措置として始まり，就労に際し複合的な困難を抱える人を対象に年齢制限や就労経験の有無を問わず，包括的かつ個別的な支援を提供する仕組みの構築が進んだ。

（11） サポステ自体は自民党政権下の2006年に既卒非正規労働者や「ニート」を対象に設立された事業であり，厚生労働省と地方自治体が協働し，地域の支援団体に委託する形でキャリアコンサルタントなどによる相談業務，協力民間企業での職業体験機会の提供といった地域における若者支援の拠点となる制度である。

（12） サポステ事業自体は地方自治体の所管によるため，就労が困難な若者に対してどの程度まできめ細やかな支援を提供しているのかは自治体ごとに差異がある。労働市場での就労が困難な若者に対する地方自治体の取り組みに関しては筒井・櫻井・本田（2014）が詳しい。

（13） 2009年10月に鳩山政権が発表した「緊急雇用対策」では貧困・困窮者と共に新卒者への支援が最優先課題に位置づけられている。「若者雇用戦略」では，「自ら職業人生を切り拓ける骨太な若者への育ちを社会全体で支援することにあり，経済成長過程への若者の積極的な参加や貢献を促し，若者を取り込んだ成長（インクルーシブ・グロース）の実現を目指す」と記した。

（14） 2013年4月の中教審答申では，経済的に困窮している児童・生徒に対する学習支援の必要性も盛り込まれているが具体性は乏しい（本田 2013）。サポステの数は自民党への政権交代後も増加傾向にあるが，（2011年度110カ所，2012年度116カ所，2013年度160カ所），安倍政権はサポステ事業に対する予算を2014年度行政事業レビューでゼロにした後，補正予算で復活した経緯があるため，安倍政権としてサポステ事業を重視する様子は薄い。

(15) NDYP はニュー・ディール・プログラム（New Deal Programme，以下 NDP）と呼ばれる就労支援政策のうち，18～24歳の若者を対象としたプログラムを指す。NDP は若者と 6 カ月以上失業している25歳以上の長期失業者を対象にしたものが1998年に始まり，その後，障がい者，ひとり親，失業者の配偶者，50歳以上の中高齢者と対象を拡大した。参加が義務づけられているのは，18～24歳の若者と25歳以上で 6 カ月以上の長期失業者のみであり，他のターゲット層のプログラムへの参加は任意である。

(16) 2001年以降は求職者手当の受給要件として，ジョブセンター・プラスと受給者の間で求職者協定と呼ばれる求職活動計画についてまとめた契約書の締結が加わった。正当な理由なく求職者協定に違反した場合には，求職者手当の支給が打ち切られた。

(17) FND は，2009年 4 月を第一期（Phase 1），2010年 4 月からを第二期（Phase 2）とし，従来の NDP では対象ごとに分かれていたプログラムを統合したものである。自助努力による求職活動（第 1 ステージ），個人相談員の指導を受けながらの求職活動（第 2 ステージ），求職活動計画を見直した上での求職活動（第 3 ステージ），民間プロバイダーの下で最低 4 週間連続のフルタイム就労を義務づけた活動（第 4 ステージ）の 4 つのステージからなり，このうちの第 4 ステージの部分が FND を指す。

(18) イギリスでは日本の生活保護にあたる公的扶助は16歳以上から受給することができ，その補足率は 8 割を超えている。

(19) ただし第一期ブレア政権が若年層への支援を最優先政策課題とした理由には，長期失業者よりも比較的早く安上がりに就労させることができ，政権の実績作りになるからだという指摘もある（今井 2005）。またブレア政権が当初提起した理念と実際の政策的実践には乖離が生じているという指摘もある（近藤 2008；Marquand 2000）。

(20) ワーク・プログラムは FND を含む労働党政権の就労支援政策を統一した新たな支援策である。制度の詳細は労働政策研究・研修機構（http://www.jil.go.jp/foreign/jihou/2011_7/england_01.htm）を参照。

(21) 就労支援の実施主体として民間プロバイダーが参加すること自体は2009年に始まった FND から行われていた。ワーク・プログラムでは求職者手当受給者の支援委託を受けた各地域の元請け事業者となる民間企業ないし非営利団体は，プログラム参加者の就労困難な度合いや就労後に雇用が持続した期間などの成果に応じて委託費の支払いを受ける点に特徴がある。政権交代以降，ユースワーカーの人員削減と配置換えにより本来の職務とは無関係の部署への移動が生じている様子は Davies (2013) を参照。

(22) 同様の指摘を居神（2012），永島（2011）も行っている。

参考文献

【外国語文献】

Armingeon, Klaus. 2006. "Reconciling competing claims of the welfare state clientele: the politics of old and new social risk coverage in comparative perspective." In *The Politics of Post-industrial Welfare States*, edited by Klaus Armingeon and Giuliano Bonoli, 100-122. London: Routledge.

Bonoli, Giuliano. 2006. "New social risks and the politics of post-industrial social policies." In *The Politics of Post-Industrial Welfare States: Adapting post-war social policies to new social risks*, edited by Klaus Armingeon, and Giuliano Bonoli, 3-26. London: Routledge.

——. 2007. "Time Matters: Postindustrialisation, New Social Risks and Welfare State Adaptation in Advanced Industrial Democracies." *Comparative Political Studies* 40: 495-520.

——. 2013. *The Origins of Active Social Policy: Labour Market and Childcare Policies in a Comparative Perspective*. Oxford: Oxford University Press.

Cullen, Mairi Ann. Lindsay, Geoff. and Dockrell, Julie E. 2009. "The role of the Connexions service in supporting the transition from school to post-16 education, employment training and work for young people with a history of specific speech and language difficulties or learning difficulties." *Journal of Research in Special Educational Needs* 9: 100-112.

Davies, Bernard. 2013. "Youth work in a changing policy landscape: the view from England." *Youth and Policy* 110: 6-32.

DPMO (Deputy Prime Minister's Office). 2011. *Press Release: £1 billion package to tackle youth unemployment*, Nov., London: DPMO.

Döring, Holger, and Hanna Schwander. 2015. "Revisiting the left cabinet share: How to measure the partisan profile of governments in welfare state research." *Journal of European Social Policy* 25: 175-193.

Eichhorst, Werner, Otto Kaufmann, Regina Konle-Seidl, and Hans-Joachim Reinhard. 2008. "Bringing the Jobless into Work? An Introduction to Activation Policies." In *Bringing the Jobless into Work?: Experiences with Activation Schemes in Europe and the US*, edited by Werner Eichhorst, Otto Kaufmann, and Regina Konle-Seidl, 2-16. Berlin: Springer.

Giddens, Anthony. 2002. *Where Now for New Labour?* Cambridge: Polity Press.

Gilbert, Neil. 2004. *Transformation of the Welfare State: The Silent Surrender of the Public Responsibility*. Oxford: Oxford University Press.

Heyes, Jason. 2012. "Vocational training, employability and the post-2008 jobs crisis: Responses in the European Union." *Economic and Industrial Democracy* 34: 291-311.

Larsen, Flemming, and Mikkel Mailand. 2007. "Danish Activation Policy: The Role of the Normative Foundation, the Institutional Set-up and Other Drivers." In *Reshaping Welfare States and Activation Regimes in Europe*, edited by Amparo Serrano Pascual, and Lars Magnusson, 99-125. Brussels: Peter Lang.

Lindsay, Colin, and Mikkel Mailand. 2004. "Different routes, common directions? Activation policies for young people in Denmark and the UK." *International Journal of Social Welfare* 13: 195-207.

Lødemel, Ivar, and Heather Trickey. 2001. "A new contract for social assistance." In *An Offer You Can't Refuse: Workfare in international perspective*, edited by Ivar Lødemel, and Heather Trickey, 1-39. Bristol: The Policy Press.

Marquand, David. 2000. "Revisiting the Blair Paradox." *New Left Review* May/June: 73-79.

Morel, Nathalie, Bruno Palier, and Joakim Palme. 2012. "Beyond the welfare state as we knew it?" In *Towards a Social Investment Welfare State? Ideas, Policies, and Challenges*, edited by Nathalie Morel, Bruno Palier, and Joakim Palme, 1-30. Bristol: Policy Press.

Peck, Jamie. 2001. *Workfare States*. London: Guliford Press.

Serrano Pascual, Amparo. 2007. "Reshaping Welfare States: Activation Regimes in Europe." In *Reshaping Welfare States and Activation Regimes in Europe*, edited by Amparo Serrano Pascual, and Lars Magnusson, 11-34. Brussels: Peter Lang.

Sunley, Peter. Ron Martin. and Corrine Nativel. 2006. *Putting Workfare in Place: Local labour markets and the new deal*. Oxford: Blackwell.

Taylor-Gooby, Peter. 2004a. "New Risks and Social Change." In *New Risks, New Welfare: The Transformation of the European Welfare State*, edited by Peter Taylor- Gooby, 1-28. Oxford: Oxford University Press.

——. 2004b. "New Social Risks and Welfare States: New Paradigm and New Politics?" In *New Risks, New Welfare: The Transformation of the European Welfare State*, edited by Peter Taylor-Gooby, 209-238. Oxford: Oxford University Press.

Toivonen, Tuuka. 2012. *Japan's Emerging Youth Policy: Getting young adults back to work*. London: Routledge.

【日本語文献】

居神浩．2012．「政権交代とアクティベーション政策の行方－イギリス－」福原宏幸，中村健吾編『21世紀のヨーロッパ福祉レジーム：アクティベーション改革の多様性と日本』糺の森書房，90－113.
今井貴子．2005.「雇用と労働のポリティクス：イギリス労働党の挑戦」山口二郎，宮本太郎，小川有美編『市民社会民主主義への挑戦：ポスト「第三の道」のヨーロッパ政治』日本経済評論社，109－135.
――．2012.「転換期の政策デザイン：アングロ・サクソン型社会的包摂の政治過程」武川正吾，宮本太郎編『グローバリゼーションと福祉国家』明石書店，151－179.
――．2014.「金融危機後のイギリス政治」『年報政治学』2013－Ⅱ：135－161.
埋橋孝文．2007.「ワークフェアの国際的席巻：その論理と問題点」埋橋孝文編『ワークフェア：排除から包摂へ？』法律文化社，15－45.
――．2011.『福祉政策の国際動向と日本の選択：ポスト「三つの世界」論』法律文化社.
児美川孝一郎．2010.「『若者自立・挑戦プラン』以降の若者支援策の動向と課題：キャリア教育政策を中心に」『日本労働研究雑誌』第602号：17－26.
小堀眞裕．2010.「イギリス教育政策における『社会的排除』との闘いの問題状況－コンセンサス化する『社会自由主義』－」『立命館法学』第333・334号：639－662.
近藤康史．2008.『個人の連帯：「第三の道」以後の社会民主主義』勁草書房.
阪野智一．2011.「ニュー・レイバーとイギリス自由主義レジームの再編」新川敏光編『福祉レジームの収斂と分岐：脱商品化と脱家族化の多様性』ミネルヴァ書房，166－198.
筒井美紀・櫻井純理・本田由紀編．2014.『就労支援を問い直す：自治体と地域の取り組み』勁草書房.
内閣府．2003.『若者自立・挑戦プラン』.
永島剛．2011.「イギリス『大きな社会』構想とソーシャル・キャピタル論：福祉国家との関係をめぐって」『社会関係資本研究論集』第２号：119－133.
濵田江里子．2013.「自立支援から社会的支援の提供へ：自民党政権と民主党政権における若年就労支援政策の比較」『上智法学論集』第57巻１・２号：91－120.
バラ，アジット・ラペール，フレデリック．福原宏幸・中村健吾監訳．2005.『グローバル化と社会的排除－貧困と社会問題への新しいアプローチ』昭和堂.
樋口明彦．2011.「社会的排除からみた若者の現在－日本の福祉国家が抱える三つのジレンマ」齋藤純一・宮本太郎・近藤康史編『社会保障と福祉国家のゆくえ』ナカニシヤ出版，206－227.

福原宏幸．2007．「社会的排除／包摂論の現在と展望－パラダイム・『言説』をめぐる議論を中心に」福原宏幸編『社会的排除／包摂と社会政策』法律文化社，11－39．
本田由紀．2013．「教育と仕事の関係の再編成に向けて－現状の問題･変革の進展・残された課題」宮本太郎編『生活保障の戦略：教育・雇用・社会保障をつなぐ』岩波書店．
本田由紀・内藤朝雄・後藤和智．2006．『「ニート」って言うな！』光文社新書．
三浦まり・濱田江里子．2012．「能力開発国家への道：ワークフェア／アクティベーションによる福祉国家の再編」『上智法学論集』第56巻２・３号：１－35．
民主党．2009『民主党マニフェスト2009』．
宮本太郎．1999．『福祉国家という戦略：スウェーデンモデルの政治経済学』法律文化社．
――．2012．「社会的包摂のポリティクス－包摂戦略の対抗と政策過程」武川正吾，宮本太郎編『講座現代の社会政策６　グローバリゼーションと福祉国家』明石書店，204－227．
――．2013．『社会的包摂の政治学：自立と承認をめぐる政治対抗』ミネルヴァ書房．

エジプト革命における ソーシャル・メディアの役割

浜中新吾 *

要旨：2011年のエジプト政変は「インターネットが起こした革命」と喧伝された。にも拘わらずソーシャル・メディアと反体制デモ参加との相互関連性は未だブラックボックスのような状態である。ゆえにこの状態を可視化する理論的・実証的研究が必要とされており，本稿はその要請に応えるものである。具体的には情報拡散理論と社会運動論から導出した明示的メカニズムを持つ仮説を世論調査データによって統計的に検証する。

分析の結果，次のことが明らかになった。第一に反体制デモの糾合を担った先導者は，フォロワーと比べてソーシャル・メディアを通じた活動が活発であった。第二に，ソーシャル・メディア活動が積極的な市民は反体制デモに参加していた。この結果は先行研究が主張する「ソーシャル・メディアの限定性」を批判するとともに，体制崩壊に伴う集合行為問題をソーシャル・メディアが軽減すること，および政治的機会（構造）の概念が革命分析において有効であることを示した。

キーワード：ソーシャル・メディア，体制変動，社会運動，フォーマル・モデル

1. イントロダクション

2011年１月25日に始まり，２月11日のムバーラク大統領退陣によって収束したエジプトの政変は，「フェイスブック革命」や「ツイッター革命」と呼ばれた。なぜならフェイスブックやツイッターといったソーシャル・メディアが政変で先導的な役割を果たしたと考えられたためである。「インターネットが起こした革命」[1]というジャーナリズムの言説は，中東地域研究者や政治学者たちが根源的な原因を追求し，政変に至るまでの因果プ

＊　山形大学学術研究院准教授　比較政治学，中東政治論

ロセスをつぶさに論じたことによって目立たなくなっていった。しかしながらインターネットによる情報拡散と強権的な政治体制を崩壊に導いた反体制デモとの連関は否定されるものではなく，むしろ学問的に明らかにされるべきであろう。

現在のところ，エジプト革命においてソーシャル・メディアが果たした役割は限定的なものだと評価されている。このテーマについて積極的な発言を続ける山本達也によれば，エジプト革命におけるソーシャル・メディアの位置づけは次のようなものである。現地社会において比較的恵まれた若者知識層が，ソーシャル・メディアを介して社会の底辺層の境遇に「心理的な連帯」を抱き，衛星放送による反政府的な世論形成や隣国チュニジアでの成功と相互作用し，誰も予期しなった革命へと至った（山本 2014：43−48)。また加藤・岩崎（2013：273）もアラブ諸国におけるインターネット利用率の推移を示すことでその重要性を認めつつも，世論調査の結果からアラビア語の衛星放送が情報伝達に果たした役割を強調している。タハリール広場のデモ参加者を対面調査した Wilson and Dunn (2011: 1252-1253) によると，革命情報の伝達という面で明らかにされたのは，ソーシャル・メディアよりも衛星放送や口頭伝達の依存度がはるかに高いということだった。それゆえソーシャル・メディアの役割は限定的なものであり，革命当初に喧伝されたほどのものではなかった[2]。

以上の議論は現地情勢についての各種報道や世論調査結果，当事者への聞き取りに基づいている。しかしながら議論の根拠はあくまでメディアの利用頻度に関する情報であり，ソーシャル・メディアと反体制デモ参加との相互関連性についてはブラックボックスのような状態である。いま必要とされているのは，ブラックボックスを可視化する精緻な理論的研究および実証的な研究であろう。そこで本稿では，利用可能な世論調査データを活用し，情報拡散理論から導出した明示的メカニズムを持つ仮説の統計的検証を試みる。

2．社会運動，体制変動，ソーシャル・メディア

本稿で扱う問題は非民主体制を崩壊させる反体制デモの糾合においてソーシャル・メディアが果たした役割を明らかにすることである。政治体制の崩壊メカニズムについては比較政治学がその理論的，実証的研究を担っ

てきた。この問題を解くにあたって重要な鍵と考えられるのは，自らの自由や身体の安全および生命を危険にさらしてでも，反体制デモに参加する動機付けである。すなわちオルソンの集合行為問題が反体制デモ糾合のケースにつきまとう。だとすればソーシャル・メディアは集合行為問題を軽減し，糾合を促すツールだという仮説を考えることができるだろう。

アラブの春以前の実証分析はインターネットに代表されるデジタル・メディアの普及と民主制が相関関係にあることを多国間比較によって明らかにするものであった（Kedizie 2002; Groshek 2009; Milner 2006; Norris 2001）。とりわけ Groshek (2009) はマスメディアの普及が社会変動と民主化過程の前提だと見なした Lerner (1958) の議論を敷衍し，インターネットが強力な民主化エージェントであると論じた。また Howard (2010) はデジタル・メディアの普及がムスリムの政治文化を変革すると主張した。そしてその根拠を，デジタル・メディアの特徴である双方向のやりとりがジェンダー政治，国際安全保障，コーラン解釈といったイシューで論争の共同体が生まれていること，そして情報コミュニケーション技術（ICT）の発達と民主制が相関関係にあることに求めた。しかしながら，これらの議論は民主化に伴う集合行為問題を明示的に扱っていない。それゆえ，これらはミクロ的基礎を欠いたマクロ現象を論じているに過ぎない。

アラブの春を国際比較の視点から実証的に分析した研究としては Wolfsfeld, Segev and Sheafer (2013) および Howard and Hussain (2013) がある。ウォルフスフェルドらは個々人の不満や怒り（grievance）を抗議活動に結びつけた，すなわち集合行為問題を軽減する手段としてのソーシャル・メディアに着目した。しかしながら観察単位が国家レベルであるため，個人レベルの行動を説明する仮説と実証分析が乖離している。ハワードとフセインは国家の統制を受けない，自己生成・自律支援型共同体としての市民社会が ICT の発達によって促進され，そのことがアラブの春を引き起こしたと主張し，仮説を質的比較分析（Qualitative Comparative Analysis: QCA）によって実証した。QCA は統計学的に信頼できる量的データの生成が困難な領域や仮説を扱う場合は有力なアプローチである。だがソーシャル・メディアが集合行為問題を軽減するか否かという問題では，世論調査等の量的データに依拠することができる。したがって QCA を積極的に用いる理由付けは乏しいだろう。

エジプト革命におけるソーシャル・メディアの役割を個票データによって直接アプローチした研究は Tufekci and Wilson (2012) と Brym, Godbout, Hoffbauer, Menard, and Zhang (2014) のふたつに限られる。ツフェッキらはエジプト革命から二週間後の２月24日から３月１日にかけて，反体制デモに参加していた市民を対象に聞き取り調査を行った結果である Tahrir Data Sets を用いた。そして反体制デモの初日に参加した市民は，その後に参加した市民よりも積極的にフェイスブックを用いていたことを実証した。ブリムらはエジプト革命直後に実施されたギャラップ調査のデータを利用した。そして社会運動理論に基づいて計量モデルを組み上げ，単なる反体制デモ支持者よりもデモ参加者の方が携帯電話のテキスト・メッセージサービス（SMS）を利用し，新しいメディアを信頼する傾向があることを明らかにした。ツフェッキらの用いたデータはエジプトの反体制デモ参加者を母集団としており，デモに参加しなかった市民は排除されている。そのため彼らの議論は体制崩壊をめぐる集合行為問題に直接答えるものではない。ブリムらの研究は SMS 以外のソーシャル・メディアの機能を検出できなかった上に，社会運動理論の中核といえる政治的機会構造を扱っていない。

以上の議論から，先行研究の実証分析を改善する余地は残されている。それだけではなく，実証分析の前提となる仮説の導出において，ソーシャル・メディアがどのように集合行為問題を軽減するのか，そのメカニズムが明示的に示されていない。よって次節ではソーシャル・メディアによって集合行為が調整されるメカニズムを数理モデルによって明示し，実証すべき仮説を導出する。

3. 情報拡散理論からの仮説導出[3]

民衆革命は，政治体制の存続に異を唱える群衆の路上行動によって始まる。集合行為問題のジレンマを乗り越えて人々が街頭へ飛び出し，体制転換を訴えるメカニズムを描写したモデルは３つある。第一のモデルは，グラノベッターの閾値モデルである（Granovetter 1978）。暴動への参加と不参加，流行の採用と不採用といった現象を説明するため，グラノベッターは閾値という概念を導入した。閾値の低い人間は反応が早いのに対し，閾値の高い人間は周囲の反応を見てようやく自分も反応する。このモデルは集団の行動を説明する鍵を閾値の分布に求めている。第二は情報カスケード・モデルである（Bikhchandani, Hirshleifer, Welch 1992）。情報カスケードとは，多くの人々が自分の持つ情報を信じず，先行者の行動を模倣する選択を行うために生じる群衆行動を指す。金融バブルはマクロ経済的に不合理であるにも拘わらず発生するのは，信頼できる情報が少ない個々の投資家にとって先行者の行動に従うことがしばしば合理的だからである[4]。第三はパーコレーション（浸透）・モデルである（増田・今野 2005：149－158）。パーコレーションは閾値モデルや情報カスケードよりも古くから知られているが，ネットワーク分析の興隆によって再評価されており，スケールフリー・ネットワークを前提としたインターネット稼働，生態系など情報の拡散や自然現象の発生・収束に関する幅広い現象を扱うことができる。

ここではインターネットの特徴であるスケールフリー[5]・ネットワーク性を考慮し，古典的なパーコレーション・モデルを参考にして，情報拡散理論による革命運動の発生と拡大のメカニズムを考えてみたい[6]。働きかけを受ければデモに参加する可能性を持つ集団（潜在的なデモ参加者）を考え，これを $S(t)$ とする。この集団は時間で変化する微分可能な関数である。アラブ革命の文脈だと $S(t)$ の人々はソーシャル・ネットワークに結びついている潜在的なデモ参加者だといえる。$I(t)$ はデモに参加して路上に陣取る集団であり，$R(t)$ は治安部隊の弾圧によってデモから排除されたか，懐柔されてデモから手を引いた集団を意味する。β が働きかけを受けた側の感受性，γ が当局の弾圧と懐柔を表すパラメータであるとしよう。この時，パーコレーション・モデルは次の常微分方程式システムで記述される。

$$\frac{dS(t)}{dt} = -\beta S(t)I(t)$$

$$\frac{dI(t)}{dt} = \beta S(t)I(t) - \gamma I(t)$$

$$\frac{dR(t)}{dt} = \gamma I(t)$$

上の３式の総和はゼロとなり，総人口が時間を通じて一定という保存則に従う。この保存則により，パーコレーション・モデルは$S(t)$と$I(t)$という2変数の連立微分方程式になる。微分方程式は初期値を与えることによって，時間経過に沿った解の挙動を示すことができる[7]。初期値をそれぞれ潜在的デモ参加者10,000人，デモの先導者1人，感受性は一定で，弾圧と懐柔を4段階で変化させた場合のダイナミックスを示したものが次の図1である（横軸は時間，縦軸は人口を表す）。弾圧と懐柔がもっとも低レベル（Level 1）である場合，9,000人もの人々が先導者に呼応してデモに参加する。時間の経過に伴って弾圧や懐柔を受けて参加人数は減少するが，半数以上の人々はデモに参加し続ける。弾圧と懐柔が次のレベル（Level 2）に上がるとピークは8,000人に達するが，時間経過に伴う参加数減少の割合は大きくなる。さらに次のレベル（Level 3）になると，デモ参加者のピークが2,000人強程度となってしまう。これではデモの規模が拡大せず，押さえ込まれてしまう。また潜在的なデモ参加者のうち1,000人程度が最後まで反応せず，路上に出ることはない。当局の弾圧と懐柔が最大レベル（Level 4）になると，潜在的デモ参加者は全く行動せず，先導者が逮捕されて革命は失敗する。

図1　弾圧の変化に伴う社会運動参加者数の増減

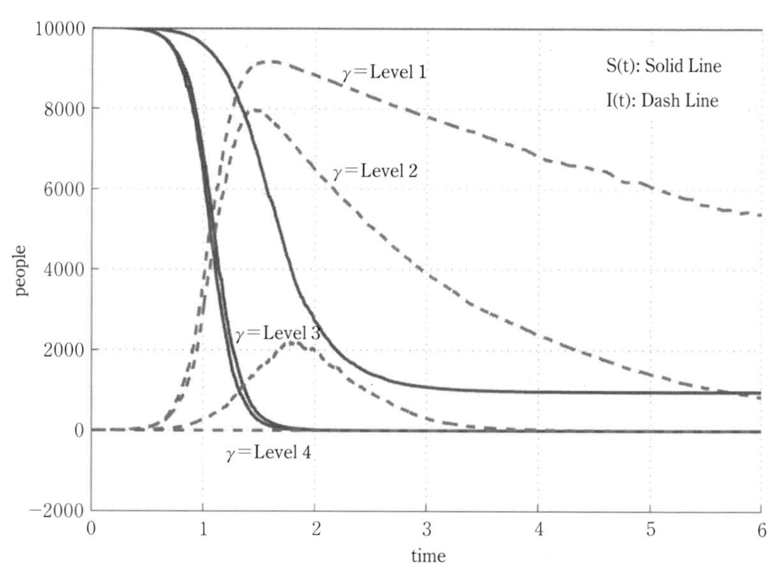

そして図2はソーシャル・ネットワークで働きかけを受ける集団のサイズを変化させた時のダイナミックスを表している。働きかけを受ける集団が当局に分断されていて，小さい場合（図2左上および右上）はデモが起こらない。潜在的なデモ参加集団が大きくなると一部の人間は徐々に街頭に繰り出すものの，運動は大衆化するには至らない（図2左下）。さらに潜在的集団が相互に結びついて大きくなると，働きかけを受容して運動に参加するようになり，デモのピークが生まれる（図2右下）。なお図2右下のシナリオは図1における弾圧・懐柔が最低レベルの条件と同じである。

パーコレーション・モデルの解析結果を整理しよう。体制転換に至るほどの大規模なデモが形成されるには次の三条件を満たす必要がある。⑴働きかけの感受性βが十分大きいこと，⑵弾圧や懐柔の効果γが小さいこと，⑶潜在的デモ参加者数が一定の規模を持つこと，である。

「アラブの春」の文脈に即して三条件を言い換えると，次のようになるだ

図2　潜在的デモ参加者数の変化によるピークの発生

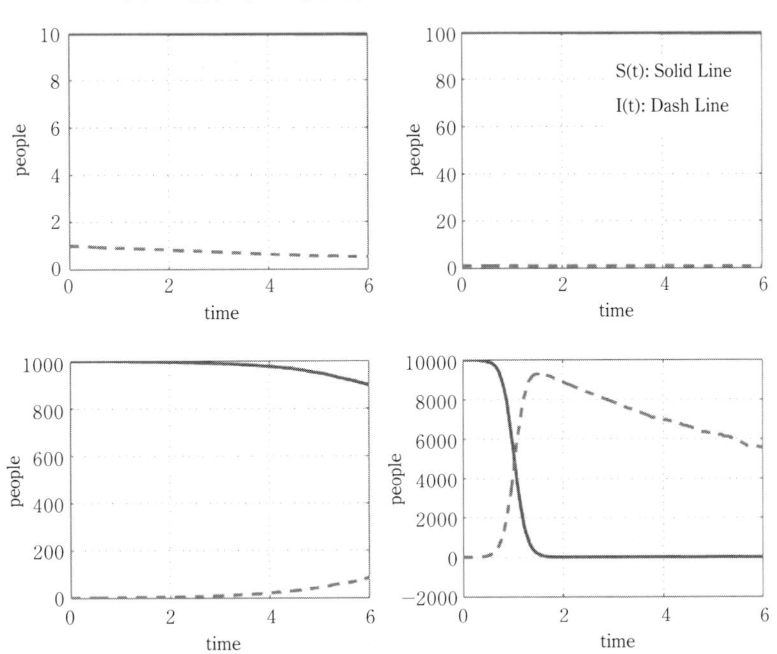

ろう。⑴’人々が大衆運動参加の働きかけに応ずるに十分な感受性を持っていた。その理由として，政府の業績に対する不満，特に経済財政運営に対する不満と，政府の振る舞いに傷つけられてきた「尊厳の回復」という心理的要因を指摘できる[8]。これに加えて長期政権によって生じた権力の継承問題から，共和制アラブ諸国では統治の正統性が揺らぎを見せていた[9]。⑵’「アラブの春」において多くの政権は治安警察を出動させてデモの鎮圧に当たると同時に，内閣の改造や交代，食料品や燃料など生活物資への補助金や社会支出の増額といった弾圧と懐柔策の両面で対応した[10]。ゆえに弾圧の強度が増して苛烈な暴力を用いれば，大衆運動を鎮圧できるわけではない。権力の正統性が国民に受け容れられていれば，弾圧と懐柔による鎮圧の効果は大きい。⑶’たとえ潜在的デモ参加者が組織を持たなくとも，何かの情報伝達手段で結びついていれば，即座に情報は共有されて大衆運動は拡大することがある。「アラブの春」でソーシャル・ネットワークを駆使し，大衆運動を拡大させたのは若者たちだった。ゆえに不満を持つ若者たちが一定程度ソーシャル・ネットワークで結びついていれば，社会を動かす大きな力となりうるだろう。

⑶’の議論に着目してこれを敷衍すれば，理論的に次のことが予想できる。まず，初日である１月25日にデモ参加したエジプト人は，パーコレーション・モデルの先導者に相当する。先導者は翌日以降に参加する「フォロワー」と比べて，積極的なソーシャル・メディア活動をしていたものと思われる。すなわちデモの動画撮影や言葉による活動中継など，「フォロワー」よりも情報発信に積極的だったのではないだろうか。次に先導者は「フォロワー」よりも長期間デモに参加していると予想される。なぜなら18日間で体制崩壊を迎えたエジプトのデモ活動は，初期から参加していた市民が途中で参加を取りやめるような性格のものではなかったからである。先導者が「フォロワー」よりもソーシャル・メディア活動において積極的だとすれば，ソーシャル・メディア利用とデモ参加の頻度には相関が見られるはずだろう。最後にデモに参加した人々と参加しなかった人々では，ソーシャル・メディアの利用頻度に違いが見られるかもしれない。インターネットは政府当局の監視対象であったため，弾圧を恐れる市民はソーシャル・メディアの閲覧を控えたであろうし，インターネット接続環境を持たない市民は反体制デモの詳細が分からないため，路上に出ようとは考え

ないものと思われる。

ここまでの議論から本稿では次の仮説を検証する。

(a)ソーシャル・メディア活動の頻度によって反体制デモの先導者とフォロワーは区別される
(b)ソーシャル・メディア活動が積極的な市民ほど反体制デモの参加回数が多くなる
(c)ソーシャル・メディア活動が積極的な市民は反体制デモに参加している

4. 実証分析

パーコレーション・モデルの挙動からソーシャル・ネットワークに関する３つの仮説を導出した。ここでは仮説を検証するために計量的実証分析を行う。実証分析に用いたデータセットは次の二種類である。第一のデータセットは Tufekci and Wilson (2012) で用いられた Tahrir Data Sets である。この調査はスノーボール・サンプリングを用いており，まずカイロ市中心のタハリール広場で座り込みを続けている市民に対面調査を行う。そしてデモ参加経験者の紹介を依頼し，その被紹介者にも対面調査を行っている。サンプル数は1,200であり，主に反体制デモの参加と利用したメディアの多様性や利用頻度を調査している。

第二のデータセットは著者の研究グループが実施した「中東世論調査（エジプト2013年）」である。この世論調査は2013年11月中旬にエジプト全国で実施されたものであり，政治意識や「アラブの春」に対する評価，メディアと政治の関係，反体制デモへの参加経験などを尋ねている。この調査でも市民に対面調査を行っているが，通常の多段階無作為抽出法を用いており，サンプル（n=1,100）はエジプトの一般市民を代表したものである[11]。

３つの仮説のうち，反体制デモ参加者のみを扱っているものは仮説(a)である。よって(a)の検証には Tahrir data set を用いる。仮説(b)と(c)は反体制デモに参加していない市民を含んでいるため，「中東世論調査（エジプト2013年）」のデータで検証する。本稿の仮説ではソーシャル·ネットワークの動員効果を扱っているので独立変数とし，比較のために既存メディアの利用を計量モデル，すなわち従属変数と独立変数の組み合わせに含めている。統制変数は，社会運動参加の実証分析で用いられる標準的な変数とした（McAdam and Paulsen 1993; Anduiza, Jensen, and Jorba eds. 2012; Brym et.al. 2014）。すなわち，①デモ参加を促す心理的要因，②組織とのつながり・ネットワーク，③デモ参加に適した属性・資源，そして④政治的機会の４つである。ただしデータセットごとに欠測変数が異なるため，必ずしも全ての統制変数が計量モデルに含まれるわけではない。分析に用いたデータセットの記述統計は巻末の付表Ａおよび付表Ｂに示した。

①デモ参加を促す心理的要因とは，政府の業績に対する不満や指導者に対する憎しみといった変数を意味する（Davis 1962; Wolfsfeld, Segev and Sheafer 2013; Brym et al. 2014）。②運動の参加者は集合行為において生じるフリーライダー問題や調整問題を解決するため，しばしば何らかの組織に属している。組織とのつながりの有無が反体制デモの参加においても有効な説明要因だと考えられる（McAdam 1982; McAdam and Paulsen 1993）。③警察や治安部隊と衝突するおそれのある反体制デモでは，若く力強い男性であることが参加に適している（Hoffman and Jamal 2012）。エジプト革命においてはデモ参加者に比較的高学歴者が含まれていたことも明らかにされているため，教育水準も含めてよいだろう（Wilson and Dunn 2011）。また政治的関心も属性・資源に含めた（Boulianne 2009; 宮田2010）。④１月28日から31日までの情勢は革命の帰趨を決定づけた政治的機会（タロー 1998＝2006）だと考えられる。28日は「怒りの金曜日」とされ，各地で大規模なデモが発生した。革命の18日間で亡くなった850人のうち，死者の多くが１月28日に集中した。その後，国軍が警察に代わって市街へ展開したが，デモを鎮圧することはなかった。29日に内閣が総辞職し，ムバーラク政権下で初めて副大統領職が置かれ，ウマル・スライマーンがその任についた。31日にはアフマド・シャフィーク新内閣が発足し，国防省は「軍は国民に発砲しない」という重大な声明を発表したのである。この軍部の不介入・中立姿勢の表明から，１月末は反体制側市民にとって大きく政治的機会が開かれたタイミングだと見なすことができる（横田・ダルウィッシュ 2012：151－152；鈴木 2013：９－13）。それゆえこの時期にムバーラク体制の崩壊を確信した市民は反体制デモに参加したのではないだろうか。

表1　ソーシャル・メディア活動の頻度と先導者
（ロジット分析・仮説(a)）

		係数	標準誤差
ソーシャル・メディア	Twitter	0.363	0.131***
	Facebook	0.358	0.096***
既存のメディア	SMS	0.121	0.105
	携帯電話	0.238	0.099**
	衛星放送	−0.222	0.113*
	ラジオ	0.068	0.126
	新聞	−0.046	0.092
	ブログ	0.215	0.160
	電子メール	0.150	0.107
	口頭	0.142	0.121
組織とのつながり	所属組織	0.107	0.155
	デモ参加経験	0.480	0.149***
属性・資源	年齢	0.009	0.009
	男性	0.294	0.173*
	教育	−0.015	0.053
	切片	−2.695	0.489***

N＝1039，対数尤度＝−613.86，LR χ^2（15）＝90.29，疑似 R^2＝0.0685
注：*p<0.1，**p<0.05，***p<0.01.

上の表1は仮説(a)をロジットモデルで検証した結果である。従属変数は先導者とフォロワーであり，サンプルにおける度数はそれぞれ344と704である。分析結果より，フォロワーと比べて先導者はツイッターとフェイスブックの利用頻度が多いと言える。この関係は既存のメディアの利用や組織とのつながり，デモ参加に適した属性といった変数を統制しても成り立っている。分析結果を直感的に理解しやすくするため，フェイスブックの利用頻度（全く利用しない［0］，ときどき利用した［1］，しばしば利用した［2］）を横軸に，先導者である確率を縦軸に表したものが図3である。他の条件が同じであるならば，フェイスブックを全く利用しない者とときどき利用した者では，先導者である確率が6ポイント異なる。また，ときどき利用した者としばしば利用した者とでは，先導者である確率が8ポイント異なっている。以上のことから仮説(a)は Tahrir data set の実証分析によって支持される。

表2は仮説(b)を最小自乗（OLS）モデル，ポアソン回帰モデル，負の二項回帰モデルで分析した結果である。従属変数は反体制デモの参加回数カテゴリであり，全く参加しなかったサンプル度数は942（85.6%）である。1～5回の参加者数は113（10.3%），6～10回は14（1.3%），11～15回が

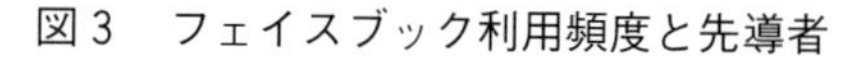

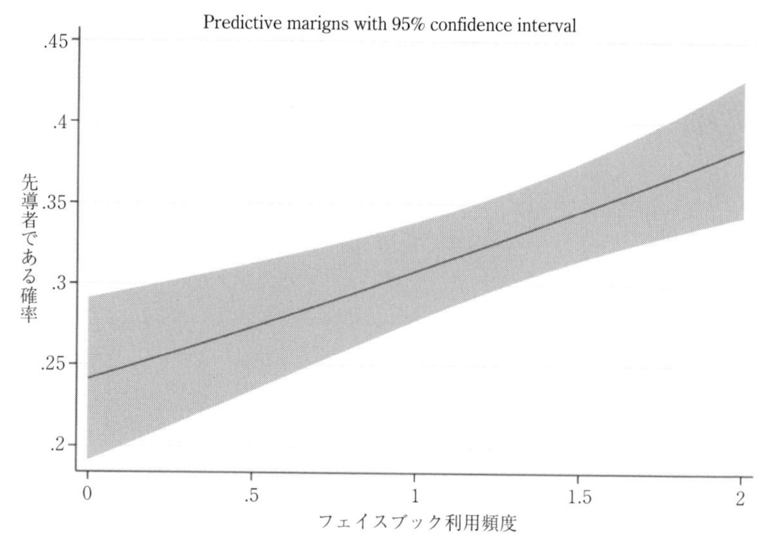

9（0.8%），そして16回以上の参加者数は14（1.3%）である。従属変数の分布からポアソン回帰モデルもしくは負の二項回帰モデルが望ましいと判断し，分析を行った。なおOLSはモデルの選択の指標となる基準指標AIC・BICを比較するために実行した。モデルの説明力が高く，統計的に有意な独立変数が最も多いのはポアソン回帰である。しかしAIC・BIC基準が劣るため，ここでは負の二項回帰モデルを採用する。

表2より，どのモデルであってもインターネットの利用頻度が反体制デモの参加回数を説明していないことが分かる。電子メールと携帯のショート・メッセージ・サービス（SMS）は負の二項回帰モデルにおいて有意ではない。以上の検討から，仮説(b)は支持できないと判断できる。デモ参加回数を5％水準で説明できる情報伝達手段は口頭のみである。1月28日にエジプト政府はインターネットを遮断し，反体制デモの阻止を図った。もっとも原始的な情報伝達手段が非常時には有用なのだろう。負の二項回帰モデルで有意な独立変数は男性であること，そして政治的機会である。1月28日から31日までに生じた情勢の展開はエジプト革命の成功を決定づけたと考えられている。この時期に体制崩壊を確信したかどうかが，デモの

表２　ソーシャル・メディア活動と反体制デモ参加の頻度（仮説(b)）

		OLS		ポアソン回帰		負の二項回帰	
		係数	標準誤差	係数	標準誤差	係数	標準誤差
ソーシャル・メディア	インターネット	0.013	0.014	0.025	0.046	0.029	0.061
既存のメディア	エジプトの新聞	0.023	0.013*	0.082	0.039**	0.088	0.053*
	アラブ紙	−0.016	0.026	−0.052	0.077	−0.046	0.101
	国際紙	−0.003	0.034	0.017	0.098	0.048	0.140
	エジプトの地上波放送	−0.006	0.011	−0.013	0.037	0.006	0.049
	エジプトの衛星放送	0.004	0.017	0.019	0.063	−0.002	0.078
	アラブ圏の衛星放送	0.001	0.011	0.018	0.040	0.012	0.051
	国際衛星放送	0.020	0.013	0.084	0.040**	0.083	0.057
	電子メール・SMS	0.035	0.016**	0.082	0.046*	0.073	0.063
	携帯電話	−0.010	0.010	−0.040	0.035	−0.041	0.046
	口頭	0.017	0.011	0.094	0.046**	0.111	0.056**
心理的要因	格差の原因は政府	0.024	0.039	0.135	0.138	0.163	0.181
	ムバーラク評価	−0.008	0.006	−0.032	0.020	−0.023	0.025
属性・資源	男性	0.151	0.041***	0.878	0.173***	0.869	0.205***
	年齢	−0.003	0.002*	−0.014	0.006**	−0.014	0.008*
	教育	−0.001	0.013	0.063	0.059	0.087	0.071
政治的関心	政治を話題にする	0.020	0.017	0.112	0.068*	0.090	0.086
政治的機会	崩壊を確信	0.001	0.000***	0.007	0.002***	0.007	0.002***
	切片	−0.068	0.138	−3.637	0.575	−3.840	0.708***
	N	1059		1059		1059	
	調整済み R^2／疑似 R^2	0.070		0.127		0.085	
	AIC	1985.512		1159.106		1086.536	
	BIC	2079.848		1253.422		1185.838	

注：*p<0.1，**p<0.05，***p<0.01.

参加回数を説明できる。体制崩壊の確信は感情温度計で測定しており，図４にデモ参加回数との関係を示した。体制は崩壊しない（Political Opportunity=0）と考えていた市民と比べて，体制崩壊を確信した（Political Opportunity=100）市民は0.16カテゴリ分だけデモ参加頻度が上昇する。

表３は仮説(c)をロジットモデルおよびレアイベント・ロジットモデル（relogit）で検証した結果である。従属変数は反体制デモ参加の有無であり，仮説(b)の検証で用いた変数を再コードしたものである。つまり１回以上参加した回答をすべて「反体制デモ参加有り」とした。レアイベント・ロジットを行った理由は，従属変数の回答分布が「反体制デモ参加無し」に大きく偏っているためである。二つのモデルは共に仮説(c)が妥当であることを統計的に示している。反体制デモ参加を説明するメディア要因としては，電子メール・SMSと口頭による情報伝達がデモ参加の有無を説明している。

図４　政治的機会と反体制デモ参加回数

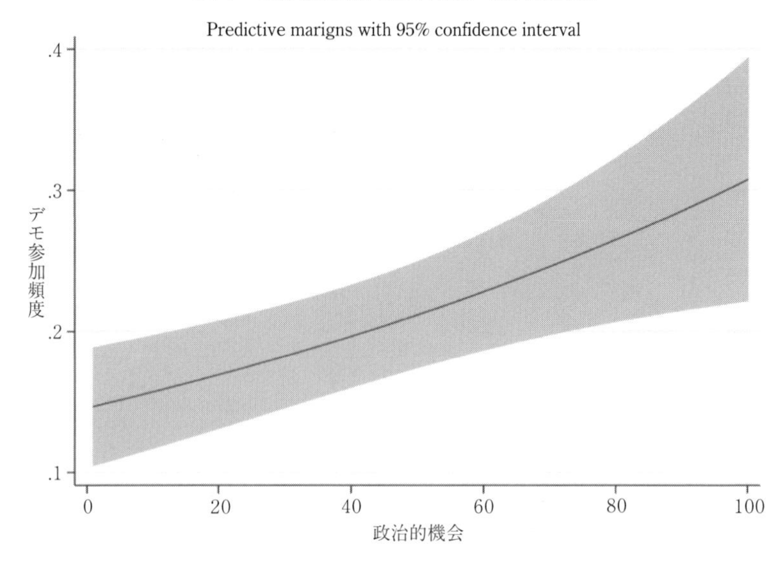

表３　ソーシャル・メディア活動と反体制デモ参加の有無（仮説(c)）

		ロジット		レアイベント・ロジット	
		係数	標準誤差	係数	標準誤差
ソーシャル・メディア	インターネット	0.133	0.064**	0.131	0.060*
既存のメディア	エジプトの新聞	0.113	0.058*	0.111	0.061*
	アラブ紙	−0.030	0.115	−0.027	0.126
	国際紙	−0.042	0.152	−0.027	0.152
	エジプトの地上波放送	0.019	0.054	0.017	0.049
	エジプトの衛星放送	0.103	0.094	0.096	0.099
	アラブ圏の衛星放送	0.025	0.056	0.024	0.057
	国際衛星放送	−0.007	0.062	−0.006	0.060
	電子メール・SMS	0.145	0.066**	0.140	0.064**
	携帯電話	−0.099	0.050**	−0.096	0.050*
	口頭	0.188	0.065***	0.182	0.068***
心理的要因	格差の原因は政府	0.097	0.199	0.199	0.490
	ムバーラク評価	−0.055	0.028**	−0.054	0.029*
属性・資源	男性	1.168	0.235***	1.138	0.239***
	年齢	−0.019	0.009**	−0.019	0.009**
	教育	0.009	0.079	0.007	0.081
政治的関心	政治を話題にする	0.004	0.092	0.001	0.098
政治的機会	崩壊を確信	0.007	0.002***	0.007	0.002***
	切片	−4.170	0.805***	−4.030	0.785***
	N	1059		1059	
	疑似 R^2	0.177		−	

注：*p<0.1，**p<0.05，***p<0.01.

図５　インターネット利用と反体制デモ参加

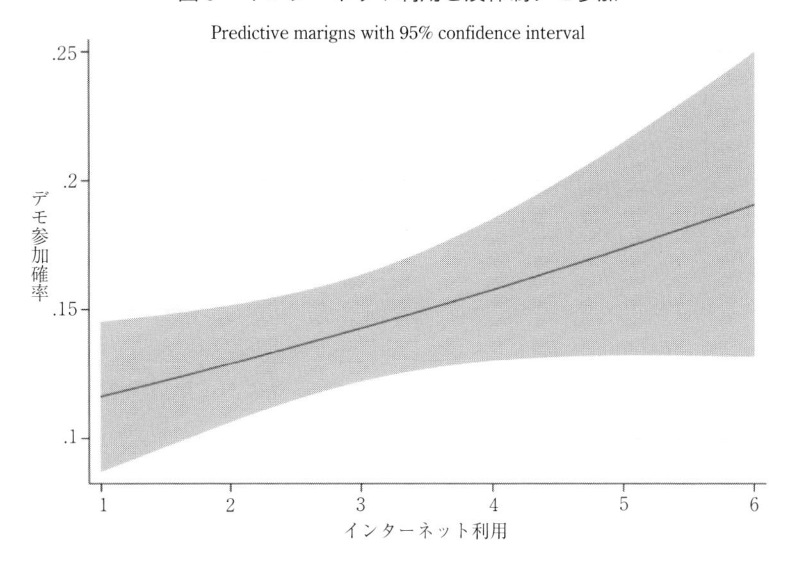

表３では統制変数の多くも説明力を持つことが分かる。それゆえ社会運動の理論がエジプト革命の実証分析においても妥当であると言えるだろう。図５はロジットモデルの結果から，他の条件を同じとしたときのインターネット利用と反体制デモ参加確率の関係を表している。インターネットを全く利用しない（Internet=1）市民と比べたとき，インターネットを毎日利用する（Internet=6）市民が反体制デモに参加する確率は7.44ポイント上昇する。

5．結論と考察

本稿の分析結果は次の命題を支持している。第一に，非民主体制を崩壊させる反体制デモの糾合を担った先導者は，フォロワーと比べてソーシャル・メディア活動が旺盛であった。第二に，ソーシャル・メディア活動が積極的な市民は反体制デモに参加していた。以下，その論拠を述べたい。

図３より，フェイスブックの利用頻度が活発であるほど，デモの初日である１月25日に路上へ飛び出した先導者である確率が高くなる。これは全く利用していないデモ参加者と比べて，しばしば利用しているデモ参加者

が先導者である確率は6ポイント高い。このことから先導者はソーシャル・メディアを積極的に利用し，フォロワーにデモ参加を促していた構図が浮かび上がる。

そして図5より，インターネットを日常的に利用しているエジプト人ほど，反体制デモに参加していた確率が高いことが分かる。全く利用しない市民と比べて毎日利用する市民だとデモに参加した確率は7.44ポイント分高い。このことは社会運動理論に基づく諸要因を考慮しても，成立する連関である。

イントロダクションで紹介した先行研究は，アルジャジーラに代表される衛星放送の役割を強調していた。山本（2014：48）は「デモの規模が拡大する過程において衛星放送の役割は決定的に重要」と述べており，加藤・岩崎（2013：273）も「それ（ソーシャル・メディア：引用者注）以上に大きな役割を果たしたのは，アルジャジーラ放送を中心としたアラビア語のマスメディア」であったと主張する。しかしながら本稿の分析結果から，これらの主張を支持することはできない。表2および表3の結果から，反政権デモに参加した市民と参加しなかった市民の間にアラブ圏の衛星放送の視聴頻度の違いはない。また表1の結果より，衛星放送の視聴頻度は先導者とフォロワーにおいて差がないことも明らかである。この結果は同じデータを分析した Tufecki and Wilson (2012) においても認められる。

エジプト革命の進行中，衛星放送は固定カメラでタハリール広場の様子を写し出しており，電波が受信可能な地域であればどこでも反体制デモの状況を知ることができた。しかしそれを見たエジプト人がすぐさま路上に飛び出したのではなく，口頭で政治情報をやりとりする人物ほどデモに参加する傾向があったものと推測できる(表2および表3)。さらに決定的だと考えられるのは政治的機会である。1月28日から31日までの情勢は革命の帰趨を決定づけたと考えられる。この時にムバーラク体制の崩壊を確信した市民はデモに参加しており，デモの参加回数も多い（図4）。

以上の考察から，ソーシャル・メディアが政治体制の崩壊にともなう集合行為問題を軽減すること，そして社会運動理論とりわけ政治的機会（構造）の概念が民衆革命の分析において有効であることが示された。このことはエジプト革命におけるブラックボックスを可視化し，先行研究を超える新しい知見を提示できたと言える。今後の課題として，アラブの春において体制崩壊および体制が動揺した国で同じメカニズムが機能したのか，そして2013年7月クーデタに先行する6月30日の反政府デモにおいて，ソーシャル・メディアが同様の働きをしたのか否かを検証する必要がある。

補遺「中東世論調査（エジプト2013年）」の概要

（1）調査の目的

「中東世論調査（エジプト2013年）」は，エジプト人を対象とした世論調査の実施および調査結果の集計・計量分析を通じて，(1)エジプト人が政治および社会経済において自国ならびに他国をどう見ているのかを把握し，(2)エジプトの政治および社会経済研究への貢献のありようを提言することを主たる目的とする。

（2）協力機関

調査実施にあたっては，質問票の内容の最終調整，サンプリング，面接対象者への聴取，データ入力などにおいて，エジプト調査訓練センター（The Egyptian Research and Training Center，Abdel Hamid Abdel-Latif 所長）の全面的な協力を得た。

（3）世論調査の方法

1．調査日程

- 2013年5月8日，共同で質問票草稿（初稿）を作成。
- 2013年7月6～12日，エジプト調査訓練センターとの折衝を経て質問票決定稿完成。
- 2013年11月上旬，エジプト国内で質問票を用いた調査員のトレーニング実施。
- 2013年11月15日～11月23日，調査実施。
- 2014年1月21日，データ入力完了。

2．調査対象者

- エジプト・アラブ共和国に在住する18歳以上のエジプト国民男女合計1,100人。

3．調査手法

- アラビア語による個別訪問面接聴取法。
- 調査員合計23人で，事前にカイロのナスル・シティー地区にある事務所で調査のトレーニングを行う。

4. 標本抽出方法

- 以下の手順でエジプト調査訓練センターがサンプルを抽出。
  - ① 最新センサスをもとに，27県のうち辺境地帯を除く22県を都市圏，下エジプト，上エジプトを代表するサンプル抽出対象とした。
  - ② 22県の都市部と農村部の規模を考慮しつつ確率比例抽出法に依拠して一次抽出単位を選定した。
  - ③ 一次抽出単位の人口統計学的特徴を踏まえて，質問票への回答を承諾した世帯のなかから，キッシュ・グリッド法により１人を選び出し，回答者とする。

付表Ａ　Tahrir data set の記述統計

変数名	観察数	平均	標準偏差	最小	最大
先導者	1048	0.3282443	0.4697984	0	1
Twitter	1048	0.1851145	0.5190615	0	2
Facebook	1048	1.2385500	0.8644317	0	2
SMS	1048	0.5944656	0.6887331	0	2
携帯電話	1046	1.3202680	0.7688370	0	2
衛星放送	1046	1.5936900	0.6235554	0	2
ラジオ	1048	0.2624046	0.5621275	0	2
新聞	1047	0.8395415	0.7997627	0	2
ブログ	1048	0.1383588	0.4292749	0	2
電子メール	1047	0.3839542	0.6686438	0	2
口頭	1047	1.6074500	0.6103488	0	2
所属組織	1048	0.3368321	0.4728526	0	1
デモ参加経験	1047	1.3524360	0.4779570	1	2
年齢	1048	28.4475200	9.0378130	1	67
男性	1048	0.7681298	0.4222281	0	1
教育	1047	5.3037250	1.5556640	0	7

(*)　従属変数の「先導者」はダミー変数であり，先導者であれば［１］，フォロワーであれば［０］をとる。「Twitter」から「口頭」まではエジプト革命時の利用頻度を表し，全く利用しない［０］，ときどき利用した［１］，しばしば利用した［２］を意味する。「所属組織」はなし［０］とあり［１］，「デモ参加経験」もなし［１］とあり［２］のダミー変数である。

付表B 「中東世論調査（エジプト2013年）」の記述統計

変数名	観察数	平均	標準偏差	最小	最大
反体制デモ参加	1092	0.2051282	0.6263766	0	4
インターネット	1100	2.1418180	1.8929200	1	6
エジプトの新聞	1100	2.2236360	1.7638020	1	6
アラブ紙	1100	1.2881820	0.9565855	1	6
国際紙	1100	1.1436360	0.6807542	1	6
エジプトの地上波放送	1100	4.5781820	1.9372030	1	6
エジプトの衛星放送	1100	5.2400000	1.3871307	1	6
アラブ圏の衛星放送	1100	4.0554550	2.0753800	1	6
格差の原因は政府	1100	0.4781818	0.4997510	0	1
ムバーラク評価	1077	4.7567320	3.5609750	0	10
男性	1100	0.5309091	0.4992707	0	1
年齢	1100	37.825450	13.5776800	18	81
教育	1100	4.1209090	1.7508400	1	7
政治を話題にする	1100	4.2163640	1.2090404	0	5
崩壊を確信	1084	39.520300	38.9491500	0	100

(*)　従属変数の「反体制デモ参加」は［0］全く参加しなかった，［1］1～5回，［2］6～10回，［3］11～15回，［4］16回以上を表す。「インターネット」から「アラブ圏の衛星放送」までは利用頻度であり，［1］全く利用しない，［2］週1回未満，［3］週1度，［4］週数回のみ，［5］週数回頻繁に，［6］毎日を表す。「格差の原因は政府」だと思う場合は［1］，別に原因があると思う場合は［0］とした。「ムバーラク評価」は［0］が非常に嫌い，［10］が非常に好きを意味する感情温度計である。「政治を話題にする」は［0］分からない，［1］まったくそう思わない，［2］あまりそう思わない，［3］どちらとも言えない，［4］そう思う，［5］非常にそう思う，という順序尺度変数。「崩壊を確信」は2011年1月末における崩壊の確信度であり，［0］は絶対的に疑わしく，［100］は絶対的に確信していたことを意味する。

［**謝辞**］　本稿の執筆にあたっては，2012～2014年度科学研究費挑戦的萌芽研究「直接的参与観察と統計的手法によるソーシャルネットワークサイトの政治的影響分析」（研究課題番号24653033，研究代表者・木村幹），および大川情報通信基金2014年度研究助成「アラブの春におけるソーシャル・メディアの政治的役割」の助成を受けた。本稿の実証分析で用いたデータの一部は2013年度科学研究費基盤研究B「世論調査による中東諸国民の政治意識と政治体制の相互連関の解明」（研究課題番号23310173，研究代表者・浜中新吾）の助成により収集したものである。ここに記して感謝したい。

（1）　代表的なものとしてNHKスペシャル「ネットが“革命”を起こした：中東・若者たちの攻防」（2011年2月20日放送）を挙げておく。
（2）　このほかにフェイスブックや動画共有サイトYou Tubeのコンテンツや利用者イメージに着目した論考として保坂（2011）や山本（2011）がある。

（3） 本節は浜中（2014）で展開した数理モデルと同じものを利用している。

（4） 情報カスケード・モデルを利用した革命理論としては Ellis and Fender (2010)，Bueno De Mesquita (2010)，アラブの春を説明したものとしては Mekouar (2014) がある。

（5） ネットワークをグラフ理論で表すとき「ある点が隣接する他の点の数」を次数と呼ぶ（金光 2003：56)。次数の分布がベキ則に従うことをスケールフリーという（増田・今野 2005：22)。

（6） このモデルは感染症の拡大を説明する数理モデルとして開発されたが，モデルの含意が十分解明されたのは1980年前後になってからである（稲葉 2002)。SIR モデルを社会運動の発生・拡大に適用したものとしては Ferguson (2013: 275-277)。

（7） 微分方程式システムを差分化して4次のルンゲ－クッタ法で解く数値解析を行った。

（8） 不満や不平が政治変動の原因となる説明の起源はアリストテレスにまで求められ，ロックやマルクスも同様の議論を展開した。現代政治学において依拠される議論は，一度生活水準が向上した後，その下落があった時に革命が起こりやすいとする Davis (1962) である。社会運動論ではブルーマー（1986＝1991）やスメルサー（1962＝1973）の「ストレーン」概念に求められる。

（9） 共和国大統領および最高指導者職の世襲が問題視され，「アラブの春」以前はエジプトのガマール・ムバーラクとリビアのサイフ・アル＝イスラーム・カッザーフィーの継承が確実視されていた。

（10） エジプトでは1月29日に内閣が総辞職し，ムバーラク政権下で初めて副大統領が置かれた。2月7日には公務員給与の引き上げを決定している。酒井（2011)，Brynen, Moore, Salloukh, and Zahar (2012: 186) を参照。

（11） 調査の概要は補遺を参照。

参考文献

【欧文】

Anduiza, Eva, Michael J. Jensen and Laia Jorba eds. (2012) *Digital Media and Political Engagement Worldwide: A Comparative Study.* Cambridge: Cambridge University Press.

Bikhchandani, Sushil, David Hirshleifer and Ivo Welch. (1992) "A Theory of Fads, Fashion, Custom, and Cultural Change as Informational Cascades," *Journal of Political Economy* 100(5): 992-1026.

Boulianne, Shelley. (2009) "Does Internet Use Affect Engagement? A Meta-Analysis of Research," *Political Communication* 26(2): 193-211.

Brym, Robert, Melissa Godbout, Andreas Hoffbauer, Gabe Menard and Tony H. Zhang. (2014) "Social Media in the 2011 Egyptian Uprising," *The British Journal of Sociology* 65(2): 266-292.

Brynen, Rex, Pete Moore, Bassel Salloukh and Marie-Joelle Zahar (2012) *Beyond the Arab Spring: Authoritarianism and Democratization in the Arab World*. Boulder: Rienner publisher.

Bueno De Mesquita, Ethan. (2010) "Regime Change and Revolutionary Entrepreneurs," *American Political Science Review* 104(3): 446-466.

Davies, James C. (1962) "Toward a Theory of Revolution," *American Sociological Review* 27(2): 5-19.

Ellis, Christopher J. and John Fender. (2010) "Information Cascades and Revolutionary Regime Transitions," *The Economic Journal* 121: 763-792.

Ferguson, William D. (2013) *Collective Action & Exchange: A Game-Theoretic Approach to Contemporary Political Economy*. Stanford: Stanford University Press.

Granovetter, Mark. (1978) "Threshold Models of Collective Behavior," *American Journal of Sociology* 83(6): 1420-1443.

Groshek, Jacob. (2009) "The Democratic Effects of the Internet, 1994-2003," *The International Communication Gazette* 71(3): 115-136.

Hoffman, Michael and Amaney Jamal. (2012) "The Youth and the Arab Spring: Cohort Differences and Similarities," *Middle East Law and Governance* 4: 168-188.

Howard, Philip N. (2010) *The Digital Origins of Dictatorship and Democracy: Information Technology and Political Islam*. New York: Oxford University Press.

Howard, Philip N. and Muzammil M. Hussain. (2013) *Democracy's Forth Wave?: Digital Media and the Arab Spring*. New York: Oxford University Press.

Kedizie, Christopher R. (2002) "Coincident Revolutions and Dictator's Dilemma," in Juliann E. Allison ed. *Technology, Development, and Democracy: International Conflict and Cooperation in the Information Age*. Albany: University of New York Press, 105-130.

Lerner, Daniel. (1958) *The Passing of Traditional Society: Modernizing the Middle East*. New York: Free Press.

McAdam, Doug (1982) *Political Process and the Development of Black Insurgency*. Chicago: University of Chicago Press.

McAdam, Doug and Ronnelle Paulsen (1993) "Specifying the Relationship between Social Ties and Activism," *American Journal of Sociology* 99(3): 640-667.

Mekouar, Merouan. (2014) "No Political Agents, No Diffusion: Evidence from North Africa," *International Studies Reviews* 16: 206-216.

Milner, Helen V. (2006) "The Digital Divide: The Role of Political Institutions in Technology Diffusion," *Comparative Political Studies* 39(2): 176-199.

Norris, Pippa. (2001) *Digital Divide: Civic Engagement Information Poverty and the Internet Worldwide*. Cambridge: Cambridge University Press.

Tufekci, Zeynep and Christopher Wilson. (2012) "Social Media and the Decision to Participate in Political Protest: Observations from Tahrir Square," *Journal of Communication* 62: 363-379.

Wilson, Christopher and Alexandra Dunn (2011) "Digital Media in the Egyptian Revolution: Descriptive Analysis from the Tahrir Data Sets," *International Journal of Communication* 5: 1248-1272.

Wolfsfeld, Gadi, Elad Segev and Tamir Sheafer. (2013) "Social Media and the Arab Spring: Politics Comes First," *The International Journal of Press/Politics* 18(2): 115-137.

【和文】

稲葉寿（2002）『数理人口学』東京大学出版会。

金光淳（2003）『社会ネットワーク分析の基礎：社会的関係資本論にむけて』勁草書房。

加藤博・岩崎えり奈（2013）『現代アラブ社会：「アラブの春」とエジプト革命』東洋経済新報社。

酒井啓子（2011）「アラブの春・クロニクル」『＜アラブ大変動＞を読む－民衆革命のゆくえ』東京外国語大学出版会，214－233頁。

鈴木恵美（2013）『エジプト革命：軍とムスリム同胞団，そして若者たち』中央公論新社。

スメルサー，ニール（1962＝1973）『集合行動の理論』誠信書房。

タロー，シドニー（1998＝2006）『社会運動の力－集合行為の比較社会学』彩流社。

浜中新吾（2014）「中東諸国の体制転換／非転換の論理」『日本比較政治学会年報』第16号，49－77頁。

ブルーマー，ハーバート（1986＝1991）『シンボリック相互作用論：パースペクティブと方法』勁草書房。

保坂修司（2011）「ラクダ対フェイスブック」『現代思想』第39巻４号，152－158頁。

増田直紀・今野紀雄（2005）『複雑ネットワークの科学』産業図書。

宮田加久子（2010）「インターネット利用が政治参加に及ぼす影響：情報源と議論の場としてのインターネットの役割」『情報通信学会誌』第28巻３号，43－52頁。

山本薫（2011）「社会・文化運動としてのエジプト“一月二五日革命”」酒井啓子編『＜アラブ大変動＞を読む－民衆革命のゆくえ』東京外国語大学出版会，51－65頁。

山本達也（2014）『革命と騒乱のエジプト：ソーシャルメディアとピーク・オイルの政治学』慶應義塾大学出版会。

横田貴之，ダルウィッシュ・ホサム（2012）「エジプト政治の民主化と社会運動：「１月25日革命」とムバーラク政権の崩壊」酒井啓子編『中東政治学』有斐閣，141－154頁。

哲学者の英雄化

――プラトン『ソクラテスの弁明』における「脱線」のレトリック――

近藤和貴 *

要旨：本稿は，プラトン『ソクラテスの弁明』の「脱線」と呼ばれる部分に焦点を当て，自己の哲学活動を詳述するソクラテスのレトリックを分析する。先行研究では，ソクラテスがこの箇所で無罪判決を目指したのか，それとも死刑をかえりみず哲学的真理を提示したのかという点で解釈は分かれるものの，哲学と政治の懸隔ゆえに彼が民衆から理解されず処刑されたとする見解はほぼ共有されている。これに対して本稿では，ソクラテスは都市の伝統的価値観を活用することによって自己の英雄化をはかっていると主張する。ギリシアの伝統文化と彼の演説を照らし合わせることで，ソクラテスが自らの演説によって民衆のもつ哲学者のイメージを改変し，哲学を都市にとって容認可能なものにしようと試みていることが明らかになる。この議論を通じて，『弁明』全体の再解釈を促すのみならず，西洋政治思想史の起源に位置するプラトンの政治観，とりわけ哲人王思想の読み直しを提起する。

キーワード：プラトン，ソクラテス，弁明，ギリシア政治哲学，政治思想史

序論――『弁明』は絶望の書か

プラトンの『ソクラテスの弁明』（以下『弁明』）は西洋政治思想の起源に位置する著作である。H.アレントによれば，プラトンの思考を決定的に方向づけたのはソクラテスの刑死であった。ソクラテスが彼の無実と功績について裁判官たちの説得に失敗したという衝撃は，プラトンにドクサの領域を軽蔑させ，絶対的基準の探求へと駆り立てた。哲人王思想はその帰結であり，以来，哲学が真理という尺度を政治に押し付け最善の秩序を

* 日本学術振興会特別研究員(PD)　政治思想史・政治理論

制作しようとする欲求は政治思想の伝統となる。『弁明』は哲学と政治の懸隔を顕わにした悲劇の記録に他ならず，マルクスに至るまでの西洋政治思想の歴史はこの出来事への絶望に動機づけられている[1]。

しかし，哲学者の無能力が原因であれ，民衆の無理解が原因であれ，『弁明』のソクラテスは都市に調和できなかった失敗者に過ぎず，アレントの言うように我々はそれに絶望するしかないのか。テキストを一瞥するに，ソクラテスの言動は真意を測りかねるほどに奇妙複雑である。彼の演説には一見すると告発状に直接関係のない事柄が多いばかりか，陪審員への挑発的な態度はまるで死刑判決を自ら望んでいるかのようにさえ思わせる。刑の対案を申し出る際にオリュンピア祭での優勝者と同じ待遇，すなわち迎賓館での食事を要求したことは彼の言動の不可思議さを示す典型的な例だろう（36b2-37a1)。プラトンの描くソクラテス自体が，アレントの図式を動揺させてしまう。

アレントの図式におさまらないソクラテスに注目するとき，『弁明』には都市と民衆に調和できないソクラテスとは異なる姿があらわれてくる。では，ソクラテスは何を成し遂げるべく演説を行ったのか。本稿は，『弁明』の中でも「脱線（παρέκβασις）」と呼ばれる部分（28b3-34b5）に焦点を当てる。「最初の告発者たち」および告発者メレトスの論駁が終わった後，ソクラテスはそれら「告発」とは異なる新しいトピックを導入する。死刑を迫られ演説の時間も限られているにも拘わらず，彼は中傷や告訴状への反論よりも長い時間をかけて自身の哲学活動を叙述していく。時間と主題という二つの表面上の特徴から，「脱線」にこそ，『弁明』でソクラテスが民衆に表明したかった事柄の核心があると推測できる[2]。告発とは一見無関係に見える「脱線」での彼の真意を解明することは，たとえそこでさえ無罪判決を求めていたのだと解するにしても，それ以外の目論見があったと解するにしても，『弁明』全体における彼の意図を読み解くことにつながる。

「脱線」に関する先行研究は，主に二系統に分類できる。T.ブリックハウス & N.スミスは「釈放を確かなものにしようと努めていると見なされる場合のみ『弁明』のもつ意味が了解される」との立場から，「脱線」の部分も告発への効果的な反論と捉える[3]。彼らによれば，ここでは，不敬神の罪で告発されたソクラテスが，死をもって脅されても神の命令によって開始した哲学活動を捨てないと宣言することで，真の敬虔を実証している

[4]。他方，R.アレンや三嶋は，ソクラテスの真の目的は裁判の結果に関わらず哲学的真理を語ることであったと解釈している[5]。この線で哲学と政治の対立を強調するJ.コライアコは，「脱線」における哲学的生の率直な開示の中に，ソクラテスと都市の伝統的な権威との悲劇的相克の極致を見て取る[6]。注目すべきことに，無罪判決を目指したのか，死刑をかえりみず哲学的真理を提示したのかという点で解釈は分かれるものの，両陣営は重要な点でアレントと軌を一にする。哲学と政治の懸隔ゆえに，ソクラテスは民衆から理解されず都市から排除されたのである。

本稿は「脱線」でのソクラテスの言動の意図と効果を分析することを目的とする。ここでの研究対象は，史的ソクラテスでも著者プラトンでもなく，あくまでテキスト内の登場人物としてのソクラテスである[7]。プラトンによって描かれたキャラクターとしてのソクラテスを分析したうえで本稿は，ソクラテスはここで都市の伝統的価値を拒絶するのではなく活用することによって自己の英雄化をはかっていると主張する。第一に，ソクラテスが中心的に語るのは無罪判決に必要な行為の（法的）正しさではなく，その高貴さ（*τὸ καλόν*）である[8]。第二に，ソクラテスは都市を見下ろす高所から哲学的真理を喝破するのでなく，むしろ民衆から「高貴」だとの名声を勝ち取るために彼らがもつドクサを考慮し，都市の用語で哲学を彩る。彼はこれまでの活動，さらには裁判での言動をギリシアの伝統的な英雄像と重ね合わせることで，民衆に向けて自己を高貴なものにしていく。ソクラテスのレトリックによって裁判は，都市が哲学者を罪人として排除した法的事象から，哲学という大義のために命を懸ける市民的英雄が高貴さを発揮する舞台へと置き換えられる。「脱線」には，アレントが指摘した哲学にとっての都市の危険性を前提としながら，民衆のもつ哲学者のイメージを改変することで，哲学者を都市にとって容認可能なものにしようとするソクラテスのレトリカルな試みが描かれている。

『弁明』，とりわけ「脱線」をこのように再解釈するため，本稿は以下の三点を論じる。第1節では，「脱線」冒頭でソクラテスが英雄と「高貴さ」のトピックを導入し，自らをギリシアの英雄になぞらえていることを確認する。第2節では，哲学者を市民的な英雄にするために，ソクラテスが哲学活動を神から都市に与えられた恩寵として叙述していることを明らかにする。第3節では，前節までに分析したソクラテスの英雄化のレトリックが彼の市民的名声の獲得に貢献していることを指摘する。

1　高貴さと英雄

「最近の告発者たち」を代表するメレトスの論駁に続いてソクラテスが自己の哲学活動を詳述する個所を，純粋な法廷弁論とみなすことは難しい。演説を始めるにあたってソクラテスは，自分には「最初の告発者たち」と「最近の告発者たち」という二種類の告発者がおり，両者に対する反論を順に行うと予告していた(18a7-b1, 18d7-e4)。彼は予告通り議論を運び，二つの反論の後にはそれぞれを十分なものであったと自己評価している(24b3-4, 28a2-4)。死刑を求刑された被告にとって喫緊の課題が告発に対する自己弁護であるならば，ソクラテスにはこれ以降それほど重要なトピックは残されていないはずである。それにも拘わらず，両告発への反論を終えた時点で，彼の演説はまだ第一弁論の半ばを消化したに過ぎない[9]。もっとも，古代弁論術の中にこうした技法がないわけではない。告発の論駁と結論に挟まれたこの部分は「脱線」と呼ばれ，通常主題に関連した「強調による補強」が行われる[10]。ただし，弁論術の指南者たちは，主題から逸脱しがちな「脱線」を含めることに好意的ではなく，裁判を有利に運べる場合に限って短く行うべきだと助言している[11]。無罪判決の獲得を基準とすれば，告発とは無関係に見える「まったく新しい」論題について長々と語るソクラテスの「脱線」は，常識的な法廷弁論の枠から外れてしまう[12]。ソクラテスには，無罪の立証以外に何か民衆に訴えるべきものがあったのだろうか。

本節は，「脱線」の導入部に焦点を当て，演説の主題が告発状に対する行為の正しさの立証から「高貴さ」に転換していることを明らかにする。ソクラテスは，自己の高貴さを裏付けるためギリシア世界に流通する伝統的英雄譚を援用して自分自身を英雄に見立てていく。民衆に対する高貴さのアピールと自己英雄化のレトリックは，導入部の後に続く哲学活動の説明の基調となる。

ソクラテスは，自らへの質問を想定することで「脱線」を開始する。告発への反論を首尾よく終えた後でさえ，彼によれば誰かが次のように問うかもしれない。

> それにしても君は恥ずかしくないのか（οὐκ αἰσχύνῃ），ソクラテスよ，それが原因で今や死の危険にさらされるような活動をしてきて。(28b3-5)

この批判的問いは告発者，陪審員，聴衆の誰かから提出されたものではない。被告自らが取り上げるべきだと考えたこの問いに自ら応答するかたちで，「脱線」の冒頭部は展開する。

この短い質問の効果は絶大であり，これ以降のソクラテスの議論を新たに方向づけている。第一に，この質問者はこれまでのソクラテスの議論に対して全く不満を表明しておらず，暗黙裡に彼の告発者論駁を承認している。この「批判」を契機に，ソクラテスが弁明すべきはもはや告発者が提起した「不敬神」と「若者を堕落させる」という二つの訴因ではなくなる。第二に，この批判は，彼に「正当な（δίκαιον）」反論の機会を与え，演説の主題を設定する。質問者は，ソクラテスが哲学活動によって死の危険にさらされるという恥ずべき状況に追い込まれていると批判している。これへの反論を通じて，ソクラテスは「恥」の対概念である「高貴さ」を新しい主題として導入する[13]。

> あなたの言うことは高貴ではありません（οὐ καλῶς）。〔…〕もし，わずかでも物の役に立つ人物は生きるか死ぬかの危険を考量すべきであって，行動するときに，はたして正しいことを行うのか不正なことを行うのか，善き人間の行為か悪しき人間の行為かについてのみを熟考するべきなのではない，とあなたが思っているならば。(28b5-9)

正しい行いや善き行いでさえも高貴さの条件となっていることが，この概念が新しい文脈での中心的論題になっていることを明示している。

恥と高貴さに関する自己の反論を根拠づけるため，ソクラテスはホメロスに描かれる英雄（ἡμίθεος）を引き合いに出す[14]。死の危険にさらされることを恥ずべき事態だと前提する質問者が正しいなら，命をかけてトロイアで勇敢に戦い死んだ者たちでさえ，取るに足らない活動をしたことになってしまう。ソクラテスはとりわけ，女神テティスの息子アキレウスに焦点を当てる。アキレウスは，パトロクロスを殺害したヘクトルへの復讐を果たしたならば直ちに死の運命が待ち受けていることを母親から知らされながらも，友の仇を討たないで恥ずべき生を送るよりも戦場に赴くことを選んだ。彼ら英雄の行動が示すように，死に臨むことは恥ずべき事態などではなく，むしろその危険に立ち向かうことが高貴さの証である。

ソクラテスは，アキレウスの行動モデルが自分にも当てはまると主張することで自己の英雄化をはかる。この議論戦術は古代ギリシアの伝統的価値観に沿って採用されたものだろう。プラトンの英雄論を研究したA.ホブスによると，当時ギリシア世界において最も有力な行動モデルの供給源は，ソフィストでも政治家でもなくホメロスの英雄たちであった[15]。この結論を裏付ける資料は枚挙に暇がない[16]。一つだけ例を挙げるならば，プラトンの『饗宴』では，パイドロスがアキレウスを戦場における勇敢さのモデルとして称えている。高貴な行為によって偉業を成し遂げたいパイドロスにとって，神々に最も称えられたアキレウスは生の導き手にも等しい（179c5-180b5）[17]。総じてホメロスの詩は倫理的知識の集積体であり，そこで活躍する英雄たちはギリシア人たちの生の模範であった[18]。『弁明』のこの文脈でソクラテスは，叙事詩に謳われ不死となった高貴さの範型をもち出して，その栄光を自分自身に纏わせようとする。恥も高貴さも社会的評価を基準とする価値であることを考慮すると[19]，ギリシア世界で最も評判のよい者たちを参照点にするソクラテスの戦術は一般聴衆に高貴さをアピールするために効果的なものと言える。

しかし，アキレウスとソクラテスの間に類似性を見出すのは一見したところ無理があるように思われる[20]。表面的な特徴を見比べても，友人の死をうけて戦場で敵将を打ち取り復讐を果たした，若く美しい戦士アキレウスと，市場での日常的な対話が若者に有害であるとして市民の手で法廷に引き出された，シレノスにも似た老哲学者とを重ね合わせることは困難だろう。さらに言えば，ソクラテスのアキレウス評は一般的にそれほど高いものではない。『ポリテイア』では，物欲が強く敵への仕打ちが残虐すぎるアキレウスは善き戦士の模範たり得ないとして批判対象になっている（390e4-391c7，469b5-471c3）。『弁明』末尾でソクラテスは死後の世界で優れた者たちと対話できることを期待しているが，そこで数え上げられるホメロス的英雄のリストからは主人公であるはずのアキレウスが除外されている（40e4-41c7c）。裁判のこの場面でのみアキレウスが称揚され，ソクラテスが纏うべき高貴さのモデルにされているという事実に違和感を覚えても不思議ではない。

この疑問は，ソクラテスがアキレウス像に手を加えていると了解することによって解消される。「何かこのようなこと［を言った］と私は思う（πως, ὡς ἐγὼ οἶμαι）」(28c5) というテティスの発言を引く際の彼の表現に暗示されているように，ここで紹介されるエピソードは『イリアス』に忠実に従っているのではない。ホメロス書き換えの基本方針は，T.ウエストが指摘しているように，戦場での荒ぶる英雄アキレウスを手懐け社会化することである[21]。ホメロスの強調点は，パトロクロスを失ったアキレウスの深い悲しみと怒りであり，ヘクトルに対する復讐心であった (18.65-126)。他方ソクラテスは，アキレウスの情念を「復讐への激しい憤怒から，熟慮に基づく正義への関心」に変換する[22]。ヘクトルはパトロクロスを「殺害（φόνος）」し「不正義を為した者（ὁ ἀδικῶν）」とされ，アキレウスの復讐は犯罪者への正当な「罰（δίκη）」と表現される。ここではアキレウスは英雄であり続けているものの，勇猛な戦士としてのイメージは取り払われ，市民の日常的な規範に組み入れられる。当初ソクラテスとの対比が馬鹿げているとさえ思われた戦場の英雄アキレウスのイメージは，正・不正という法の枠組みに押し込められることによって，主として都市の内部で活躍し現在法廷に立たされているソクラテスに次第に近づいていく。

ソクラテスがアキレウスとの共通性を示すのはこうした書き換えの後である。両者が共有する行動原理の要点は「自分が一番善いと考えて自らを配置したり，あるいは指揮官によって配置されたりした場所があるならば，恥ずべき行為を避けることを除いて，死についてさえ考慮することなくそこに踏みとどまらなければならない」というものである (28d6-10)[23]。アキレウスとの明白な結節点はまずもって戦場である。ソクラテスは実際に戦地に赴き，指揮官が配置した場所に踏みとどまって危険を冒した経験を有している。しかし，アキレウスとのつながりを確保したソクラテスは，戦場での勇敢さを詳述して戦士としての英雄像を確立しようとはしない。それどころか彼は戦場での逸話を直ちに切り上げ，この原理を自己の哲学活動に適用する。ソクラテスは，人間の指揮官の命に従い危険を冒すことを厭わなかったのであるから，ましてや神が命じた哲学よりも優先させるものは何もない。

ここにきて，仮想的な質問者に反論すべく挙げられた高貴さの実例は，伝説的な戦争で最期を遂げた英雄たちから，市民化されたアキレウス，ソクラテス自身の戦争経験，最後にソクラテス自身の日常的な哲学活動へと見る間に変遷を遂げる。戦士以外にも適用可能な抽象化されたアキレウスの行動原理は，戦場での経験という結節点を介して，ソクラテス自身の日常的な活動を英雄化する。とりわけ，自身が死について知らないことに気づいているソクラテスは誰よりも死を恐れず（29a1-b9），それゆえに誰よりも英雄の条件を満たしていると言えるだろう。ソクラテスが恥ずべき活動に従事しているとみなす質問者を自ら想定することで，彼は哲学活動に従事する自分こそが英雄であり高貴であると反証する機会を作り出したのである。

ソクラテスは，自らが今現在死に直面して英雄的な行為をしているとのさらなる想定を提示することによって，自己英雄化のプロセスを推し進める。彼が雄々しく語るところでは，たとえもし陪審員が今後哲学をしたら処刑するという条件でソクラテスを釈放したとしても，彼は絶対に哲学を放棄することはないだろう。これは可能的未来の想定でも現実的な刑の提案でもない。ブリックハウス & スミスによれば，そもそもこのような法廷の命令は違法であり，陪審員はそうした命令を行う権限をもたないからである[24]。法的には意味をなさないソクラテスの決然たる覚悟は，哲学者の英雄化の文脈でとらえるならば極めて効果的であることが理解できる。というのも，「高貴さ」は行為に適用される用語であり[25]，D．レイボヴィッツが言うように英雄は死の覚悟によってこそ，自らの高貴さを民衆に最も効果的に印象づけるからである[26]。ソクラテスは裁判自体の意味を塗り替えようとしている。現実の裁判は「若者を堕落させる不敬神」な人間への告発であるが，彼はそれを哲学への不当な仕打ちに立ち向かう英雄の戦場へと読み替え，民衆に現前させる。もはや死刑判決でさえも，犯罪者への罰や敗北の甘受ではなく，英雄であることの証として位置づけ直される。非現実的な裁判の描写を通じて，彼は自らの高貴さを示す舞台を言論によって構築する。英雄としての舞台を整え死刑の意味を演出したソクラテスは「たとえ何度死ぬことになろうとも（*εἰ μέλλω πολλάκις τεθνάναι*）」（30c1）哲学を放棄することはないと宣言できるのである。

本節で見てきたように「脱線」の冒頭から判明するのは，弁明の中心が正しさの証明から高貴さの確立に移行していることである。高貴さは社会的意見に依存しているため，ソクラテスはホメロスの英雄たちを援用する。彼の基本戦略は，評判のよいホメロス的な英雄の高貴さを提示したうえで，徐々にそれを哲学者の高貴さへと置き換えていくことである。しかし，この置き換えはホメロス的枠組みの拒絶ではない。アキレウスを例外的に高く評価し英雄としての死を自ら演出していることを考えると，ソクラテスは伝統的な英雄的価値システムの大枠は維持したまま哲学をそれに当てはめているとの見方が妥当であろう。「脱線」冒頭部ではソクラテスの英雄化が始まっており，次に見るようにこの方針に基づいて哲学的自画像が描かれる。

2　恩寵としての哲学

本節では，「脱線」の中心を占める哲学活動の叙述を，導入部で設定された自己英雄化による高貴さのアピールの展開と位置づけそのレトリックを分析する。以下で見るように，アキレウスの行為とは真逆とも言える市井の哲学活動を高貴なものに仕立て上げるため，ソクラテスは哲学が都市に有益であると主張し，それを彼自身の政治活動の経験によって正当化する。当初中傷と憎しみの対象として紹介された哲学は，市民的価値観に訴える演説によって都市に与えられた神の恩寵とみなされる。

英雄化の文脈で哲学を描写するにあたって，ソクラテスは哲学活動を他者への恩恵の観点から捉え直す。「脱線」において哲学描写の強調点が変化していることは，『弁明』でこれ以前に語られた哲学者像と比較することで明瞭になる。第一弁論の前半部で，ソクラテスは自己の哲学活動の一つの起源としてデルフォイの神託を挙げていた[27]。ソクラテスより智恵のある者はいない（21a4-7）との神託を伝え聞いたソクラテスは，「智者（σοφός）」として評判のよい者を論駁していくうち，「最も重大な事柄（τὰ μέγιστα）」（22d7）に関して知らないことを自覚している自分こそが人間の中で最も智恵があると確信するに至る。ここでソクラテスが神託から導き出した神の使命としての哲学活動とは，彼が智者と思う人物を論駁して実際には知恵がないと「示す（ἐνδεικνύναι）」ことであった（23b4-7）。この哲学者像が「脱線」で修正されていることは，ソクラテスの次の宣言から理解される。

> 私が息をし，そうできる限り，私は哲学することを止めないでしょうし，みなさんのうちの誰に会っても，私が常に言っていることを勧告し伝えるのを止めはしないでしょう〔…〕。(29d4-7)

彼が「常に言っていること」とは金銭，名誉よりも徳に配慮することが重要であるとの主張である。徳に配慮しているとうそぶく者の論駁は依然として哲学活動に含まれてはいる。しかし哲学者としての中心的活動は，もはや「智者」の論駁による無知の暴露ではなく，誰に対しても徳や魂に配慮するように「説得する（πείθειν）」あるいは「勧告する（παρακελεύεσθαι）」ことへと移行している（29d2-30b4）[28]。一部の人間の無知を暴露するだけであった哲学は，他者に対して普遍的かつ積極的に恩恵を施す価値推進的な社会奉仕活動として再提示される。

ソクラテスは，この再提示された哲学活動を都市にとって最も有益なものだと断定する。彼の有益性は虻に譬えられている。ソクラテスは都市という馬に対して神より遣わされた虻のようなもので，図体が大きく鈍い馬を刺しては覚醒させてきた。彼の活動は極めて厭わしいものであるけれども，人びとに徳の重要性を思い起こさせる貴重なものである。しかも，彼の代役を探すことが極めて困難であるため，ソクラテスは都市にとって唯一無二の存在に近い[29]。有益性と希少性を根拠にソクラテスは，今度は現実の裁判の意味をも反転させてしまう。ソクラテスは自分の利益のために弁明しているのではない。この裁判で本当に問われているのは都市がその最大の貢献者を排除してしまうかどうかであり，ソクラテスはもっぱら民衆の利益のために神の贈物が都市にとどまり続けることを確実にすべく弁論している。自らの生死がかけられた裁判の場でさえ，ソクラテスは民衆の利益のために活動し続けているのである。

ソクラテスが神の贈物であり都市に貢献していることの根拠は，彼の貧しさである。彼は，人びとが徳に配慮するよう常に勧告して回っているため，自分自身や家族を配慮することができない。金銭を受け取らずに無償で他者に身を捧げるソクラテスの活動は，もはや人間業とは思えないほどである（31b1）。ここでアリストテレスの『弁論術』を参照するならば，

「行為者自身のためになされるのではないようなこと，また，例えば，わが身のことはさしおいて，祖国のためになしたような」事柄は高貴だとみなされる。アリストテレスはこれを，演説者が自身を称賛に値する人物だと聴衆に思わせるためにわきまえておかねばならない論点の一つとして紹介している[30]。ソクラテスは，これまでにアピールしてきた「死に立ち向かう者」という要素に加え，祖国への無私の貢献者としての高貴さを自身に纏わせている。こうして哲学者は，単なる論駁者――これは中傷と憎しみの源泉であった（21b, 24a）――にとどまらず，死をも顧みずに市民のために徳を勧告し続ける，神から遣わされた高貴なる恩寵となる。

しかしながらソクラテスは，こうした輝かしいイメージが日常的な哲学活動の実像にそぐわないと思われてしまう可能性を認めている。というのも，市民たちには周知の事実であったが，彼は主に私的な領域でのみ哲学活動を行ってきたからである。もっぱら市場で人びとと対話してきたソクラテスは，都市の公的な活動にほとんど参加しなかったばかりか，弁明の冒頭では裁判にも初めて出席したと発言している（17d2-3）[31]。最高度に高貴で都市に最大の恩恵をもたらす人物は，なぜ，誰もが政治に参加できる民主制の下に生活していながら，政治活動を通じて市民に有益な助言をしないのか（31c4-7）。ここでソクラテスは，自身の活動を私的領域に限定する理由を説明せざるを得なくなる。

有益な哲学活動が私的領域にのみ限定されることを擁護するために，ソクラテスはダイモニオンをもち出す。ダイモニオンとは子供の頃からソクラテスにのみ声となって現れるある種の神格であり，それが生じるときには彼の行為を必ず止めようとする。ソクラテスによれば，彼の政治活動に反対しているのはこのダイモニオンである。

一見すると私的領域にとどまることは，たとえダイモニオンという神的なサポートがあったとしても，都市に恩恵をもたらす英雄としての外観をソクラテスから剥ぎ取ってしまうように思われるかもしれない。ペリクレスの有名な葬送演説にあるように，アテナイにおいては，公の活動に参与しない人間は「無益な（ἀχρεῖος）」者とみなされていた[32]。ところがソクラテスは，私的活動と政治的高貴さを巧みに結びつけてしまう。

ソクラテスによれば，まず彼の私的な活動自体が高貴である。彼はダイモニオンについて説明する際，それがなぜ政治活動に反対しているかではなく，なぜソクラテスにとってその反対が「まったくもって高貴に（παγκάλως）」（31d6）思われるかを説明する。

> みなさんに対しても他のどんな群衆に対しても，多くの不正と違法なことが都市に起こるのを本当に妨げようと反対して生き残る者は人間のうちに一人もいないのであって，正義のために真に戦おうとする者は，もしわずかな期間でも生き残ろうとするならば，公的に活動する（δημοσιεύειν）のではなく，私的に活動（ἰδιωτεύειν）せざるを得ないのです。（31e2-32a3）

私的領域での活動は，必ずしも都市に背を向けた利己的なものではない。ソクラテスが行っているのは，都市の正義をかけた真なる戦いである。ソクラテスが強弁するところでは，彼の活動は私的なものであっても都市に恩恵を与える英雄としての活動であり，それゆえ高貴なものであり続ける[33]。

さらに，ソクラテスが私的領域に活動を限定せざるを得なくなった経験も高貴である。神の恩寵たる正義の戦士が私的領域にとどまらざるを得なくなった「証拠（τεκμήριον）」として，彼は二つの政治的経験を挙げる。第一は，民主制下で評議員になった際の出来事である。海戦で海に落ちた兵士を船に引き揚げなかったとして，民会が十人の将軍を一括裁判にかけることを評決したことがあった。しかしソクラテスには一括裁判は違法だと思われたので，彼はただ一人逮捕や死を恐れずに反対票を投じた。第二は，寡頭政権下での私人としての経験である。圧政を敷く三十人の委員がソクラテスたち四人にサラミス人レオンの連行を命じたが，彼だけは死の危険を冒してもその命に従わなかった。死の危険にさらされたこれら実際の体験からソクラテスは，正義を掲げて戦うためには政治から身を引き私的に活動せざるを得ない，との結論を引き出したのである。

この二つの証拠を挙げる際にも，自己英雄化のレトリックは明確に機能している。ソクラテスが述べているように，この二つの証拠は，正義に関する哲学的見解の披露や私的生活の優位性の解説ではないし，もはや「言葉（λόγος）」ですらない。それは，「みなさんが名誉を与えるもの（ὃ ὑμεῖς τιμᾶτε）」，すなわち「行為（ἔργον）」である（32a4-5）。実際彼の行為には，英雄の条件たる，大義を前にした死の覚悟が含まれている。ソクラテスの私的活動を擁護するのはあくまでも市民が称賛する政治的価値を伴った実例，すなわち自身の政治的偉大さなのである。彼の政治的活躍が歴史的に見て不十分であることは確かかもしれない[34]。しかし，ソクラテスがそのような政治的経験を敢えて栄光に満ち溢れた論調で語り，二つの証拠を仰々しくも「偉大なる証拠（*μεγάλα τεκμήρια*）」（32a4）と呼んでいることこそが，「脱線」におけるレトリックの方向性を明瞭に示している[35]。

本節で見てきたように，「脱線」導入部で設定した方針に基づいて，ソクラテスは自己を英雄化しながら哲学活動の高貴さを確立しようとしている。彼は自らのことをまったく顧みず，貧しいままで都市に最大の恩恵をもたらす活動に従事してきた。彼の活動は私的領域に限定されているけれども，この限界はソクラテス自身の英雄的行為の逸話によって正当化される。私心なき都市への奉仕と偉大な政治的行為の実例を効果的に活用するここでの高貴さのアピールもまた，聴衆がもつ政治的価値観に符合した巧みなレトリックであると言えよう。

3　哲学者と市民的名声

これまでの「脱線」の分析で，ソクラテスが都市の伝統的価値観に訴えながら哲学活動の高貴さを確立していることが明示された。この自己英雄化のレトリックは，裁判の場でのみ影響力を発揮する単なる自己賛美にとどまらない。一般的に言って，高貴さは世間的に善く語られることを基準とする価値であるため，高貴さの確立と名声の獲得は必然的なつながりをもつ[36]。ソクラテスの弁論もこの例に漏れない。彼のレトリックは法廷における哲学の称揚だけでなく，死後における記憶のされ方にも影響を与えるべく構成されている。本節では裁判でのソクラテスが市民的名声の維持獲得を肯定的に評価しており，「脱線」での高貴さの確立がその向上に寄与していることを指摘する。

「脱線」からソクラテス哲学の深奥を解明しようとする従来の研究では，名声の獲得はソクラテス哲学に反するものと捉えられてきた。コライアコによれば「脱線」で描かれるのは，ホメロス以来の名誉追求的な生を退け，徳を中核に据えた新しい生の様式を提唱するソクラテスの姿である。彼の演説は，他者の評価に阿る「恥の倫理」から自己の魂の陶冶を目指す「良心の倫理」への転換をもたらす，キリストの到来にも比すべき道徳革命を宣言している[37]。新しい道徳的価値の定立者は，その反世俗的教説のゆえに都市と不可避的に対立した。名声の追求に汲々とするアテナイ市民を諫め徳への配慮を勧告する「脱線」の哲学論は，その頂点に位置づけられる。この解釈を採った場合，彼の高貴さは，過去の因習との対決によって必然的にもたらされた死の危険に超然と向き合う態度に現れるということになるだろう。革命の旗手は，アキレウス的な名誉追求を拒絶したからこそ英雄とみなされる。

こうした見方に反して，「脱線」におけるソクラテスの目途が市民的観点からの高貴さの確立であり，彼がアキレウスと自らを重ねることによって英雄として自己呈示していることは前節までに確認した。R.メトカーフはこれに加えて，名誉追求の点においてもアキレウスとソクラテスを分離することは不可能であると論じている[38]。恥を回避し高貴さの確立を目指すソクラテスは，決して名声に無関心ではない[39]。「脱線」に続く第一弁論の結論部で，彼は自己の名声と高貴な行為の関係についてこう述べている。

> 名声（δόξαν）に関して言えば〔…〕私にはこれらを行うことが高貴（καλόν）だとは思われません。私はこんな齢でありながら，真実であれ偽りであれ，そのような盛名（τοὔνομα）をもっており，ともかくもソクラテスは何らかの点で多くの人間より優れていると評判になっている（δεδογμένον）のですから。(34e2-35a1)

ソクラテスはすでに保持している名声を傷つけることを避けようとしており，その手段は裁判の場で高貴な人間に相応しい行為をすることである。「偽り」の名声であっても構わないとまで言い切るソクラテスの名声尊重の姿勢は看過すべきではない。「脱線」でソクラテスが名誉の追求を諫めていることは確かである (29d7-e3)。しかし，ブリックハウス & スミスが指摘しているように，この箇所でソクラテスは名誉のみを追求する生を批判しているのであって，どんな場合でも名誉を追求してはならないと主張しているわけではない[40]。常日頃から徳と魂に配慮している人物がある特定の状況下で名声の必要性を認識しその獲得に乗り出すことを禁じる行動規範は，少なくとも『弁明』の中には見出せない。行為の正しさのみならず，高貴な行為による名声の保持も『弁明』におけるソクラテスの重大な関心事である[41]。

ソクラテスがもつとされる名声は，「脱線」を通じて肯定的な意味が新たに付け加えられている。上の結論部でソクラテスは市民間ですでに自分への善い評判があると前提しているが，この自己評価は裁判以前の世間的な哲学者像にのみ基づいているとは言い難い。実のところ，裁判以前にはソクラテスに誇るべき名声などなかったからである。『弁明』でソクラテスが最初に自己の評判に言及したのは，無神論に与する自然哲学者としての悪評であった。これは長年にわたり民衆の間で醸成されてきたソクラテスのイメージであり，正式な告発よりもずっと恐ろしいものだと紹介されていた（18a7-e4）。それに続くデルフォイの神託の逸話は智者としての大衆的イメージを確証したが，それは主に自らへの悪評の起源を解説するために語られていた（20d1-4, 22e6-23a5）。ソクラテスが高貴さを確立し，自己の名声を肯定的なものに作り替えたのは「脱線」部の演説である。「脱線」の後においてこそソクラテスは，哲学活動そのものが裁判にかけられているにもかかわらず，あたかも市民たちから高い名声を得ているかのように語ることが可能となった。

偽りの名声であってもよしとしたソクラテスが，「脱線」で誇張という手法によって名声を高めようとしていても驚くにはあたらない[42]。一方で「脱線」には，ソクラテスの哲学活動に彼自身の高貴さを否定しかねない側面があることが示唆されている。彼の高貴さの根拠は死を恐れず自己を顧みない都市への奉仕者であるとの事実であった。ところが，第一に，ソクラテスは常に死の危険に立ち向かっていたわけではない。ダイモニオンの例は，むしろ彼が死に直面せざるを得ない状況を回避したことを示している。彼が私的領域にとどまったのは，政治領域で正義をかけて戦うと直ちに殺されてしまうからである。第二に，ソクラテスは完全なる無私の人間ではなかった。彼は金銭と家族に配慮しなかったが，哲学活動が自己利益になることは認めている（31d6-e1）[43]。第三に，彼は徳に関して市民の生を改善したとは言っていない。彼は徳を教える能力があることを否定しているばかりか，そもそも徳が何であるか知らなかった（19d8-20c3, 22d6-23c1）。彼のおかげで徳を追求し始めた人間がどれだけいたのかも不明である。彼が紹介した哲学への悪評さらには裁判それ自体が，公的奉仕活動としての哲学の失敗を物語っている。ソクラテスの哲学活動には公の場で誇ることなどできない要素が確かに含まれている。他方で,「脱線」の周縁から読み取れるこの誇るべき要素のないソクラテス像は，決して華々しい英雄としての姿と不調和ではない。彼が私的領域でのみ戦うのは英雄さながらに政治領域での死の危険を経験したからであったし，一般人の主たる欲求対象である財産は気にも留めず，さらには徳への「配慮」を促すように努力したからである。米澤が指摘するように，ソクラテスの利他性と自己犠牲はここで強調されている[44]。彼は哲学活動の中から高貴に見える側面を取り上げ拡大し，人びとに善く記憶されるようなやり方で「あなた達のための真理（ὑμῖν τἀληθῆ）」(24a4-5) を語ったのである。ソクラテスの名声は巧みな誇張によって高められている。

最終的に死刑判決を下されるソクラテスは，罪人としての汚名を負うことになったのだから，哲学活動の高貴さの確立及びそれに伴う名声の向上に失敗したとの見方は妥当ではない。英雄化のレトリックは，裁判と判決の意味を書き換えてしまった。裁判は哲学者が命の危機に瀕しても大義を全うすると気高く宣言する舞台になり，彼の処刑はそれ自体英雄の証明となる。もちろん，彼のレトリックはいわゆる大言壮語（μεγαληγορία）であり[45]，聴衆には腹立たしいものであったに違いない。事実彼は，苛立ち騒ぎ立てる聴衆に静まるよう何度も要求している (20e3-5, 30c2-3, 31e1)。しかし彼に向けられたのは犯罪者に対する義憤ではなく，優れた人間への嫉妬であった (28a6-8)[46]。「高貴さ，勇気，高潔さ，正義への関心」を強く印象づけたソクラテスの処刑は，民衆にとって後味の悪いものになるだろう[47]。ソクラテス自身も民衆の軽率な判断はいずれ後悔を招くことを知っていたし (32b1-5)，第三弁論では，自分を処刑した民衆が将来悪名を背負うだろうと予告している (38c1-6)。ソクラテス裁判は哲学者の処刑をもって終演するのではない。その真の結末は哲学に対する世評の変革である。

本節で示したように，裁判の場でソクラテスは名声への関心を見せており,「脱線」での彼の高貴なる言動はその向上に貢献している。この解釈は,ソクラテス哲学の新しさも「脱線」からその深奥が読み取れることも否定しない。重要なのは，ソクラテスがどのようなレトリックを用いてそれを民衆に伝えているかである。彼は恥と高貴さという都市の伝統的価値観の枠組みの中で哲学を提示し，民衆から名声を博するようにそれを英雄化した。これはソクラテス哲学を貶める解釈でもない。なぜなら，裁判の場でソクラテスが哲学を受け入れるよう民衆の説得に努めたとする解釈は，「魂への配慮」こそが彼の哲学の核心であるとする従来の理解と両立可能だからである。生涯における哲学探究と裁判における名誉の獲得は，『弁明』の中で調和している。実際，彼の弁論は，哲学そのものを都市で生かすための弁論である[48]。これを実現する「脱線」の戦術は，超越的な哲学的知性の発露というよりも特定の状況下での思慮の産物であり，その実践は市民の魂の分析と高度なレトリックに支えられている[49]。

結論──「絶望」を超えて

本稿では『弁明』の「脱線」と呼ばれる部分に焦点を当て，ソクラテスの弁論が哲学活動の高貴さの確立に資するものであり，それが結果として彼の市民的名声の獲得に貢献していることを論じてきた。「脱線」から理解する限り,『弁明』は法廷弁論に失敗した孤高の哲学者への絶望の記録ではない。それは哲学と政治の懸隔を架橋する試みの例である[50]。

この「脱線」解釈は,『弁明』全体を読解する手引きになる。無罪の立証を基準としては不可解な事象──正式な訴状を脇に置いて最初の告発者たちによる自己への悪評を長々と論じていること，刑の対案として迎賓館での食事を要求すること，陪審員の評決後に聴衆に訴える第三弁論が含まれていること──は，民衆にとっての哲学のイメージの改善という補助線を引くことによって解明がはかられるだろう。さらに本稿の見方をとれば，裁判に衝撃を受けたプラトンが師の運命を回避すべく哲人王を構想したとの解釈には留保がつけられる。ソクラテスの死に悲劇を見出さなかったプラトンは『ポリテイア』で何を企図したのか[51]。「脱線」の再解釈は政治思想の起源とその歴史を再考するよう促す。少なくともそれはもはや絶望の系譜ではないだろう。「裁判に呼び出されたときソクラテスが弁明と生の終わりについてどのように熟慮したのか思い起こすことは，私には価値のあることだと思われる」[52]。

※　本研究はJSPS科研費（25380176)，特別研究員奨励費の助成を受けたものです。

（1）Arendt (1990), pp. 73-78（邦訳88－91頁）; Arendt (2006), pp. 17, 107-115（邦訳145－156頁）. Cf. 佐々木（2003），pp. 52－53.

（2）「脱線」をソクラテスの演説の核心とする解釈については以下の文献を参照。West (1979), pp. 166-167; Colaiaco (2001), p. 131; 加来（2004），pp. 88, 100.

（3）Brickhouse & Smith (1989), p. 210（邦訳345頁）.

（4）*Ibid*., pp. 148-149（邦訳234頁）.

（5）Allen (1980), pp. 6, 12, 14; 三嶋（2000），p. 97. ソクラテスは無罪判決を望んでいなくはなかったが死刑の回避より哲学活動を説明することを優先させた，と解する加来もこの立場に近い。加来（2004），pp. 110－112.

（6）Colaiaco (2001), p. 144.

（7）研究上論争が多く，その実像を確定することが困難な史的ソクラテスをテキスト解釈のベースとするのではなく，まずプラトンのテキストを丁寧に解釈してから史的ソクラテスの問題に取り組むべきであろう。また，著者プラトンの創作意図を解明するには，ソクラテスだけでなく，陪審員・聴衆，メレトス，（登場人物としての）プラトン等を総合的に解釈する必要があるため，この問題も「脱線」解釈を中心とする本稿では扱わない。

（8）καλός は基本的に美を表す語であるが，人間の行為の優秀さを修飾する際にも用いられる。Dover (1974), p. 70. 後者の場合，日本語では「高貴な」ないしは「立派な」をあてるのが妥当だろう。

（9）プラトンの『弁明』には大きく分けてソクラテスによる三つの演説が収録されている。第一弁論（17a1-35d8）は告発者の後に続くソクラテスの反論であり，この後に有罪か無罪かの評決が陪審員によってなされる。有罪判決を受けて，ソクラテスが量刑を申し出るのが第二弁論（35e1-38b9）である。第三弁論（38c1-42a5）は，死刑判決が確定した後に語られた聴衆へのメッセージである。

（10）Allen (1980), pp. 5-6; Strycker (1994), pp. 127-128; キケロー（2000），1. 97.

（11）キケロー（2000），1．97；クインティリアヌス（2009），4．3.

（12）告発の論駁と「脱線」はまったく関係がないわけではない。ストライカーによれば，「詳細な検証」によって，前半部は敬虔についての，後半部は若者についての議論であることが判明する。Strycker (1994), pp. 128. しかし「脱線」の問題は，むしろ「詳細な検証」が必要なほど告発状という論点が霞んでしまっていることである。

（13）古代ギリシアの一般道徳において恥と高貴さが対概念であったことについては以下の文献を参照せよ。Adkins (1960), pp. 156-164; Dover (1974), 69-70.

（14）「英雄（ἥρως）」という単語はメレトス論駁の末尾，すなわち「脱線」の開始直前に文脈上やや唐突な形で挿入されている（28a1）。ソクラテスはトピックの継続性を考えて演説している可能性がある。Cf. 17b6-c4.
（15） Hobbs (2000), p. 175.
（16） *Ibid.*, pp. 175-179.
（17） Metcalf (2009), pp. 65-66.
（18） クセノフォンの『饗宴』（4．6－7）ではニケラトスが，人間事象についてほぼすべてを書き記した最も賢いホメロスから，家政管理人，弁論家，将軍になるための知識を得たと自慢げに語っている。彼は，叙事詩から戦車の走らせ方や玉ねぎの食べ方まで学んでいる。
（19） Adkins (1960), p. 154; Dover (1974), p. 70; Colaiaco (2001), pp. 93-94.
（20） Hobbs (2000), pp. 178-186; Metcalf (2009), pp. 63-65.
（21） West (1979), pp. 59-60, 155-156.
（22） West (1979), p. 155. Cf. Hobbs (2000), pp. 182-183; Metcalf (2009), pp. 66-67.
（23） この発言を勇気に関するソクラテスの最終結論とみなしてはならない。『ラケス』では類似の見解が軍人ラケスに帰せられ，ソクラテスによって勇気の定義として不十分だと指摘されている（190d7-191e11）。『脱線』でソクラテスは哲学的吟味に付される以前の一般的あるいは権威的な意見のレベルで議論を進めている。さらに言えば，アキレウス自身はこの行動原理を守っていない。『イリアス』は指揮官アガメムノンの命に反し戦線を離脱したアキレウスがいかにして戦場に復帰するかを描いた叙事詩である。また，『オデュッセイア』で，冥界にいるアキレウスは死よりも奴隷になった方がよいとさえ発言している（11．489－491）。Zuckert (1984), pp. 290-291. アキレウスの精確な描写はソクラテスの関心事ではない。重要なのは，このような行動原理やアキレウスを用いてソクラテスがどのようなイメージを作り上げているかである。
（24） Brickhouse & Smith (1989), pp. 142-147（邦訳226－233頁）.
（25） ἀγαθός も καλός も人の何らかの優秀性を表すが，通常前者は人間そのものへの，後者はその行為への賛辞である。Adkins (1960), p. 180.
（26） Leibowitz (2010), pp. 139-140.
（27） ソクラテスの哲学活動にとって，神託は唯一の起源ではない（33c4-7）。
（28） Reeve (1989), pp. 121-122; Leibowitz (2010), pp. 142-143.
（29） 第三弁論でソクラテスは，彼と同じように人々を吟味する者は潜在的に沢山いると発言している（39c3-d3）。「脱線」では，ソクラテスの希少性が誇張されている。
（30） アリストテレス（2000），1366a23-33，1366b36-1367a1．なお，この論

点が有益なのは自己称賛を目的とする者に限られない。

(31)　ただし，こうした事実はソクラテスが政治や裁判に疎いことを意味しない。Cf. 32a8, 34b6-35b8.

(32)　トゥキュディデス『歴史』2. 40. Cf. プラトン『ゴルギアス』484c4-485e2.

(33)　私的領域への限定は実質的に死の危険を回避した結果である。それにもかかわらず私的活動に高貴さを付与するソクラテスのロジックに違和感を覚えるのは当然であろう。しかし，ここでは彼の議論の方向性のみを分析対象にする。なお，この箇所における「誇張」の活用については第3節を参照。

(34)　歴史的観点をもって俯瞰するならば，ソクラテスの挙げる実体験は命がけで政治活動に身を捧げた例としては不十分だと指摘すること，あるいはこの理由で彼を非難することは可能である。Stone (1989), pp. 111-116（邦訳163－171頁）；納富（2005），pp. 194－202. 実際ソクラテスは，たまたま訪れた政治的機会に不正義や違法行為への関与を拒絶しただけであって，善き政治のために捨て身で民衆に働きかけ積極的に事態を打開しようとはしなかった。クセノフォンの証言によると，一括裁判の例では，ソクラテスの反対票は何の効果ももたず，将軍たちは八人全員が有罪になりそのうち六人が処刑されてしまう。レオン捕縛の例では，非人道的な命令に対してソクラテスは抗弁せずにただ帰ってしまっただけで，レオンは命令通り捕まり殺されてしまう。クセノフォン『ヘレニカ』1. 6. 24－7. 35; 2. 3. 39. 彼が結局のところ，政治的気概の持ち主でもなければ積極的な共通善の促進者でもなかったことは確かであろう。彼はただ単に，法的・政治的意味で悪い人でなかっただけである。ソクラテス自身もこの文脈で，「もし，私が公務に携わり，善き人（ἀνδρὸς ἀγαθοῦ）に相応しい仕方で行動していたら」(32e2-4) これほど長生きはできなかっただろうと発言している。公的な行動を仮定法で語るソクラテスは，実際には善き人に相応しい仕方で行動しなかった。しかし，ソクラテスへの客観的評価ではなく彼の意図の解明を目指す場合，より具体的に言えば，「脱線」におけるレトリックの分析にとって重要なのは，本質的には私的なソクラテスの哲学活動が，彼自身によってどのように演出され聴衆に提出されているかである。

(35)　ソクラテスが正義に関しては誰にも譲歩しないと言うときの「譲歩する（ὑπεικάθοιμι）」(32a6) は，θ が加わることで詩的な調子を帯びている。Smyth (1984), §490. さらにソクラテスは，裁判およびレオン捕縛事件の結末について沈黙している。彼は自らの英雄的行為が結局政治的に何の効果ももたなかったことに言及していない。「脱線」における強調ないし誇張については，第3節を参照。

(36) Adkins (1960), pp. 154-156; Dover (1974), p. 70.

(37) Adkins (1960), pp. 155-156; Colaiaco (2001), pp. 137-147; 佐々木（2003），pp. 46－49.

(38) Metcalf (2009), pp. 73-81.

(39) メトカーフによれば，『弁明』全体を通してソクラテスはアキレウスと同様に「恥の回避」を行動の基礎においている。Metcalf (2009), pp. 74-75. ソクラテスは自己の弁明を告発者たちの恥ずべき行為との差異を示すことから始めている（17b1-5. Cf. 31b7-c2）。彼はメレトスを恥ずべき者として批判し（24d8-9），自分が有罪になった理由を，陪審員が喜ぶ恥ずべき行為をしなかったからだとみなしている（38d6-e2）。本稿で分析してきた「脱線」における高貴さの追求はこの延長としても位置づけられるだろう。

(40) Brickhouse & Smith (1989), 164-165（邦訳268－270頁）；近藤（2014），p. 46；Kondo (2014), p. 331. ソクラテスはこう言っている。「〔…〕名声と名誉に配慮しておきながら，思慮と真理について，また魂についていかにしてそれが最善のものになるか配慮もしなければ思慮もしないで，恥ずかしくないのですか」(29d8-e3)。なお，この文脈でソクラテスは金銭の獲得も否定していない。徳への配慮を勧告するソクラテスの語気は勇ましいが。彼は決して都市の価値観を根本的に否定してはいない。Leibowitz (2010), pp. 142-143.

(41) 36b9. Cf. Metcalf (2009), pp. 75-76.

(42) 誇張あるいはそれによる自己称賛は，「脱線」における基本的な戦術である。キケロー（2000），1. 97；クインティリアヌス（2009），4. 3. 1－2.

(43) レイボヴィッツによれば，虻は自分のために血を吸うのであって，馬を覚醒させるためではない。Leibowitz (2010), p. 146. 第一弁論前半で語られた「智者」の論駁は，自己利益のためでもあった（22b2-5）。

(44) 米澤（2000），pp. 178－179.

(45) Cf. 20e5. "… μέγα λέγειν."

(46) クセノフォン『弁明』14，32.

(47) Leibowitz (2010), pp. 156-160.

(48) さらに言えば，ソクラテスの演説は哲学の保存という哲学者の集団的自己利益に資するだけではない。哲学への寛容は哲学的教説の部分的受け入れを意味し，それゆえ都市の道徳的変革につながる可能性がある。Cf. Colaiaco (2001), pp. 143-147, 165.

(49) 思慮ある人間は，行為に関して自分と他者にとって善きものが何かを見極めることができる。アリストテレス『ニコマコス倫理学』1140a24-1142a30.

（50）　注7で述べたように，本稿は『弁明』に描かれたソクラテスの言動を理解することを主眼としており，いわゆる史的ソクラテスの問題には踏み込まない。したがってソクラテスの試みが歴史的に成功したのかという問題は本稿の射程を越える。『弁明』の歴史的正確さを留保すると断ったうえで，ソクラテス裁判のインパクトに関しては以下のことを付言しておく。ソクラテスの演説のおかげで二千年以上にわたって哲学が生かされてきたと評価するのは大げさだとしても，裁判の数十年後にプラトンが哲学による教育を掲げる学校を立ち上げることができたことは客観的な事実であろう。ディオゲネス・ラエルティオス『ギリシア哲学者列伝』によれば，ソクラテスの処刑を後悔したアテナイ人は今度はメレトスを処刑し，ソクラテスの像を造り称えた（2. 5. 43）。あるいは『弁明』という著作によってこそソクラテスが並はずれた人物として語り継がれることになったとみなすならば，ソクラテス哲学の存続をプラトンの成功と評価することはできるかもしれない。

（51）　プラトンとソクラテスを切り離したうえで『ポリテイア』をプラトン的政治改革プログラムとみなし，『ポリティコス』『ノモイ』に至って穏健化するその変遷過程をたどる解釈がこれまでの政治思想の常識であった。この図式はあまりに一面的すぎる。ソクラテスとプラトンを「絶望」によって分離することが妥当ではないこと，さらに聴衆へのレトリックに注意すべきことを「脱線」から学んだうえで，筆者としては，『ポリテイア』を対話出席者へのソクラテス的な教育とみなし，『ティマイオス』『クリティアス』へと継続するプラトン政治教育論の流れを探るもう一つの道があることを提起したい。

（52）　クセノフォン『弁明』1.

引用・参考文献

プラトンの原典は，バーネット版（John Burnet, ed. 1900-1907. *Platonis Opera*, 5 vols. Oxford: Clarendon Press）を使用した。『弁明』の翻訳はすべて筆者による。その他の古典的著作に関して既出の訳を用いた場合は以下に記した。

Adkins, Arthur. W. H. 1960. *Merit and Responsibility.* Cambridge: Cambridge University Press.

Allen, R. E. 1980. *Socrates and Legal Obligation*. Minneapolis: University of Minnesota Press.

Arendt, Hannah. 1990. “Philosophy and Politics,” *Social Research*, Vol. 57, No. 1, Spring: 73-103（千葉眞訳 1997「哲学と政治」『現代思想』青土社）.

――. 2006. *Between Past and Future: Eight Exercises in Political Thought*. New

York: Penguin Books（引田隆也・齋藤純一訳 1994『過去と未来の間』，みすず書房）.

Brickhouse, Thomas. C., and Nicholas D. Smith. 1989. *Socrates on Trial*. Princeton: Princeton University Press（米澤茂・三島輝夫訳 1994『裁かれたソクラテス』東海大学出版会）.

Colaiaco, James. A. 2001. *Socrates against Athens: Philosophy on Trial*. New York: Routledge.

Dover, Kenneth. J. 1974. *Greek Popular Morality in the Time of Plato and Aristotle*. Indianapolis: Hackett Publishing Company.

Hobbs, Angela. 2000. *Plato and the Hero*. Cambridge University Press.

Kondo, Kazutaka. 2014. "Socrates' Rhetorical Strategy in Plato's *Apology*," *Athens Journal of Humanities & Arts*, Vol. 1, No. 4, October: 323-333.

Leibowitz, David. 2010. *The Ironic Defense of Socrates: Plato's Apology*. New York: Cambridge University Press.

Metcalf, Robert. 2009. "Socrates and Achilles," in *Reexamining Socrates in the Apology*, eds. Patricia Fagan and John Russon: 62-84. Evanston: Northwestern University Press.

Reeve, C. D. C. 1989. *Socrates in the Apology*. Indianapolis: Hackett Publishing Company.

Smyth, Herbert, W. 1984. *Greek Grammar*. Harvard University Press.

Stone, I. F. 1989. *The Trial of Socrates*. New York: Anchor Books（永田康昭訳 1994『ソクラテス裁判』法政大学出版局）.

Strycker, Emile de. 1994. *Plato's Apology of Socrates: A Literary and Philosophical Study with a Running Commentary*, ed. S. R. Slings. New York: E. J. Brill.

West, Thomas. 1979. *Plato's Apology of Socrates*. Ithaca: Cornell University Press.

Zuckert, Michael. 1984. "Rationalism & Political Responsibility: Just Speech & Just Deed in the *Clouds & the Apology of Socrates*," *Polity* 17: 271-297.

アリストテレス（戸塚七郎訳）2000『弁論術』岩波書店。

加来彰俊 2004『ソクラテスはなぜ死んだのか』岩波書店。

キケロー（片岡英男訳）2000『キケロー選集　6』岩波書店。

クインティリアヌス（森谷宇一・戸高和弘・渡辺浩司・伊達立晶訳）2009『弁論家の教育　2』京都大学学術出版会。

近藤和貴 2014「ソクラテスはメレトスを論駁したか：プラトン『弁明』におけるソクラテスの目的をめぐって」*Studia Classica* 4: 27-48。

佐々木毅 2003『よみがえる古代思想：「哲学と政治」講義Ｉ』講談社。

ディオゲネス・ラエルティオス（加来彰俊訳）1997『ギリシア哲学者列伝』岩波書店。

納富信留 2005『哲学者の誕生：ソクラテスをめぐる人々』筑摩書房。
三嶋輝夫 2000『規範と意味：ソクラテスと現代』東海大学出版会。
米澤茂 2000『ソクラテス研究序説』東海大学出版会。

政治理論にとって現実とはなにか

——政治的リアリズムをめぐって——

乙部延剛 *

要旨：政治理論は現実の政治に対してどのように関わっているのか。本稿では，現在の政治理論が現実政治に即していないと批判する政治的リアリズムの議論を検討し，その射程と可能性を明らかにすることを目指す。バーナード・ウィリアムズ，レイモンド・ゴイスらを中心とした政治的リアリズムの潮流は，過去10年ほど英語圏を中心とした政治理論の世界で大きな注目を集めているが，その主張内容には曖昧さが残り，議論も続いている。本稿ではウィリアムズ，ゴイスが説く「現実政治」の曖昧さに注目し，それが通常政治としてイメージされる権力行使にとどまらない広範なものであり，特定の領域への固定化に抗するものであることを明らかにする。現実政治の境界を定義できないという問題は，現実と理論の二分法という，政治理論で通常想定されてきた区分を揺るがすが，このことは，必ずしもリアリズム政治理論の破綻を意味するものではない。むしろ，固定不可能な「政治的なもの」を明るみに出すことを旨として，リアリズム政治理論はその独自性を主張することができる。

キーワード：政治的リアリズム，レイモンド・ゴイス，
バーナード・ウィリアムズ，系譜学，政治的なもの

1　はじめに

政治理論は現実の政治にどのように関わっているのか。政治理論はしばしば規範的政治理論とも呼ばれ，経験的な政治学に対して，あるべき政治の姿や理想を探求する領域だとされてきた。だが，そうやって探求された規範は，現実の政治にとってどのような意味があるのだろうか。そもそも，

＊　茨城大学人文学部講師　政治理論，政治思想史

政治理論にとり，探求すべき現実政治とは何なのだろうか。本稿では，これらの問いを念頭に，近年英語圏の政治理論において活発に論じられている政治的リアリズムの主張を検討し，その射程と可能性の一端を明らかにすることを目指す。

ここで政治的リアリズム（リアリズム政治理論）とは，従来の政治理論の道徳主義的性格を批判する近年の動向を指し，バーナード・ウィリアムズ，レイモンド・ゴイスらを中心に，とりわけ2000年代末以降，活発に議論されてきたものである[1]。むろん，リアリズム（現実主義）は，マキャベリにおける暴力と権謀策術の肯定や，ウェーバーによる責任倫理の強調など，政治思想史において長い伝統を有している。また，国際政治学では，理想主義を排し，主権国家による物理的利益の追求を政治の現実だとみなす現実主義の伝統が重要な地位を占めてきた。これらリアリズムの伝統に対して，本稿で取り上げる近年のリアリズムは，伝統に多くを負いつつ，批判を理論のあり方に向けるのが特徴のひとつである。現代のリアリズム理論は，ロールズに代表される政治哲学・理論を，「応用倫理学」（Geuss 2008）などと呼び批判するが，ここで俎上に載せられるのは，体系的だが個別の文脈から遊離した道徳理論を構築し，それを現実政治にあてはめる政治理論のスタイルである[2]。たしかに，伝統的なリアリズムの理想主義批判もまた，道徳を政治に当てはめる態度への批判を含んでいた。だが，旧来のリアリズムが，理想主義に潜むユートピア主義に批判を向けてきたのに対し，現在のリアリズム理論の場合，道徳主義への批判は，道徳主義的な政治理論が現実にとってレレバンシーを失ってしまっている点を問題にする。すなわち，政治を扱う理論と道徳を扱う倫理学は何が異なるのか，現実と理論の関係はいかにあるべきかといった，理論のあり方をめぐる問いが重要なものとして浮上するのである。

だが，理論のあり方を問題とするといっても，リアリズム政治理論の内実は多様であり，その多様性は時に読者を混乱させるものとなっている。論者による議論の重点や方向性の違いがあるだけでなく，同一の論者の内部においてすら，リアリズムをめぐる曖昧さが存在している。とりわけ深刻なのは，何が「政治の現実」なのかについて，代表的な論者の内部に曖昧さが存在していることである。リアリストは一般に政治の現実として権力や秩序を重視しており，ゴイスやウィリアムズもその伝統に忠実であるようにみえる。だが，本稿で明らかにするように，両者の政治観はそれだけにとどまらない要素を含んでいるのである。

本稿では，現実政治とは何かをめぐる曖昧さに注目しつつ，現在の政治的リアリズムの端緒に位置するウィリアムズ，ゴイスの議論を分析することで，現在の政治的リアリズムが有する可能性の一端を明らかにしたい。以下では，何が現実の政治かをめぐる曖昧さは，逆説的ながら，政治的リアリズムが，独自の新しさと可能性を切り開くことになりうると主張する。すなわち，リアリズムには，何が政治であるかの固定した定義を与えることの不可能性自身を「現実」として理解する態度が胚胎しており，この態度は，物理的暴力の行使や，国家制度における実践を現実の政治の中心に据える旧来のリアリズムとは大きな違いをもたらすのである。

政治の概念を，旧来のそれから大きく拡大する視座は，20世紀末以来の，いわゆる「政治的なもの」についての政治理論の動向と軌を一にしている。実際，政治を抗争（contestation）の相のもとに捉え，言説の内部に権力作用を見出すなど，現在のリアリズムの議論の中には，「政治的なもの」の政治理論と同様の立場を多く看取することができる。

しかしながら，政治を抗争として捉えることは，政治理論の可能性を掘り崩すことにもなりかねない。なんとなれば，理論が対象として扱うべき，政治固有の現実が，もはや固定的なものとして提示しえないからである。それどころか，あとで見るように，政治理論はかかる抗争としての政治を覆い隠すものとして現われかねないのである。

とはいえ，この結論は，リアリズム政治理論の意義を否定するものでない。むしろ，変幻自在な抗争としての「政治的なもの」を扱う理論としてリアリズムは成立しうると本稿では論じたい。具体的には，リアリズムの問題意識に応答する形での，政治理論の方向性を，ゴイス，ウィリアムズの議論のなかに見出す。決して明確に語っているとはいえないものの，彼らがそれぞれ提起する「政治的なもの」の系譜学，政治的なものの喚起は，リアリズム政治理論の可能なあり方を萌芽的に示している。この萌芽がどのように発展させられうるか，本稿の最後ではその概略を示唆したい。

日本において，田村・井上（2014）など，政治理論の役割や方法論を論じた重要な研究がここ数年で相次いで刊行されている。なかでも，松元（2012a，2012b）は現実と理論の問題に取り組む点で，本稿のテーマと大きく重なり合う。だが，松元氏の論考が，一方における現実の政治と，他方における，理想的な価値や規範の提示を行う理論という区別を前提に「現実と理想のバランス」（松元 2012b，137）を論じるのに対し，本稿は，政治理論のなかでも，必ずしも価値や理念の提示を目的としないタイプの議論がありうることを示すものである。また，リアリズム政治理論について触れた邦語研究としては，実証的な政治学と政治理論の関係という観点からリアリズムの動向に触れた山岡（2013），ゴイスの議論を手掛かりとして，規範的理論とは異なる，「政治的／的なるものの政治理論」を論じた田村（2014）があるが，本稿はこれらに比べて，よりゴイス，ウィリアムズというリアリズムを代表する論者の議論を内在的に分析することで，リアリズムに固有の議論およびその射程を明らかにしようとするものである。

2　政治的リアリズムの道徳主義政治理論批判

2. 1. 政治的リアリズムの諸潮流

まずは，政治的リアリズムの概略を確認しておきたい。上で述べたように，政治的リアリズムとひとくちにいっても，多様な潮流が存在しており，一枚岩ではない。近年の動向に限れば，大まかにいって三つの潮流が存在している。第一は，政治的リアリズムの立場を公言し，かつ，提唱した論者としての，ウィリアムズ，ゴイスの二名である。彼らの議論（Williams 2005; Geuss 2005; 2008; 2010）は現在のリアリズムをめぐる議論の起点に位置し，最も狭義の意味での「リアリスト政治理論」を構成しているといえる。両者の所説についてはすぐ後で触れるが，その中心にあるのは，道徳理論としての倫理学に範をとった政治理論への批判である。第二の潮流としては，ウィリアムズ，ゴイスの所説を論じたり，また，かれらの視座を発展させていこうとする論者があげられる[3]。マーク・フィルプ（Philp 2007; 2010），マーク・スティアーズ（Stears 2005; Honig and Stears 2011），マット・スリート（Sleat 2010; 2014）などが代表的な論者として知られる。学術誌 *European Journal of Political Theory* では2010年にリアリズムについての特集号が組まれており，これらの論者の多くが寄稿している。第三に，リアリズムという名称自体は用いないものの，政治がより現実に即したものとなるよう訴えている論者があげられる。例えば，ジェレミー・ウォルドロンはオックスフォード大の就任講演で「政治的な政治理論」の必要性を訴えている（Waldron 2013）。ウォルドロンによれば，「政治的な政治理論」は，近年の政治理論が制度への考察を欠いていたことへの反省に立ち，具体的な政治実践への貢献とともに，実証的な政治学との協同を目指すものとされる。彼の議論は，現実の政治を重視し，従来の理論を批判する点で第一の狭義のリアリズムと軌を一にするものの，ウォルドロン自身はリアリストを自称しておらず，また，制度設計を重視する点で，ゴイスやウィリアムズとは異なる方向性を示している。また，ギャルストンのように，ジョン・グレイ，ウィリアム・コノリー，ボニー・ホーニッグ，シャンタル・ムフなどまで含めた多様な論者のなかに，共通の傾向を見出した上で，それを，リアリズムへの傾斜と特徴づける議論も存在する（Galston 2010）。これらは，広義の意味でのリアリズムだといえる。

これら三つの潮流のうち，第三の広義のリアリズムについては，ウォルドロンにみられるような重点の違いもあり，また，ギャルストンの論考のように，リアリズムの範囲を大きくとると，その特徴が見えにくくなるおそれがある[4]。本稿では，上記の分類における最初のふたつ，とりわけ，ウィリアムズ，ゴイスの議論に的を絞って議論を進めたい[5]。まず，両者のリアリズム論を概観してみよう。

2. 2. ウィリアムズの道徳主義批判

『はじめに行為ありき』においてウィリアムズが俎上に載せるのは，政治理論における道徳主義である。彼によれば，多くの政治理論は，「政治に対して道徳を優先させている」（Williams 2005, 2）。なるほど，例えばロールズは『政治的リベラリズム』において，正義の政治的構想を追求し，公正としての正義の概念を，道徳，善などについての包括的教義に基礎付けることを退けている。だが，そのロールズが正義の政治的構想は道徳的構想でもあると述べる部分にウィリアムズは注目し（Rawls 1993, 11），結局，望ましい政治社会を道徳的な見地から構築していると批判する（Williams 2005, 2）。

かわってウィリアムズが目指すのは，「政治に独特の」理論を提示することである。

ウィリアムズにとり，政治独特の現実はどのようなものであろうか。第一に，そうした政治的現実は，秩序の確立や安全の確保という，ホッブズ的な観点から理解される。第二に，かかる政治的現実においては行為が重要である。どのような理論も，思考も，実際に人々をして行為に赴かせる力を欠いては意味がない。たとえ，公正な政治社会の定式が存在したとしても，政治社会に生きる人々がその定式に耳を傾けなければ意味がない。政治においては，ゲーテがファウストに語らせた言葉「はじめに行為ありき」が当てはまるのである。

だが，秩序の確保を第一義とした場合，政治理論の役割として何が残るのか。そもそも，政治が何より行為の世界であるのならば，政治理論は無意味だということにならないのか。ウィリアムズは，政治理論の役割として，二つの方向性を示している。

第一の役割は，先のホッブズ的な政治観より導かれる。政治理論の役割を，秩序の正統性の判断に求めるものである。政治の目的が秩序にあるとしても，それは，どのような秩序でも構わないということではない。「うまくいっている支配（successful domination）」と，正統な秩序との区別を設ける必要がある。この必要をウィリアムズはBLD（基本的な正統性要求 Basic Legitimation Demand）と呼び，政治理論の役割の中心に据える。

ウィリアムズのリアリズムにおいて，政治理論の役割はほぼ，このBLDに限定されているように見える。しかしながら，もうひとつ，彼が政治理論の役割として示唆しているものがある。それは，政治の現実を喚起することである。道徳主義的な政治理論は，ともすれば，理念的な正義，公正の問題を追求することで，政治の現実から遊離してしまう。対して，リアリズム政治理論は，「そこに政治的現実が存在する」ことを絶えず喚起するのである（Williams 2004, 61）[6]。

2. 3. ゴイスの「応用倫理学」批判

ウィリアムズ自身は，死去により計画していた書物を完成させることができなかった。現在わたしたちが目にすることができるのは，生前の彼の計画に従って，関連する文章を集めた論集にすぎない。対して，ゴイスは2000年頃より，政治的リアリズムを提唱する論考を活発に発表し続けている。

ゴイスの場合もまた，批判の対象は，現在の政治理論，とりわけ，ロールズやノージックの政治理論に彼が見出す，道徳理論の要素である。道徳理論的な政治理論のことを彼は「倫理学第一主義」，「応用倫理学」などと呼び批判している。だが，批判の重点は，ウィリアムズと少し異なる。ウィリアムズにとっての最大の問題関心が道徳と政治という，性格を異にする二つの領域の相克にあったとすれば，ゴイスの場合，一番問題視されるのは，道徳理論の普遍主義が，現実政治における個別，具体的な実践を見落としてしまうことにある。つまり，個別，特殊なものと普遍の対立であり，応用という手続きによって，現実がないがしろにされている事態が問題なのである[7]。

では，ゴイスにとり政治の現実とはどのようなものだろうか。政治について，彼は，レーニン，ニーチェ，ウェーバーなどの知見を参照しながら，いくつかの特徴をあげている。第一に，政治は，権力の行使を伴った党派的闘争の要素を含む。たとえ普遍的な正義に基づく行為であるように見えても，その正義の具体的な行使には権力による強制が含まれうるし，また，かかる正義の行使によって誰かが利益を受けることもありうる。第二に，政治の実践は，個別文脈にかかわる。例えば，ある政治的企図を実行する場合，どのタイミングで決行されるかは死活的に重要である。あるいは，ある実践が過去において受け入れられながら，現在では認められることがないといった歴史性は，政治につきものである。最後に，権力行使を伴う政治は，正統性の問題をつねに惹起する。ただ，ウィリアムズと異なり，ここでもゴイスの重点は，正統性の中身を確定させることでなく，正統性の内実が文脈によって変化するという歴史性にある。

実践とその文脈が重要だとすれば，政治理論は不要なのだろうか。ウィリアムズと同様，ゴイスもまた政治理論の役割を認めている。ただ，政治に様々な特徴を見出すのに応じ，ゴイスは理論の役割についても様々なものを認めており，BLD にほとんどの――とはいえ全てではない――役割を集約させるウィリアムズとは対照的である。政治理論の主要な役割として，まず，政治の理解が挙げられる。ここで理解とは，科学的，客観的な説明を与えることではなく，むしろ，個々の文脈に置かれたアクターの立場からの理解を重視した上で当該分脈上の政治を評価し，また，アクターに対して動機付けを与えるような理解が想定されている。第二に，概念の刷新がある。すなわち，現実を理解し，現実へと働きかける，新たな語彙の発明，刷新が政治理論に求められている。そのような例のひとつとして，ゴイスは，初期近代における「国家」の概念を挙げている。最後に，イデオロギーに働きかけることも政治理論に期待されている。つまり，現実の政治において機能しているイデオロギーの解体，解消もまた，役割のひとつだとされている。

政治と道徳の対立よりも，具体的実践と普遍的道徳哲学との対立に注目することで，ゴイスのリアリズムは，ウィリアムズのそれに比べ，政治実践の文脈をより重視したものとなっている。その結果，政治実践がおかれた歴史的状況の解明が大きな比重を占めることになる。また，政治と道徳を，先鋭に対立するものとはみなさないゴイスの立場は，正統性基準の提出に政治理論の役割を限定するウィリアムズの議論と比較して，規範的な評価を政治理論が下す余地をより多く認めており，「評価（evaluation）とガイド（guidance）」は「理解」と並んで政治理論の中心的な役割とされている（Geuss 2008, 55）。

2. 4. ウィリアムズ，ゴイスのリアリズムの開く地平

「はじめに」で触れたように，政治的リアリズムをめぐる現在の議論の多くは，ウィリアムズ，ゴイスの提示した課題を検討，継承，発展する形で行われている。両者の継承，発展に位置付けられるものとして代表的なものを挙げれば，ウィリアムズのBLD論を引き継ぐ形で，道徳的な価値と政治的な価値を峻別した上で，後者の要素のみであるべき政治の姿を論じようとする試み（Sleat 2010; 2014）や，思想史上のリアリズム的思想家の再検討（Philp 2007）などがある。これらが，現在のリアリズム研究の大きな流れのひとつを形成している。

だが，継承・発展の試みと同時に，リアリズムの多様性，曖昧さに対する指摘もしばしば提起されている（Frazer 2010, Freeden 2012, Galston 2010）。ウィリアムズとゴイスの間で違いがあるだけでなく，それぞれの論者の内部にも，曖昧さが残る。例えばゴイスの場合，理論に多様な役割を与えているが，そうすると，従来の政治理論と何が異なるのかという疑問が生じるだろう。ここでは，ウィリアムズ，ゴイスがともに内部に抱え込む曖昧さとして，「現実」をめぐる曖昧さに注目する。

3　政治的リアリズムの曖昧さ：いかなる「現実」か？

3. 1. リアリズム内部の曖昧さ

実のところ，両者の議論には二つの方向性が同居している。ひとつは，抽象的な理論や，道徳的価値への依拠が政治の現実から遊離していることを批判するものであり，ゴイスにおける歴史的文脈の重視や，ウィリアムズにおける政治の喚起に見出される。もうひとつは，政治固有の理論を目指す方向であり，ゴイスによる「評価とガイド」の強調や，ウィリアムズにおけるBLDに見出される。前者を追求した場合，現実政治に外在的な抽象的基準や価値の援用を戒めることになるが，後者においては，むしろ，理論が現実の外部に位置することを前提とした上で，現実の政治にどう政治理論は貢献しうるかとの問題意識が正面に現われることとなる。つまり，後者において善や，道徳的な正義など，道徳的価値に依拠した政治理論は否定されるが，秩序の正統性など，政治固有の価値を規範として論じることは否定されない。

現在の政治的リアリズムに潜むこの曖昧さについては，既にいくつかの研究が指摘している。例えば，バーデリン（Baderin 2013）は，現在のリアリズムに，ずらし批判（displacement critics）と，デタッチメント批判（detachment critics）の二つの契機が存在すると指摘している。前者が，従来の理論が政治を軽んじた結果，政治にとって有害になっていると批判するものであるのに対し，後者の批判は，政治理論が現実政治から遊離し，政治に対して必要な指針を与えることができていない点を問題にするものだとされる。この区分は，上でみた二つの方向性と多く重なりあっている[8]。

二つの方向性は，必ずしも矛盾するものではない。「政治の現実」が，明確に示せるものであれば，従来見失われていた政治の存在を明らかにすることと，規範的な理論の構築は両立する。つまり，理論は現実のしかじかの契機を見落としているのであり，それゆえ，理論が現実に働きかけるためには，かれこれの修正が要請される，といった議論が可能なはずである。だが，以下で論じるように，「現実」を明確に定義できないという事態が，二つの方向性の緊張をもたらすばかりか，政治的リアリズムの立場を危うくしてしまうのである。

3. 2. いかなる「現実」か？

現実政治を重視する以上，政治とは何か，現実とは何か，という問題は，リアリズムにとって避けては通れない問題である。しかし，奇妙なことに，ゴイス，ウィリアムズともに政治の定義には慎重である。例えばウィリアムズは「政治的なものの定義を求めても実り少ない」（Williams 2005, 12）と述べる。なるほど，ウィリアムズはホッブズ的な問いを「第一の政治的な問い」と呼びはするものの，なぜ，秩序が政治固有の問いであるのか，あるいは，他に第二，第三の政治の問いが存在するかについては明言を避ける。ゴイスもまた，政治については「権力についてまず考える」ことが必要だとしつつも（Geuss 2008, 97），「政治の明確な領域」を示すことは慎重に避けている。

それどころか，ゴイスにおいて顕著なことだが，リアリズムが政治的現実として示すものは，我々が政治として通常イメージする内容や，過去にリアリストと呼ばれた思想家の示した政治の範囲を大きく越えている。例えば，ウェーバー（1980，8－9）のよく知られた定義によれば政治は，「正当な物理的暴力行使の独占」を要求する国家にかかわる行為であり，旧来のリアリズムにおいて政治は物理的な暴力を中心とした権力からなる世界である。だが，ゴイスは，イデオロギーや理念といった要素を現実から排除するのではなく，むしろ，現実を構成する一部とみなしている。「リアリズムとは強力な幻想を，この世界に存在し，人々の動機に働きかける要素とみなし，理解すべきである」（Geuss 2008, 11）。また，ゴイスは，政治理論の役割として，概念の発明，変革をあげているが，ここには，概念によって政治的現実が構成されるという社会構築主義的な視座が窺われる。というのも，概念の変革に期待されている役割は，既存の現実によりよい説明を与えることではなく，新たな概念によって政治の現実を書き換えることにあるからである（cf. Geuss 2008, 46）。さらに，政治を一定の既存の枠組みの内部に固定しない態度は，変化そのものを政治の特質とみなす態度につながる。実際，ゴイスは，政治を，社会，経済環境だけでなく，概念の変化によってたえず影響を受け，移ろい行くものとして提示しているのである（Geuss 2008, 4）。

3. 3.「政治的なもの」という現実

物理的暴力や，制度に限定されず，絶えず変化し，また，概念を通じて構築される政治的現実——こうした見方は，伝統的なリアリズムの政治観よりも，90年代以降，政治理論や大陸哲学の世界で盛んに論じられてきた，「政治的なもの（the political)」と重なりあう。

「政治的なもの」について統一的な定義を与えるのは難しいが，以下のような特色があげられる[9]。第一に，「政治的なもの」は，アクター間での物理的な権力の行使や，フォーマルな制度内の実践に基づく狭義の政治（politics）に対して，言説における権力作用や，抗争など，より広い範囲に見出される。第二に，「政治的なもの」は，単に広い範囲に存在するというだけでなく，むしろ，狭義の政治に先行し，それを支え，時にはそれに介入する。第三に，かかる「政治的なもの」の典型的な表出の形態として，抗争（contestation）が見出される。これは，政治の内部では争いが絶えないという話にとどまらない。政治と（道徳を含む）政治以外の境界自体がつねに問い直され，争われるがゆえに，政治そのものが変化し，うつろいゆくものと見なされるのである。

これらの要素は，ゴイスの現実政治観にも見出される。第一の点について，ゴイスもまた，物理的な暴力の行使や制度内の実践に政治を限定しているわけではなかった。第二に，ゴイスのリアリズムもまた，概念の変化が現実の政治的布置を変化させる可能性に言及していたのであった。第三に，変化そのものを政治の現実と捉える視点をゴイスのリアリズムもまた共有している。

ウィリアムズの場合，政治的なものとの親和性はさほど明白でない。だが，ここで興味深いのは，ウィリアムズによる，ホーニッグの闘技デモクラシー論（Honig 1993）への肯定的な言及である。同書においてホーニッグは，抗争（contestation）に「政治的なもの」の契機を認め，かかる契機を覆い隠すような政治理論のあり方を批判していたのであったが，ウィリアムズはこれを政治的現実の喚起を試みる議論として扱っている。さらに，ホーニッグのこの書物自体が，ウィリアムズの哲学を，「政治的なもの」の発見に寄与する議論とみなしていたのであった[10]。

もっとも，ウィリアムズの場合，BLD の問題に明らかなように，正統な秩序の確保という旧来のリアリズムと同様の関心が中心にある。また，ゴイスの現実政治観のすべてが，かかる「政治的なもの」と軌を一にしているわけではない。むしろ，特定のアクターが主意的に権力を及ぼすという，伝統的な政治観を展開している箇所も多い。例えば彼は，レーニンを参照しつつ，「政治的に思考するとは，行為者，権力，利益について思考すること」であり，すなわち「(1)誰が，(2)何を，(3)誰に対して，(4)誰のために[行為するのか]」という問いに答えることに帰着すると述べているが，ここでゴイスが念頭に置いているのは，政治とは，権力と利益をめぐるアクター間の競争とする考え方であろう。しかしながら，当該の権力について，実際にはアクターが主意的に行使するのではなく，むしろ，アクター間の関係性のもとでしか存在しないものであるとゴイスが述べるとき（Geuss 2008, 27)，彼の権力観は，「政治的なもの」に理論的インスピレーションを提供してきたフーコーの権力観，すなわち，権力は，主体が上から行使するものではなく，主体を下から構成するものであるという考えに接近しているのである。

4　リアリズム政治理論はそれでも可能か

4. 1. 現実の曖昧さに起因する理論の困難

だが，幻想もまた現実のうちに含め，さらに，政治的現実自身を変化するものと捉えた際，先に見たリアリズムの二つの方向性は，緊張関係に置かれることになる。（ウィリアムズにおける「ホッブズ的な問い」や，ゴイスにおける権力など）現実政治の輪郭を明確にし，かかる現実に基づいて（BLD などの）理論を組み立てた途端，その理論は政治の移ろいゆく現実を捉え損ねるばかりか，その変幻する姿を隠蔽することとなってしまうからである[11]。

現実を規定することの困難は，しかし，リアリズム政治理論が不可能であることを意味しない。さきの3. 1. であげた二つの方向性のうち，政治固有の規範的な理論が不可能だとしても，政治的現実からの遊離を戒める理論の可能性は残されているのである。変幻自在な「政治的なもの」の現実に適合した理論のあり方について，二つの可能性をゴイス，そしてウィリアムズに見出すことができる。

4. 2. 系譜学的なアプローチ

ひとつの可能性は，系譜学的なアプローチである。ここで系譜学とは，ニーチェ（『道徳の系譜』）や，その影響を受けたフーコーによって展開された歴史的考察のあり方を指し，よく知られたように，以下の二つの特徴を備えている[12]。第一に，系譜学においては，言説や概念もまた，実践を構成する要素として理解される。すなわち，概念や幻想もまた，現実の政治の一部と見なされるということである。第二に，系譜学は，歴史を連続した変化と捉えるよりもむしろ，断絶による変化を経験してきたものと理解する。例えば，フーコーが『監獄の誕生』で描いたような近代的な監獄は，旧来の処罰慣習の延長線上に位置するものではなく，むしろ，旧来の処罰とは断絶したところで成立する，規律社会特有の処罰のあり方だとされている。このような断絶が含意するのは，現実が，過去からの継続の上に成り立った必然的なものではなく，むしろ根拠を欠いた偶然的なものに過ぎない，ということである。これをリアリズムの議論に適用するなら，ある時期の政治的現実が，自明な存在でなく，むしろ，偶然なものに過ぎないということである。

このような系譜学の考え方は，ゴイスの提唱するリアリズムにしばしば看取される。例えば，先にも触れたように，ゴイスは，概念の発明が現実を変化させる可能性を重視している。具体的例として彼があげるのは，初期近代の西洋における「国家」概念の発明と定着や，公私区分の変遷である（Geuss 2001=2004）。実際，ゴイスは，イデオロギーや概念が我々にとって可能な実践の幅を決定すると述べ，そのような立場をニーチェの『道徳の系譜』に見出している。

系譜学的な立場は，現実の偶然性を明らかにすることで，「政治的なもの」と適合的なアプローチとなっている。すなわち，ある時代における権力のあり方や，それをとりまく実践，制度のあり方は，あくまで偶発的なものに過ぎず，政治的現実はつねに抗争（contest）にさらされたものとして理解されるのである。

4. 3. 政治的なものの喚起

もうひとつは，政治的なものの存在を明らかにしていくという役割である。ウィリアムズがシュクラーの議論を念頭に，政治の存在の喚起を政治理論の役割としたのが典型例である。繰り返すならば，ウィリアムズによれば，従来の政治理論は政治の現実を見失っており，それゆえ，「そこに現実の政治が存在する」ことを喚起する必要があるとされたのであった。

加えて，「政治的なものの現実」として現実の政治を捉えるのであれば，固定的な枠組み内部のものではなく，むしろ，従来の固定的な枠組み内部での実践を越えて行くような変化，抗争の要素だということになるであろう。すなわち，既存の制度や，政治の枠組みを自明のものとせず，むしろ，そうした自明性を揺るがす要素に「現実」を見出して行く態度である[13]。

なるほど，ウィリアムズはあくまで秩序の維持というホッブズ的な問題を「第一の政治的問題」とみなしている。だが，「政治」という言葉は用いないものの，彼はニーチェに，現在流通する道徳や主体観念の自明性を揺るがす抗争的な契機を見出し，高く評価していたのであった（Williams 1993）。

4. 4. 評価

とはいえ，上記二つの方法は，ウィリアムズ，ゴイスのリアリズム論において十分に展開されているとはいえない。まず，系譜学についていえば，それは政治理論を歴史研究に解消するおそれがある。系譜学は実証的，経験的な歴史学とは異なるかもしれない。だが，あくまで過去を対象とした歴史である。実際，ゴイスの理解する系譜学は，何よりもまず歴史的探求である（Geuss 2001; 2005, 159）[14]。政治思想史と異なる分野として政治理論が存在するのであれば，ゴイス流の系譜学では不十分であろう。

他方，政治的なものの喚起についていえば，それが単なる警句にとどまらず，理論的な構築性を獲得しうるかは明らかではない。また，政治的なものの喚起は，ともすれば，政治的なものの称揚という規範的理念の提唱につながりうる。政治的なものをそれ自身善とみなす立場もありうるが，その場合，バーデリンの指摘するように，政治的現実の赤裸々な肯定という危険に陥る（Baderin 2014, 139）。

それゆえ，政治的リアリズムを，政治理論という形で展開するためには，「政治的なものの喚起」を，歴史研究に解消せず，政治的なものの規範化を避けつつ，より具体的な形で展開することが今後の課題となるだろう。

5 おわりにかえて：いかなるリアリズム政治理論が可能か

本稿では，ウィリアムズ，ゴイスを題材に，政治の現実を重視する政治的リアリズムの試みが，むしろ困難に直面してしまうことを示した。しかしながら，この困難にもかかわらず,「政治的なもの」を喚起するという理論の可能性が見出されるのである。

また，このことは同時に，狭義の政治的リアリズムと，それ以外の政治理論との親和性を明るみに出し，後者の生産的な再読解を可能にする[15]。「政治的なもの」については，闘技デモクラシーを中心に盛んに議論されてきた[16]。闘技デモクラシー論については，従来，アゴーンという行為様式や異議申し立ての契機などが，実現すべき理想として重視されてきた。だが，政治的リアリズムの観点から眺めたとき，闘技デモクラシーは，何より,「政治的なもの」のダイナミズムを描き，捉える動向として姿を表す。すなわち，かれらは，既存の秩序や，制度化された政治の内部に潜む，政治的なものの契機に目を向けさせるとともに，それがいかに政治の動態を形作っているかを記述しようとするのである[17]。

政治的リアリズムに，政治に固有の規範理論を目指す立場と，政治的なものの喚起の二つのモチーフを見出した上で，後者に他の動向——とりわけ，闘技デモクラシー——との親和性を見出す本稿の観点は，他の研究とも軌を一にしている[18]。だが，これらの研究に対し，本稿は，政治的リアリズムが,「政治的なもの」の政治理論の内部に解消されることなく，「現実に即した理論」というあり方を追求することができると示唆する。闘技デモクラシーには，アゴーンの称揚，デモクラシーの活性化，他者への責任の重視といった，規範的な理念が重視されてきたが，これらは,「アゴーン的敬意」等，それ自身正統化を要する価値に依拠している。これらに対し，リアリズム政治理論は，あくまで，政治的なものを規範的な理念へと仕立てずにとどまる点にその独自性が存する。

だが, 4. 4. で論じたように, 政治的リアリズムが独自の理論的立場を示すためには,「政治的なものの喚起」を，歴史研究に解消せず，より具体的な形で展開する必要がある。この必要性に応える方向性のひとつに最後に簡単に触れておきたい。それは，ドゥルーズが『差異と反復』の方法として述べた「ドラマ化の方法」である。従来の哲学が「X とは何か」というソクラテス的な問いを追求していたのに対し，ドラマ化の方法は「だれが」，「どのくらい」，「どのように」「どこで」，「いつ」という問いを中心に据える（Deleuze 2002, 131=2003, 195）。ドラマ化は，政治や，政治に関する諸概念が「どのくらい」，「どのように」，「どこで」，「いつ」問題となったか，「誰が」その概念の影響を受けるのか，といった問いを立てることで，「政治的なもの」に固定的な枠組みを与えず，かといって過去の歴史に埋没せずに明らかにする手段を示しているといえないか[19]。ただ，ドラマ化と系譜学の関係，哲学の方法と政治理論の方法の関係など，解明せねばならぬことはまだ多く，これについては別稿を期したい[20]。

［付記］　本稿は，JSPS 科研費26780097の助成を受けた研究成果の一部である。
［謝辞］　本稿の草稿については，社会思想史学会，日本政治学会の年次大会で報告し，討論者の森達也先生，山田陽先生，山岡龍一先生，松元雅和先生，および参加者から有益なコメントを頂いた。さらに，匿名の査読者2名からも，貴重かつ建設的なコメントを頂いた。心より御礼申し上げたい。無論，本稿に残された欠点は全て筆者の責任である。

（1）　以下，本稿では，「リアリズム」「政治的リアリズム」「リアリズム政治理論」などを限定抜きに用いた場合，これらの語は全て近年の政治理論における政治的リアリズムのことを指し，それ以外のリアリズムについて述べる際は，「旧来のリアリズム」等と限定することとする。また，本稿では，「政治理論」と「政治哲学」の二つを区別せずに用いる。
（2）　政治を直接論じた著作ではないものの，Williams (1993=2011) もまた，合理的体系的な「道徳理論」を現実の倫理的行為に適用しようとするスタイルの倫理学を批判しており，ゴイスと軌を一にしている。
（3）　ただし，受け継ぐといっても，彼らが教育上の師弟関係などにあったというわけではない。以前からゆるやかに共有されてきた問題意識や，散発的に論じられてきた事柄が，ウィリアムズ，ゴイスという影響力のある論者の論考に触発される形で一気に噴出したと見るべきであろう。
（4）　もっとも，このような限定は，ウィリアムズ，ゴイス以外の議論をリアリズムから排除するものでもないし，ギャルストンのように，リアリズム的傾向を他の論者にも見出すことを妨げるものではない。実際，本稿は，ゴイス，ウィリアムズのリアリズムの内部に，「政治的なもの」をめぐる議論との親和性を見出す点で，ギャルストンの視座と一部交錯する。
（5）　両者について簡単に述べておきたい。バーナード・ウィリアムズ（1929

−2003）は戦後イギリスを代表する道徳哲学者であり，道徳哲学のあり方を批判的に検討した『生き方について哲学は何が言えるか』（Williams 1993=2011）などの他に，古代ギリシアの悲劇や，デカルト哲学に関する著作でも知られる。彼の政治的リアリズム論は，彼が晩年に計画しながらも刊行に至らず，死後編纂された『はじめに行為ありき』（2005）において展開されている。

レイモンド・ゴイス（1946−）は，日本では，公私区分の歴史を辿り直した『公と私の系譜学』（2001）で最も知られる政治思想史家，哲学者である。彼の最初の単著はハーバーマスとフランクフルト学派に関するものであり，その後もニーチェやアドルノなど，19−20世紀の大陸思想に関する論考が多い。しかしながら，政治思想史の分野においては，代表的な著作を集めた英語圏での標準的なシリーズ，Cambridge Texts in the History of Political Thought をクエンティン・スキナーと共に編集していることが最も知られた仕事であろう。政治的リアリズムに関しては，2008年の『哲学と現実政治』などで論じられている。

（6） ウィリアムズは，シュクラーの「恐怖のリベラリズム」に，そのような喚起の役割を見出している。

（7） 行為の重視や，政治の存在を喚起するなど，ウィリアムズにも，政治の具体的文脈を重視する態度が存在しないわけではない。ここでの違いは，あくまで重点の置き方の違いである。

（8） ただ，政治の契機を見失っていることと，「政治を尊重せず（disrespect），政治を脅かしている（threaten）」というバーデリンの表現にはなお開きがある。バーデリンの表現に従えば，政治はそれ自身尊重されるべき規範的対象である，というニュアンスが込められているが，本稿で主張する，政治の契機に寄り添うことは，政治自体を善とみなすこととは異なる。それと関係して，バーデリンがずらし批判の多くは維持困難と見ているのに対し，本稿では，理論批判の契機をさらに発展させる可能性を追求している。

（9）「政治的なもの」については，森（2014），川崎（2010）を参照。

（10） 実際，ウィリアムズの道徳理論批判（Williams 1993=2011）は，政治という言葉を用いないものの，抽象的な道徳理論が現実を隠蔽してしまうと批判しており，理論批判という点で，後の政治的リアリズムと軌を一にしている。フラスマン（Flathman 2010）が示唆するように，倫理学におけるウィリアムズの議論と，政治的リアリズム論を統一して理解する作業が必要であろう。

（11） 実際，概念が政治の現実を形作るという社会構築主義的な視座から，ゴイスは，現実を理論化することもまた政治の一部であると述べている

（Geuss 2008, 29）。

(12)　ここではフーコー（1999）の整理に大きく依拠している。

(13)　それゆえ，政治的なものの喚起は現在流布する政治概念に基づく実証分析には喚起できない。また，政治的なものの喚起は，政治理論家，政治学研究者に留まらず，一般の人々を名宛人とする。

(14)　他方，ウィリアムズにとり，一般に流布した自明性を揺るがすというニーチェの哲学は，必ずしも歴史に解消されるものではない。政治的リアリズムとの関連で積極的にニーチェを援用するのはゴイスであるが，歴史研究に解消されない哲学的，理論的意義としては，むしろ，ウィリアムズのニーチェ読解に可能性があるかもしれない。しかしながら，ニーチェ論を含むウィリアムズの著作と彼の政治的リアリズムの関係については，別稿を期したい。

(15)　本稿2. 1. で触れたリアリズムの諸潮流のうち，三番目の分類のものが，この可能性を示している。

(16)　むろん，「政治的なもの」は闘技デモクラシー論の専売特許ではない。「政治的なもの」をめぐっては，大きく分けて，(1)既存の政治制度外の実践を重視した，シェルドン・ウォーリンなど，ラディカル・デモクラシー論の系譜，(2)アーレントにおける，人間の複数性に政治の核心を見出す観点，(3)言説や規律化に権力を見出したフーコーや，存在論的な次元に政治的なものを見出したジャン・リュック＝ナンシーなど，ニーチェ以降の大陸思想，(4)それらの影響を受けた，闘技デモクラシー論，などが挙げられる。

(17)　ここで「記述」という言葉を用いて念頭においているのは，闘技デモクラシーの代表的理論家であるコノリーが近年見せている，神経科学や複雑性科学への傾倒である。この動向については，乙部（2011）を参照。

(18)　Honig and Stears (2011) や，田村（2014）など。田村（2014）は，政治的リアリズムが扱う「政治／政治的なるもの」（その内容は，本稿で「政治的なもの」と呼ぶものと大きく重なり合う）についての理解が，闘技デモクラシー論を含むラディカル・デモクラシー論においても展開されていると示唆しており，リアリズムが政治の独自性にこだわるあまり，具体的な判断や行為の次元を特権化してしまうのに対し，ラディカル・デモクラシー論は「政治的なもの」を，その構造――基盤の不在――において把握することを可能にしていると主張される（田村 2014, 67）。また，Honig and Stears (2011) は，ゴイス，ウィリアムズが政治を限定的に解し，また，理念的なものを過度に排斥しているとしたうえで，ラディカル・デモクラシー論者のジェームズ・タリーに「アゴーン的リアリズム」の可能性を見出している。

(19)　Otobe (2013, Conclusion) は，トクヴィルの『アメリカのデモクラシー』が平等を論じる仕方に，ドラマ化と類似の方向性を見出している。

(20)　本稿との観点から指摘しておきたいのは，「ドラマ化の方法」を参照することで見えてくる，哲学とリアリズム政治理論の意外な接近である。そもそも，政治的リアリズムは，普遍的な哲学的理念を個別の現実政治にあてはめる（政治）哲学への批判を大きなモチーフとしていた。つまり，哲学が，あらわれの世界のドクサを超えたイデアという実在（リアリティ）を探求するのに対し，リアリズム政治理論は，あくまで，ドクサの世界の政治という現実を探求しようとしたのである。しかしながら，ドゥルーズは，ドラマ化の方法を，「Xのイデアは何か」というプラトン的な問いの反対にある「ドクサに対するあれこれのマイナーな問い」を投げかけるものだとしている(Deleuze 2002, 132=2003, 198)。つまり，哲学を拒否したかにみえるリアリズム政治理論は，奇しくも，ドゥルーズ的な哲学と類似のアプローチで，あらわれ（ドクサ）の世界に挑むこととなるのである。

参考文献

ウェーバー，マックス（1980）『職業としての政治』脇圭平訳，岩波文庫。

川崎修（2010）『「政治的なるもの」の行方』岩波書店。

フーコー，ミシェル（1999）「ニーチェ・系譜学・歴史」伊東晃訳，小林康夫・石田英敬・松浦寿輝編『ミシェル・フーコー思考集成Ⅳ』筑摩書房。

田村哲樹（2014）「政治／政治的なるものの政治理論」田村，井上彰編『政治理論とは何か』風行社。

田村哲樹，井上彰編（2014）『政治理論とは何か』風行社。

松元雅和（2012a）「政治哲学における実行可能性問題の検討」『政治思想研究』12号，406－433頁。

松元雅和（2012b）「規範理論における「現実」の位置づけ」『社会思想史研究』No.36，127－145頁。

森政稔（2014）『〈政治的なもの〉の遍歴と帰結』青土社。

乙部延剛（2011）「グローバル化とデモクラシー論の現在」『法学志林』109巻1号，33－60頁。

山岡龍一（2013）「逸れグレイハウンドの誇り？―規範的政治理論と経験的政治理論の分業について」『政治思想学会会報』。

Baderin, Alice. 2014. “Two Forms of Realism in Political Theory.” *European Journal of Political Theory* 13(2): 132-153.

Deleuze, Gilles. 2002. “La méthode de dramatization,” in *L'Île déserte. Textes et entretiens 1953-1974*. Paris: Minuit. 131-162.［財津理訳「ドラマ化の方法」,『無人島　1953－1968』河出書房新社，2003年，195－248頁。］

Flathman, Richard. 2010. "In and Out of the Ethical." *Contemporary Political Theory* 9(1): 77-98.

Frazer, Elizabeth. 2010. "What's Real in Political Philosophy?" *Contemporary Political Theory* 9(4): 490-507.

Freeden, Michael. 2012. "Interpretative Realism and Prescriptive Realism." *Journal of Political Ideologies* 17(1): 1-11.

Galston, William. 2010. "Realism in Political Theory." *European Journal of Political Theory* 9(4): 385-411.

Geuss, Raymond. 2001. *Public Goods, Private Goods*. Princeton: Princeton UP.［山岡龍一訳『公と私の系譜学』岩波書店，2004］.

Geuss, Raymond. 2005. *Outside Ethics*. Princeton: Princeton UP.

Geuss, Raymond. 2008. *Philosophy and Real Politics*. Princeton: Princeton UP.

Geuss, Raymond. 2010. *Politics and the Imagination*. Princeton: Princeton UP.

Honig, Bonnie. 1993. *Political Theory and the Displacement of Politics*. Ithaca: Cornell UP.

Honig, Bonnie, and Marc Stears. 2011. "New Realism: from Modus Vivendi to Justice" in *Political Philosophy versus History?*. Cambridge, UK: Cambridge UP. 177-205.

Otobe, Nobutaka. 2013. *Stupidity in Politics: Its Unavoidability and Potential*. Ph.D. Dissertation. Baltimore: Johns Hopkins University.

Philp, Mark. 2007. *Political Conduct*. Cambridge, USA: Harvard UP.

Philp, Mark. 2010. "What is to be Done?." *European Journal of Political Theory* 9(4): 466-484.

Rawls, John. 1993. *Political Liberalism*. New York: Columbia UP.

Sleat, Matt. 2010. "Bernard Williams and the Possibility of a Realist Political Theory." *European Journal of Political Theory* 9(4): 485-503.

Sleat, Matt. 2014. "Legitimacy in Realist Thought: Between Moralism and Realpolitik." *Political Theory* 42(3): 314-337.

Stears, Marc. 2005. "The Vocation of Political Theory." *European Journal of Political Theory* 4(4): 325-350.

Waldron, Jeremy. 2013. "*Political* Political Theory." *Journal of Political Philosophy* 21(1): 1-23.

Williams, Bernard. 1993. "Nietzsche's Minimalist Psychology." *European Journal of Philosophy* 1(1): 1-14.

Williams, Bernard. 2013 (1985). *Ethics and the Limits of Philosophy.* London: Routledge［森際康友，下川潔訳『生き方について哲学は何が言えるか』産業図書，1993年］.

Williams, Bernard. 2005. *In the Beginning was the Deed: Realism and Moralism in Political Argument*. Princeton: Princeton UP.

セキュリタイゼーションと政治的時間の諸相

——保護する責任（R2P）概念の変遷を一事例として——

高澤洋志＊

要旨：本稿の目的は，近年，国際政治の重要な主題となっている「保護する責任（R2P）」概念およびセキュリタイゼーションの議論を手掛かりに，政治的時間の諸相を明らかにすることである。R2P 概念は2001年に有識者委員会によって提唱されたが，国連での受容が進む過程でその内容が大きく修正され，現在，国連事務総長報告書（2009年）における概念規定が国際的な共通理解となっている。本稿は，セキュリタイゼーションの理論的視座から2001年および2009年の R2P 概念を比較することで，「時間」と権力および政治の関係，すなわち時間・権力・政治のトリアーデを考察する。この考察から明らかになるのは，R2P 概念の変遷とともに，同概念の基盤となっていた時間・権力・政治の関係が，「政治的時間の構造化による権力の制御」から「政治的時間の脱構造化による権力の伸張」に転換したということである。最後に，本稿の明らかにした政治的時間の諸相が現在の政治状況にいかなる示唆を有するのか，簡単に触れる。

キーワード：セキュリタイゼーション，政治的時間，保護する責任（R2P），時間の構造化／脱構造化，権力の制御／伸張

はじめに

日本は戦後70年を迎え，安全保障政策の岐路に立っている。2014年７月１日の「切れ目のない安全保障法制の整備」に関する閣議決定を受け，2015年４月27日に「日米防衛協力のための指針」が提出された[1]。同指針が「平時から緊急事態までのいかなる段階においても，切れ目のない形で」日

＊　東京大学大学院総合文化研究科国際社会科学専攻グローバル共生プログラム博士後期課程　国際政治思想

本の安全を守ると述べているように，新たな政策の鍵となる「切れ目のない」という語は，端的に言えば，恒常的にに安全保障上のリスクに対応することを意味している。確かに，国内／国際，テロ／戦争，平時／有事等の境界が曖昧になりつつある現在の安全保障環境において，そのような対応は必要かもしれない。しかし，「憲法や法律に定められた要件や手続きを軽んずる空気を権力内部に醸成させ，軍事的合理性の突出が常態化につながる危うさをはらむ」という警鐘も看過し得ない[2]。法と権力のバランスは政治学の最大の問いの1つだが，上記の警鐘には，政治的実践において決定的に重要でありながら，政治学が十分に検討していない問いが潜んでいる。はたして，切れ目のない安全保障政策は時間と権力および政治の関係にいかなる示唆を有するのか。

本稿は，この時間への問いに答える第一歩として，政治的時間の諸相を明らかにする。具体的には，近年，国際政治の重要な主題となっている「保護する責任（responsibility to protect: R2P）」概念と「セキュリタイゼーション（securitization）」の議論を手掛かりとする。R2P概念は2001年に「介入と国家主権に関する国際委員会（International Commission on Intervention and State Sovereignty: ICISS）」報告書（以下，ICISS報告書）[3]で提示され，「国家および国際社会が重大な人道危機から人々を保護する責任を負う」という理念を核心とする[4]。その内容や含意には未だ見解の相違があるが，紆余曲折を経て，現在，2005年の世界サミット成果文書[5]と2009年の潘基文国連事務総長報告書『保護する責任の履行』（以下，SG報告書）[6]が国際的な共通理解の基礎となっている。R2P概念は上記の様々な境界をまたぐ理論的射程を有するのみならず，ICISS報告書とSG報告書が対照的な時間認識を基盤としていることから，同概念の変遷を考察することで政治的時間の諸相に関する有意義な洞察を得ることができる。さらに，以下で論ずるように，R2P概念はセキュリタイゼーションの論理構造と親和的であり，セキュリタイゼーションの理論的視座を活用することで，同概念に内包されている時間と権力および政治の関係を浮き彫りにし得る。

以上から，本稿は次のように議論を進める。1節では，政治における時間の意味と，本稿におけるセキュリタイゼーションの意味を確認する。ここでは，政治的時間へ焦点を絞っていき，いかなる問いが問われるべきかを示す。また，発話行為論的セキュリタイゼーション（以下，S［A］）と社会学的セキュリタイゼーション（以下，S［S］）を区別する。2節および3節では，R2P概念の変遷を事例にS［A］とS［S］の交錯を明らかにする。ICISSが同概念を提示した後，国連での受容が進む過程でその内容は大きく修正された。重要なのは，世界サミット成果文書を下敷きとしたSG報告書がICISS報告書と対照的な論理構造を有し，両報告書の間でR2P概念と時間の関係が根本的に転換している点である。そこで2節では，まずICISS報告書がS［A］と合致し，「政治的時間の構造化」を志向していたことを明らかにする。次に3節で，SG報告書が「政治的時間の脱構造化」への反転を含意し，同報告書におけるR2P概念がS［S］に合流していることを明らかにする。4節は，まとめとして，セキュリタイゼーションがS［A］を経てS［S］へと展開し，その過程で時間・権力・政治の関係が反転していることを再確認する。そして，本稿から浮かび上がる政治的時間の諸相の理論的含意に若干の考察を加え，結論に代える。

1．問題の所在と理論的視座

1）政治的時間への問い――時間・権力・政治のトリアーデ

政治における時間とは何か。周知の通り，時間に関する哲学的・社会学的研究には既に一定の蓄積がある[7]。しかし，時間が空間と並んで我々の個人的および集団的生活を形成する根本的な要素であることに鑑みれば，時間に関する研究の蓄積は過少と言わざるを得ず，政治学においては尚更である。では，なぜ政治学では蓄積が不十分で，いかなる問いを立てる必要があるのか。以下では，政治的時間に焦点を絞り，時間と権力および政治の関係を概観する。

R・ハッサンによれば，政治学が度外視している基盤（unthought foundations）の最たるものは政治的時間である[8]。その原因の一端は時間の抽象化にある。時計の発明後，近代は機械的・自然的な時間概念を基盤としてきた。つまり，世界中どこでも常に一定の速度で持続し，分割・計量可能で，異なる時と場所で尺度として利用可能な抽象化された時間である。そして，この人工的な時間が時間そのものと見なされることで，時間は自然的・外在的な与件として後景に退いていく。とりわけ第2次大戦後，時空を超えて一般化可能な因果関係の探究が社会科学の主眼に置かれたことは，この抽象化と軌を一にしている。国際／政治学では時間論はほとんど論じられず，過去から未来へ直進する直線的な時間や，過去の出来事が繰り返される反復的な時間が前提されている[9]。なるほど，P・ピアソンは政治を時間の中に置くことを主張したが，彼が着目したのは政治過程の文脈をなす時間の経過であり，これは上述の抽象化された時間に他ならならない[10]。

問題は多くの研究が政治的時間を問う視点を欠いていることである。ここで言う「政治的」の意味の考察には，ギリシア神話に由来するクロノス／カイロスという一対の時間概念が手掛かりとなろう。クロノス（chronos）は英語の chronicle（年代記）等の語源で，上記の時間概念と同様，一定速度で流れる通常の時間を意味するが，適切な時（appropriate time）を意味するカイロス（kairos）は通常の時間の流れに介入し，変化を起こし，新たな時間を切り開く，例外的な行動の機会を表す[11]。K・ハッチングスによれば，政治的時間は両者の交錯によって成り立ち，単一の定義を与え得るものではなく，政治判断と関わる間主観的な時間概念である[12]。つまり，政治判断・決断・行動を通して時間の流れを区切り，方向付け，再開する契機，およびそれによって生じる多様かつ多層的な時間の流れが政治的時間を構成する[13]。換言すれば，政治的時間とは政治の中に組み込まれた時間である。

具体的に言うならば，人道的介入はクロノスとカイロスの交錯が鮮明になる典型的な事例であろう。近年，正戦論への関心が高まっているが，その多くは人道的介入の決定に関する普遍的な規則・原則をめぐる法的・哲学的研究である。しかし，人道的介入が要請される事態は一定の速度で直線的に進行していくわけではない。実際に介入する場合，特定の時と場所において，刻一刻と状況が変わり，普遍的な規則の要求する条件が満たされるかどうか不確実な中，時機を逸さないように決断・行動しなければならない。つまり，抽象化された時間を前提とする理論と，具体的な状況下で実行される実践の乖離が問題となり，両方の視点を含む実践的な思考および政治的時間への着目が不可欠となるのである[14]。

このような時間と政治に関する近年の研究の多くは，これまで看過されてきたカイロスと，カイロスのクロノスへの介入に注目してきたが，国際／政治学において未だ十分には問われていない疑問もある。政治的に構成されたクロノスは，反対に，政治判断や権力行使にいかに影響するのか。実際，我々の社会では多数の日程や時間割，期限や時間枠が制度化・構造化されている。一定の工程に配分され，一定の期間に分割されたクロノスがカイロスの産物であるならば，上述のような人道的介入の研究とは反対の視点から，クロノスがカイロスの前景化に及ぼす影響を検討する意義もあるだろう[15]。また，その際，重要なのは時間と権力の関係である。いかなる政治判断・権力によって特定のクロノスが構造化され，その結果，いかに政治過程・権力行使が制御され，方向付けられるのか。これらの問いに関する国際／政治学の研究は未だ少ない[16]。本稿はその端緒を開くため，政治的時間と政治判断および権力行使の関係，すなわち時間・権力・政治のトリアーデについて考察を進める。

2）国際政治学における２つのセキュリタイゼーション

セキュリタイゼーションとは，端的に言えば，以前は安全保障上の問題として扱われていなかったイシューが，安全保障上の問題として扱われるようになる過程および現象である。近年，国際政治学において関心が高まっているが，その理由はセキュリティという語の適用範囲が拡張されたことにある。かつて安全保障研究の関心は国家間の軍事戦略や外交政策等，比較的狭い領域に限定され，追求すべきセキュリティとは第一義的に国家の安全であると理解されていた。しかし，冷戦終結とともにセキュリティの射程は急拡大した。安全保障上の問題となり得るイシューは経済，人権・人道，環境分野に及び，多様な行為主体が安全の確保に参画するようになった[17]。ただし，セキュリティの射程の拡張はその限界をどこに定めるべきかという論争も呼ぶこととなった。そこで，あるイシューが安全保障上の問題となり，他がそうならない理由を説明する「セキュリティの内在的な論理（the logic of security itself）」を示すため，セキュリタイゼーションという分析視角が提示されたのである[18]。

この分析視角を提示したのはO・ヴェーヴァー（Ole Wæver）等である[19]。次節で説明を加えるが，重要なのは，彼らがオースティンの発話行為論[20]を応用している点である。オースティンによれば，約束や警告，宣言等の発話は，それ自体，一定の効力を持つ行為の遂行でもある（発語内行為）。例えば，聖職者がある２人の結婚を宣言することは，結婚を実現する行為でもある。敷衍すれば，セキュリタイゼーションとは，あるイシューを安全保障上の脅威として提示することで，それが実存的な脅威と認識され，安全保障問題として対処されるようになる過程と言える。ヴェーヴァー等の議論は実際にはより幅広い内容を含むが，もう１つのセキュリタイゼーションの議論との対比において際立つのは，この短期的な分析視角である。そこで本稿では，この短期的な安全保障問題化の過程および現象を発話行為論的セキュリタイゼーション（S［A]）と呼ぶ。

他方，ヴェーヴァー等の議論への批判的応答として，その分析射程を拡張する議論がある。D・ビーゴ（Didier Bigo）やT・バルザック（Thierry Balzacq）は，ブルデューのハビトゥス論やフーコーの統治性および安全装置に関する議論を援用し，社会学的視座からセキュリタイゼーションの理論化を図っている[21]。バルザック等によれば，発話行為による脅威の現実化という局面だけでなく，様々な主体間の言語的または非言語的実践・相互行為を通して脅威が社会的に共有されていく過程や，その脅威に対処するための政策や実践が日常化し，制度や官僚組織が整備され，それらが徐々に統治技術に取り込まれていく過程を見逃してはならない。つまり，あるイシューが社会的な相互行為を経て安全保障問題として認識されるとともに，その問題への対処が制度化・習慣化し，社会へ浸透していく中長期的な過程が，ヴェーヴァー等の視野からは外れてしまうのである[22]。このような分析視角によって可視化し得る安全保障問題化の過程および現象を，本稿では社会学的セキュリタイゼーション（S［S]）と呼ぶ。

本稿は上述の相違を基に考察を進めていくが，S［A］とS［S］は必ずしも完全に分離し得るわけではない。両者は異なる分析視角から見出される過程であり，ほとんど交錯しない場合もあれば，相互補完的にセキュリタイゼーションを促進する場合もあるだろう。しかし，国際政治学において，セキュリタイゼーションという理論的視座からR2P概念や人道的介入が論じられる場合，ほとんどはS［A］に関心が集中し，S［S］およびS［A］／S［S］の交錯にまで研究の射程が拡張されてこなかったのも事実である[23]。そこで本稿は，当初，人道危機への強制的な介入（対応）を中心としていたR2P概念が，国連での受容が進む過程で人道危機のリスク監視・管理（予防）へと重心を移してきた点に着目し，S［A］からS［S］への展開および両者の交錯から浮かび上がる政治的時間の諸相を明らかにする。

2．政治的時間の構造化による権力の制御

1）ICISS 報告書の R2P 概念と発話行為論的セキュリタイゼーション（S［A］）

本節では，ICISS の提示した R2P 概念が S［A］の論理構造と合致し，時間・権力・政治のトリアーデの1つの型である「政治的時間の構造化による権力の制御」を基盤としていることを示す。まず，ヴェーヴァー等の議論の構図を確認しておこう。彼らはセキュリティ／タイゼーションと政治の関係を次のように説明する。セキュリティは，安全保障に関する自己言及的な実践で，政治を既存の規則を越えた領域（政治を越えた政治）へと引き上げる動きである。そのため，セキュリタイゼーションは政治の極限化（a more extreme version of polticization）と言える。ただし，彼らは両者を連続的に捉える一方で，明確に対置してもいる。彼らによれば，あるイシューが安全保障問題化されるということは，それが実存的な脅威として提示され，通常の政治手続きの限界を超えた緊急措置が正当化されることである[24]。つまり，既存の規則の枠内で行われる通常の政治と，その枠を越えた例外的な措置が許される緊急事態の政治（panic politics）を区別し[25]，S［A］とは前者から後者への移行だと論じているのである。

上記のような政治／セキュリティ，通常／例外，規則／緊急措置という二項図式や，一方から他方への移行局面への着目[26]，例外的状況を広い意味における政治の一部に位置付ける論理構造は，カール・シュミットを彷彿とさせる。ただし，ヴェーヴァー等とシュミットの決定的な相違は看過すべきではない。前者は政治からセキュリティへの移行を発話行為で説明するが，後者は例外状態への移行を主権者の決定に還元している。ヴェーヴァー等が論ずるように，S［A］は推進者（発話者）と人々（聞き手）の交渉を経て成立するため，発話者による脅威の提示が聞き手に受け入れられる必要がある[27]。他方，シュミットにとって例外状況に関する決定は主権者が専有し，必ずしも他者の受容を必要としない[28]。つまり，S［A］は規則に従って行われる通常の政治の枠内に留まるのに対し，シュミットの決定は通常の政治の枠外から下される決断である。

国際政治上，S［A］が顕著に示されるのは国連安保理による「平和と安

全に対する脅威」の認定および強制措置の決定（国連憲章７章）においてである。安保理はあるイシューを平和と安全に対する実存的な脅威と認定することで，加盟国の主権に付随する権利を停止し，内政不干渉原則という通常の規則に縛られない例外的な措置を認可し得る（憲章39条）[29]。つまり，安保理の発話行為によって，国家主権と内政不干渉原則に基づく通常の政治から，介入という例外措置も容認される緊急事態の政治へと移行し得るのである。ここでも，安保理の決定とシュミットの決定の相違は重要である。安保理は常任および非常任理事国15カ国からなる合議体であり，ある主体が決断によって決定を下すことはできない。つまり，安保理は通常の政治の枠内で意思決定を行い，その決定はＳ［A］の典型と言える。

ICISS が R2P 概念を提唱したのは，冷戦終結後，セキュリティの射程の変化とともに生じてきた問題に対処するためであった。1990年代になると，一国内で生じた人道危機が「平和と安全に対する脅威」と認定されるようになった。1992年のソマリア内戦に関する安保理決議794がその最初の例であり，国連憲章７章下の強制措置が認可された。その後，旧ユーゴ，ルワンダ，コソヴォ等の紛争でも人道危機が脅威と認定され，いまや人道危機が安全保障上の問題となり得ることは広く了解されている。しかし，こうした変化にもかかわらず，国際社会は常に有効に対処できたわけではなかった。ルワンダやスレブレニッツァでは強制的な介入を躊躇したために虐殺を防げず，コソヴォでは安保理の授権なしに武力介入が敢行された。アナン国連事務総長は，このような介入のジレンマを乗り越えるため，主権概念を国家より個人（人権および基本的自由）を中心とした理解に刷新し，普遍的かつ正当な原則に基づいて介入を行う必要があると主張した[30]。そして，ICISS は彼の問題提起に応えるため，国家主権の本質は「支配（control）」ではなく人々を保護する「責任」にあると捉え直し，国家がその責任を果たさない場合に強制的な介入を正当化し得る条件を明確にしようとしたのである[31]。

重要なのは，ICISS が「安保理の決定」を中核に論理を組み立てた点である。ICISS は，上記の目的と同時に，介入（決定）の最適な主体である安保理をよりよく機能させることを意図していた[32]。ICISS によれば，R2P には３つの段階――人道危機を未然に「予防」する責任，危機時に「対応」する責任，対応後に「再建」する責任――がある。また，ICISS は対応に含まれる軍事介入を例外的な非常手段とし，予防措置を尽くす前に介入を検討すべきではないとしているが[33]，予防を重視する一方で，「R2Pは何よりも対応する責任を意味する」と述べ[34]，介入の決定に関する諸原則——正当な原因（just cause threshold），正当化原則（precautionary principles），正しい権威（right authority）——を提示し，安保理の役割と権限を再確認することに力点を置いている。要するに，ICISSのR2P概念の論理構造とは，通常の政治の枠内にある予防を重視するが，予防が失敗した場合，規則に即した安保理の決定を経て，軍事介入に移行するという通常／例外の二項図式である。さらに，予防から対応への移行局面に最大の関心がある点もS［A］の論理構造と合致している。

2）ICISS報告書のR2P概念と「政治的時間の構造化」

では，上述のR2P概念とS［A］の論理構造にはいかなる時間・権力・政治の関係が内在しているのか。S［A］の焦点は通常の政治からセキュリティの政治への移行にあるが，その論理的な帰結は，例外措置によって緊急事態が収束すれば，事態は通常の政治の枠内に回帰するということである。この時間的推移の構造はICISS報告書に明瞭に組み込まれている。ICISSのR2P概念は人道危機の予防・対応・再建（再建後には再び予防へ移行）という3段階からなる。つまり，例外措置が許されるセキュリティの領域あるいは「対応」の期間は，「予防」と「再建」に挟まれた一定の時間枠に限定されているのである。

さらに，ヴェーヴァー等がセキュリティは通常の政治の失敗であるとし，セキュリタイゼーションよりも脱セキュリタイゼーション（セキュリティから通常の政治への移行）に規範的価値を置くように[35]，S［A］の議論においては，セキュリティの期間を最小限に抑えることが重視されている。この点はR2P概念も同様である。ICISSが予防の重要性を強調していたように，同概念は必要な場合に実効的な介入を行えるよう主権概念の理解を刷新する一方，予防から対応への移行に関する諸原則を提示することで，その移行および例外措置の実施をルールによって制御しようとしていた。換言すれば，通常の規則に縛られない権力行使が可能となるセキュリティの期間を最小限確保しつつ，それを通常の規則に即した政治の期間と明確に区別し，両者間の移行を規則によって制御することで，政治判断と権力行使に時間枠を組み込むということである。いわば，ICISS の R2P 概念は「政治的時間の構造化による権力の制御」という基盤の上に組み立てられていたのである。

実際，必要性を根拠に規則を越えた権力を是認しつつ，その期間を限定することで権力を制御し，政治の全体的な破綻を防ぐという手法は，古くからある時間・権力・政治のトリアーデの１つの型である。ここでもシュミットが参考になる。彼は例外状態と密接に関わる「独裁」を歴史的かつ理論的に論じ，委任独裁と主権独裁を区別している。彼によれば，独裁とは例外状態であり，具体的成果の達成のみを追求する手続きの支配を意味する[36]。ただし，古代ローマが発明した制度的な独裁は，危機的状況を除去するために，現行法に従って独裁官が任命され，現行法が一時停止されるが，あくまで独裁官の任期を定めた委任独裁であった[37]。これに対し，近代に登場する主権独裁は，概念上，主権者自身が現行法に依拠せずに行う独裁で，現行法を停止するのではなく，それを除去し，新たな法秩序全体を作り出すことを目的とする[38]。この事実的な独裁は，本来，目的の達成とともに終了するはずだが，その期間は定められず，半永久的に延長され得る。換言すれば，例外状態が常態化し得るのである。つまり，ここで注目すべきは，「時間」が権力と政治の関係を制御する装置として機能するということであり，ICISS の R2P 概念は委任独裁に類する時間・権力・政治の組合せを基盤としているということである。

以上，時間・権力・政治のトリアーデを念頭に，ICISS の R2P 概念および S［A］の論理構造を確認した。同概念は国際政治の通常の規則を越える強制的な介入の実行を正当化し得るが，同時に，介入を制御するための時間的限定と S［A］に関するルールの明確化を組み込んでいた。つまり，ICISS の R2P 概念とは，安全保障上の例外的な権力行使を時間的に枠付けられた一定の期間に限定し，介入の決定に関する諸原則によって，通常の政治の枠内でセキュリティの領域への移行を制御するものであった。いわば，例外的な権力行使を一定の限度内に制御するため，政治的時間を構造化し，例外的な期間への移行に関する政治判断をルール化することによって，時間・権力・政治のバランスが図られていたのである。

3. 政治的時間の脱構造化による権力の伸張

1）SG 報告書の R2P 概念と社会学的セキュリタイゼーション（S［S］）

上述のようにICISS報告書のR2P概念は通常／例外を明確に区切る時間的推移の構造を基盤としていたが，同概念には当初より懐疑的見解が強く表明され，その内容は国連での議論を経て大きく修正された。懐疑的見解が噴出したのは，一方で，ICISS報告書が主権概念の再解釈と介入のルール化という急進的な提案を含んでいたことに加え，同報告書の提出後ほどなくしてイラク戦争が人道的な理由によって正当化されたためであり，他方で，安保理常任理事国を中心に安保理の決定がルールによって縛られることに否定的なためであった[39]。2005年の世界サミット成果文書はその帰結を表しており，R2P概念の重心は国家主権と相克する人道危機時の介入（対応）から，国家主権の強化と国際的支援を通した人道危機の予防へと移され，介入の決定に関する諸原則は削除された。この転換に対する評価は様々だが，本稿にとって重要なのは，ICISS報告書で明確にされていた予防・対応・再建という時間的推移の構造がほぼ解体されたこと，そして，予防から対応への移行局面，すなわち，S［A］の過程とルール化への関心が大きく削がれたことである。

世界サミットにおける合意は2009年に潘基文が提出したSG報告書に反映されている。その特徴は，ICISSがR2P概念を予防・対応・再建という３段階で構成したのに対し，同概念を「３つの柱」に再構成した点にある。SG報告書によれば，第１の柱は「国家の保護責任」で，各国が領域内の人々を保護する持続的な責任を意味する。第２の柱は「国際的な支援と能力構築」で，各国が責任を果たせるように支援する国際社会の責任である。この第１および第２の柱は人道危機の予防に関わる。第３の柱は「適時かつ断固とした対応」で，国家が責任を果たせない場合，国連加盟国が適切な時（timely）に断固とした方法で対応する責任である。第３の柱はICISS報告書の対応と重なるが，SG報告書は，対応は武力介入に限定されず，平和的手段等の広範な手段を含むと強調している[40]。

上記の再構成は本稿にとって看過し得ない変化を伴っていた。SG報告書によれば，第３の柱は適切な時に実施されるべきで，各々の状況に合わせ，様々な手段を早期かつ柔軟に用いるべきである[41]。3つの柱はいつでも使い得るように用意されていなければならず，早期かつ柔軟な対応の戦略において，ある柱から別の柱へ移行する定められた順序は存在しない[42]。また，各国は場所と時間に関係なく（everywhere and at all times）責任を負い，問題はどの手段をどの時点で用いるのが最適かということである[43]。結果的に，R2P概念の時間的推移の構造はほぼ解体され，予防から対応への移行局面への着目，および介入の例外措置という位置付けが希薄化し，S［A］の論理構造と合致しなくなっているのである。

むしろ，潘基文の定式化はS［S］に合流している。S［S］は，あるイシューが社会的な相互行為を経て安全保障問題として認識されるとともに，その問題への対処が日常化・制度化し，社会へ浸透していく過程および現象である。そのため，S［S］はS［A］とは対照的に，通常の政治における日々の官僚的な実践とともに進行する[44]。S［S］の理論的基盤となっているのは，フーコーの統治性（governmentality）論である。彼によれば，統治性とは統治権力を発展させる傾向を指し，同権力は人口を主要な標的とし，政治経済学を知の主要な形式とし，安全装置を本質的な技術的道具とする諸制度・手続き・分析等の全体によって行使される[45]。また，統治性は良い国家秩序を維持し，国力を増強する諸手段の総体としての内政（police）とともに発展してきたのであり[46]，官僚組織と内政の発達がその中核をなしている。

本稿との関連で重要なのは，S［S］の進行が専門家の国境横断的ネットワーク，そのネットワークを活用したリスクの監視・管理（policing），そのための知識・技術・装置の発展に見出せることである[47]。主に世界サミット以後，人道危機への対処策として国連・国家・市民社会のネットワークからなるグローバルな早期警報・対応制度の構築が重視されるようになってきている[48]。早期警報とは，人道危機をもたらす虞のあるリスクについて情報収集・分析を行い，人道危機の発生を未然に防ぐ，安全保障上のリスク監視装置である。さらに，人道危機が発生してしまった際には，早期かつ柔軟な対応をとるため，収集した情報と分析を意思決定者に提供する，早期対応あるいはリスク管理の基盤的装置でもある[49]。この早期警報制度の発展がSG報告書のR2P概念とS［S］の合流を明示している。

実際，早期警報はR2Pの実践にとって重要な要素と考えられており，国連事務局という官僚機構に徐々に組み込まれている。国連は早期警報を任務の一端とするジェノサイド予防担当事務総長特別顧問（Special Adviser on Prevention of Genocide: SAPG）とSAPGオフィスを2004年に新設し，世界サミット成果文書は早期警報の必要性とSAPGへの支援を明記している[50]。2009年と2010年のSG報告書はSAPGとR2P担当事務総長特別顧問（Special Adviser on the Responsibility to Protect: SAR2P）の共同オフィスの設置を主張し，2010年末にSAPG／SAR2P共同オフィスの設置が承認された。同共同オフィスは早期警報の「分析枠組み」（2009年策定，2014年改訂）を用いて情報収集・分析を行っている[51]。また，同制度は国連事務局内で完結しているわけではなく，現在，各国政府や市民社会組織も含めた国境横断的なネットワークが発展しつつある[52]。

以上のように，2001年以降，R2P概念の重心は安保理の決定を中核とする例外的な「対応」から，官僚的な組織・ネットワークによる日常的な「予防」へと変遷してきた。さらに，人道危機の恒常的なリスク監視・管理という観点から，現在，予防と対応の区別は希薄になり，論理上は場所と時間に関係なく，早期かつ柔軟に対応し得る体制・技術・装置の構築が目指されている。その顕著な例が早期警報である。つまり，SG報告書はR2P概念の日常化・制度化を促し，S［S］に合流する方向性を示している。視点を変えれば，早期警報の発展は政治判断および権力行使の時間的枠付けの希薄化，いわば「政治的時間の脱構造化」を含意しており，ICISS報告書が依拠していたのとは全く異なる，時間・権力・政治のトリアーデの型への転換を表している。

2）SG報告書のR2P概念と「政治的時間の脱構造化」

時間・権力・政治のトリアーデの観点から見れば，SG報告書はICISS報告書とは対照的な方向性を示している。いわば，政治判断と権力行使の時間的枠付けを解体する「政治的時間の脱構造化」である。では，この反転はいかなる含意を有しているだろうか。まず，通常／例外の時間的推移の構造が希薄化されることによって，セキュリタイゼーションの時間的限定がなくなる。そして，人々を保護するための早期警報・監視が恒常的に実施され，むしろ空間と時間を管理すること（policing）によってその目的が追求される[53]。換言すれば，監視という予防措置は政治／セキュリティの期間の区別を曖昧にし，安全保障上のリスク監視・管理を常態化していくのである。これはヴェーヴァー等の言う脱セキュリタイゼーションの過程ではなく，ビーゴ等の着目する日常的な安全保障問題化（S［S］）であり[54]，セキュリタイゼーションの常態化である。結果的に，世界サミット成果文書以後のR2P概念においては，S［A］の過程とルール化への関心は大きく削がれることとなった。

この反転を例証しているのが，ブラジルが提案した「保護中の責任（responsibility while protecting: RwP）」をめぐる議論である。2011年のリビア介入は安保理がR2Pに言及して強制措置を認可した初の事例であり[55]，同概念の展開上，画期的であったが，一方で，同概念が本来の目的を超え，リビアの「体制変革」のために恣意的に濫用されたという厳しい批判を呼んだ。このような批判によって同時期に進行していたシリア危機への国際的な対処が難しくなる中，提示されたのがRwPである。ブラジルは，明確なルールに基づいてR2Pを実践するため，予防から対応へと時間を追って順に（chronological sequencing）対処策が講じられるべきだと主張し，ICISSと同様の武力行使の判断基準を改めて提示した[56]。

しかし，国連でRwPが議論された際，多くの国はそのルール化に消極的な姿勢を見せ，E・ラック（Edward C. Luck）SAR2Pは，SG報告書に則り，厳密な順序に従った対処は難しいと述べた[57]。国連における議論の焦点は，介入に関する政治判断をルール化するか，安保理に広い裁量を認めるかであったが，結果的に2012年のSG報告書は後者を採用した。同報告書によれば，RwPの本質は「正しいことを，正しい場所で，正しい時に，正しい理由で行うこと」であり，そのために早期警報を基にした早期かつ柔軟な対応が必要で，安保理には適切な行動を決定する広い裁量が与えられている[58]。つまり，時間的推移の構造と介入の規則より，「正しさ・適切さ」に関する安保理の政治判断の自由を重視したのである。

安保理の裁量の重視は，介入＝例外措置という位置付けの希薄化と，その帰結としての権力の伸張を含意している。ICISSは武力介入を例外的な非常手段としていたが，SG報告書は最終手段（last resort）とし[59]，ここで言う「最終」とは「安保理における熟考の結果，平和的手段では不十分だと判断される場合」を指す[60]。また，同報告書は武力行使をR2P実施の一手段と位置付け[61]，包括的な戦略の一部と考えるべきだとしている[62]。

さらに，第3の柱の最大の目的は，各国のR2P実現を支援または説得すること，換言すれば，強制力を背景に予防の実効性を高め，対応を不要にすることとしている[63]。これは，強制措置が対応だけでなく，それを担保にした予防・抑止にも利用されるということを意味する。つまり，SG報告書は通常／例外の区別および介入の例外措置としての位置付けを希薄化し，また，安保理に大きな裁量を与えることで，その権力行使の時間的制約を取り除くのである。

以上からSG報告書は，ICISS報告書と対照的に，「政治的時間の脱構造化による権力の伸張」を基盤としており，政治判断と権力行使の恣意化を促す可能性がある。SG報告書は予防・対応・再建という時間的推移の構造を解体し，S［S］の進行を表す早期警報体制の構築を重視している。早期警報とは，人道危機につながる虞のあるイシューを常に安全保障上のリスクとして監視し，通常の政治に人道危機の予防のための政策・実践を組み込んでいく制度である。その一方でSG報告書は，人道危機への対応はルールより安保理の政治判断に従って，適切な時に早期かつ柔軟に行うべきだとしている。つまり，早期警報体制による常態的なリスク監視を基盤として，安保理が適切だと判断した時に介入が実施され得る。これは単に武力行使のハードルが下がるというだけでなく，介入の決定に際して政治的利害関心の影響する余地が大きくなり，人道危機への対処がより選別的・恣意的になる危険性もあるということである。要するに，当初，ICISS報告書のR2P概念は時間とルールによる権力・政治の制御を基盤としていたが，同概念の変遷の過程で，権力行使を時間的および客観的に限定・制御するための装置が取り除かれていったのである。

4．セキュリタイゼーションの交錯と政治的時間の諸相 ——結論に代えて

1）R2P概念，セキュリタイゼーション，政治的時間

本稿はR2P概念の変遷を手掛かりに，時間・権力・政治のトリアーデを考察してきた。以下では，セキュリタイゼーションの交錯と政治的時間の諸相に関する理論的な概括を行い，結論に代えたい。本稿から浮かび上がってきたR2P概念の変遷と，その変遷に内包されているセキュリタイゼーション（S［A］およびS［S］）の交錯を再確認し，最後に，政治的時間の

諸相を解明することからいかなる理論的含意が引き出されるか，切れ目のない安全保障政策との関係を含め，若干の考察を加える。

R2P概念を提示したICISS報告書はS［A］の論理構造と合致し，通常の政治と緊急事態（セキュリティ），予防と対応の期間を明確に区切ることで，セキュリタイゼーション，権力行使および政治判断に時間枠を組み込むこと，すなわち政治的時間の構造化を含意していた。換言すれば，セキュリティ／タイゼーションの期間を時間的に制限し，政治判断と権力行使を規則によって制御するという時間・権力・政治のトリアーデを基盤としていた。重要なのは，「時間」が強制的な権力行使を一定の条件下で正当化するのと同時に，その権力行使を制御するための装置として組み込まれていたということである。つまり，ICISSのR2P概念とは，以前は安全保障上の問題と見なされていなかった人道危機を，必要最小限の期間だけ安全保障問題として扱い，国家主権を超える権力行使を例外的に可能とするものであった。

しかし，ICISS報告書の提出後，R2P概念が修正されていく過程で，時間・権力・政治の関係は反転した。世界サミット成果文書を基に同概念を再構成したSG報告書はS［S］と合流し，政治判断と権力行使に係る時間枠＝制御装置を取り除くこと，つまり政治的時間の脱構造化を含意していた。この脱構造化を可能にするのが早期警報・監視制度の発展と，それに伴う通常（予防）／例外（対応）の区別の希薄化である。早期警報は人道危機のリスクを安全保障上の問題として通常の政治に浸透させ，セキュリタイゼーションを常態化する一方，強制的な権力行使の適切な時を決定するための装置でもある。人道危機への早期かつ実効的な対処のために，「時間」による権力の制御よりも政治判断と権力行使の柔軟性が重視され，その結果，国家主権を超える権力の伸張が促されるとともに，人道危機への対処が選別的・恣意的になる可能性がある。

以上のように，ICISS報告書とSG報告書は時間・権力・政治の関係において正反対の方向性を含意しているが，ここで着目すべきは両者が不即不離の関係にあり，セキュリタイゼーションが前者を経て後者へ展開している点である。R2P概念の変遷に付随するセキュリタイゼーションの進展は，まず例外的な権力行使を一時的・限定的に可能にすることから始まり，国家主権の本質を「責任」と捉えなおす「主権概念の再解釈」と，例外的な権力行使を制御する「介入の規則および時間枠」を前提としていた。しかし，SG 報告書が後者の「規則および時間枠」を取り除き，恒常的に安全保障上のリスクを監視する「早期警報の発展」を促すことで，規則と時間による権力行使の限定は緩められ，セキュリタイゼーションは常態化の方向へ進展している。つまり，政治的時間の脱構造化と S［S］は，政治的時間の構造化によって例外的な権力行使が限定的に可能となった後，その限定を緩めることによって進展するという意味で，政治的時間の構造化と S［A］を前提としているのである。

上述の変遷を，クロノス／カイロスの交錯という観点から再確認すれば，次のようにまとめられるだろう。ICISS 報告書は介入という例外的な政治行動および権力行使の契機（カイロス）を政治の一部に位置付ける一方，時間的推移（クロノス）を構造化し，介入の決定に関する一般化された諸原則を明示することで，カイロスを一定限度内に制御しようとするものであった。他方，SG 報告書は恒常的な監視および早期かつ柔軟な対応を重視することで，時間的推移の構造を後景化し，時間を政治過程から外在化した。つまり，クロノスの構造化による政治判断および権力の制御は度外視され，あらゆる時点（at all times）において通常の政治の枠内での予防が図られるとともに，安保理の自由裁量に基づく政治判断を根拠にカイロスが前景化し得るのである。

2）政治的時間の脱構造化の含意と展望

では，政治的時間の脱構造化は実践上いかなる含意と展望を有するのか。R2P 概念の文脈で言えば，まず，監視装置の発展により，人道危機につながるリスクが常時，安全保障上の問題として扱われるようになる可能性がある。例えば，SAPG ／ SAR2P 共同オフィスの分析枠組みは，そのリスクを分析するため，誘因となり得る事態（不正な政権交代，自然災害等）や実際の行為（殺害・誘拐，必需品の意図的欠乏等）の他，過去および現在の人権侵害，国内制度や社会環境（法制度や中立的な治安部隊，独立したメディアの存在等），主導的な主体の意図や計画（治安部門の強化や緊急事態法の制定等）も監視対象に含んでいる[64]。つまり，人道危機の監視・予防のために，社会・経済環境や国内政策・計画も安全保障上の問題に転化され得るのである。また，人道危機の予防・抑止のために早期かつ柔軟な対応が重視され，武力行使のハードルが下がる一方，介入の基準が不明瞭なまま選別的・恣意的に実施される可能性がある。例えば，2011年以降のリビアとシリアへの国際的な対応の相違がR2P概念の選択的適用への批判を呼んでいるが，上述のRwP提案で主張されたような介入のルール化にはほとんど進展はない。

以上の展望は，切れ目のない安全保障政策に関しても示唆的である。従来，日本の安全保障政策は有事法制に見られるように「有事（緊急事態）」という限定を維持し，S［A］と合致する論理および時間・権力・政治のトリアーデを基盤としてきた。しかし，新たな「日米防衛協力のための指針」では，冒頭で「平時から緊急事態までのいかなる状況においても」「切れ目のない」「柔軟かつ実効的な」対応をとると強調されている。また，平時における日米協力として情報収集・共有や警戒監視の強化が挙げられる一方，柔軟・適時・実効的な措置の必要性が繰り返し述べられ，紛争の抑止が同指針の目的の一つとされている。つまり，通常／例外の区別の希薄化と，S［A］からS［S］への転換が明示されているのである。さらに，同指針は2014年の国家安全保障会議の設立や特定秘密保護法の制定と軌を一にしており，その帰結が内閣の裁量および権力の伸張にあることはほとんど疑い得ないだろう。

おそらく，人道危機の予防・監視の意義は否定し得ず，既に始まっているセキュリタイゼーションの常態化の過程を撤回するのは困難である。また，軍事技術や情報・通信技術の発達とともに厳しさを増す現在の安全保障環境において，切れ目のない対応は必要かもしれない。しかし，その結果，政治・権力の制御が難しくなることも看過すべきではない。ならば，我々にとって喫緊の課題とは，クロノス／カイロスの相互関係・作用の研究を発展させ，常態化への傾向を有すセキュリタイゼーションに部分的かつ効果的に「時間」を組み込んでいくことであろう。平時／有事のみならず，様々な境界が曖昧になりつつある現代において，政治的時間への問いはその重要性を刻一刻と高めているように思われる。

〔付記〕本稿は，日本政治学会2014年度研究大会の報告ペーパーを発展させたものである。同報告に際し，パネルをご一緒下さった先生方，ご来聴の方々から有益なご指摘をいただいた。また，草稿の段階で酒井哲哉先生，匿名査読者の先生方から貴重なコメントをいただいた。記して感謝申し上げたい。なお，註に記したウェブサイトは全て2015年８月１日に確認した。

（１）　本指針は防衛省 HP<http://www.mod.go.jp/j/approach/anpo/shishin/shishin_20150427j.html> 参照。

（２）　水島朝穂編『シリーズ日本の安全保障３　立憲的ダイナミズム』岩波書店，2014年，11頁。

（３）　International Commission on Intervention and State Sovereignty (ICISS), *The Responsibility to Protect*, Ottawa: International Development Research Centre, 2001.

（４）　現在の一般的な理解では，R2P 概念の適用対象はジェノサイド，戦争犯罪，民族浄化，人道に対する罪という４つの事態に限定されており，本稿で「人道危機」という場合，これらの事態を指すこととする。

（５）　“2005 World Summit Outcome,” UN Doc., A/RES/60/1, 24 Oct 2005, paras.138-140.

（６）　Ban Ki-moon, “Implementing the responsibility to protect,” UN Doc., A/63/677, 12 Jan 2009. なお，潘基文は2009年以降，R2P に関する報告書を毎年提出しており，以下ではそれらも SG 報告書と記す。

（７）　（社会的）時間の多様性・多層性を自然科学から社会科学にまたがり，包括的に概観したものとして，バーバラ・アダム『時間と社会理論』（伊藤誓・磯山勘一訳，法政大学出版局，1997年）参照。

（８）　Robert Hassan, “The Sovereignty of Time (Critical Exchange: Time and the politics of sovereignty),” *Contemporary Political Theory*, vol.12, no.3, 2013, p.228.

（９）　例えば，Andrew R. Hom and Brent J. Steele, “Open Horizons: The Temporal Visions of Reflexive Realism,” *International Studies Review*, vol.12, 2010, pp.274-278.

（10）　ポール・ピアソン『ポリティクス・イン・タイム――歴史・制度・社会分析』（粕谷祐子監訳）勁草書房，2010年。

（11）　Kimberly Hutchings, *Time and World Politics: Thinking the present*, Manchester and New York: Manchester University Press, 2008, pp.4-9; Mathias Thaler, “On Time in Just War Theory: From *Chronos* to *Kairos*,” *Polity*, vol.46, no.4, 2014, pp.532-537.

（12）　Hutchings, *Time and World Politics*, p.4.

（13）　*ibid.*, pp.154-160. ただし，ハッチングス自身は，フェミニズムの視点等から，カイロスによるクロノスの支配や形成という政治的時間の理解を批判的に検討している（*ibid.*, pp.160-176）。

(14) Hom and Steele, "Open Horizons"; Thaler, "On Time in Just War Theory."

(15) 例えば，Juan J. Linz ("Democracy's Time Constraints," *International Political Science Review*, vol.19, 1998, 99.19-37) は民主主義体制と権威主義体制における権力と時間の関係を比較している。

(16) 同様の問題設定による研究は，社会学で多くなされている（アダム『時間と社会理論』170－206頁）。

(17) 冷戦終結後のセキュリティの射程の拡大については，浦野起央『安全保障の新秩序――国家安全保障再考，テロ・環境・人間の安全保障』（南窓社，2003年）等を参照。

(18) Barry Buzan, Ole Wæver and Jaap de Wilde, *Security: A New Framework for Analysis*, Boulder and London: Lynne Rienner Publishers, 1998, pp.4-5.

(19) *ibid.*; Ole Wæver, "Securitization and desecuritization," in Ronnie D. Lipschutz ed., *On Security*, New York: Columbia University Press, 1995, pp.46-86.

(20) J・G・オースティン『言語と行為』（坂本百大訳）大修館書店，1978年。

(21) Didier Bigo, "Security and immigration: Toward a Critique of the Governmentality of Unease," *Alternative*, vol.27: Supplement, 2002, pp.63-92; Thierry Balzacq ed., *Securitization Theory: How security problems emerge and dissolve*, New York: Routledge, 2011.

(22) 一般的に，ヴァーヴァー等はコペンハーゲン学派，ビーゴ等はパリ学派と呼ばれている（C.A.S.E. Collective, "Critical Approaches to Security in Europe: A Networked Manifesto," *Security Dialogue*, vol.37, no.4, 2006, pp.443-487）。

(23) 例えば，Eli Stamnes, "'Speaking R2P' and the Prevention of Mass Atrocities," *Global Responsibility to Protect*, vol.1, no.1, 2009, pp.70-89; Steven C. Roach, "Decisionism and Humanitarian Intervention: Reinterpreting Carl Schmitt and the Global Political Order," *Alternatives*, vol.30, no.4, 2005, pp.443-460.

(24) Buzan *et al, Security*, pp.23-24.

(25) *ibid.*, p.34.

(26) 後述するように，ヴェーヴァー等はセキュリティの領域から通常の政治の領域への移行にも関心を寄せ，これを脱セキュリタイゼーション（desecuritization）と呼んでいる（*ibid.*, p.4）。

(27) *ibid.*, pp.25-26.

(28) カール・シュミット『政治神学』（田中浩・原田武雄訳）未来社，1971年，11－21頁。

(29) Buzan *et al, Security,* p.149.

(30) Kofi A. Annan, "Two Concepts of Sovereignty," in *The Question of Intervention: Statements by the Secretary-General*, New York: United Nations Department of Public Information, 1999, p.44.

(31) ICISS, *The Responsibility to Protect*, pp.11-18.

(32) *ibid.*, p.49.

(33) *ibid.*, pp.xi-xii.

(34) *ibid.*, p.29.

(35) Buzan *et al, Security,* p.29.

(36) カール・シュミット『独裁――近代主権論の起源からプロレタリア階級闘争まで』（田中浩・原田武雄訳）未来社，1991年，7－10頁。

(37) 同上，16－17頁。

(38) 同上，157頁。

(39) 2005年の世界サミットまでの論争状況については，Alex J. Bellamy, *Responsibility to Protect: The Global Effort to End Mass Atrocities*, Cambridge: Polity, 2009, pp.66-97 等を参照。

(40) Ban, "Implementing the responsibility to protect," para.10.

(41) *ibid.*

(42) *ibid.*, para.12.

(43) UN Doc., A/68/947-S/2014/449, 11 Jul 2014, para.6.

(44) Didier Bigo, "International Political Sociology," in Paul D. Williams ed. *Security Studies: An Introduction*, New York: Routledge, 2008, p.126.

(45) ミシェル・フーコー『安全・領土・人口――コレージュ・ド・フランス講義1977－78年度（ミシェル・フーコー講義集成Ⅶ）』（高桑和巳訳）筑摩書房，2007年，132－133頁。

(46) 同上，134－135頁，389頁。

(47) C.A.S.E. Collective, "Critical Approaches to Security in Europe," pp.457-459; Bigo, "International Political Sociology," pp.126-128.

(48) R2P実現のために早期警報体制の強化等が重視されるようになってきた経緯は，高澤洋志「保護する責任（R2P）論の『第3の潮流』――2009年以降の国連における言説／実践を中心に」（日本国際連合学会編『国連研究第15号グローバル・コモンズと国連』国際書院，2014年，145－172頁）参照。

(49) UN Doc., A/64/864, 14 Jul 2010, paras.4-5, 10.

(50) "2005 World Summit Outcome," paras.138, 140.

(51) Office of the Special Adviser on the Prevention of Genocide (OSAPG), "Analysis Framework for Atrocity Crimes: A tool for prevention," 2014,

<http://www.un.org/en/preventgenocide/adviser/pdf/framework%20of%20analysis%20for%20atrocity%20crimes_en.pdf>.

(52) 著者は2012年にニューヨーク，2014年に豪州でインタビュー調査を行った。ニューヨークではSAPG／SAR2P共同オフィス，各国国連代表部，Global Centre for the Responsibility to Protect等，豪州では外務省やAsia Pacific Centre for the Responsibility to Protect等の関係者にインタビューを行った。

(53) Didier Bigo, "Protection: Security, territory and population," in Jef Huysmans, Andrew Dobson and Raia Prokhovnik eds., *The Politics of Protection: Sites of insecurity and political agency*, New York: Routledge, 2006, pp.92, 98-99.

(54) Bigo, "International Political Sociology," p.128.

(55) UN Doc., S/RES/1973, 17 Mar 2011.

(56) Brazil, "Responsibility while protecting: elements for the development and promotion of a concept," UN Doc., A/66/551-S/2011/701, 11 Nov 2011, paras.5-6, 11. ブラジルは，性急な武力行使を避けるため，非強制的手段を越えた措置を行うには「平和と安全への脅威」の認定が必要であるとし（*ibid*., para.6），S［A］の論理を再提示している。

(57) 議論の参加者の発言は，右ウェブサイトより入手可能。<http://www.globalr2p.org/resources/344>

(58) UN Doc., A/66/874-S/2012/578, 25 Jul 2012, paras.52-54.

(59) *ibid*., para.60.

(60) *ibid*., para.56.

(61) *ibid*., para.32.

(62) *ibid*., para.60.

(63) *ibid*., paras.14-15.

(64) OSAPG, "Analysis Framework for Atrocity Crimes."

「推論的ジレンマ」と熟議の分業

――認知的多様性の観点からの処方――

坂井亮太＊

要旨：「推論的ジレンマ」と呼ばれる問題は，近年「判断集約」(judgment aggregation) という研究領域で盛んに検討されている。本論では，「推論的ジレンマ」を回避できるとされる二種類の決定手続について比較を行う。

「結論に基づく決定手続」および「前提判断に基づく決定手続」と呼ばれる二種類の決定手続のうち，既存研究では「前提判断に基づく決定手続」が熟議民主主義にとって親和的であると主張されてきた。

本稿では，熟議民主主義の今日的な課題を念頭に，この主張を再検討する。1）二種類の決定手続の公理的特徴。2）集合的説明責任の履行，決定責任の所在，判断の正確性，戦略的操作の可能性の側面からの両手続きの比較。3）多様な市民が参加する熟議の場における「前提判断に基づく決定手続」の成立可能性の再検討。4）これを修正する新たな手続構想の提示と熟議民主主義論にとっての含意を示す。

キーワード：推論的ジレンマ，熟議，認知的多様性，discursive dilemma, judgment aggregation

はじめに

原子力発電政策のように，市民生活の複数の側面に広範な影響を及ぼす政策判断は，その決定を少数者に委ねるのではなく，市民の熟慮された民主的判断にもとづいて決定することが望ましい。では，そのような民主的判断をどのように集約するべきか。一方で，原子力発電政策の是非についての判断を，市民に一括して問う場合がある。他方で，原子力発電の安全

＊　早稲田大学政治経済学術院研究助手　政治理論・公共哲学・社会的選択理論

性・経済性・環境影響といった評価基準ごとに判断を問い，これらを論理的に集約して集団の結論を導く場合がある。ところが，これら二つの集約方法のあいだで，原子力発電政策の是非についての集団の結論が異なってしまう可能性がある。

このような集約方法の違いによる集合的結論の不一致問題を扱うのが「推論的ジレンマ」（discursive dilemma，doctrinal paradox もしくは Poisson paradox）をめぐる議論である[1]。ここでは，二つの集約方法を区別するため，C. リストに従いそれぞれに名称を与えておく（List, 2005）。政策の是非を一括して市民に問う集約方法は「結論に基づく決定手続」（conclusion-based procedure, 以下 CBP）と呼び，複数の評価基準ごとに市民の判断を求めそれを論理的に集約する方法は「前提判断に基づく決定手続」（premise-based procedure, 以下 PBP）と呼ぶことにする。このような，真偽を区別できる道徳や事実をめぐる命題について，参加者が下した判断を論理的に関連させ集約することで集合的結論を導こうとする課題は，近年「判断集約」（judgment aggregation）をめぐる研究分野として，政治学，法学，経済学，コンピューターサイエンスなど分野を横断した研究関心を集めている（富山, 2004; List, 2012; Grossi & Pigozzi, 2012）。

推論的ジレンマ

推論的ジレンマは，複数の評価基準や考慮事項を含む課題について，CBP で集約した結果と，PBP で集約した結果が一致しない状況を指す（Pettit, 2001a, p.106）。

図1　原発再稼動をめぐる「推論的ジレンマ」の発生

	評価基準 P 安全性高い	評価基準 Q 経済性優れる	評価基準 R 環境影響小	$(P \wedge Q \wedge R) \Leftrightarrow C$ 推論形式是非	結論 C 再稼動の是非
個人 1	True	True	True	True	True
個人 2	True	True	True	True	True
個人 3	True	False	False	True	False
個人 4	False	True	False	True	False
個人 5	False	False	True	True	False
多数決結果	True	True	True	True	**False**

CBP

PBP

図1では，原子力発電政策の是非を判断するにあたって，推論的ジレンマが発生することが確認できる。図1の右列最下行では，評価基準ごとの多数決結果の論理的推論によりPかつQかつRならば本来Trueとなるはずのところ，Falseとなっているところに論理的不整合がある。つまり推論的ジレンマは，True/Falseで表された命題（P，Q，R，（P ∧ Q ∧ R）⇔ C，C）ごとの判断を単純多数決（propositionwise majority voting）（List, 2005, p.4）により集計した結果間の関係が論理的整合性を満たさないケースを意味する。このような論理的不整合は，If P then Qといった論理関係にとどまらず，一般的な論理を用いた判断集約全般において発生することが知られている（Dietrich, 2007）[2]。

問題の所在

C.リストとP.ペティットは，二つの決定手続のいずれか一方のみを採用することで，推論的ジレンマを回避することができると論じる（List, 2006; List & Pettit, 2011, p.56）。では，どちらの決定手続を採用すればよいのか[3]。これまで，どちらの手続を採用すべきかは，状況依存的であると考えられてきた（Kornhauser & Sager, 1993; List, 2006, p.398）。これは，PBPおよびCBPの優位性が，直面する課題の文脈によって変化するためである[4]。

本稿において注目するのは，既存研究において，PBPが熟議民主主義の文脈に親和的な手続であると主張されてきた点である（Pettit, 2001b; List, 2006）。その理由として，既存研究は，PBPが集団としての決定根拠や理由を提示できる点を挙げる。PBPでは，評価基準ごとの判断の集計結果や推論過程を，集団が決定を導いた根拠や理由として提示できる。そのため，PBPは，理由の提示を重視する熟議民主主義の要請に応えられると主張されてきた（Pettit, 2001b）。

ところが，推論的ジレンマを扱った既存研究では，熟議過程において包摂されるべき決定参加者の観点や推論形式の多様性についての考察が不足してきた。これまで既存研究は，推論的ジレンマの議論の射程を当初想定していた司法審査の事例（事実認定∧違法性認定→有罪判定のように，観点と推論形式が予め決まっている事例）を超えて拡大してきた（Kornhauser & Sager, 1993, 2004; List & Pettit, 2005）。にもかかわらず，それにともなう参加者の観点や推論形式の多様性の包摂という課題を明確に意識してこなかった。

本稿の新たな視点と貢献

そこで本稿では，市民が参加する熟議の文脈におけるPBPの優位性を再検証する。これにあたり，新たに二つの視点を追加する。第一に，決定参加者の観点に多様性が存在する場合である。ここで観点とは，問題を構造的に理解するための着眼点を意味する（Page, 2007, p.8）。PBPをめぐる従来の議論では，すべての評価基準に均等に前提判断が下されることが想定されてきた。しかし，この想定では，市民が参加する熟議のように，参加者が多様な観点にもとづき評価基準に不均等に前提判断を下すケースを扱うことができない。図２の(a)の位置にある空欄部分で，観点の多様性を例示する[5]。

第二に，推論形式について集団としてのコンセンサスを欠いている場合である。ここで推論形式とは，観点を用いて判断を導くための推論方法を意味する[6]。推論的ジレンマやPBPをめぐる既存研究では，推論形式について過半数以上の合意やコンセンサスがあらかじめ形成されていることが想定されてきた。しかし，熟議に参加する市民の推論形式は多様であることから，熟議を経ても集団として推論形式についてのコンセンサスを形成できないケースについて議論する必要がある。図２の(b)の位置で，推論形式について集団としてのコンセンサスを欠いている状況を例示する[7]。本

図２　本稿で新たに取り組む「推論的ジレンマ」の課題
（個人の観点と推論形式が多様性な場合）

	評価基準P 安全性高い	評価基準Q 経済性優れる	評価基準R 環境影響小	推論形式是非 (P ∧ Q ∧ R)⇔C	結論C 再稼動の是非
個人１（LEX）	False			False	False
個人２（DISJ）	True	False		False	True
個人３（EBA）	True		False	False	False
個人４（CONJ）	False	True	True	True	False
個人５（ADD）	True	True	True	False	True
多数決	True	True	True	False	False

a 観点の多様性

※個人脇の括弧内は，各人が採用する推論形式の種類を表す

b 推論形式不一致

稿は，これらの既存研究における空白を埋め，未解決の課題に答えようとする試みである。

本稿の課題

本稿は，決定参加者の観点や推論形式の多様性に着目することで，熟議の文脈におけるPBPの優位性を再検証することを課題とする。具体的には，PBPおよびCBPという二つの手続を対比しながら，PBPが市民のもつ観点や推論形式の多様性（認知的多様性）を包摂できるのかを検討する。本稿の結論として，市民が参加する熟議においてもPBPが優位性を維持する反面，市民の観点と推論形式の多様性に対応するためPBPには熟議の分業という修正が必要になることを示す。

第一節では，PBPおよびCBPの公理的特徴について検討する。第二節では，集合的説明責任の履行，決定責任の所在，判断の正確性，戦略的操作可能性の側面から二つの手続を比較する。第三節では，観点と推論形式の多様性を包摂できるように既存のPBPを修正した新たな手続構想を提示し，熟議の分業とその優位性について論じる。最後に，本稿が提示する手続構想が，今日の熟議民主主義の理論展開に与える含意について示す。

1　二つの決定手続の公理的特徴づけと規範的課題

二つの決定手続は，いずれも各前提判断（P，Q，R，$(P \wedge Q \wedge R) \Leftrightarrow C$）および結論(C)についての個人の判断を集約して，集団としての結論を導く判断集約ルールとみなすことができる。

そこで，判断集約ルールとして，完備性（completeness），整合性（consistency），演繹的閉包性（deductive closure）[8]を満たす個人の判断をもとにして，完備性，整合性，演繹的閉包性を同様に満たす集合的結論を導出する集約ルールを考える。また，この集約ルールが次の特徴を有する場面を考える（List & Pettit, 2002）。

・定義域の非限定性（Universal Domain）

・匿名性（Anonymity）

・体系性（Systematicity）

これまでに，上記のすべての条件を同時に満たす判断集約ルールは存在しないことが知られている（List & Pettit, 2002）。これは上記の条件を同時に満たすあらゆる場面で推論的ジレンマが発生しうることを意味する。その確率はケースによって異なるが，例えば二つの考慮事項について前提判断を下す場合で，各人がこれらの考慮事項について等しい確率でTrueもしくはFalseを表明するならば，参加者が3人のときには約9％，11人では約21%，31人以上ではおよそ25%前後の確率で推論的ジレンマが発生する(List, 2005)。

ここで，定義域の非限定性は，論理的に可能などのような判断も集計の対象となることを意味する。また，匿名性条件は，独裁者の存在や専門家の判断を重視することを認めないための条件である。注目すべきは体系性条件である。体系性条件は，ある事項についての集団の判断が，その事項についての個人の判断から導かれるという特徴を与える(独立性)。さらに，この条件の下では，すべての前提判断および結論が同時に同じ重みをあたえられて集計される（中立性)。ところが，体系性条件はPBPおよびCBPを同時に成立させ，推論的ジレンマを生む原因となる。換言すれば，PBPとCBPはいずれも体系性条件に違反することで推論的ジレンマを解決する決定手続といえる。

規範的課題

上述した特徴づけを同時に満たす場合に，推論的ジレンマが発生しうる。そのため，集約ルールを特徴づける条件群の一部を緩和することで，ジレンマの発生を回避することができる。

リストらは，推論的ジレンマの回避策となる緩和条件として以下のものを挙げる（List & Pettit, 2002; List, 2006, pp.377-380)。

(1)独裁者・権威者による決定，(2)論理性の放棄，(3)議題とする公共的考慮事項の削減[9]，(4)多数決に付す公共的考慮事項の限定[10]，(5)許容される意見の多様性の制約，(6)対立が残る一部の公共的考慮事項についての決定保留である。

ここでの規範的課題は，民主主義の理念や直面する課題にとって望ましい緩和条件を探求することである。二つの決定手続を対比する本稿の目的から，(3)と(4)の解決策に限定して議論する。まず，CBPは(3)の議題とする公共的考慮事項の削減によってもたらされる推論的ジレンマの回避策の一種である(List, 2006, p.377)。この解決策が有効なのは，議題となる考慮事項が結論についての判断のみであれば，当然に論理的整合性の破たんを回避できるからである。つまり，CBP は各人の結論以外の公共的考慮事項をすべて議題の対象から除外してしまう特徴をもつ決定手続であることが分かる。

他方，PBP は(4)の多数決に付す考慮事項の限定に基づく推論的ジレンマの回避策の一種である（List, 2006, p.378）。PBP は，結論についての判断の集計に多数決を適用せず，前提判断をもとにした論理的推論によって結論についての集団の判断を導く。PBP は，前提判断のみを集合的決定の根拠とみなす特徴をもった決定手続なのである。

2　熟議の文脈にとって望ましい決定手続

では，熟議民主主義の文脈において，PBP はどのような根拠をもって自らの優位性を主張できるのだろうか。これまで，両決定手続について複数の観点から対比がなされてきた（Pettit, 2001a; Nash, 2003; List, 2006, 2011）。主な論点として，集合的説明責任の履行，決定責任の所在，判断の正確性，戦略的操作可能性をめぐる議論がある。以下では，これら四つの論点について，既存研究の見解を基本的に支持しつつ，熟議と PBP の親和性について検証する。

論点１　集合的説明責任の履行

PBP の利点として，集合的結論を導くに至った集団としての理由を提示できることが指摘されてきた（Pettit, 2001a, p.110; Pettit, 2001b, p.274）。PBP では，前提判断ごとに多数意見が集計される。これらの多数意見を提示することによって，集団は結論を導くに至った根拠理由を開示することができる。J．コーエンは，熟議手続の正統化にとって，熟議と結果のつながりが明白で分かりやすいことの重要性を指摘するが，PBP はこのような熟議民主主義の要請に応えることができる（Cohen, 1989）。

これとは対照的に，CBP は集団が結論を導くに至った根拠理由を開示することができない。なぜなら，CBP において集計が行われるのは，結論についての判断のみだからである。そのため，CBP を採用した場合には，熟議民主主義論者が重視する決定理由の提示という要請を集団としては満足することができない[11]。

論点２　決定責任の所在

CBPでは，結論について個人が下す判断が，集団の結論に直接影響を与える。このことから，CBPにおいて，集団の決定に対する責任は各個人に帰責される。他方，PBPでは，個人に決定責任を帰責できない問題が指摘されてきた。例えば，推論的ジレンマの状況では，ある政策を多数の個人が「否」と結論したにもかかわらず，PBPを用いた前提判断に基づく推論がこれを「是」として覆してしまう事態が生じる。このとき，個人は，PBPが導いた集団の結論に対して責任を負い得るのだろうか。

この問題に対してペティットは，集団には決定責任があるが，集合的結論を予見できない個人には決定責任がないとする議論を展開する（Pettit, 2001a, p.122）。ペティットは代替構想として，熟議体が行為主体性をもち決定責任を負うことを提案する（List & Pettit, 2011）。熟議を論拠の集合的探求として理解するならば，決定責任の集合的負担というペティットの提案は，熟議の文脈において正鵠を射ているように思われる。PBPにおける個人の決定責任の問題は，熟議体が集合的責任を負うことで代替され克服されるといえる。

論点３　判断の正確性

PBPとCBPではどちらが認識的に優れるのであろうか。リストは，コンドルセの陪審定理を応用して，二つの手続が正確な事実判断を実現する見通しについて検討している（List, 2006, pp.380-387）。両手続の優劣は，参加者が50％を上回る確率で正しい判断を下せる事項が，前提判断部分なのか結論部分なのかに応じて異なってくる（List, 2006, p.386）。例えば，CBPでは，$(P \wedge Q \wedge R) \Leftrightarrow C$という課題において各人が下す前提判断に一つでも誤りがあるならば，各人の最終的な結論にも誤りが生じてしまう。そのため，CBPが認識的に優位性をもつのは，事柄が自明な場合や課題が単純な場合に限られる。

他方，PBPでは前提判断ごとに多数決を行うため，ある個人がいくつかの前提判断を誤ったとしても，その前提判断について正しく判断できる他の個人が過半であれば，陪審定理が示すように集団としては正しい判断が導かれやすくなる。通常，熟議の対象となる課題は単純なものではない。

複合的な影響をもつ公共的課題こそが熟議による検討の対象となる。そのような，複数の考慮事項を含む複雑な課題について判断する場合には，PBPが集合的判断の正確性を向上させるにあたり優位性をもつ。

論点4　戦略的操作可能性

PBPの欠点として，これまで個人に誠実な投票を促さない問題が指摘されてきた（Nash, 2003; List, 2004）。PBPでは，参加者の意見への感応性を前提判断部分にまで広げているため，各前提判断に対する戦略的操作の影響を受けやすい。

対照的に，CBPは耐戦略性を有する。CBPでは，個人の意見への感応性を結論のみに限定している。そのため，参加者は各前提判断を戦略的に操作するインセンティブがない。加えて，結論について自らの判断表明を偽るインセンティブもなく，戦略的操作が発生しない。このように，CBPには，個人の誠実な意見表明を促す優位性がある。

熟議がもたらす耐戦略性

PBPは，論理的には戦略的操作に対する脆弱性を排除できない。しかし，熟議は，⑴手続条件の追加的な緩和と⑵参加者のインセンティブ構造の変化を実現することで，PBPに耐戦略性を提供する。

⑴熟議を通じた手続条件の追加的な緩和は，PBPに耐戦略性を提供する。ここでは一例として，熟議を通じた争点次元の明確化により戦略的操作と推論的ジレンマがともに回避される点に注目する。いま，体系性条件の緩和に加え，定義域の非限定性条件も緩和したPBPを考える。定義域に限定を課すあり方として，定義域を構造化された判断に限定する場合が考えられる。リストは，D.ブラックの単峰的選好についての議論を判断集約に応用し，すべての公共的考慮事項についての全参加者の判断が考慮事項ごとにTrueとFalseを両極とする単一次元に並ぶという限定を定義域に課す場合には（unidimensional alignment），推論的ジレンマと戦略的操作の発生がともに回避されることを示した（List, 2003）。これは，各考慮事項についての判断がTrue/Falseの二値であることで，中位投票者の判断が常に集団の過半数を代表する値となるためとも理解できる。図3でこの状況を示す。

ここで熟議は，対話を通じて争点次元をめぐる参加者間の認識の共通化

図3　Unidimensional Alignmentの例

	評価基準P 安全性高い	評価基準Q 経済性優れる	評価基準R 環境影響小	(P∧Q∧R)⇔C 推論形式是非	結論C 再稼動の是非
個人1	**True**	**True**	**True**	**True**	**True**
個人2	**True**	**True**	**True**	**True**	**True**
個人3	**True**	**True**	**True**	**True**	**True**
個人4	False	**True**	False	**True**	False
個人5	False	False	False	**True**	False
多数決結果	True	True	True	True	**True**

を促進することで，参加者の判断を単一次元に整列させ構造化する役割を果たす12。定義域の非限定性条件の緩和と，熟議を通じた争点次元についての合意形成を通じて，PBPは耐戦略性をもつことができる。

(2)熟議には，参加者のインセンティブ構造を私的利害の実現から共通利益の実現へと変化させるメカニズムが複数存在する。第一のメカニズムは，意見の正当化過程である。熟議では，参加者はすべての他者が受け入れ可能な理由を提示して自らの意見を正当化することが求められる。一方的な利益要求は，相互正当化の要請を満たせない（Gutmann & Thompson, 2004, p. 99）。この意見の相互正当化を志向する熟議的解決へのコミットメントは，参加者を共通利益の探求へと動機づける（Cohen, 1989）。

このような共通利益の探求という規範が存在するときに，第二のメカニズムであるサンクションと内面化された制裁の回避が生じる（Habermas, 1996, chap.8）。熟議を通じた共通利益の探求過程では，戦略的操作をめぐり言行の不一致を指摘される危険がある（Habermas, 1996, p.340）。これを予期した個人は，自身の私的利益の追求や一貫性の欠如を他者から批判されることを回避しようとして，利己的選好の表明を抑制する心理的フィルターが働く。熟議という「洗浄機」を通過することで，参加者は共通善に則した選好の表明を行うようになると期待される（Goodin, 1986; Elster, 1986）。このように，熟議は，参加者のインセンティブの構造を変化させ，虚偽の意見表明が現実化することを抑制する。PBPは論理的には戦略的操作可能であるが，実際の熟議の文脈においては耐戦略性を有すると考えられる13。

以上から，PBPは，集合的説明責任の履行・判断の正確性において優位性をもち，熟議の文脈においては，決定責任の所在・戦略的操作可能性の問題を克服することが期待できる。

3　PBP と熟議の分業

観点と推論形式の多様性

市民による熟議を考えるにあたっては，個人の観点の多様性に加えて，個人が複数種類の推論形式（決定方略）をもっており，性格・教育・経験・議題・考慮事項や選択肢の数に応じて推論形式を適応的に使い分けているという経験的事実が注目に値する（Payne, 1993）。このような複数の観点や推論形式が混在する場合の集約問題は，これまで判断集約の研究を担ってきたリストやペティットらによっても十分に論じられておらず，本稿において新たに指摘する点である。

PBP と認知的多様性の包摂

熟議に参加する市民の観点や推論形式は多様である（認知的多様性がある）。PBP を用いて参加者の認知的多様性を包摂するにあたり，既存理論が前提としていたような観点の画一性や推論形式についての集団的合意を想定することなく，⑴個人の観点と推論形式，⑵集団の意見集約形式，⑶公共的考慮事項の選択と重み付けについて論じることが課題となる。

以下では，これらの課題を克服するための新たな提案を順に示す。本稿の提案は，評価基準についての前提判断を個人のもつ観点に応じて分割し，熟議の分業を実現することを通じて，熟議過程における市民の認知的多様性を包摂しようとするものである。本稿が提唱する改良を経たPBPを，以下では「観点に応じたPBP」（perspective-wise PBP，以下 PW-PBP）と呼ぶことにする。

⑴ 個人の観点・推論形式

推論的ジレンマをめぐる既存研究では，すべての参加者が同じ観点を持ち，多数の参加者が同じ推論形式を採用するという想定を設けてきた。しかし，このような既存研究における想定は，多様な市民が集うことになる大規模な熟議に対して有効な処方になりえない。

そのため，既存の PBP を，観点の多様性に開かれたものにする必要がある。具体的には，観点の多様性に応じ，前提判断が下されない評価基準が生まれることを許容する手続構想を本稿は提案する。例えば，PW-PBPでは，ある個人が，自身にとって知見のある評価基準についてのみ前提判断を下すことを許容する。後に論じるように，観点と推論形式の多様性を許容することを通じて，PW-PBPは市民の熟議への参加を促進する規範的利点だけでなく，認知的多様性の実現を通じて集合的結論の正確性を向上させる認識的利点をも提供できるようになる。

⑵ 集団の意見集約形式

では，個人の多様な推論形式に対応するために，集団レベルではいかなる推論形式を採用するべきだろうか。多数決によって適切な推論形式が導出される可能性も低くない（List & Goodin, 2001）。しかし，個人が適切な推論形式を表明できる確率が，不適切な推論形式を表明する確率を超えるか否かはケース依存的である。そこで，集団レベルの推論形式の選択は，多数決の対象とするのではなく，認識的に優れた推論形式を予め採用すべきである。本稿は，集団の推論形式として，荷重加算型と呼ばれる推論形式の採用を提案する。

荷重加算型（weighted additive, WADD）の推論形式（決定方略）は，様々な決定において常に最も正確な判断を導くことができる理想的な推論形式であり，規範的決定方略とも呼ばれる（Payne & Bettman, 2001, p.136）。荷重加算型の推論過程は，関連するすべての前提判断（評価属性）について，その重み付けと判断を決定したのち，重み付けと判断を掛け合わせて合計値を算出することで，最終的な判断を形成する複雑なものである（Payne, 1993, p.24）。

推論手続の複雑さと引き換えに，荷重加算型の推論形式は正確性を実現する。そのため，集団レベルでは，荷重加算型の推論形式を採用することが望ましい。なぜなら，集団レベルでは荷重加算型の推論を個人が担う必要がないため，これまで荷重加算型の推論の欠点として指摘されてきた認知的負荷の多さや時間的制約が，集団レベルの判断においては問題を生じさせないからである。さらに，荷重加算型の推論形式は，各前提判断についての重み付けに判断結果を掛け合わせて導く方式のため，重み付け作業と判断作業の分離が可能となる。例えば，各前提判断の重要性を評価する作業は広く市民による熟議で行いつつ，個別の前提判断についての評価は専門家や各熟議フォーラムが分担して担うといった熟議の分業が可能になる[14]。

熟議の分業を可能にする公理的条件

熟議の分業を可能にするPBPの改良は，いかなる公理的条件によって実現されるのか。本稿が提起したPBPの改良は，次の二つの要素からなる。

(a)評価基準ごとの熟議の分業（観点の多様性に応じた分担）

(b)個人と集団の推論形式の分離（集団での荷重加算型推論形式の採用）

(a)評価基準ごとの熟議の分業には，体系性条件（systematicity）の緩和に加えて，匿名性条件（anonymity）の緩和が必要となる。匿名性条件の緩和は，特定の人物が集団の結論に影響力を行使することを可能にする。PW-PBPは，市民の広範な熟議を念頭に，匿名性条件を緩和したうえで，自然的に生じている市民の観点の多様性を利用して集団を分割し，市民がこれまでの経験のなかで培ってきた特化と学習の成果を利用するものである[15]。

(b)個人と集団の推論形式の分離は，体系性条件（systematicity）の構成要素である独立性条件（independence）の部分的緩和によって実現される[16]。この緩和によって，集団の推論形式が，多数決の結果ではなく，外部から与えられることが許容される。PW-PBPは，これを用いて，推論形式についての多数決結果にかかわらず，集団の推論形式として認識的に優れた荷重加算型の方式を採用するものである。

(3) 公共的考慮事項の選択と重み付け

これまで新たな提案として，参加者の観点と推論形式の多様性を認めつつ，集団としては荷重加算型の推論形式を採用するPBPの改良案（PW-PBP）を示した。最後に，荷重加算型の推論形式を採用する際に生じる，公共的考慮事項の選定と重み付けという課題に対して一つの解決策を示す。具体的には，エリートによる決定および事前審議への熟議の後退を斥け，熟議を通じて公共的考慮事項を決定する構想を示す。

(a) エリートによる選択的構造操作

誰が，いつ，公共的考慮事項を選定し，その重み付けを行うのか。これまでの研究では，その選定をめぐり，いくつかの提案がなされてきた。まず，公共的考慮事項の選定を政治的エリートによる「選択構造操作」(heresthetic) に委ねる提案がある。「選択構造操作」とは，政治エリートが憲法規範の枠内で，争点次元や議事対象を意図的に選択することで，民主的安定性を確保しようとする政治的戦略である (Riker, 1986)。その本質は，民主的判断の対象となる課題の構造を操作することにある。鈴木は，政治的エリートによる操作をめぐり，憲法規範により恣意的な運用が抑制される「立憲主義の安定化効果」を指摘している (鈴木，2014，113－115頁)。しかし，「選択構造操作」は，説得や対話といった熟議的要素を必ずしも必要としないため (Riker, 1986, p.ix)，透明性および答責性を民主的に問う契機に欠ける。加えて，「選択構造操作」の議論は，熟議による民主的統制の枠外に真の統制者が存在することを許すため，議事設定への平等な参加を要請する熟議の形式的平等の理想とも相容れない (Cohen, 1989)。

⒝ 事前熟議による優先順位の決定

参加者が事前投票により公共的考慮事項や推論形式を合意しておく提案もなされてきた (Kornhauser & Sager, 1993)[17]。しかし，投票や熟議を用いた事前合意の形成提案は，熟議の外部にある審議体が熟議フォーラムに大きな影響力を行使することを許し，民主的正統性を確保しがたい。加えて，合意形成の場が事前審議へと無限に後退する可能性，および事前審議においても合意が形成されない可能性を無視してしまっている。

⒞ 本稿の提案－認知的に多様な集団による熟議内部での決定

以下では，公共的考慮事項の選定と重み付けの問題を解決するための新たな提案を示す。いつ，公共的考慮事項の内容とその重み付けを決定するのか。それは，熟議過程の内部で決定される必要がある。

では，熟議過程において公共的考慮事項を選定できるのか。注目すべきは，荷重加算型の推論形式においては，公共的考慮事項を少数に絞り込む必要がない点である。荷重加算型の推論形式は，すべての考慮事項を評価するため，熟議過程の中で提起される複数の観点を公共的考慮事項として包摂できる。包摂したうえで，その重み付けは熟議を通じて行うことになる。

誰が，公共的考慮事項の重み付けを決定するのか。それは，認知的に多様な集団によって担われるべきである。公共的考慮事項の重み付けを決定する主体は，認識的正確性と民主的正統性を両立することが望まれる。これまで，認知的に多様性を欠く専門家の能力には認識的限界があることが指摘されており（Tetlock, 2005），専門家の選定も民主的正統性をもって適理的に行うことは難しい（Estlund, 2008, p.7）。また，専門家集団が特殊利益を擁護する可能性も否定できない[18]。

対照的に，認知的に多様な集団は，認識的な向上と広範な参加による民主的正統性の確保を同時に実現することができる。認知的に多様な集団は，集団としての予測能力と問題解決能力を向上させることが指摘されている（Page, 2007）。また，認知的に多様な熟議参加者を構成する過程で，社会構成員の広範な参加という民主的理想を実現することができる。具体的には，熟議参加者の選定にあたって，専門家，ステークホルダー，市民といった区分以外にも，地域，年齢，性別，教育，経歴，専門性，アイデンティティなどの認知的多様性の代理指標となる属性において多様性をもつ人々を集めることが正当化される。実際の熟議フォーラムの運営では，参加機会費用の補填等を通じてセルフセレクション・バイアスを抑制しつつ無作為抽出により熟議参加者を集めることで，参加者の認知的多様性を高めることができる（Landemore, 2013b）。

PW-PBP の新たな優位性１－認知的負担の軽減と平等な参加の促進

PW-PBP が，新たに提供する優位性について論じる。PW-PBP は参加者の認知的負担を軽減させ，公共政策の決定への市民の平等な参加を促進する。PW-PBP は，参加者が既に知見があって自身が正確に判断できる評価項目のみに意思表示をすることを許容する。参加者が自ら正しい判断をすることができないと感じる項目について，参加者の判断保留や棄権を認めることを通じ，PW-PBP は集団としての判断の正確性を一層向上させることができる。課題が複雑で判断の難易度が高い場合でも，PW-PBP を採用することによって，参加者の知識量や推論能力への認知的負担を軽減することができる。

対照的に，CBP では，各人が下す前提判断の誤りが，各人の最終的な結論の誤りを導いてしまう。それゆえ，能力や知識が不十分な参加者を，棄権させたり集合的決定そのものからの排除することが，集合的結論の正確性を向上させる認識的に望ましい方法となってしまう（Brennan, 2012）。CBPの採用は，参加者に大きな認知的負荷を課すことを通じて，市民の政治参加のハードルを高めてしまう結果を生む。これは熟議民主主義が掲げる平等な参加という理想に反する（Cohen, 1989）。このようなCBPに比べて，PW-PBPは，熟議民主主義が重視する熟議への平等な参加という理念の実現に資する。

PW-PBPの新たな優位性2－認知的多様性の包摂と認識的向上

PW-PBPの利点は，参加や多様性の包摂という規範的側面にとどまらない。PW-PBPは，参加者の認知的多様性を活用することで，集団としての予測および問題解決能力を向上させる認識的な利点を提供する。ここで，認知的多様性とは，観点，解釈，ヒューリスティック，予測モデルの多様性を指す（Page, 2007, p.7）。ペイジらは，認知的多様性をめぐる数理分析の導入を通じて，認知に偏りをもつ市民でも集合的には専門家と同等かそれ以上の多観点評価を通じた解の向上を実現できる蓋然性が高いことを示した（Page, 2007, 2014; Hong & Page, 2012; Landemore & Page, 2015）[19]。PW-PBPは，参加者の観点と推論形式の多様性を包摂することで，市民の認知的多様性を生かし，集合的決定の質を向上させることができる。このように，PW-PBPは，集合的決定の認識的向上にも資する。

おわりに－熟議民主主義への含意

本稿では，熟議の文脈でPBPを採用することの優位性について再検証した。その際に，既存研究において議論されてこなかった，参加者の観点と推論形式の多様性（認知的多様性）に着目した新たな議論を展開した。

本稿の議論から，推論的ジレンマを回避しつつ，市民がもつ認知的多様性を生かした判断集約を実現するためには，次に掲げる処方が有効であることが論証された。

⑴ 修正されたPBPの採用（PW-PBP）

⑵ 個人の観点と推論形式の多様性を許容する修正

⑶ 集団の推論形式として荷重加算型を採用する修正

(4)公共的考慮事項の選定と重み付けを，認知的に多様な参加者による熟議過程内部で実施する修正

このような修正を経たPBPである「観点に応じたPBP」（PW-PBP）を用いることで，熟議の分業が可能となり，参加者の認知的多様性の包摂と活用がより良く実現されうることが示された。

このような処方が，今日の熟議民主主義の理論展開にもたらす含意を三点示す。第一に，推論的ジレンマの射程を，小規模な審議会や司法審査を超えて，市民が参加する熟議へと拡大する際の課題および解決策をめぐる議論の端緒を開いた。

第二に，熟議の規模をめぐる問題を，熟議の分業を通じて解決するための展望を示した。これまで，熟議に参加できる人数の制約が，参加による正統性の確保という熟議の理想を阻害してきた（Dryzek & Niemeyer, 2010, p.24）。本稿で示された処方を通じて，前提判断ごとに熟議フォーラムを分割していくことが可能となる。本稿は，熟議の分業を実現する意見集約手続を示すことで，「熟議システム」（田村, 2013）を通じた社会全体での熟議の実現にむけた展望を示した。

第三に，熟議を通じた認知的多様性および集合的決定の認識的向上の側面に光をあてた。J．ボーマンは，熟議にとって好ましい多様性とは，観点の多様性であることを早くから指摘していた（Bohman, 2006）。その一方で，熟議と関連をもって語られることが多かった推論的ジレンマの研究領域では，参加者の観点や推論形式の多様性（認知的多様性）を包摂するという課題が未解決のまま残されてきた。熟議への広範な参加を通じて集合的決定の認識的向上を目指そうとする近年の熟議民主主義理論の展望に対して（Bohman, 2006; Landemore, 2013b），本稿はそれを実現する具体的な熟議手続の構想を示した。

本稿で示された熟議体における判断集約の処方を通じて，熟議参加者の認知的多様性を生かしつつ，各フォーラムが熟議を分担して担う熟議の分業への展望が開かれる。しかし，本稿の限界として，市民の民主的参加を認識的向上のために道具的に用いることや熟議のフィードバック・メカニズムを描けていないとする批判に応答する課題が残された（Anderson, 2006, p.13）。また，「距離に基づくPBP」といった多数決集計を用いない推論的ジレンマの回避策について今回は詳述できなかった。これらについて

は，稿を改めて論じたい。

〔**謝辞**〕本研究は，文部科学省科学研究費・基盤研究（S）「市民のニーズを反映する制度構築と政策形成の政治経済学」（研究課題番号25220501）の助成を受けた研究成果の一部である。早稲田大学の田中愛治教授をはじめ科研費プロジェクトに関わる研究者の方々，早稲田大学の齋藤純一教授には，多大なる研究上のご支援をいただいた。LSE への留学では，Christian List 教授から本研究の萌芽となる指導を頂いた。また，匿名の２名の査読者からは，建設的なご指摘をいただき，論文を改善することができた。心から感謝を申し上げる。

（1） J．エルスターによれば，1789年にコンドルセにより問題の着想が示されており，1837年に数学者ポアソン（S. D. Poisson）によって既に問題の定式化がなされていた（Elster, 2013, p.63 n.)。1980年代以降，司法審査をめぐる議論をきっかけに，欧米を中心に近年再び活発な議論がなされている。例えば以下を参照（Kornhauser & Sager, 1986; List & Pettit, 2002; Grossi & Pigozzi, 2012; Ferejohn, 2012; 斉藤，2015)。なお，ジレンマと呼ばれるのは，二つの決定手続が相互に利点と欠点をもち，採用すべき手続を容易には決定できないためである（Pettit, 2001a, p.106)。

（2） 数値についての判断でも発生しうる（Elster, 2013, p.64)。

（3） PBP と CBP を択一的に選択する議論は，論理的解決策にすぎない。実際の審議においては，二者択一に限られない柔軟な対応をとりうる。例えば，審議過程において「推論的ジレンマ」が生じた場合には，もう一度審議を行い，前提と結論の両方を視野に入れて両者が整合するように前提もしくは結論を修正することで「推論的ジレンマ」を回避することができる。査読者の論点提起に感謝申し上げる。

（4） 例えば，ナッシュは，司法手続の文脈では PBP に７つの欠点，CBP に３つの欠点を認めている（Nash, 2003)。

（5） LEX 辞書編纂型，DISJ 分離型，EBA 型，CONJ 連結型，ADD 加算型の推論形式を表す。各推論形式の特徴については（Payne, 1993, chap.2)。

（6） この定義は，ペイジのヒューリスティックについての定義（Page, 2007, p.8）を参考に，判断集約の文脈に則して変形させたものである。

（7） LEX 辞書編纂型，DISJ 分離型，EBA 型，CONJ 連結型，ADD 加算型の推論形式を表す。これらの特徴については（Payne, 1993, chap.2)。

（8） Φ_i が X に含まれる ϕ を常に論理的に導くとき，ϕ は Φ_i に含まれる（List & Pettit, 2002, p.97）

（9） 公共的考慮事項（public agenda）とは，集合的判断の対象となる前提判断と結論の組み合わせを指す（List, 2006, p.327）。

(10)　(1)と(4)の違いは，(3)では公共的考慮事項が１つに限定されているのに対して，(4)では複数の公共的考慮事項を考慮したうえで多数決集計の対象とする考慮事項を一部に限定する点にある（List, 2006, p.373）。

(11)　ピゴッジらは，集合的決定に至る理由づけを提供するCBPの試みを示している（Pigozzi, Slavkovik & van der Torre, 2009）。しかし，その基本性質は通常のCBPと同様であるため，PBPよりも集合的結論の正確性が劣る。なお，CBPにおいて，参加者が自身の判断理由を個人として開示することは妨げられない。

(12)　メタ・コンセンサスの形成と実証結果について（Niemeyer & Dryzek, 2007）。

(13)　PBPとCBPはともに戦略的な議事操作を受ける可能性がある。この場合でも，熟議は一定の抑制効果をもつと考えられる（Sakai, 2013）。手続条件の追加的緩和によっても，議事操作を回避できる（Dietrich, 2013）。

(14)　熟議の分業は厳密なものである必要はない。熟議フォーラムの重複等も許容される（Mansbridge, *et al*., 2012, p.5）。

(15)　本稿の提案と同一の公理条件を用いる手続に，リストらが提起した市民専門家によるPBP（distributed PBP）がある（List & Pettit, 2011, pp.56-57）。しかし，両者はその意図と手法において異なる。

(16)　独立性条件の緩和によって可能になる決定手続には，本稿の提案に加え，距離に基づく集約関数（distance-based aggregation functions）がある（Pigozzi, 2006）。

(17)　争点次元についてのメタ・コンセンサス（Niemeyer & Dryzek, 2007）とは異なる。

(18)　この点をご指摘いただいた査読者に感謝申し上げる。

(19)　認知的多様性，コンドルセの陪審定理，集計の奇跡の相違については（Landemore, 2013a, chap.6）を参照。

参考文献

Anderson, E. (2006). The Epistemology of Democracy. *Episteme*. 3 (1), 8-22.

Bohman, J. (2006). Deliberative Democracy and the Epistemic Benefits of Diversity. *Episteme*. 3 (3), 175-191.

Brennan, J. (2012). *The Ethics of Voting*. Princeton, Princeton University Press.

Cohen, J. (1989). Deliberation and Democratic Legitimacy. In: A. Hamlin & P. Pettit (eds.), *The Good Polity*. Oxford, Blackwell. pp.67-92.

Dietrich, F. (2007). A Generalised Model of Judgment Aggregation. *Social Choice and Welfare*. 28 (4), 529-565.

Dietrich, F. (2013). Judgment Aggregation and Agenda Manipulation. Available from: http://www.lse.ac.uk/CPNSS/research/currentResearchProjects/ChoiceGroup/PDF_files/Dietrich-AgendaManipulation.pdf [Accessed: 11 August 2015].

Dryzek, J.S. & Niemeyer, S. (2010). *Foundations and Frontiers of Deliberative Governance*. Oxford, Oxford University Press.

Elster, J. (1986). The Market and the Forum: Three Varieties of Political Theory. In: J. Elster & A. Hylland (eds.), *Foundations of Social Choice Theory.* Cambridge, Cambridge University Press. pp.103-132.

Elster, J. (2013). *Securities Against Misrule: Juries, Assemblies, Elections*. Cambridge, Cambridge University Press.

Estlund, D.M. (2008). *Democratic Authority: A Philosophical Framework*. Princeton, Princeton University Press.

Ferejohn, J. (2012). Legislation, Planning, and Deliberation. In: H. Landemore (eds.), *Collective Wisdom*. Cambridge, Cambridge University Press. pp.95-117.

Goodin, R.E. (1986). Laundering Preferences. In: J. Elster & A. Hylland (eds.), *Foundations of Social Choice Theory.* Cambridge, Cambridge University Press. pp.75-101.

Grossi, D. & Pigozzi, G. (2012). Introduction to Judgment Aggregation. In: N. Bezhanishvili & V. Goranko (eds.), *Lectures on Logic and Computation*. Berlin, Springer. pp.160-209.

Gutmann, A. & Thompson, D. (2004). *Why Deliberative Democracy?* Princeton NJ Princeton University Press.

Habermas, J. (1996). *Between Facts and Norms: Contributions to a Discourse Theory of Law and Democracy.* trans. W. Rehg, Oxford, Polity.

Hong, L. & Page, S.E. (2012). Some Microfoundations of Collective Wisdom. In: H. Landemore (eds.), *Collective Wisdom*. Cambridge, Cambridge University Press. pp.56-71.

Kornhauser, L.A. & Sager, L.G. (1986). Unpacking the Court. *The Yale Law Journal*. 96 (1), 82-118.

Kornhauser, L.A. & Sager, L.G. (1993). The One and the Many: Adjudication in Collegial Courts. *California Law Review.* 81 (1), 1-59.

Kornhauser, L.A. & Sager, L.G. (2004). The Many as One: Integrity and Group Choice in Paradoxical Cases. *Philosophy & Public Affairs*, 32 (3), 249-276.

Landemore, H. (2013a). *Democratic Reason: Politics, Collective Intelligence, and the Rule of the Many.* Princeton, Princeton University Press.

Landemore, H. (2013b). Deliberation, Cognitive Diversity, and Democratic Inclusiveness: An Epistemic Argument for the Random Selection of Represen-

tatives. *Synthese*. 190 (7), 1209-1231.
Landemore, H. & Page, S.E. (2015). Deliberation and Disagreement: Problem Solving, Prediction, and Positive Dissensus. *Politics, Philosophy & Economics*. 14 (3), 229-254.
List, C. (2003). A Possibility Theorem on Aggregation Over Multiple Interconnected Propositions. *Mathematical Social Sciences*. 45 (1), 1-13.
List, C. (2004). A Model of Path-dependence in Decisions over Multiple Propositions. *American Political Science Review*. 98 (3), 495-513.
List, C. (2005). The Probability of Inconsistencies in Complex Collective Decisions. *Social Choice and Welfare*. 24 (1), 3-32.
List, C. (2006). The Discursive Dilemma and Public Reason. *Ethics*. 116 (2), 362-402.
List, C. (2011). The Logical Space of Democracy. *Philosophy & Public Affairs*. 39 (3), 262-297.
List, C. (2012). Judgment Aggregation: A Short Introduction. In: U. Maki (eds.), *Philosophy of Economics*. Boston, North Holland. pp.799-822.
List, C. & Goodin, R.E. (2001). Epistemic Democracy: Generalizing the Condorcet Jury Theorem. *Journal of Political Philosophy*. 9 (3), 277-306.
List, C. & Pettit, P. (2002). Aggregating Sets of Judgments: An Impossibility Result. *Economics and Philosophy*. 18 (1), 89-110.
List, C. & Pettit, P. (2005). On the Many as One: A Reply to Kornhauser and Sager. *Philosophy & Public Affairs*. 33 (4), 377-390.
List, C. & Pettit, P. (2011). *Group Agency: The Possibility, Design, and Status of Corporate Agents*. Oxford, Oxford University Press.
Mansbridge, J. et al. (2012). A Systemic Approach to Deliberative Democracy. In: J. Mansbridge & J. Parkinson (eds.), *Deliberative Systems: Deliberative Democracy at the Large Scale*. Cambridge, Cambridge University Press. pp.1-26.
Nash, J.R. (2003). A Context-Sensitive Voting Protocol Paradigm for Multimember Courts. *Stanford Law Review*. 56 (1), 75-159.
Niemeyer, S. & Dryzek, J.S. (2007). The Ends of Deliberation: Meta-consensus and Inter-subjective Rationality as Ideal Outcomes. *Swiss Political Science Review*. 13 (4), 497-526.
Page, S.E. (2007). *The Difference: How the Power of Diversity Creates Better Groups, Firms, Schools, And Societies*. Princeton, Princeton University Press.
Page, S.E. (2014). Where Diversity Comes from and Why It Matters? *European Journal of Social Psychology*. 44 (4), 267-279.
Payne, J.W. (1993). *The Adaptive Decision Maker*. Cambridge, Cambridge Univer-

sity Press.

Payne, J.W. & Bettman, J.R. (2001). Preferential Choice and Adaptive Strategy Use. In: G. Gigerenzer & R. Selten (eds.), *Bounded Rationality: The Adaptive Toolbox*. Cambridge, MIT Press. pp.123-146.

Pettit, P. (2001a). *A Theory of Freedom*. New York, Oxford University Press.

Pettit, P. (2001b). Deliberative Democracy and the Discursive Dilemma. *Philosophical Issues*. 11 (1), 268-299.

Pigozzi, G. (2006). Belief Merging and the Discursive Dilemma: An Argument-Based Account to Paradoxes of Judgment Aggregation. *Synthese*. 152 (2), 285-298.

Pigozzi, G., Slavkovik, M. & Torre, L. van der (2009). A Complete Conclusion-Based Procedure for Judgment Aggregation. In: F. Rossi & A. Tsoukias (eds.), *Algorithmic Decision Theory.* Lecture Notes in Computer Science. Berlin, Springer. pp.1-13.

Riker, W.H. (1986). *The Art of Political Manipulation*. New Haven, Yale University Press.

Sakai, R. (2013). Deliberation against Manipulation: Can Deliberative Democracy Propose Solutions to William Riker's Criticisms of Political Manipulation in Democracy?『早稲田政治公法研究』第101号，17－33頁

Tetlock, P.E. (2005). *Expert Political Judgment: How Good Is It? How Can We Know?* Princeton, Princeton University Press.

斉藤尚（2015）.「推論的ジレンマと司法審査の正当性」『年報政治学』. 2014－Ⅱ号，211－231頁。

鈴木基史（2014）.「民主主義と立憲主義の合理的選択論：選択構造操作と現代日本政治」『公共選択』. 第62号，109－127頁。

田村哲樹(2013).「熟議民主主義は自由民主主義的か？」『政治思想研究』. 第13号，135－161頁。

富山慶典（2004）.「『選好集約論』の探求から『判断形成論』の探求へ」『理論と方法』. 第19巻・1号，1－16頁。

2014年 学 界 展 望

日本政治学会文献委員会

政治学・政治理論　本年も，政治学・政治理論の領域には，多くの会員からの自己申告によって幅広い業績が報告された。ひとくちに「政治学を研究している」といっても，国際関係論なのか，投票行動論なのか，行政管理論なのか，はたまた思想史研究なのか，多様な領域が「政治学・政治理論」の範疇には広がっている。これらの多様な領域の中でこの分野は，広範な問題関心をカバーする政治学の研究の基礎研究に関する業績を中心としている。

さて，この分野に集まった研究業績を大別すると，第一に思弁的な研究と，第二に経験的な研究とに分けられる。前者は演繹的な方法論により，後者は帰納的な方法論によって，より一般化された理論的な知見に到達しようとするものである。どちらかといえば前者は，規範的で社会改革を志向する側面が強く，後者は，現実を精緻に分析し，そのためのツールとして統計，計量的手法を一つの視野におくといえよう。そこで，ここでは，思弁的な研究から歩を進め，次いで経験的な研究を紹介していこう。

思弁的な研究のなかでは，これまでの通説に異を唱えることによって，新しい視点を提起する試みがなされている。**早川誠『代表制という思想』**（風行社）は，通説では代表制民主主義はしばしば，大規模デモクラシーにおいて直接民主制を現実には行えないための代替策として採用されたと考えられることが多いが，そうではなく，それ自体に独自に思想的な意義を有すると早川はとらえる。民意が多様であるためにそれを直接の決定形成に持ち込むのではなく，民意から切り離し，冷静に討論の場を設けるということに代表制の意義を見い出している。近年の熟議民主主義などの新たな試みに対して，これはもう一度，代表制の意味を考える意義がある。また，**飯田文雄**「規範的民主主義理論としての多元主義」（**川崎修編『岩波講座　政治哲学 6：政治哲学と現代』**岩波書店）は，ロバート・ダールの民主主義理論について，既存の枠組みの中における「利益概念」とその枠組みの変革を目指す「エンパワメント概念」という二つの概念を用いて，検討している。同じ筆者の**Fumio Iida, “The Tensions between Multiculturalism and Basic Income in Japan,”**（**Yannick Vanderborght and Toru Yamamori, *Basic Income in Japan***, Palgrave Macmillan）は，「共生政策」という枠組みの中で語られてきた多文化主義とベーシック・インカムについて，両者の緊張関係を明らかにしようとした著作であり，見逃せない。

思想家個人の政治理論を再構成する試みも行われている。来年に没後20年を控えた丸山眞男研究の嚆矢として **Hajime Inuzuka**, "An Alternative **Idea of Nationalism in Postwar Japan,"**（**Jyun-Hyeok Kwak and Koichiro Matsuda eds., *Patriotism in East Asia***, Routledge）は，丸山眞男の政治思想におけるナショナリズムをめぐる分析において，丸山が一貫してデモクラシー論とナショナリズム論を一体として考えていたことを著作を用いて明らかにしようと試みている。また，**森達也**「アイザイア・バーリンのパレスティナ」（『政治哲学』17号）は，バーリンのシオニズムが，彼のリベラリズムとどのような関係にあるのかを考察している。そして，**石川晃司**「言語本質論の思想的拡張」（『政経研究』50巻３号）は，吉本隆明の思想の一側面を言語論などの知見を使用して，思想的に再構築しようとしている。公共圏の衰退がさけばれて久しいが，**田畑真一**「普遍性に根ざした政治文化の生成」（『社会思想史研究』38号）は，ユルゲン・ハーバーマスの「憲法パトリオティズム（Verfassungspatriotismus）」の構想を，集合的アイデンティティから始まる理論的な展開に注目し，明らかにしたものである。この理論的な展開の中で，普遍性に根ざした政治文化の生成という方向性を明らかにしてきたと論じている。こうした，思弁的な政治理論研究の方法論に焦点を当てたものとして，**安武真隆**「政治理論と政治思想史」（**井上彰・田村哲樹編『政治理論とは何か**』風行社）がある。**安武**は，ジョン・G・A・ポーコックに焦点を当て，歴史的文脈を中心としたコンテクストを重視する「ケンブリッジ学派」の中にある彼の理論と歴史の緊張関係，またその歴史を通じた規範的な意味を明らかにしようと試みている。これら思弁的な研究と経験的な研究を繋ぐものとして**高橋肇**「成熟社会における責任政治」（**碓井敏正・大西広編『成長国家から成熟社会へ**』花伝社）がある。ここでは，**高橋**は，自由主義原理と民主主義原理を峻別し，決定権力に対する民主主義的制御と自由主義的制御の独自性と重要性を論じている。

こうした思弁的研究を視座にいれて，経験的な研究を問い直す動きも存在する。**堀雅晴**「マルクスとガバナンス論（１）」（『立命館法学』356号）は，「Governance without Government 」論の再構築に向けて，批判的実在論をその理論的な糸口とする試みを行っている。この議論はマルクスの探求してきたアソシエーション論の中に包摂されうる議論であるか，そうであるならその具体的な可能性はどこにあるのかを，マルクスの著作を紐解くことで行おうと試みている。さらに，現代の社会の問題を鋭くとらえた**山田竜作**「マス・ソサエティにおける政治主体の『市民性』」（**岡本仁宏編『新しい政治主体像を求めて**』法政大学出版局）もある。**山田**は「市民社会」と対比される「大衆社会」として理解される「マス・ソサエティ」を，旧来の訳語から離れて，その社会を前提とした市民性の再構築を考察している。より現実的な問題に対する理論的考察に関しては，**高橋進**「大学におけるシティズンシップ教育のための予備的考察」（『龍谷大学社会科学研究年報』44号）が，近年特にその必要性が叫ばれている日本におけるシティズンシップ教育の必要性とその方法を論じている。また，**Kantaro Ishii, "Political Leadership in the Reactionary Conservatism Era of Japanese Politics,"**（目白大学『人文学研究』10号）は，現代における日本の政治的リーダーシップの在り方を考察している。

また，近年では経験的な研究の中で，より積極的に政治学と他の社会科学との理論的な連携によって問題解決を論じる試みもなされている。その試みの一例として **Hideko Magara ed., *Economic Crises and Policy Regimes: The Dynamics of Policy Innovation and Paradigmatic Change*,** (Edward Elgar) もある。**真柄**は近年のリーマン･ショック，ユーロ危機などの経済危機について「ポリシー・レジーム」という視点を提起し，政治学，経済学の知見を融合してその分析を行うという，新たな試みを行っていることは注目に値する。

経験的な研究の中で意欲的であったのは，実験室環境の中での有権者の反応を見る「実験政治学」と題された一連の研究であったであろう。**三村憲弘・山崎新**「反論提示による態度変化」（『選挙研究』30巻1号）は，熟議を通した政策態度の変化について，回答者に反論を提示し意見の変化を検討している。そこでは熟議にまつわる政治的コンテクストの重要性が明らかとなったという。また，**黒阪健吾・肥前洋一・芦野琴美**「実験室実験によるM＋1ルールの検証」（『選挙研究』30巻1号）は，デヴェルジェの法則で有名な単記非移譲式のM人区では，M＋1候補者に票が集まるというM＋1ルールの頑強性を実験室実験によって検証したものであるが，小選挙区のように議席数が少なければ少数の候補者に集中するが，実験においてはM＋1よりも多くの候補者に票が分散することとなったという。これはデヴェルジェの法則の実験室実験における検証の結果を表しているとされる。さらに，**Takanori Adachi and Yoichi Hizen**, "Political Accountability, Electoral Control and Media Bias," (*Japanese Economic Review*, Vol. 65, No. 3) は，反現職のメディアは現職の不正防止に役立つかを，ゲーム理論により分析したものとなっている。

さらに政治理論のすそ野を広げる試みもなされている。その試みの一つとして，いくつかのテキストも昨年は報告されている。テキストとして，例えば，**森眞砂子『新アメリカ政治論』**（本の泉社）は，初学者向けのアメリカ政治論のテキストであり，文体は柔らかく，政治学の素養のない読者にもわかりやすくアメリカ政治が記述されている。また，**藤本一美編『講座　臨床政治学　第四巻　政治学の基礎』**（志學社）もある。これは，政治体制など

20項目にわたる政治学の基礎概念を扱ったテキストである。また，時代の啓蒙書を目指す出版物も登場している。**西尾孝司『「三権分立論」の虚妄性』**（公人の友社）は，国会の復権を世に問う書である。

この分野に集まった業績の持つ意味は，政治学の多様な領域に影響を与えるものであり，また，現実の政策実践にあたり，その根底についての示唆を与える業績であるといえよう。しかるにこの分野は，地味な分野で人目を惹かず，研究がなかなか上梓されないことも多い。そこで，ここでは，業績の現物をご送付いただいたうちで，スタンダードとなる可能性の高い研究はもちろんであるが，意欲的で萌芽的な研究も同様に紹介してきた。また特に，政治学を研究しながら，なかなか注目されない若手，地方在住の研究者にも配慮して紹介した。なるべく多くの研究を紹介したつもりであるが，紙幅の関係上，紹介しきれない素晴らしい業績もあった。ご送付いただいた方には陳謝申し上げる次第である。現代の，変わっていく新しい状況に対し，レリヴァントな視座を与えること，そうした方向性を持った更なる研究の興隆を期待したい。　（文責　白鳥　浩）

日本政治・政治過程　2013年参議院選挙からネット選挙になったことでそれに関する論文も注目される。**岡本哲和**「ネットはだれに影響を与えたか— 2011年大阪市長選の分析」（関西大学『法学論集』63巻5号）は，大阪市長選挙を対象として，選挙へのインターネットの影響について論じている。さらに，**岡本**は「もう一つの“ネット選挙”—2012年衆院選挙および2013年参院選における選挙公報のインターネット掲載—」（『法学論集』64巻2号）で，選挙公報をウェブサイトに早く掲載した自治体があった一方で，遅い自治体も存在したことに注目し，この違いの要因を衆院選と参院選のデータを用いて明らかにしている。**名取良太・福元健太郎・岸本一男・辻陽・堤英敬・堀内勇作**「参議院議員通常選挙データベースの開発と利用」（『選挙研究』30巻2号）は，参院選研究を活性化させることを狙いとして，独自に開発した参院選データベースを説明している。参院選は戦後日本政治の変動に重要な役割を果たしてきたが，データ不足のためほとんど分析されなかったと指摘している。**土倉莞爾**「2013年参議院選挙と現代日本の政治状況に関する一考察」（『法学論集』63巻5号）は，参議院選挙とその前後のわが国の政治状況を概観し，特に橋下現象に注目して大阪の日本維新の会の動向などを論じている。選挙と増税に関する論文としては，**豊福実紀** “The end of salaryman-tax reduction: Japan’s policy and its social background,” *Contemporary Japan*, Vol. 26, No. 1がある。日本において大規模な所得税減税が行われなくなった背景を問うことを通して，自民党と浮動的な有権者との関係を論じている。さらに，**豊福**は「現代日本における増税と政党間競争」（『生活経済政策』215

号，216号）で，政権交代・連立政権下では減税が行われやすいとの議論に反して，なぜ租税政策が減税から増税へとシフトしたのかを政権交代・連立政権の視点から論じている。選挙の国際的比較分析として，**古城隆文・谷口尚子**「選挙制度が有権者の満足度に与える影響の国際比較分析」（東洋大学21世紀ヒューマン・インタラクション・リサーチ・センター『研究年報』11号）は，ミシガン大学を拠点とするComparative Study of Electoral Systems (CSES) のデータを用いて，約40カ国における選挙制度のタイプと有権者の「民主主義に対する満足度」の関係を，マルチレベルモデルに基づいて分析し，小選挙区制より比例代表制の方が，有権者満足度にプラスの影響を与えていることを論証している。**三輪洋文**「現代日本における争点態度のイデオロギー的一貫性と政治的洗練――Converseの呪縛を超えて」（『年報政治学』2014－1号）は，イデオロギー的であることが政治的な洗練を意味するという通説的理解に反する仮説を提示し，現代日本においてその仮説の検証を試みている。**三村憲弘・山崎新**「反論提示による態度変化―熟議の政治メカニズム―」（『選挙研究』30巻1号）は，熟議を通した有権者の政策態度の変化における政治的メカニズムを，調査回答者に反論を提示し意見の変化をみるという**Jackman and Sniderman** (2006) の枠組みを改変・応用した調査実験によって検討している。

国会で憲法問題が激しく論じられたことが研究者の論文にも反映されている。**鈴田渉**「安保法制懇『報告書』を読む～平和憲法を否定し歴史的事実の歪曲の論理を糺す～」（『科学的社会主義』195号）は，安保法制懇の最終報告書について考察し，あるべき憲法解釈論について憲法学及び戦後政治史的視点･事実より批判的に鋭く論じている。さらに，**鈴田**は「戦争と『自衛権』に関する一考察～日本国憲法の平和主義を「戦争違法化」論からみる～」（『科学的社会主義』200号）で，集団的自衛権は個別的自衛権とは全く異質なものであるということを戦争違法化・自衛権・日本国憲法の平和主義の視点から考察している。

福島原発事故を受けて研究者の視点で論じた論文として，**宮本剛志**「東京電力福島原子力発電所事故調査委員会の意義と課題」（亜細亜大学大学院法学研究科『法学研究論集』38号）は，国会事故調の調査活動並びに報告書をもとに，国会事故調が果たした役割を検証し，調査活動において収集された調査資料などの取り扱いなど今後の課題を論じている。原発事故を世論調査の視点から論じた，**堀江孝司**「世論」（**本田宏・堀江孝司編『脱原発の比較政治学』**法政大学出版局）は，原発を題材に，世論調査の政治的機能や世論をめぐる政治を考察している。

日本政治で特に政党に焦点を当てた研究書として，**山口二郎・中北浩爾編『民主党政権とは何だったのか　キーパーソンたちの証言』**（岩波書店）は，民主党政権で主要ポストにあった政治家の証言を通して，政権交代の経験を多面的に，均衡のとれた形で総括しており，民主党政権の経験を冷静に評価し，息長く日本政治の刷新に取り組むための材料となることが期待される。証言は実に読み応えがある。紙幅の関係上，詳細は是非本書を読んで欲しい。

政治過程研究として，**小林良彰・岡田陽介・鷲田任邦・金兌希『代議制民主主義の比較研究』**（慶應義塾大学出版会）は，従来の外見的な民主主義指標に替わり「機能」という視点から新たな指標を構築し，わが国の民主主義の機能を米国や韓国と比較しながら実証的に明らかにした研究である。選挙公約，政治意識，議会活動を有機的に分析し，日米韓の民主主義に共通する問題と各国独自の問題を実証分析した珠玉の研究書である。**佐藤満『厚生労働省の政策過程分析』**（慈学社）は，確定拠出年金法，臓器移植法，介護保険法の形成過程を手がかりに厚生労働省の政策領域の特徴を政治過程論，政策過程論の理論的視点から論じている。**西川伸一**「コンマ３官庁は『闘う司法』に脱皮できるか」（『政経論集』83巻１・２号）は，国家予算に占める裁判所予算の比率は0.3％に過ぎず裁判所はコンマ３官庁であるが，近年「闘う司法」として注目されていることを裁判官経験者の著作などを引用しながら詳細に論じ，説得力がある。「闘う司法」を定着させるために最高裁のあるべき姿を論究している。**Hironori Sasada**, “The Impact of Rural Votes in Foreign Policies: The FTA Policies under the DPJ Government in Japan,” *Asian Journal of Political Science*, Vol.21, No.3 は，自由貿易協定をめぐって日本と韓国が共に農業の国際競争力がなく，両国の農業関係者が反対したにもかかわらず，韓国は締結し，日本はできなかった。そのことを韓国の事例を参考にしつつ，主として日本に焦点を当てながら，農村地域の投票が政策形成過程に与える影響を分析することによって両国の相違を解く手がかりを得ようとする論考である。**廣澤孝之**「新しい地域秩序構想と外交政策デザイン―1990年代以降の日米関係を中心として―」（『法学論叢』58巻４号）は，「55年体制」崩壊以後の日本外交政策の転換過程を冷戦終焉以降の日米関係を軸に考察し，アジア諸国との新たな関係を構築するためにも従来とは異なる外交政策デザインの構想が必要であると論じている。吉次公介「ミャンマー民主化と日本外交」（『世界』861号）は，テイン・セイン政権発足後におけるミャンマー民主化の進展に日本がいかに対応したかを論じている。

福永英雄「リスク，文明，環流」（『比較文明』30号』）は，諸科学とリスクとの関係性の把握を据えた上で，政治過程・政策過程において科学と政策的な次元とが照応する態様を明らかにしている。**末次俊之**「安倍首相の歴史認識」（**末次俊之編『第二次安倍内閣―発足と課題―』**（志學社）は，安倍首相の国会答弁を検討し，初の戦後生まれの首相が考える歴史認識の全体像を提示している。**末次俊之編『第一次安倍晋三内閣・資料集』**（同）は，第一次安倍晋三内閣に関する基本的資料を収集している。**グレゴリー・J・カザ（堀江孝司訳）『国際比較でみる日本の福祉国家　収斂か分岐か』**（ミネルヴァ書房）は，「収斂」をキー概念とし，従来の福祉国家論ではあまり取り上げられない要素をも取り入れた幅広い視野から，日本の福祉国家を国際比較の中に位置づけている。

進藤兵「『2008年以後』の日本の政治―藤田＝ジェソップ・アプローチによる資本主義国家分析・試論―」（『年報政治学2013－Ⅱ』）は，マルクス学派の資本主義国家論を使って2008年以後の日本政治を素描した論文である。今日の日本の政治を学び考えるための教養書・教科書として，**村上弘『日本政治ガイドブック―改革と民主主義を考える』**（法律文化社）がある。書評として，**武田興欣**「フェミニストらによる地方政治での草の根保守主義運動の分析」（『レヴァイアサン』54号）は，山口智美・斉藤正美・荻上チキ著『社会運動の戸惑い―フェミニズムの「失われた時代」と草の根保守主義運動』を題材に，フェミニズムと保守系反フェミニズム運動との係争が日本の地方政治でどのように展開されてきたかを論じている。（文責　照屋寛之）

行政学・地方自治　近年，大阪都構想が示されたことから，「都区制度」や，「地方自治と選挙」に対する関心が高まった。この分野での研究に，まず都区制度における行政の一体性と，都と区の権限配分の在り方を考察するとともに大阪都構想の持つ意味を論じたものに，**幸田雅治**「都区制度における「一体性」と大阪都構想の持つ意味」（『年報行政研究』49号）がある。また，地方自治と選挙に関する研究には，自民党優位の国政選挙とは異なる結果を示した滋賀，大阪の選挙を解説し，リベラル派が均衡を回復する可能性について論じたものに，**村上弘**「滋賀，大阪での国政と異なる選挙結果」（『生活経済政策』No.216）がある。また，昨今，インターネットが選挙へ及ぼした影響についての事例研究として，2011年に実施された大阪市長選挙について，投票行動をサーベイ調査分析した**岡本哲和ほか**「ネットはだれに影響を与えたか―2011年大阪市長選の分析」（『法学論集』63巻５号）がある。さらに，選挙公報の提供においてウェブサイトの掲載について分析した論文として，**岡本哲和**「もう一つの“ネット選挙”―2012年衆院選および2013年参院選における選挙公報のインターネット掲載―」（『法学論集』64巻２号）がある。

未曽有の大災害であった東日本大震災関係については，地方自治の状況からデータに基づく検討を試みたものに**河村和徳『東日本大震災と地方自治』**（ぎょうせい）がある。津波対策が十分でなく，規制も十分でなかったという仮説を検証したものに**大山耕輔**「なぜ福島第一１－４号機が過酷事故に至ったのか―事故調の報告書を中心に」（『公共政策研究』14号）がある。

こうした問題を抱えつつも日本社会は新しい局面を迎えている。21世紀のEU型の成熟社会へのパラダイムシフトを目指すとする**昇秀樹**「新しいフェーズ（局面）に入りつつある日本の経済・社会」（『公営企業』46巻4号）がある。

分野別の研究を以下眺めると，住民参加の関係の分野では**賀来健輔**「近時の住民投票条例制定の直接請求に関する一考察」（『地方自治研究』29巻1号）は，住民投票条例の制定および制定過程におけるその政策実現を阻害してきた諸要因について調査分析を加えている。さらに，**同**氏は直接請求権に光をあて，とくに条例の制定改廃請求について考察を加え，**賀来健輔**「条例の制定又は改廃の直接請求に関する課題とその一考察―制度の積極的活用の観点から―」（『地方自治研究』29巻2号）を著した。住民参加の分析をしたものには，**長野基**「討議民主主義に基づく市民参加型事業アセスメントの取り組みの研究―東京都新宿区「第二次実行計画のための区民討議会』を事例として」（『年報行政研究』49号）がある。新しい市民参加方式がもつ自治体計画事業検討過程への影響とその構造を自治体組織側での受容性を焦点に分析している。海外の住民評議会制として取り上げているものには，**中田晋自**「ピエール・モーロワと地域民主主義―リール市における「住区評議会」の創設と法制度化を通じたその「全国化」―」（『愛知県立大学外国語学部紀要（地域研究・国際学編）』46号）がある。フランスで初めて住区評議会を設置したリール市で，どのような理念で住区評議会の法制化にむけた取り組みがなされたか検討している。

規制改革に関する研究では，国際海事機関による近年の船舶に対する国際規制の動向である，規制の全般的な強化，目標指向型基準の導入，総合安全評価の活用などの要点整理を行い，その背景と帰結について分析したものに，**村上裕一**「船舶の国際規制の特徴―他の産業分野との比較研究に向けた論点整理―」（『日本海洋政策学会誌』4号）がある。日本とEUの化学物質規制改革における規制影響分析がアクターの選択に与える影響とそのメカニズムについて比較分析したものが**早川有紀**「環境リスクに対する規制影響分析：日本とEUにおける化学物質規制改革の立法過程」（『年報行政研究』49号）である。

コミュニティ政策に関するものでは，国際比較の観点からコミュニティ施策の構造的，比較的特質を明らかにし，地域自治確立の重層的な編成へむけて課題を示したものに，**山田公平**「福祉国家・地方自治・コミュニティ―コミュニティ政策を検証する構造的・国際比較的視点」（**山崎仁朗編『日本コミュニティ政策の検証―自治体内分権と地域自治に向けて』**東信堂）がある。

政策過程に関する論文としては，**柳至**「政策の存在理由が地方政治家の行動に与える影響―地方自治体における政策・組織廃止を事例にして―」（『年報行政研究』49号）は，先行研究では着目されてきた公式の制度だけでなく自らの主張の正当性を示すという非公式制度に着目している。要介護認定の政策実施過程のガバナンスを題材に，資格認定業務に関わる様々なアクターの応答性を規定する要因とそのメカニズムを探究したものに，**荒見玲子**「政策実施に関わるアクターの応答性の規定要因とそのメカニズム―福井県の要介護認定調査の分析から―」（『社会科学研究』65巻1号）がある。評価の質への具体的な取組みの不足が評価の質の不均一性をもたらしているという仮定に基づく分析したものには，**益田直子**「評価の質―評価書の事後的分析の試み」（『会計検査研究』50号）がある。質に関する評定基準と尺度を設定し，その評定結果に基づき標準偏差及び変動係数を算出し，質のばらつきを確認した上で，そのパターンをクラスター分析により検証している。

ガバナンス論については，ガバナンス論の中でも批判的な実在論の立場から構築作業を行うためにマルクスのアソシエーション論を手掛かりとして分析したものに，**堀雅晴**「マルクスとガバナンス論（1）：アソシエーション論への包摂にむけて」（『立命館法学』356号）がある。スポーツ分野のガバナンス研究について学会，国際機関なども含めて分析したものに，**堀雅晴**「ガバナンス論研究の現状と課題：「スポーツのグッドガバナンス」にむけて」（『体育・スポーツ経営学研究』27巻）がある。

地方財政関係では，日本を欧米主要国との比較上に置き，地方財政赤字の決定要因を解明しているものに，**和足憲明『地方財政赤字の実証分析』**（ミネルヴァ書房）がある。起債統制規律，市場規律仮説を検証し，**和足憲明**「地方財政規律を取り戻す統治構造改革」（『公明』8月号）のなかでは，この仮説を踏まえ，地方財政規律を取り戻すための統治構造改革の方向性を示している。

公務員制度関係では，海外での改革については，英国で実施された公務員の「専門職化」に着目したものがある。**藤田由紀子**「英国公務員制度改革における『専門職化』の意義」（『季刊行政管理研究センター』No.146）は，労働党政権下と保守党・自民党連立政権下における，それぞれの改革の本質的な相違点を明らかにしている。また，日本の制度改革については，**出雲明子『公務員制度改革と政治主導：戦後日本の政治任用制』**（東海大学出版部）がある。戦前の政官関係も踏まえ，戦後改革を起点とした公務員制度改革を制度設計と政治過程の両面から分析している。

行政史の研究として，まず，内閣制度導入以前における各省トップである卿と，省官僚代表格の次官たる輔との関係について考察したものに，**柏原宏紀**「明治初年太政官制下の卿輔関係についての一考察」（『年報政治学2013－Ⅱ』がある。当時の省内決済資料「鉄道省事務簿」が残っている工部省の資料分析がなされている。また，占領期の自治体警察制度に組合警察が存在したその歴史を考察したものに，**小宮京**「組合警察制度に関する研究—警察と地方分権—」（『社会安全・警察学』創刊号）がある。

教科書としては発行されたものに**村上弘『日本政治ガイドブック—改革と民主主義を考える』**（法律文化社）がある。また，初学生に向けた**村上裕一**「社会システム：国内外に広がる複雑な『行政』の構造を解明する」（『知のフロンティア：北海道大学の研究者は，いま』３号）は行政学研究の最新動向を分り易く説明している。 （文責　福島康仁）

政治思想（日本・アジア）　丸山眞男（1914－1996）生誕100年にあたる今年は，前年に引き続き，彼の思想を多角的に検討する業績が数多く公刊された。まず著書としては，**樋口陽一『加藤周一と丸山眞男—日本近代の〈知〉と〈個人〉』**（平凡社）と**平野敬和『丸山眞男と橋川文三—「戦後思想」への問い』**（教育評論社）が出されている。論文では**石田憲**「丸山眞男—イタリアとの比較に見るラディカル・デモクラット像」（**趙景達・原田敬一・村田雄二郎・安田常雄編『講座東アジアの知識人　第５巻』**有志舎）のほか，米原謙「丸山眞男の福沢諭吉論—批判的考察」（『日本思想史学』46号），**犬塚元** “An alternative idea of nationalism in postwar Japan : the case of Masao Maruyama” (Jun-Hyeok Kwak and Matsuda, Koichiro, eds., *Patriotism in East Asia*, Routledge）がある。さらに『現代思想』は８月臨時増刊を丸山の総特集号とし，**松田宏一郎**「「虚妄」に賭けることは可能か？—丸山眞男にとっての福沢諭吉」，**酒井哲哉**「未完の新左翼政治学？—丸山眞男と永井陽之助」，**権左武志**「日本ナショナリズムの呪縛とその克服—丸山眞男のナショナリズム論とドイツ思想」，**清水靖久**「銀杏並木の向こうのジャングル」などの論考を収めている。

現実政治との関連では，７月に，集団的自衛権をめぐる政府の憲法解釈が変更された。そうしたなか**石田憲**「憲法を作った人々—高野岩三郎を中心として」（『千葉大学法学論集』29巻１・２号）は，敗戦後に独自の憲法草案を公表した民間団体「憲法研究会」の中心人物だった高野岩三郎の思想と活動を究明している。また**苅部直**は**長谷部恭男編『「この国のかたち」を考える』**（岩波書店）に「戦後の平和思想と憲法」を寄せた。

2014年に出された政治思想（日本・アジア）領域の著作で，まず触れるべきは**濱野靖一郎『頼山陽の思想』**（東京大学出版会）であろう。著者は従来の頼山陽論を「誤解の重層」と総括し，その主著『通義』が黙殺されてきたと批判する。そして『通義』を精読し，さらに『日本外史』や『日本政記』と関連づけて，頼を「稀代の政治学者」と再評価する。同書と**島田英明**「経世の夢，文士の遊戯—頼山陽における政治思想と史学」（『国家学会雑誌』127巻７・８号）により，これまでの頼山陽像は，大きく修正されるであろう。

続いて紹介したいのは，**河野有理編『近代日本政治思想史―荻生徂徠から網野善彦まで』**（ナカニシヤ出版）である。同書は「初学者むけ」を標榜しつつも，「言語」「政体」「美」「イロニー」「憲法」「デモクラシー」など14のテーマを設定したうえで，それぞれ代表的な人物をふたり挙げ，その間に生じた論争的文脈について検討を加える構成をとっており，学界の関心を集めた。

講座やシリーズものを見ると，昨年の本欄でも紹介された**『岩波講座日本の思想』**（岩波書店）と**『講座東アジアの知識人』**（有志舎）が完結した。前者の第3巻「内と外―対外観と自己像の形成」は，上垣外憲一，村井章介，中島隆博，渡邊一民，高榮蘭らの論考を収める。第8巻「聖なるものへ―躍動するカミとホトケ」には山本陽子，本郷和人，赤坂憲雄，岩田重則，小松和彦，小島毅，島薗進らが寄稿している。後者をみると，2014年に刊行された第4，5巻は，満洲事変から1950年代までを対象とする。両巻では，北一輝，陳独秀，汪精衛，都留重人など，多彩な知識人の思想が検討された。そのほか**『歴史のなかの日本政治』**全6巻（中央公論新社）も完結したが，その第1巻「自由主義の政治家と政治思想」は，**苅原光**「マジックワードとしての「立憲主義」」や**宮地忠彦**「大震災下の自警団をめぐる議論のねじれ―警察と「社会の発見」派知識人」など9編の論考を収めている。

そのほかの著書や編著書について，研究対象の時代ごとにみると，**澤井啓一『山崎闇斎―天人唯一の妙，神明不思議の道』**（ミネルヴァ書房）にはじまり，**月脚達彦『福沢諭吉と朝鮮問題―「朝鮮改造論」の展開と蹉跌』**（東京大学出版会），志賀重昂や三宅雪嶺などをとりあげた**中野目徹『明治の青年とナショナリズム―政教社・日本新聞社の群像』**（吉川弘文館），**小寺正敏『幻視の国家―透谷・啄木・介山，それぞれの〈居場所探し〉』**（萌書房），小泉信三や上田貞次郎らに目を向けた**猪木武徳／マルクス・リュッターマン編著『近代日本の公と私，官と民』**（NTT 出版）などがある。**長谷川雄一編著『アジア主義思想と現代』**（慶應義塾大学出版会）は鹿子木員信や重光葵らに着目し，**武田知己・萩原稔編著『大正・昭和期の日本政治と国際秩序―転換期における「未発の可能性」をめぐって』**（思文閣出版）は武藤山治，土田杏村らの思想を，また**赤澤史朗・北河賢三・黒川みどり編『戦後知識人と民衆観』**（影書房）は桑原武夫や神島二郎などを取りあげる。**和田守編著『日米における政教分離と「良心の自由」』**（ミネルヴァ書房）は信教の自由と政教分離をめぐる日米比較を試みた。そのほか**『日本の国家主義―「国体」思想の形成』**（岩波書店）は2013年に逝去した尾藤正英の単行本未収論文を編んだものであり，**大久保健晴**の***The Quest for Civilization: Encounters with Dutch Jurisprudence, Political Economy, and Statistics at the Dawn of Modern Japan***（Brill Academic Publishers）は**『近代日本の政治構想とオランダ』**（東京大学出版会，2010年）の翻訳である。

論文についてはまず，幕末までの日本の平和思想に注目した**千葉眞**“A historical reflection on peace and public philosophy in Japanese thought: Prince Shotoku, Ito Jinsai and Yokoi Shonan”（Takashi Shogimen and Vicki A. Spencer, eds., *Visions of Peace: Asia and The West*, Ashgate）がある。**大久保健晴**「洋学者・西村茂樹と『數限通論』の思想世界」（『弘道』1089号）と**柳愛林**「エドマンド・バークと明治日本―金子堅太郎『政治論略』における政治構想」（『国家学会雑誌』127巻9・10号）は，西村と金子が行なった翻訳作業が，日本人の思想にいかなる影響を及ぼしたかを吟味するという，類似した手法を採っている。**佐々木雄一**「政治指導者の国際秩序観と対外政策―条約改正，日清戦争，日露協商」（『国家学会雑誌』127巻11・12号）は，伊藤博文や陸奥宗光などの国際秩序観を検討し，その対外政策との関連性を考察した論文である。**河島幸夫**“Eugenic Thought of Abe Isoo, Social Reformer in Japan”（Karen J. Schaffner ed., *Eugenics in Japan*, Kyushu University Press）は，安部磯雄の優生思想とその問題点を，彼のキリスト教信仰の構造から迫っている。**苅部直**「技術・美・政治―三木清と中井正一」（『政治思想研究』14号）は，テクノロジーと政治の関係を考える手がかりとして，中井と三木の思想を読み解いたものである。また**苅部直**「フィクションと自由―伊藤整における「近代日本」への問い」（『日本思想史学』46号）は，「フィクション」の概念を軸に，伊藤整と丸山眞男の議論を比較している。戦後期を対象とした論文としては**土倉莞爾**「「安保改定阻止闘争」後の清水幾太郎―戦後日本の知識人とジャーナリズムに関する一考察」（『関西大学法学論集』64巻3・4号）があり，また**石川晃司**「共同幻想論の振幅（4）―無差別殺戮から「存在倫理」へ」（『研究紀要（日本大学文理学部）』88号）は，オウム事件や9.11同時多発テロに対する，吉本隆明の見解を俎上に載せている。　（文責　伊藤信哉）

政治思想（欧米）　まず『政治哲学』全6巻（岩波書店）に言及しなければならない。政治思想史と現代政治哲学を架橋しつつ，思想研究の現代的な意義を考察する試みである。第2巻序論では，啓蒙研究のリヴィジョニズムが，厳密な思想史理解によって政治哲学の可能性を開く意味も有すると指摘される。同巻編者による**犬塚元**「歴史叙述の政治思想―啓蒙の文明化のナラティヴ」（**同責任編集『岩波講座　政治哲学2　啓蒙・改革・革命』**岩波書店）は，ヴォルテールを中心に，啓蒙思想がヨーロッパ内部の宗教的対立（「野蛮」）の克服を目指していたと論じるが，それが現代の政治的対立に向き合う際にも有用な視点であることが意識されている。同巻には，ヘーゲル政治哲学が啓蒙と革命の両者を越えようとする試みだったことを，未公刊資料の解読などを踏まえて解明しようとする**権左武志**「ヘーゲル―啓蒙と革命の間の政治哲学」（『政治哲学2』）があり，そこでもナショナリズムや新自由主義的潮流などに対し，ヘーゲル思想の現代的な意義が指摘される。

思想史の現代的・哲学的な意味に言及する業績は，他にも多く見られた。**鳴子博子**「フランス革命と明治維新―ルソーの「国家創設」論からの比較考察―」（**永見文雄・川出良枝・三浦信孝編『ルソーと近代―ルソーの回帰・ルソーへの回帰**』風行社）は，ルソーが一般意志によるアソシアシオンとしての国家を構想したと指摘しつつ，明治維新では郷土愛や先祖崇拝が人為的な愛国心と結び付けられ，受動的なナショナリズムが埋め込まれたと分析する。また**同**「ルソーの戦争論序説―ルソーの戦争論からもう１つのEU統合を考える―」（『中央大学社会科学研究所年報』18号）では，経済対立の場となっているEUに対し，立法による格差是正を含意するルソーの戦争論から，異なる統合のあり方が考察される。ルソー研究では，**川出良枝**「公共の利益のための学問―ルソーとフィジオクラート」（『政治思想研究』14号）も，公共善への寄与をうたうフィジオクラートらの「啓蒙」思想に背を向けたとされるルソーが，実は公論への期待と懐疑の間で揺れ動きつつ有用な学問に期待していたと指摘し，世論の影響力が強い現代への示唆を汲み取ろうとしている。**同**「ボダン―主権論と政体論」（**同責任編集『岩波講座　政治哲学１　主権と自由**』岩波書店）は，主権の所在において混合政体論を否定するボダンが，統治の観点からは主権者による官職などの独占を主張していたわけではないと論じる。多様な利害ゆえに決定を下す主権者が必要になるという論理は，現代でも真摯に受け止められるべきだと主張される。

『政治哲学』は，政治思想史と政治哲学を架橋する方法自体について論じたものではない。この点で，近接分野としての政治理論の方法を自覚的に論じたのが**井上彰・田村哲樹編『政治理論とは何か』**（風行社）である。同書では規範理論や実証分析などさまざまな立場から政治理論の方法が検討されるが，政治思想史からは**安武真隆**「政治理論と政治思想史―J.G.A. ポーコックと「ケンブリッジ」学派」が収録されている。歴史的文脈が複数あることを重視したポーコックによる，歴史叙述という形での政治思想が描かれるが，歴史への沈潜が同時に政治的な行為でもある点が指摘される。また**同**「主権国家形成と黙示録―危機と政治変動としての宗教戦争―」（『年報政治学2013－Ⅱ』）では，黙示録的な時間意識を主題に，主権国家形成期のキリスト教的言説が英仏で異なっていたことが指摘され，地理的・組織的条件の違いによる歴史叙述の複数性が実証されている。

歴史叙述の多様性が鍵となるならば，可能な限り多様な地域・時代の研究が進展することが望ましい。**松森奈津子**「サラマンカ学派―「野蛮人」と政治権力」（『政治哲学１』）では，「野蛮」とされた非キリスト教世界を含む新しい共同体のあり方が模索されていたと指摘され，相対的に研究が遅れているスペイン啓蒙について，16世紀前半から17世紀前半のサラマンカ学派を中心に理解を深めてくれる。**同**「バロック期スペインから啓蒙へ—服従と抵抗」(**田中秀夫編『野蛮と啓蒙—経済思想史からの接近』**京都大学学術出版会)では，古典古代からの抵抗論が後期サラマンカ学派へと継承される過程が探求され，同学派が論じたのは革命ではなく抵抗の理論であったと主張される。また，**大矢温**「古典的スラヴ派の言論活動」(『札幌大学外国語学部紀要　文化と言語』80号）は，ロシアにおいて西欧派と対峙したスラヴ派を，サロンや印刷媒体を通じて作られた集団メンバーのアイデンティティーの問題として論じている。**同**「A. И. コシェリョーフと近代技術—スラヴ主義の政治思想と共生空間—」(科学研究費基盤研究（B）報告論文集『競争的国際関係を与件とした広域共生の政治思想に関する研究』)は，スラヴ派の主張と異質にも見える鉄道敷設のような近代技術の導入が，国家に先立つ民を重視する思想と結びつく過程をたどった興味深い記述である。

思想史と哲学の架橋は，歴史的文脈からの離脱を意味するわけではない。綿密な基礎研究によるリヴィジョニズムは大前提である。英国国教会の改革と国家の改変の関連をたどりつつ，「古来の国制」と主教制国教会の復活に至る複雑なプロセスの理解がロック解釈に不可欠だと主張する**大澤麦**「イングランド革命期の政治思想—ピューリタニズムとリパブリカニズム」(『政治哲学1』）と，プロイスの「領域高権」の検討を通じて，主権を前提とした政治理論の拒否と重層的な政治秩序の構成を描いた**遠藤泰弘**「フーゴー・プロイスの国際秩序観—直接公選大統領制構想の思想的前提」(『政治思想研究』14号）を，代表例として挙げておきたい。

20世紀について，まず**森達也**「アイザイア・バーリンのパレスティナ—リベラル・シオニストの肖像—」(『政治哲学』17号）は，バーリンにおけるシオニズムとリベラリズムの関係を，消極的自由と積極的自由の区別を参照しながら考察する。政治的文脈に埋め込まれたリベラリズムをいかにして批判的に考察するのか，示唆的な議論が展開される。また，**小松敏弘**「二大政党制の批判的考察—ラスキ，ミリバンドを中心にして—」(『東海大学経営学部紀要』1号）は，ラスキとミリバンドの二大政党制と小選挙区制に関する議論を参照しつつ，望ましい政党制と選挙制度を考察する。ラスキに関しては，**早川誠**「多元的国家論—伝統と革新による自由の実現」(**杉田敦責任編集『岩波講座　政治哲学4　国家と社会』**)でも取り上げられている。

現代の課題に向き合うためにも，綿密なテキスト理解に基づいた研究が重要であることに変わりはない。**松田博**「グラムシ『獄中ノート』におけるレーニン像の諸相」(『立命館産業社会論集』50巻2号）は，『獄中ノート』のレーニンに関連する草稿を分析し，レーニンの統一戦線論とグラムシの反ファシズム統一戦線論との関連性や，「理論と実践の統一」問題の継承などを詳細に論証している。**田畑真一**「普遍性に根ざした政治文化の生成—J·ハーバーマスにおける憲法パトリオティズム論の展開」(『社会思想史研究』No.38）では，市民的不服従論，歴史家論争，ドイツ再統一という一連の歴史的事象との関連から，憲法パトリオティズム論の展開が発展史的に検証されており，ハーバーマスの議論の内在的理解を豊かにしてくれる。　（文責　早川　誠）

政治史(日本)　当分野は今期も秀作揃いだ。各研究業績を時代ごとに区分することはもとより困難だが，以下，概ね時系列に紹介してみたい。

最初は幕末から明治期を対象とした研究だが，征韓論の歴史的意義や論理的構造，その登場の背景を考察した**瀧川修吾『征韓論の登場』**（櫻門書房）が刊行された。明治初年では，**柏原宏紀**「明治初年太政官制下の卿輔関係についての一考察—参議省卿兼任制導入後の工部省を中心に」(『年報政治学2013－Ⅱ』）があり，当時の省内での長官と次官の関係という先行研究の乏しいテーマにつき，「鉄道寮事務簿」を活用し実態解明が試みられた。また，明治８年の創設以来，立法過程に関与し続けた元老院の15年間を浮き彫りにした**久保田哲『元老院の研究』**（慶應義塾大学出版会）が上梓された。同書によれば，三権分立や立法の概念が，一部の知識人を除き十分に理解される以前に元老院が創設され，「公議政治」という意識を持つ元老院議官と，政府主流派との協調や相克が繰り返されたことで理念と現実との径庭が埋まり，近代的な立法府たる帝国議会の開設が達成されたという。

さらに，内大臣の総合的な研究として，明治18年の内閣制度採用に伴う設置から第二次大戦終結後の廃止までを通観した**松田好史『内大臣の研究—明治憲法体制と常侍輔弼』**（吉川弘文館）が上梓された。同書では，宮中で天皇を「常侍輔弼」するとされた内大臣の職掌につき個別に検討し，その変化を捉えた整理分類がなされた。また，**佐々木研一朗**「明治期の東京大学における政治学教育に関する一考察—カリキュラムを中心に」(『政治学研究論集』40号）では，同研究の空白部分を埋めるべくカリキュラムを中心に検討がなされ，**佐々木雄一**「政治指導者の国際秩序観と対外政策—条約改正，日清戦争，日露協商」(『国家学会雑誌』127巻11・12号）では，第二次伊藤内閣期における政治指導者の国際秩序観と対外政策の関係が論じられた。

次は大正期を対象とした研究だが，大正・昭和を示唆に富んだ転換期と捉え，当時の対外認識や政治構想等から日本が選びえた選択肢を考察した共同研究論集，**武田知己・萩原稔編『大正・昭和期の日本政治と国際秩序—転換期における「未発の可能性」をめぐって』**（思文閣出版）が集成された。特にその第５章の**和田守**「民衆の時代と実業精神—武藤山治の経済合理主義と自由主義的政治論」では，紡績業界を牽引し発展させ，政界でも実業同志会を結成するなど活躍した武藤の思想や政策提言の特色が明らかにされた。第６章の**佐賀香織**「日米関係と『実業之日本』—帝国実業の振興と実業国民の建設」では，主に日露戦争後の日本人の対米認識につき，当時の財界の動向と共に，雑誌『実業之日本』の論説を通して検討がなされた。また，**西川伸一**「戦前期日本の軍法務官の実体的研究―軍法務官193人の実名とその配属先をめぐって」（『明治大学社会科学研究所紀要』53巻1号）では，軍法会議における唯一の文官，かつ法曹だった法務官の個別のキャリアパスや配属状況等を解明すべく，制度が始まった大正11年4月から15年分の『官報』の「叙任及辞令」欄に基づきその中間報告がなされ，**小宮京・中澤俊輔**「帝国大学総長山川健次郎日記（写本）前編・後編」（『中央公論』2014年1月号・2月号）では，秋田県立公文書館が所蔵する山川の日記の写本をもとに，その生涯や関係した事件，東京帝大総長としての手腕等について論じられた。

さらに時期的には明治から昭和初期にまで跨がるが，**北岡伸一**監修「歴史のなかの日本政治」の第1巻として**松田宏一郎・五百旗頭薫編『自由主義の政治家と政治思想』**（中央公論新社）が発刊された。同書の特に第5章の**宮地忠彦**「大震災下の自警団をめぐる議論のねじれ―警察と「社会の発見」派知識人」では，関東大震災時に発生した自警団による朝鮮人殺傷事件の後，自警団の組織化に消極的になった警察に対し，「社会の発見」派の知識人は自警団活動の自治的側面を積極的に評価し続けたことが明らかにされた。第6章の**五百旗頭薫**「進歩政党統治の焦点―犬養毅と安達謙蔵」では，戦前日本の政党の二大系譜である自由党系と進歩党系は，支持基盤の近似にもかかわらず，政策志向が異なっていたという問題意識の下，官僚派と党人派の接点としての役割を担った犬養と安達について論じられた。第9章の**黒澤良**「普選と未完の政治改革―選挙制度改革という隘路」では，男子普通選挙の実施を境に転換した国民感情に焦点をあて，1920年代に高まった政党政治への期待と30年代に深まった政党不信とのギャップを考察し，普選への過度な期待が政党内閣制の挫折の遠因になったことが指摘された。

次に戦前昭和期を対象とした研究では，いわゆる憲政の常道が実現した時期の二大政党による内閣制度の盛衰を考察した**村井良太『政党内閣制の展開と崩壊1927～36年』**（有斐閣）が出版された。同書では，首相選定の論理・方式・結果の変化に注目し，政党内閣制は呆気なくではなく，犬養内閣の総辞職で中断して以降，常道復帰を模索した四年間の「緩慢で執拗な」過程で崩壊したとされる。また，昭和期の陸軍をその中心人物，永田鉄山，石原莞爾，武藤章，田中新一らの戦略構想と，その対立に焦点を当て検討した**川田稔**の**『昭和陸軍全史1満州事変』**と**『昭和陸軍全史2日中戦争』**が講談社から刊行された。太平洋戦争の原因と経緯につき考察した同書では，第1巻で政党政治や国際社会に親和的なグループが陸軍中央から排除され，大きな権力転換が起きた満州事変期が，第2巻で皇道派と統制派の派閥抗争から日中戦争の膠着までが描かれている。準備中という続編が待ち遠しい。また，**井**

竿富雄「満州事変・第一次上海事変被害者に対する救恤，1933－1935年」（『山口県立大学学術情報』７号）では，両事変の救恤政策が外国人を対象とするなど，従来とはかなり異なっていたことが明らかにされた。

最後に戦後昭和以降を対象とした研究だが，まずは終戦期である。**茶谷誠一**「象徴天皇制の成立過程にみる政治葛藤―1948年側近首脳更迭問題より」（『成蹊大学文学部紀要』49号）では，宮中・中道政権・GHQ の動向に注目し，新憲法下の象徴天皇制をめぐる駆引きが明らかにされた。また，**石田憲**「憲法を作った人々―高野岩三郎を中心として」（『千葉大学法学論集』29巻１・２号）では，独自の民間憲法草案を提起した憲法研究会の中心人物，高野について論究され，**小宮京**「組合警察制度に関する研究―警察と地方分権」（『社会安全・警察学』創刊号）では，GHQ の地方分権方針を受け，地方自治法を根拠に組織され，10年未満で消えた組合警察について論じられた。

次いで自由民主党に関する研究だが，同党における理念と組織の変容を，派閥と個人後援会を基礎とする利益誘導政治からの脱却の模索の歴史として，結党まで遡って描き出した**中北浩爾『自民党政治の変容』**（NHK 出版）が公刊された。同書では，派閥の合従連衡と総裁・首相の交代劇，又は個人後援会や族議員による利益誘導政治の展開といった従来の視座によらず，自民党結党から現今のいわゆる右傾化傾向までが解説されており，興味深い。また，**奥健太郎**「事前審査制の起点と定着に関する一考察―自民党結党前後の政務調査会」（『法学研究』［慶應］87巻１号）では，与党自民党が政府提出法案を事前審査する慣習の起点と定着の過程につき，政調会の活動記録『政調週報』を用いて明らかにされた。さらに，第二次橋本改造内閣から第二次安倍内閣までの日本政治の動向を主要な争点と共に通観した**藤本一美『日本政治の転換1997－2013』**（専修大学出版局）が発刊された。同書によれば，この間，日本の政治は大きな「構造的転換」を余儀なくされ，革新的社会主義勢力が後退して「保守的自由主義」対「社会民主主義」の対立軸が出現し，前者が地方組織の強靱さなどを背景に優勢を保っているという。

このほか，**村井良太**「東日本大震災と国民の中の自衛隊」（『別冊アステイオン「災後」の文明』）では，東日本大震災での自衛隊の活動を概観すると共に，政府の世論調査を手掛かりに，設置から現在に至るまでの自衛隊の活動とこれに対する国民の意識の変化について総括がなされた。また，民主党から改進党までの北村徳太郎と北村グループの少壮政治家たちにつき，その一員であった中曽根康弘へインタビューした**西住徹**「中曽根康弘元総理へのインタビュー―北村グループの成立と活動について」（『政治経済史学』574号），政治学者の視点からいわゆる歴史認識の問題を扱った**井竿富雄**「同じ立場・違う認識」（『七隈史学』16号）も発表された。

一見，それ自体は大過ないようにみえる政策や制度，方針などが，後々，制御不能な暴走を招く元凶となる。そうかと思えば，それらが所期の目的を上回る成果や，想定外の政治的安定をもたらしたりもする。政治が人々の手による営為であればこその現象といえ，そうした事例の宝庫が歴史であり，そこから学ぶべきことは枚挙に遑がないようだ。　　　　（文責　瀧川修吾）

政治史・比較政治（西欧・北欧）　2014年は第1次世界大戦100周年，冷戦終焉25年であり，多くの学会や研究会での特集が持たれた。中でも重要な著書2冊を最初に紹介しておく。

小野塚知二編『第一次世界大戦開戦原因の再検討　国際分業と民衆心理』（岩波書店）は，帝国の勢力均衡の枠組みにおいて，境界線地域で勃発したナショナリズムを叩くことで瞬く間に世界戦争へと広がった大戦の開戦原因論を，対外膨張や植民地論の再検討，国際相互依存に基づく国際分業の陥穽，民衆心理と平和主義の罠など様々な観点から読み返し，特に民衆心理の重要性と「戦争前状況」の分析について問題提起を行った良書である。

菅英輝編著『冷戦と同盟　冷戦終焉の視点から』（松籟社）は世界の冷戦秩序と冷戦体制を扱った大著である。半分以上は日本と米アジアの分析に割かれているが，米欧関係として3つの重要な論文を得た。**倉科一希**「『2重の封じ込め』の動揺」，**森聡**「ドイツ統一とNATOの変容」，**齋藤嘉臣**「大西洋同盟の文化的基盤」である。倉科はドイツのNATO加盟によりソ連の封じ込めと共にドイツ自体を封じ込める「2重の封じ込め」の問題点について，森はドイツ統一と東欧のNATO加盟がソ連に脅威を与えない事をゴルバチョフに承認させた経緯について（その後ソ連邦は解体），齋藤は抑止とデタントの中，大西洋同盟NATOが文化的基盤として役割を担う変容過程を，論じている。

今一つは中欧の問題である。**北村厚『ヴァイマル共和国のヨーロッパ統合構想　中欧から拡大する道』**（ミネルヴァ書房）は，地域統合理念の歴史的背景を踏まえた上で，中欧の独墺通商条約，独墺関税同盟計画がいかに構想され準備されそして挫折したかの経緯を克明に実証している。

権威主義体制やポピュリズム分析についても重要な研究が出された。**武藤祥『「戦時」から「成長」へ　1950年代におけるフランコ体制の政治的変容』**（立教大学出版会）は，リンスの『権威主義体制』の諸類型を評価しつつ，さらに体制変容の動態に着目する。そして「フランコ体制の「成長志向型独裁体制」による経済成長優先主義が，宗教との共生や国民結束と相俟って，体制を比較的中期安定的に維持させたという興味深い評価を導いている。

水島治郎「ポピュリズムとデモクラシー」（『千葉大学法学論集』29巻1・2号）も，「ポピュリズムはデモクラシーの後を影のようについてくる」というカノヴァンの示唆に則り「デモクラシーの逆説」としてのポピュリズムを論じる。民主主義に立脚し，普通の一体的な人民が「我々」概念に依拠し，カリスマ的リーダーを要求する一方，制度や手続き，政党や議会の権限を制約する。即ちポピュリズムには，人々の参加を要請しつつも権限は集中し異議申し立て機能を弱体化させる要素が存在することを明示した秀逸な論文である。**同**「オランダ：社会的投資戦略の華麗なる転換？」では，オランダやドイツの「保守主義レジーム」の福祉国家が，人的資源育成のための社会的投資戦略として，女性，高齢者，福祉給付受給者の労働参加を要請する事実を分析し，これが保守政権における福祉国家改革，女性労働者の社会進出推進の実態であると論じる。日本の保守政権の福祉政策をも示唆する興味深い論稿である。

政治運動論としては，緑の党，反原発の運動に関する著書・論文を得た。

小野一『緑の党　運動・思想・政党の歴史』（講談社選書メチエ）は，60年代後半に広がった議会外の市民や学生の不戦平和，反原発，エコロジーの運動として発展した緑の党がその後体制内化し，脱原発運動からポスト赤緑連合，保守との連携に至る過程を歴史的に整理し，日本への教訓を検討する。

また**本田宏・堀江孝司編著『脱原発の比較政治学』**（法政大学出版局）は広く世界各国の脱原発運動を比較し，対立，連立，国民投票，翼賛体制など多様な状況を明示し，リスク社会から熟議民主主義への示唆を行っている。**本田**「原子力をめぐるドイツの政治過程と政策対話」（『経済学研究』（北海道大学）63巻２号）では，ヴィール原発を巡る住民運動を題材に，原子力を巡る市民対話，核廃棄物処理能力の確保，高速増殖炉の工事を巡る特別調査委員会設置，エネルギー・コンセンサス会議や，安全な電力供給に関する倫理委員会など，政策対話の積み重ねと合意の必要性を説く。

西田慎「緑の党」は，キッチェルトの「左翼リバタリアン政党」から読み解き，党が党内では左派とリバタリアン現実派の大連立，外に向けては黒赤緑のジャマイカ国旗的連立を組んでいる事，旧来，若者，左派，男性，エリートによる緑の党は，老齢化，女性，エリート性のさらなる強化の中で構成も性格も変質したと分析している。氏の「脱原子力政策」ではドイツの脱原発とエネルギー転換を扱い，2011年のフクシマ原発事故以降，欧州では日本以上に脱原発，再生エネルギー，送電線の増強，市民参加が重要な課題となっていることを示している。

政治制度，政党分析の論文に移る。

芦田淳「イタリアにおける財政連邦主義実施の動向」（『外国の立法』260号），「イタリアにおける二院制議会の制度枠組とその帰結」（**岡田信弘編『二院制の比較研究―英・仏・独・伊と日本の二院制』**（日本評論社）は，いずれもイタリアの政治制度と現実政治分析で，前者は，憲法改正により拡大した財政自治権と地方の財政連邦主義による経済・財政危機に対する財政再建の法令化について，後者はイタリアの二院制が，90年代以降法律の減少と政府の役割増大に向かったことを検討している。

板倉孝信「カスルレーとカニングによる外相と下院指導者の兼任」(『早稲田政治公法研究』105号）は，外相と下院指導者を兼任した２人が，対仏戦争の再発を阻止するため，陸軍増強をブラフとして相対的優位を保ち対仏戦争の回避を図ったという仮説を立証している。同じく**内山融**「英国の政官関係」(『国際社会科学』63輯）は，サッチャー政権期以降の大臣と官僚の関係において，官僚の黄金時代から大臣の影響力の拡大に向かったことを論証している。他に**中川洋一**「2012年ドイツ・ノルトライン・ヴェストファーレン州選挙と連邦政治への影響」(『立命館国際地域研究』39号)，**稗田健志**「左派･右派を超えて？―先進工業21カ国における育児休業制度の計量分析」(Leviathan，55号)，**渡辺容一郎**「ワンネーション･レーバーに関する考察」(『政経研究』51巻２号）がある。

なお**寺尾智史『欧州周縁の言語マイノリティと東アジア　言語多様性の継承は可能か』**(彩流社）は，欧州の政治と文化を言語の多様性から比較したユニークで興味深い珠玉の研究である。**杉本稔編『西洋政治史』**(弘文堂）は，西洋政治を英米仏独の市民政治体制から現代まで扱った概説書である。

最後にジェンダー史として**三成美保・姫岡とし子・小浜正子編『歴史を読み替える　ジェンダーから見た世界史』**(大月書店）を紹介しておく。本書は旧来論じられることの少なかった歴史教科書におけるジェンダーの問題に焦点を当て，ジェンダー項目のみで世界史の諸側面に光を当てた良書である。今後の研究の深化に期待したい。　　　　　　　　　　(文責　羽場久美子)

政治史・比較政治（北米）　　米国は，2014年が議会選挙の年にあたり，11月の選挙で，共和党が歴史的な大勝を収めた。この選挙の分析は，2015年以降ということになる。

2014年の米国政治分野では，2010年に成立し，2012年の最高裁合憲判決により動き出した医療保険制度改革（オバマケア）の分析に，目だった業績があった。**山岸敬和『アメリカ医療制度の政治史―20世紀の経験とオバマケア』**(名古屋大学出版会）は，米国における医療保険制度改革，国民皆保険制度確立の失敗の歴史を追い，オバマケア成立までの政治過程を分析した労作である。**高橋義隆**「歴史的制度論とアメリカの社会政策－経路依存と累積的変化を中心に」(『跡見学園女子大学文学部紀要』49号）は，1993－４年のクリントン政権による医療保険制度改革の失敗と，オバマケアの成功を対比し，歴史的制度論の援用から，米国社会の制度的制約を明らかにした。

選挙分析では，**宇田川史子**「アメリカ政治の「ガラスの天井」：2008年の大統領選挙とジェンダー」(『東洋学園大学紀要』22号)，**井田正道**「ロムニー選出への軌跡―2012年共和党大統領予備選」（『政経論叢』83巻１，２号）があった。2016年大統領選挙への候補者選考過程は，2015年，既に始まっており，民主党の最有力候補はヒラリー・クリントンである。その意味でも，2008年選挙分析は直接今日的意味を持つ。

選挙分析で異なる視座からの貢献が，**武田興欣** Okiyoshi, Takeda, “Political Representation” (*Asian Americans: An Encyclopedia of Social, Cultural, Economic and Political History*, Greenwood) でなされている。アジア系米国人を主題とする事典の項目であるが，アジア系米国人の連邦議会や州議会での人口比での過少代表の理由を明かし（アジア系米国人を統一するような政治的価値・目標の欠如や，アジア系内部での社会経済的分断等），また，これまでの全アジア系連邦議会議員の名簿は有用な資料である。

三須拓也「コンゴ国連軍の武力行使を巡る国際政治とアメリカ政治　1961年８月～61年12月」（『経済と経営』44巻１，２号）は，アメリカ国内政治状況が，コンゴでの国連軍の決定の規定要件となっていたことを明かす歴史研究である。米国国内政治状況と対外政策の関係は，これまで充分に論じられていないきらいがあるが，本論文は丹念に一次資料に当たった労作である。**山田哲史**「国際的規範と民主政―アメリカ合衆国における議論をてがかりにして」（『帝京法学』29巻１号）は，比較憲法学の視点から，国際合意に議会がどのように関与すべきか，という「条約」への民主的統制のあり方を論じた有用な論考である。

カナダ政治は2011年選挙において中道左派の新民主党が自由党に代わって第一野党の座に就くという，二大政党制の重大な変化が起きているが，カナダ政治専門研究者による多くの分析が待たれるところである。

米国では，2015年に，連邦最高裁判所が，同性愛者の婚姻の連邦次元での合法化，オバマケアの州政府による医療保険購入補助金支給制度の合憲判決，という，大きな政治的影響を持つ判決を下した。しかし，両判決とも問題の解決とはならず，2016年大統領選挙での共和党の最重要争点になることは疑いない。同性愛者の婚姻合法化は，1973年の妊娠中絶合法化判決と同様に，キリスト教保守派を動員する政治争点になるであろうし，オバマケア廃止は，全ての主要共和党大統領選挙候補者の公約になる見通しである。これらの理解には，合理的選択とは異なる次元の分析視点が必要となろう。また，人種対立に起因する社会騒乱が続発している現状も併せて，米国社会の変容と米国政治の相互作用を分析していくのは政治学の役割である。ジャーナリズムの役割との違いを認識していくことが肝要となろう。　（文責　佐藤　学）

政治史・比較政治（中南米）　**ラテン・アメリカ政経学会編『ラテン・アメリカ社会科学ハンドブック』**（新評論）は待望の書だ。「社会的公正」「社会的排除と包摂」「民主主義の諸相」「市民社会と社会運動」など8つのテーマを分かりやすく解説し，巻末にはインターネット上の研究リソースガイドもつく。

先住民問題については貴重な労作が2点も発行された。**新木秀和『先住民運動と多民族国家:エクアドルの事例分析を中心に』**（御茶の水書房）は「見えざるエクアドル人」だった先住民諸民族が自らを国家の一員として認めさせていった過程を描き，ラテンアメリカの先住民運動の展開状況の中に位置づけている。**宮地隆廣『解釈する民族運動：構成主義によるボリビアとエクアドルの比較分析』**（東京大学出版会）はボリビアの高地・低地先住民，エクアドルの高地・低地先住民の組織の選挙参加の時期の違いや制度外的権力獲得行動の有無・時期の違いを，先住民運動の内面規範の多様性によるものとする。

民主化を深化させる重要な役割を果たすものとして選挙管理機関に注目し，1924年に選挙裁判所が設立され域内でも最も民主主義への信頼度が高いウルグアイを例に，独立した選挙管理機関が早期に設立された場合，国民の選挙に対する信頼を高め民主化が促進されることを明らかにしたのが**高橋百合子**「ラテンアメリカにおける民主化と選挙管理機関」（『比較政治学会年報』16号）である。選挙の分析としては，**浦部浩之**「2013年チリ大統領・国会議員・州議会議員選挙：有権者自動登録・自由投票制の導入と中道左派政権への回帰」（『マテシス・ウニウェルサリス』16巻1号），**菊池啓一**「2014年大統領選挙とブラジルにおける政党政治」，**馬場香織**「民主制下メキシコにおけるPRIの勝利：2012年大統領選挙再考と『メキシコのための協定』」，**勝田有美**「2014年エクアドル地方選挙とコレア政権の展望」（いずれも『ラテンアメリカ・レポート』31巻2号）などがある。**磯田沙織**「アンデス諸国における民主的代表制の『危機』に関する比較研究：ベネズエラとペルーにおけるアウトサイダー政権以後の事例を通じて」（『国際公共政策論集』34巻）は，ペルーがフジモリ以後代表制の危機を脱したのはアウトサイダーを台頭させる要因でもある「新規政党の参入が容易」な点にあると指摘する。**豊田紳**「離脱と民主主義：体制変動期メキシコにおける選挙暴力抑制要因としての人口流出」（『レヴァイアサン』54号）は，若年労働人口の流出が政治暴力を抑制することを市町村選挙を対象にした統計分析で実証したユニークな研究である。**受田宏之**「現代メキシコ左翼のジレンマ：メキシコ市における左翼政党，社会運動組織，低所得層の間のインフォーマル･ポリティクス」（『アジア経済』55巻1号）はインフォーマル経済や不法占拠地の住民らの組織と左翼政党PRDの依存関係が参加型民主主義のような制度の定着を妨げてきたジレンマを描く。**石黒馨・初谷譲次編『創造するコミュニティ：ラテンアメリカの社会関係資本』**（晃洋書房）は資本のグローバル化とともに進行する社会的排除にラテンアメリカのコミュニティがどのように対応しているのかを分析した。

小池洋一『社会自由主義国家：ブラジルの「第三の道」』（新評論）は経済発展と社会的包摂，市民の政治参加と行政の効率性を同時に追求するブラジルの経済政策や参加型予算・連帯経済などを「新たな開発モデル」と位置づけている。**松下洌**「ラテンアメリカ『新左翼』はポピュリズムを超えられるか：ポスト新自由主義に向けたガヴァナンス構築の視点から」（上）（中）（下）」（『立命館国際研究』27巻１・２・３号）は左翼政権の下での新たな参加モデルを国家－市民社会の関係変容のなかに位置づける。**上谷直克編『「ポスト新自由主義期」ラテンアメリカにおける政治参加』**（アジア経済研究所）は，選挙・国民投票・ブラジルの審議会制度・資源開発と抗議行動といったさまざまな形の政治的意思表示について，計量分析や質的比較分析といった比較研究の方法を駆使して分析しており，今後の研究の指針となろう。

（文責　内田みどり）

政治史・比較政治（ロシア・東欧）　本年の研究業績として，ヤヌコビッチ政権の崩壊，ロシアによるクリミア併合及びその後の東ウクライナ情勢の展開の中で，ウクライナ問題を題材とした研究が数多く出された。ロシア・東欧学会の年報『ロシア・東欧研究』（43号）では「ウクライナ危機をめぐる国際関係」と銘打った特集が組まれた。同年報において，**下斗米伸夫**「ウクライナをめぐるロシアの政治エリート（1992－2014）」はソ連崩壊後ロシアの政治エリートから見た対ウクライナ関係史について論じ，**服部倫卓**「ウクライナ政変とオリガルヒの動き」は新興の大資本家オリガルヒの政治的役割に焦点を当て今回の政変に至るプロセスについて検討している。また，同年報で**生田泰浩**「現代ウクライナ社会の『分裂』に関する考察」は政治経済的要素が文化的要素に比してコンセンサスの阻害要因として認識される同国の現状を論じている。

この他，**塩原俊彦『ウクライナ・ゲート』**（社会評論社）はウクライナ危機の原因を米国政府内に残存する新保守主義者ネオコンとの関係で考察しており，**木村汎**「プーチンのウクライナ戦略―バランス・シート―」（『海外事情』12月号）は同危機の主因をプーチンのロシアに求め，プーチニズムの本質を正しく理解することの重要性を指摘する。また，ポーランドの視点からウクライナ情勢を論じたものとして，**小森田秋夫**「ポーランドから見たウクライナ危機」（『神奈川大学評論』78号）及び**宮崎悠**「ヨーロッパの中のポーランド：ウクライナ民主化運動への反応」（『成蹊法学』80号）がある。

ロシア･東欧の比較政治を対象としたものとして，**『体制転換／非転換の比較政治』**（『比較政治学会年報』16号）に，**宇山智彦**「権威主義体制論の新展開に向けて—旧ソ連地域研究からの視角—」，**平田武**「ハンガリーにおけるデモクラシーのバックスライディング」，**藤島亮**「南東欧諸国における寡頭的議会制からの移行—ルーマニアとブルガリアの比較から—」が寄せられている。平田論文ではハンガリーにおけるデモクラシーの後退をめぐる問題についての，藤島論文では19世紀末から第一次大戦にかけての南東欧における政治変動をめぐる問題についての考察がなされている。また，**荻野晃**「中・東欧における極右政党の台頭—ハンガリーのJobbikの事例から—」（『法と政治』65巻3号）は，デモクラシーの後退との関係の中でハンガリーにおける極右勢力台頭の背景を論じている。

ソ連崩壊後ロシアの社会状況に目を向けた論考として，**貝田真紀**「現代ロシアの市民社会をめぐる状況について—ソ連邦崩壊以後の研究動向—」（『国際公共政策論集』33号）及び**村井淳**「グローバル化とロシアの犯罪—ソ連崩壊から21年—」（**星野智編著『グローバル化と現代世界』**中央大学出版部）がある。村井論文ではグローバル化に伴うロシア社会の変容との関係で同国の犯罪状況についての考察がなされている。この他，ロシア連邦憲法裁判所の法的機能について論じた**佐藤史人**「現代ロシアにおける権力分立の構造—大統領権限をめぐる憲法裁判の展開」（『法政論集』255号）及び独立後のマケドニアにおけるロマの政治的立場の検証を試みた**大庭千恵子**「旧ユーゴスラヴィア・マケドニア共和国におけるロマの政治的ポジション（1991－2014）」（『広島国際研究』20巻）がある。

最後に，ロシア・東欧における歴史認識問題を取り扱った研究として，**高尾千津子『ロシアとユダヤ人—苦悩の歴史と現在—』**（ユーラシア・ブックレットNo.191），**河原祐馬**「エストニアにおける民族間統合と歴史認識をめぐる問題に関する一考察」（『岡山大学法学会雑誌』63巻4号）及び**石田信一**「旧ユーゴスラヴィア諸国における歴史認識の変化—南スラヴ理念の系譜に関する記述をめぐって—」（『跡見学園女子大学文学部紀要』49号）がある。**河原**論文ではロシアとの異なる歴史認識をめぐる問題との関連の中でエストニアにおけるロシア語系住民の社会統合問題が論じられており，また，**石田**論文では歴史教科書における南スラヴ理念の系譜に関する記述上の変遷を踏まえて，旧ユーゴ諸国における歴史認識の変化を把握するための考証が試みられている。

（文責　河原祐馬）

政治史・比較政治（アジア）　2014年のアジア政治研究では，多岐にわたるテーマで成果が出されており，分析手法も多様である。

まず，中国から見ていこう。中国政治の現状を捉えたものとしては，**濱本良一『習近平の強権政治で中国はどこへ向かうのか—2012～2013年』**（ミネルヴァ書房）がある。同書は，習近平体制下の中国の国内問題や外交政策の最新の動向を探っている。近年の市民社会の成長を分析した研究もある。**呉茂松『現代中国の維権運動と国家』**（慶應義塾大学出版会）は，1990年代以降，多様な領域で繰り広げられている権利侵害に対する抵抗と要求（維権運動）を詳細に分析している。**辻中豊・李景鵬・小嶋華津子編著『現代世界の市民社会・利益団体研究叢書―比較の中の中国』**（木鐸社）は，中国の市民社会組織に対する２回の実態調査をまとめたものである。

政治史研究は充実を見せる。**田中仁**「1980年代における中共党史研究の再建と展開」（『阪大法学』64巻３・４号）は，毛沢東死後の中共党史研究制度の再建と展開が研究をどう方向づけたのかを論じている。**田中仁編『20世紀中国政治史の視角と方法―東洋文庫政治史資料研究班ワークショップの記録』**（OUFC ブックレット）は，政治史の視角と方法，史資料の意味を再検討している。**青山治世『近代中国の在外領事とアジア』**（名古屋大学出版会）は，華人保護を名目とする南洋領事設置の模索から，領事裁判権の行使へと至るまでの中国の対外政策の近代的変容を詳細に分析する。**林載桓『人民解放軍と中国政治―文化大革命から鄧小平へ』**（名古屋大学出版会）は，文化大革命への人民解放軍の介入がいかにして起こり，その後の中国政治に何をもたらしたのかを実証的に考察している。特定の革命家や政治家，運動家に注目した研究もある。**土屋光芳**「陳公博と周仏海はなぜ汪精衛政権に参加したか？―「反共」と留学経験の関係」（『政経論叢』82巻５・６号），**土屋光芳**「『留学経験』と中国の民主化―清末から汪精衛政権まで」（『大学史紀要―明治大学アジア留学生研究Ⅰ』18号）である。

近年の国家間関係の緊張を受けて，民衆の意識構造に迫る研究も注目されよう。**江暉『中国人の「日本イメージ」の形成過程―その構造化の背景と変遷』**（北東アジア総合研究所）は，拡大する「日中イメージギャップ」の形成過程を綿密なフィールドワークに基づき実証的に論証している。

朝鮮半島については，**梅田皓士『現代韓国政治分析―「地域主義・政党システム」を探る』**（志學社）が，韓国の政治の特徴である地域主義の淵源を探っている。**鐸木昌之『北朝鮮首領制の形成と変容―金日成，金正日から金正恩へ』**（明石書店）は，北朝鮮の体制の本質を「首領制」と捉え，その構造と論理を詳細に分析している。

東南アジアに目を移すと，実証研究が数多く輩出されている。**見市建『新興大国インドネシアの宗教市場と政治』**（NTT 出版）は，商品化された宗教市場や政党の選挙戦略の変遷を論じる。**倉沢愛子『９・30世界を震撼させた日―インドネシア政変の真相と波紋』**（岩波書店）は，膨大な一次史料と先行研究を渉猟し，9・30事件の真相を追究する。**高橋勝幸『アジア冷戦に挑んだ平和運動―タイ共産党の統一戦線活動と大衆参加』**（早稲田大学出版部）は，朝鮮戦争期にタイで発展した平和運動の経緯と実態を詳細に考察する。

津守滋『ミャンマーの黎明―国際関係と内発的変革の現代史』（彩流社）は，民主化・対外開放に向かうミャンマーの変革の実態を読み解く。**山根健至『フィリピンの国軍と政治―民主化後の文民優位と政治介入』**（法律文化社）は，民主化後のフィリピンにおける政軍関係を文民優位の在り方から検証している。

西アジア研究では，**栗田禎子『中東革命のゆくえ―現代史のなかの中東・世界・日本』**（大月書店）がある。同書は，エジプトの2011年革命を軸として，その背景や意義，今後の展望を，植民地時代にまで遡り，歴史の深層と地域の広がりの中で描き出す。**青山弘之編『「アラブの心臓」に何が起きているのか―現代中東の実像』**（岩波書店）は，第一線の研究者が集い，混乱が続く中東政治の実像を照射する。事例研究としては，**駒野欽一『変貌するイラン―イスラーム共和国体制の思想と核疑惑問題』**（明石書店）や**吉岡明子・山尾大『「イスラーム国」の脅威とイラク』**（岩波書店）がある。

理論的志向性の強い研究は依然として乏しいが，**猪口孝『データから読むアジアの幸福度―生活の質の国際比較』**（岩波書店）を挙げておきたい。同書は，大規模データを分析し，アジアの人びとの日常生活を分析する。**五十嵐誠一**「東アジアと民主化理論―統合的アプローチに向けて」（『千葉大学法学論集』29巻１・２号）は，東アジア諸国の民主化移行事例と非移行事例を取り上げ，アクター，制度，構造に注目しながら，理論とアプローチの再検証を試みている。

（文責　五十嵐誠一）

政治史，比較政治（アフリカ）　アフリカの政治研究分野では，依然として紛争や暴力，さらに紛争を経験した社会の復興をテーマとした研究が中心となる傾向が見られるが，**佐藤章『ココア共和国の近代：コートジボワールの結社史と統合的革命』**（アジア経済研究所）は，結社史という視座に立って，西アフリカに位置するコートジボワール共和国の政治不安定化のメカニズムを，ポスト植民地国家に内在する絶えざる再編のダイナミズムとしてとらえなおした重厚な研究である。同じ西アフリカの紛争に関しては，**岡野英之『アフリカの内戦と武装勢力：シエラレオネに見る人脈ネットワークの生成と変容』**（昭和堂）が，シエラレオネ内戦（1991～2002年）の政府系武装勢力の形成から解体にいたる過程を，現地における聞き取り調査を踏まえる形で詳細に検証している。アフリカの紛争研究を牽引してきた**武内進一**は，「アフリカの紛争に見る変化と継続：マリ，中央アフリカの事例から考える」（**大串和雄編著『21世紀の政治と暴力：グローバル化，民主主義，アイデンティティ』**晃洋書房）において，近年のマリや中央アフリカの事例を検討しながら，アフリカにおける紛争の変容についてその背景要因にも言及する形で分析を行っている。

東アフリカでは，**津田みわ**「ケニアにおけるテロ関連暴力とその影響：2014年６月のコースト・ンペケトニ事件を中心に」（『アフリカレポート』No.52）が，2014年６月に発生したソマリア国境に近いンペケトニと呼ばれる一帯における大規模な住民襲撃事件が，「悪化するテロ対ケニア政府による治安強化」というケニア国内の図式に与えた影響を慎重に精査している。また，**鶴田綾**「ルワンダにおける歴史認識と民族対立」（『国際政治』180号）はジェノサイドを経験したルワンダの現在を理解するために，植民地期以降の権力者のもとでの歴史認識の継続性に着目し，それがどのように民族対立に結びついてきたかを検証している。

アフリカ南部に目を転じると，政治史の分野では，**網中昭世『ポルトガル領モザンビークと南アフリカ金鉱業』**（山川出版社）が，南アフリカにおける金鉱業を軸に展開したモザンビークおける植民地統治構造を，移民労働に伴うアフリカ社会の変容にも目を向ける形で極めて精緻な分析を行っている。**稲田十一『紛争後の復興開発を考える：アンゴラと内戦，資源，国家統合，中国，地雷』**（創成社）は，国際協力を専門にする著者が，調査でしばしば訪れたアンゴラでの経験を中心に，紛争経験国の現状と課題を紹介している。また，**佐藤千鶴子**「南アフリカのカラード・コミュニティにおける先住民アイデンティティの表出」（『立命館国際研究』26巻４号），および「南アフリカにおけるコイサン復興運動と土地政策」（『アフリカレポート』No.53）は，南アフリカでの在外研究中の研究成果として，前者に関しては，先住民（aboriginal, indigenous）としてのコイ，サン，コイサン・アイデンティティを新たに主張する人々が出現した背景を明らかにする作業を行い，後者ではコイサン向け土地政策の立案・協議過程に関する考察を通じて，1990年代後半に南アフリカのカラード・コミュニティの間で生じたコイサン復興運動が主張する土地要求の内容とそれに対する政府の政策的対応を明らかにしている。

さらに，アフリカの土地を取り巻くランド・グラブを一とした課題が注目を集める中で，土地問題を扱う研究として，**武内進一**がJICA研究所における研究プロジェクトの成果として自ら編著者としてかかわった*Confronting Land and Property Problems for Peace* (Routledge)の中で，ルワンダ，およびブルンジの研究者との共著で，それぞれ“Land tenure security in post-conflict Rwanda”と“Dealing with land problems in post-conflict Burundi”を著わし，紛争後の文脈におけるそれぞれの国における土地関連問題を検討している。

日本アフリカ学会の50周年事業の一環として編集された**『アフリカ学事典』**（昭和堂）において，**遠藤貢**が「政治学・国際関係　総説」を執筆しているほか，**武内進一**「紛争と平和構築」，**佐藤章**「民族と国家」，**牧野久美子**「アパルトヘイト」，**遠藤貢**「国際関係」，**望月克哉**「地域機構，移動する人々」を収める形で，日本を中心としたアフリカ政治研究の歴史を展望している。

（文責　遠藤　貢）

国際政治・外交　国際政治・外交分野の優れた著作は，国際政治理論，地域研究，外交史・国際政治史，および新領域・新イシュー・学際研究の４分野に分類し紹介する。国際政治理論研究の層は厚い。**信夫隆司**「ウォルツは国際政治理論の世界に何を残したのか」（『国際政治』178号）は，ケネス・ウォルツの代表的著作を取り上げ，ウォルツの国際政治論の全体像を描き，それが戦後の国際政治理論に果たした役割を分析するとともに，その問題点を指摘する。国際機構研究では，**安田佳代『国際政治のなかの国際保健事業—国際連盟保健機関から世界保健機関，ユニセフへ』**（ミネルヴァ書房）が，国際連盟保健機関（LNHO）から世界保健機関（WHO）とユニセフが設立される過程に焦点を当て，国際連盟の経験と反省に基づき，国際連合のもとで新しい安全保障の形態が築かれたことを解明する。**肥田進**「国連憲章第51条の成立過程から見た集団的自衛権の意味と同条成立過程へのダレスの関わり（１）」（『名城法学』60巻３・４合併号）・**肥田進**「国連憲章第51条の成立過程から見た集団的自衛権の意味と同条成立過程へのダレスの関わり（２完）」（『名城法学』63巻４号）は，集団的自衛権は元来は地域機構への適用を想定していたこと，またその創設に関わったダレスも集団的自衛権の同盟への適用に反対していたことを論証。国際規範研究の**高澤洋志**「保護する責任（R2P）論の『第３の潮流』—2009年以降の国連における言説／実践を中心に」（『国連研究』15号）は，国際政治上の重要な争点となっている「保護する責任」（R2P: Responsibility to Protect）概念の発展を論じる。国際政治経済論では，**増永真『アメリカの対日通貨政策の形成—1971－2003年の日米通貨交渉を事例として』**（春風社）が，1971年のスミソニアン会議から2004年の日本の大量介入をめぐる交渉に至る日米間の通貨交渉の政治過程を分析。国家間の権力政治や国内諸アクター間の利益政治だけでなく，通貨当局者の「因果信条」も，通貨交渉の政治過程を規定することを明らかにする。**Sara Konoe, *The Politics of Financial markets and Regulation: The United States, Japan, and Germany*** (Palgrave Macmillan) は，1970年代後半から2000年代初頭の先進３カ国の金融制度改革を検証し，各国の政治制度が改革のパターンにいかなる影響を与え，各制度が改革に及ぼす制約条件が各時代のコンテクストに応じていかに変化したかを分析する。対外政策決定論・外交論では，前文化庁長官**近藤誠一『FUJISAN—世界遺産への道』**（毎日新聞社）が，現役の外交官として取り組んだ富士山のユネスコ世界遺産登録をめぐる外交交渉とその裏にある国際政治の流れや外交交渉における文化の位置づけについて書いている。**三船恵美**「中国から見たインドと日印関係」（『現代インド・フォーラム』21号）は，中国は日印関係の強化を中国台頭の外部環境を悪化させる要因になると認識しているとの結論を導き出している。**Emi Mifune**, "The Sway of Strategic Cooperation and Deterrence on U.S.-China Relations" (*Journal of Contemporary China Studies*, Vol. 3, No. 2) は，習近平体制下の中国外交と胡錦濤体制下のそれの相違や米国のアジア回帰政策の影響などを考察する。**吉次公介**「ミャンマー民主化と日本外交」（『世界』861号）は，2011年3月のテイン・セイン政権発足後におけるミャンマー民主化の進展に日本がいかに対応したかを検討し，日本が対ミャンマー支援を世界に先駆けて再開させたプロセスを明らかにする。安全保障研究で，**大園誠**「南原繁と丸山眞男―理想主義と現実主義のあいだ」（**南原繁研究会編『南原繁と国際政治―永久平和を求めて』**EDITEX）は，1960年代の日本の「現実主義論争」における理想主義と現実主義の立場と比べて，南原思想と丸山思想がいかなる独自性をもっているかを論じる。

数量分析では，**Lien Thi Quynh Le, Yoshiki Mikami, and Takashi Inoguchi**, "Global Leadership and International Regime: Empirical Testing of Cooperation without Hegemony Paradigm on the Basis of 120 Multilateral Conventions Data Deposited to the United Nations System" (*Japanese Journal of Political Science*, Vol. 15, Part 4) が，1945年以降に国際連合に登録されている120の多国間条約を基礎に地球的リーダーシップ発揮意欲を測定し，第2次世界大戦後の地球的リーダーシップと国際的レジームの関係を分析。**石井貫太郎**「環太平洋地域の変動と安倍外交の課題」（『海外事情』62巻4号）は，国際システムが単極システムよりも双極システムの方が安定的であることを数理モデルにより証明した上で，今後の日本外交の課題について政策的提言を行っている。

地域研究分野に目を転じれば，東アジア研究の**横田将司**「大メコン圏（GMS）の環境問題をめぐる域内協力に関する序説的考察」（『法学研究年報』44号）が，東アジアの準地域の一つである大メコン圏（GMS）における環境協力がどのような背景・観点から行われているのかを検討。アフリカ研究では，**村岡敬明**「ソマリア崩壊の歴史的背景に関する研究」（『第一工業大学研究報告』26号）が，歴史ある文明国家ソマリアが無政府状態に陥るまでの歴史的背景を検討し，その原因を読み解いている。**村岡敬明**「最貧国における主権秩序の回復と人権擁護に関する研究―ソマリアを事例として」（『第一工業大学研究報告』26号）は，ソマリアの国家としての主権秩序の回復とソマリア人の人権擁護プログラムを作成。EU研究の**神江沙蘭**「EMUの形成と金融安定化政策：分断された政策過程と今後の行方」（『日本EU学会年報』34号）は，欧州経済通貨同盟（EMU）では，その金融政策，財政政策，金融監督の間の分断性のために金融安定化政策の遂行に限界が生じた点を論じる。中南米研究において，**松本八重子**「カリブ諸国の開発戦略の変遷―地域統合及びラテンアメリカとの連携を中心に」(『ラテンアメリカ時報』1406号)は，ラテンアメリカ・カリブ諸国共同体(CELAC)の活動について解説する。

外交史・国際政治史分野でも，優れた研究成果がみられる。**熊野直樹**「ナチ阿片・交易営団・GHQ—第2次世界大戦末期のドイツ滞貨のゆくえ」(『法政研究』81巻3号)は，奉天と神戸に保管されていたナチ阿片が戦中・戦後にたどった経緯とそれに関わったアクターを明らかにする。日本外交史研究の**信夫隆司『日米安保条約と事前協議制度』**(弘文堂)は，1960年安保改定時の核持ち込みおよび戦闘作戦行動のための基地使用ならびに1969年沖縄返還交渉時の沖縄核の事前協議制度に関する「密約」を日米の外交文書に基づいて総合的に分析したものである。東アジア国際政治・外交史では，**木宮正史**「米中関係と朝鮮半島」(『国際問題』628号)が，朝鮮半島を取り巻く東アジア国際政治の中核を形成する米中関係が韓国の外交政策，北朝鮮の外国政策にどのような影響を与えたのか，また逆に，韓国の外交政策，北朝鮮の外交政策が米中関係にどのような影響を及ぼしたのかを歴史的に分析する。

新領域・新イシュー・学際研究分野においても，研究の着実な進展がみられる。学際研究では，**佐渡友哲**「グローバル時代における政治的価値と地球市民の役割」(『開発教育』61号)が，開発教育の視点から，公正な地球社会実現のために活動する「地球市民(Global Citizen)」とはどのような人で，どのような役割があるのかを考察する。民族エスニック研究の**玉井雅隆『CSCE少数民族高等弁務官と平和創造』**(国際書院)は，1972年の欧州安全保障協力会議(CSCE)準備会合から1992年のヘルシンキ首脳会議準備会合に至るまでの関連するCSCE会議を検討し，少数民族高等弁務官設置までの過程を探る。**玉井雅隆**「市民社会とマイノリティ—欧州の経験から」(**山本武彦編『市民社会の成熟と国際関係』**志學社)は，EUおよび欧州審議会におけるマイノリティ保護枠組みがどのような変化を遂げたかを分析する。人権問題研究の**小松志朗『人道的介入—秩序と正義，武力と外交』**(早稲田大学出版部)は，人道的介入の実効性について「秩序と正義」および「武力と外交」をキーワードに考察。ソマリア，ボスニア，コソボ，およびリビアの4事例を分析し，外交交渉との関連で武力行使を計画・実践することには一定の限界あるいは不確実性が伴うことを明らかにする。(文責　福島政裕)

2015年文献委員会

本委員会では，13分野を次の委員が担当した。白鳥浩[政治学·政治理論]，照屋寛之[日本政治・政治過程]，福島康仁[行政学・地方自治]，伊藤信哉[政治思想(日本・アジア)]，早川誠[政治思想(欧米)]，瀧川修吾[政治史(日本)]，羽場久美子[政治史・比較政治(西欧・北欧)]，佐藤学[政治史・比較政治(北米)]，内田みどり[政治史・比較政治(中南米)]，河原祐馬［政治史・比較政治（ロシア・東欧)]，五十嵐誠一［政治史・比較政治（アジア)]，遠藤貢［政治史･比較政治（アフリカ)]，および，福島政裕［国際政治・外交］である。なお，表記の統一を含め，全体的な調整は，委員長の信夫隆司が担当した。

分野の数および名称は，これまでの学界回顧との整合性に鑑み，2014文献委員会で採用されたものを踏襲した。『日本政治学会会報』No.68（2014年12月）掲載の「研究業績自己申告のお願い」に基づき，本委員会が受理した文献数は177本であり，申告者数は130名であった。できるだけ多くの業績を紹介するように配慮したが，紙幅の関係で，自己申告されたすべての業績を掲載することはできなかった。研究業績が紹介されなかった会員各位には，ご海容をお願い申し上げたい。また，自己申告数が非常に少ない分野もいくつかあり，その場合には，委員の判断で，申告されていない文献も加え，学界展望にふさわしい内容とした。

最後に，研究業績自己申告書および業績自体をお送りいただいた会員各位，ならびに，執筆を担当された上記13名の文献委員に，心から御礼を申し上げたい。

（文責　信夫隆司）

2015年度日本政治学会総会・研究大会日程

日時　2015年10月10日（土）～10月11日（日）
場所　千葉大学西千葉キャンパス

【第１日目】10月10日（土）

10：00～12：00　＜分科会Ａ１～Ａ８＞

Ａ１　企画委員会企画　憲法体制改革の政治学―日韓伊の比較分析

司会者：近藤康史（筑波大学）
報告者：待鳥聡史（京都大学）「憲法改正の政治学的分析への視座
　　　　―日本を事例として」
　　　　浅羽祐樹（新潟県立大学）「韓国における1987年憲法の持続と憲法体制の変化」
　　　　伊藤　武（専修大学）「イタリアにおける憲法改正と憲法体制改革」
討論者：岡山　裕（慶應義塾大学）

Ａ２　企画委員会企画　自民党政治の現在―多様なアプローチからの考察

司会者：中北浩爾（一橋大学）
報告者：飯尾　潤（政策研究大学院大学）「政権交代は自民党を変えたのか
　　　　―政府との関係を中心に」
　　　　建林正彦（京都大学）「政党研究における自民党というモデル」
　　　　小宮　京（青山学院大学）「歴史の中の自由民主党」
討論者：高安健将（成蹊大学）

Ａ３　企画委員会企画　革命と政治

司会者：高山裕二（明治大学）
報告者：石川敬史（東京理科大学）「アメリカ革命と正統の創設」
　　　　熊谷英人（明治学院大学）「フランス革命とアリストテレス
　　　　―Ｂ．Ｇ．ニーブーアの場合」
　　　　山本　圭（岡山大学）「現代革命の慎み深さ？
　　　　―近年の政治思想に見る革命概念の変容」
討論者：萩原能久（慶應義塾大学）

Ａ４　現代政治学研究会　連立政権の政治力学と政党政治の変容

司会者・討論者：網谷龍介（津田塾大学）
報告者：岩崎正洋（日本大学）「連立政権研究と政党政治」

松尾秀哉（北海学園大学）「2014年のベルギー連立交渉
—分裂危機の終焉か，新しいカオスのはじまりか」
西岡　晋（金沢大学）「連立政権と企業統治改革」
討論者：三竹直哉（駒沢大学）

A 5　公募企画　戦後思想の再審判

司会者：大井赤亥（日本学術振興会特別研究員）
報告者：大園　誠（名古屋大学大学院）「普遍と特殊のあいだ
—戦後思想の座標軸としての丸山眞男」
新倉貴仁（成城大学）「個人と共同体のあいだ
—戦後思想としての吉本隆明」
神子島健（成城大学／東京理科大学）「「べ平連」後の小田実
—第三世界主義とグローバリズム」
討論者：松井隆志（武蔵大学）・和田　悠（立教大学）

A 6　自由論題　議会政治

司会者・討論者：西川　賢（津田塾大学）
報告者：矢内勇生（神戸大学）・Michael F. Thies（University of California, Los Angeles）「分割議会が政策の内容に与える影響」
久保浩樹（ライス大学）「現代アメリカにおける分極化と議会選挙における候補者競争」
討論者：上神貴佳（岡山大学）

A 7　自由論題　政治思想

司会者・討論者：長妻三佐雄（大阪商業大学）
報告者：杉本竜也（日本大学）「アレクシス・ド・トクヴィルにおける社会問題
—「政治」「経済」「社会」をめぐる考察」
横地徳広（弘前大学）「アレント『人間の条件』における行為と政治
—ハイデガーのアリストテレス解釈を手がかりに」
小松優香（筑波大学）「石橋湛山の思考様式
—文明観・人間観・社会論とそれに通底する哲学」
討論者：小田川大典（岡山大学）

A 8　国際交流委員会企画　Nationalism and Reconciliation in East Asian Democracies

司会者：鹿毛利枝子（東京大学）
報告者：蔡佳泓（台湾：政治大學）“Regional Divide and National Identity in Taiwan”

岡野八代（同志社大学）“Toward a Caring Democracy: A Philosophical Analysis of the Process of Reconciliation of the Issue of ‘Comfort Women’ in Japan”

Ja-hyun Chun（韓国：高麗大学）“The Paths toward International Reconciliation and Their Implications in Japan-Korea Relations”

討論者：古城佳子（東京大学）・木村　幹（神戸大学）

13：20～15：20　＜分科会Ｂ１～Ｂ８＞

Ｂ１　企画委員会企画　政府と市場

司会者：曽我謙悟（京都大学）

報告者：清水直樹（高知県立大学）「制度改革が経済政策に与える影響
—政治的景気循環論による分析」

深谷　健（武蔵野大学）「生産者カルテルのゆらぎ
—現代日本におけるレントシーキング活動の実証分析」

村上裕一（北海道大学）「いわゆるCorrosive Captureとその予防方策」

討論者：久米郁男（早稲田大学）

Ｂ２　企画委員会企画　移民の政治学

司会者：河野　勝（早稲田大学）

報告者：村上　剛（立命館大学）“Comparing How Candidates’ Ethnicity Influences Voting in Canada and Japan”

永田智成（首都大学東京）・深澤晴奈（東京大学）「何故スペインでは外国人排斥運動が大規模化しないのか」

秋田真吾（神戸大学）「革新主義期アメリカにおける熟議と移民コミュニティ—ジョン・コリアの思想を手掛かりに」

討論者：松林哲也（大阪大学）・石川涼子（立命館大学）

Ｂ３　企画委員会企画　政治思想と憲法

司会者：竹島博之（東洋大学）

報告者：遠山隆淑（熊本高専）「イギリス憲法の政治思想
—ヴィクトリア時代を中心に」

山田　徹（行政管理研究センター）「井上毅の政治思想
—「言路洞開」をめぐる問題を中心に」

宇佐美誠（京都大学）「政治における憲法」

討論者：石川健治（東京大学）・苅部　直（東京大学）

Ｂ４　現代政治過程研究フォーラム　地方政府における議会・首長・行政職員の動態に関する実証分析

司会者：石上泰州（平成国際大学）
報告者：田口一博（新潟県立大学）「新・議会制度はどのように受容されたか
　　—町村制・本会議主義から地方自治法・委員会中心主義への移行過程」
　　金宗郁（香川大学）「市民参加に対する行政職員の認識構造」
　　築山宏樹（慶應義塾大学大学院）「知事選挙の得票構造と政治的帰結」
討論者：大杉　覚（首都大学東京）・谷口尚子（東京工業大学）

Ｂ５　現代地域政治研究会　政権奪還と地方の政治変容

司会者：白鳥　浩（法政大学）
報告者：浅野一弘（札幌大学）「民主党北海道は復活したのか？
　　—北海道知事選挙を事例として」
　　善教将大（関西学院大学）「被災地における政治意識の比較分析」
　　鶴谷将彦（奈良県立大学）「政権奪還と自民党地方組織
　　—2012年以降の自民党滋賀県総支部連合会を事例に」
　　照屋寛之（沖縄国際大学）「国策を問う沖縄県知事選
　　—保守分裂・脱革新共闘選挙を素材に」
討論者：出水　薫（九州大学）・飯田　健（同志社大学）・木寺　元（明治大学）

Ｂ６　公募企画　「再国民化」と「脱国民化」の相克下のデモクラシー

司会者：畑山敏夫（佐賀大学）
報告者：野田昌吾（大阪市立大学）「「再国民化」と「脱国民化」のはざまで
　　—ヨーロッパデモクラシーの現在」
　　中谷　毅（愛知学院大学）「反移民・反ユーロにみるドイツの再国民化」
　　小堀眞裕（立命館大学）「The UK か Britain か，それとも England か
　　—問われる「国」とは何か。」
討論者：山口二郎（法政大学）・松尾秀哉（北海学園大学）

Ｂ７　自由論題　空間と政治

司会者・討論者：近藤正基（神戸大学）
報告者：伊藤　岳（東京大学）「内戦における暴力拡散
　　—空間データを用いた微視的比較」

石見　豊（国士舘大学）「スコットランド独立住民投票後の英国における分権の状況」
寺迫　剛（行政管理研究センター）「ドイツ連邦州における中層官庁の制度発展と日本における復興庁」
討論者：多湖　淳（神戸大学）

B 8　国際交流委員会企画　Gender and Politics
司会者：三浦まり（上智大学）
報告者：Claire Annesley（University of Manchester）“The Gendered Rules of Cabinet Recruitment”
楊婉瑩（台湾：政治大學）“The Divergences and Convergences of Gender Values between Taiwan and China”
Nam-Kook Kim（韓国：高麗大学）“Revisiting Multiculturalism with Gender Perspective”
討論者：申琪榮（お茶の水女子大学）・庄司　香（学習院大学）

15：40～18：00　＜共通論題＞
憲法と政治
司会者：大西　裕（神戸大学）
報告者：杉田　敦（法政大学）「立憲主義と民主主義」
石田　憲（千葉大学）「歴史と比較に見る憲法と政治」
粕谷祐子（慶應義塾大学）「憲法問題としての一票の格差
—司法府の役割を中心に」
討論者：河野　勝（早稲田大学）・田村哲樹（名古屋大学）

18：20～20：00　懇親会（於：千葉大学生協施設）

【第２日目】10月11日（日）
９：30～11：30　＜分科会Ｃ１～Ｃ８＞
Ｃ１　企画委員会企画　政策デザイン論と政治学
司会者：秋吉貴雄（中央大学）
報告者：伊藤恭彦（名古屋市立大学）「政策デザイン論と政策規範論」
松田憲忠（青山学院大学）「多様性のなかの政策分析と政策デザイン
—論理・知識活用・社会選択」

　　　　岡本哲和（関西大学）「政策過程における政策デザイン」
討論者：北山俊哉（関西学院大学）

C２　企画委員会企画　政治における「悪」
司会者：添谷育志（元明治学院大学）
報告者：梅田百合香（桃山学院大学）「道徳的空白の自然状態
　　　　―自然法の科学という名のホッブズの道徳哲学」
　　　　相原耕作（明治大学）「性善説的政治理論の可能性
　　　　―儒学・国学における「悪」」
　　　　松元雅和（関西大学）「政治的悪の規範理論的分析
　　　　―政治的リアリズムを中心に」
討論者：中金　聡（国士舘大学）

C３　企画委員会企画　日本の対外緊張と二国間外交関係の構造変容
―『二国間バファー・システム』の崩壊？」
司会者：大矢根聡（同志社大学）
報告者：福永文夫（獨協大学）「日中関係―国内政治の観点から」
　　　　木宮正史（東京大学）「日韓バッファーシステムとその動揺」
　　　　冨田晃正（日本学術振興会）「日米経済交渉におけるバファー・システムの存在―生成・機能・消滅」
討論者：河野康子（法政大学）

C４　欧米政治研究会　政治不信時代における欧米の国政・地方選挙
―代表制民主主義の危機
司会者：櫛田久代（敬愛大学）
報告者：前嶋和弘（上智大学）「2014年アメリカ中間選挙―分極化と政治不信」
　　　　上原良子（フェリス女学院大学）「フランスにおける2014年選挙
　　　　―政治不信と政党の危機」
　　　　渡辺容一郎（日本大学）「2015年イギリス総選挙―政党機能の劣化？」
討論者：菅原和行（釧路公立大学）・八十田博人（共立女子大学）

C５　公募企画　東南アジア自治体エリートサーヴェイ分析
司会者：北村　亘（大阪大学）
報告者：永井史男（大阪市立大学）・籠谷和弘（関東学院大学）「タイにおける自治体能力向上の要因分析―2006年自治体サーヴェイ・データから」
　　　　西村謙一（大阪大学）・小林　盾（成蹊大学）・菊地端夫（明治大学）

「フィリピンにおけるよい地方ガバナンスの決定要因」
砂原庸介（大阪大学）「インドネシア地方自治体における政治的リーダーシップ，地方官僚制，及び自治体パフォーマンス」
討論者：山本英弘（山形大学）・金宗郁（香川大学）

C６　公募企画　批判的政治学にむけて――マルクスと政治学Ⅱ
司会者・討論者：堀　雅晴（立命館大学）
報告者：小林　誠（お茶の水女子大学）「批判的国際政治学の現在」
二宮　元（流通科学大学）「現代イギリスにおける国家構造の史的再編—新自由主義改革の諸段階」
山本公徳（岐阜大学）「第三次安倍政権の日本政治史上の位置—国家論的アプローチ」
討論者：久保木匡介（長野大学）

C７　自由論題　現代日本政治１
司会者・討論者：石橋章市朗（関西大学）
報告者：Karol Zakowski（ウッジ大学）「安倍第一次と第二次政権による対中官邸外交の比較」
澤田道夫（熊本県立大学）「合併及び非合併市町村における住民意識の比較」
前田幸男（東京大学）・平野　浩（学習院大学）「内閣支持と投票選択—JES-IV（2007－2010）データの分析」
討論者：大村啓喬（滋賀大学）

C８　自由論題　現代日本政治２
司会者・討論者：空井　護（北海道大学）
報告者：堀内慎一郎（慶應義塾大学）「「労働組合版55年体制」形成の萌芽—独立青年同盟の結成と排撃」
勝又裕斗（東京大学）「中選挙区における選挙競争のダイナミクス」
和嶋克洋（筑波大学）「自民党族議員の盛衰の組織的過程」
討論者：孫斉庸（立教大学）

11：30～12：30　総会

13：10～15：10　＜分科会Ｄ１～Ｄ８＞
Ｄ１　企画委員会企画　現代日本における社会保障政策の政治過程
司会者：稗田健志（大阪市立大学）

報告者：遠藤晶久（高知大学）「少子高齢化社会における社会保障政策選好と世代間対立」
　　　　千田　航（北海道大学）「女性の活躍推進と脱家族化―日本における家族政策の再編？」
　　　　関智　弘（神戸大学）「生活保護政策の実施過程における自律的な官僚制」
討論者：大村華子（関西学院大学）・辻　由希（東海大学）

D２　企画委員会企画　権威主義体制における政治制度の役割

司会者・討論者：粕谷祐子（慶應義塾大学）
報告者：加茂具樹（慶應義塾大学）「中国共産党による一党体制の持続と「民主的な」政治制度―人民代表大会制度と中国人民政治協商会議制度」
　　　　東島雅昌（早稲田大学/European University Institute）「権威主義体制の選挙と体制の存続―国際比較の統計分析と中央アジアの事例研究」
　　　　石黒大岳（アジア経済研究所）「レンティア国家における政治参加はガバナンスの向上をもたらすか―中東湾岸諸国における腐敗防止と議会・司法の役割」
討論者：林　載桓（青山学院大学）

D３　企画委員会企画　安倍政権の対外政策の検証

司会者：細谷雄一（慶應義塾大学）
報告者：北岡伸一（国際大学）「安倍政権の対外政策―イメージとリアリティ」
　　　　川島　真（東京大学）「安倍政権下の日中関係」
　　　　遠藤誠治（成蹊大学）「積極的平和主義の批判的検証」
討論者：藤原帰一（東京大学）・井上正也（成蹊大学）

D４　日本政治過程研究会　最近の国政選挙における選挙行動

司会者：竹中佳彦（筑波大学）
報告者：谷口将紀（東京大学）「経済投票におけるマルチストアモデル　2013年参院選の場合」
　　　　小林良彰（慶應義塾大学）「マルチメソッドによる意識調査の比較分析」
　　　　名取良太（関西大学）「2014年衆院選における選挙区競争環境と分割投票」
　　　　飯田　健（同志社大学）“Surging Progressives in the Conservative Mood: An Analysis of the 2014 Japanese General Election”
討論者：小野耕二（名古屋大学）・前田幸男（東京大学）

D５　公募企画　平等論とデモクラシーの現在
司会者：苅部　直（東京大学）
報告者：宇野重規（東京大学）「「平等」問題の来歴―トクヴィルから現代まで」
　　　　佐藤健太郎（千葉大学）「明治期における「平等」理念の受容と政治」
　　　　池田弘乃（山形大学）「性の平等をめぐる法と政治」
討論者：川崎　修（立教大学）・岡野八代（同志社大学）

D６　公募企画　黒いヨーロッパ―欧州統合史の複線的理解のために
司会者・報告者：今野　元（愛知県立大学）「ドイツ難民同盟とヨーロッパ統合
　　　　　　　　―ヘルベルト・チャヤを中心に」
報告者：板橋拓己（成蹊大学）「「西洋を救え！」
　　　　―西独アデナウアー政権と「アーベントラント」運動」
　　　　福田　宏（愛知教育大学）「旧ハプスブルク君主国の貴族とヨーロッパ
　　　　　　　　―クーデンホーフ伯爵とロアン公爵」
討論者：北村　厚（東京成徳大学高等学校）・遠藤　乾（北海道大学）

D７　自由論題　アジア政治
司会者：浜中新吾（山形大学）
報告者：横田将志（日本大学）「地域環境協力とマクロな地域協力・地域統合との関係性に関する一考察―大メコン圏（GMS）を事例として」
　　　　川中　豪（アジア経済研究所）・間寧（アジア経済研究所）「新興民主主義における所得格差の政治的決定要因」
　　　　尹月（東京大学）“How do ordinary people in China understand the meaning of “democracy”?”
討論者：窪田悠一（新潟県立大学）・高橋若菜（宇都宮大学）

D８　自由論題　規制行政
司会者・討論者：松並　潤（神戸大学）
報告者：光延忠彦（島根県立大学）「ガソリン価格の政治的要因に関する一考察」
　　　　早川有紀（東京大学）「環境規制政策の波及
　　　　―EUにおける化学物質規制の日本への影響」
討論者：深谷　健（武蔵野大学）

15：30～17：30　<分科会Ｅ１～Ｅ８>
Ｅ１　企画委員会企画　アラブ系移民／難民の越境移動

—中東と欧州における比較研究

司会者：浜中新吾（山形大学）
報告者：錦田愛子（東京外国語大学）「再難民化する難民たち
—中東から北欧を目指すアラブ系住民の移動」
清水　謙（東京大学）「スウェーデンにおける移民／難民のプル要因の分析—「積極的外交政策」に着目して」
髙岡　豊（中東調査会）・溝渕正季（名古屋商科大）「なぜ彼らはジハードに向かうのか？　欧州在住アラブ系移民・難民と外国人戦闘員問題」
討論者：小川有美（立教大学）

E２　企画委員会企画　行政の信頼

司会者：牛山久仁彦（明治大学）
報告者：村山　皓（立命館大学）「行政信頼を政治信頼から区別する意味」
野田　遊（愛知大学）「リーダーシップを信頼するか参加か
—都政の意識調査を手がかりに」
南島和久（神戸学院大学）「米国連邦政府におけるガバナンス改革
—GPRAMAと政府部内の関係」
討論者：大山耕輔（慶應義塾大学）

E３　企画委員会企画　政党デモクラシーの空洞化と代表制デモクラシーの変容

司会者：野田昌吾（大阪市立大学）
報告者：網谷龍介（津田塾大学）「『競合』はデモクラシーを支えられるのか
—ヨーロッパ政党政治の実態から考える」
空井　護（北海道大学）「影響の体系としての現代民主体制」
討論者：砂原庸介（大阪大学）・鵜飼健史（西南学院大学）

E４　戦前戦後・比較政治史研究フォーラム　民主政治下での長期政権のメカニズムと政策形成—佐藤栄作政権の内政と外交を通して

司会者：清水唯一朗（慶應義塾大学）
報告者：村井哲也（明治大学）「首相官邸とSオペレーションの融合とその歴史的意義1964－1967」
村井良太（駒澤大学）「佐藤栄作政権と大学紛争
—政策決定プロセスと首相のリーダーシップに注目して」
中島琢磨（龍谷大学）・井上正也（成蹊大学）「Sオペレーションと佐藤外交—中国問題と沖縄返還を中心として」

討論者：河野康子（法政大学）・中北浩爾（一橋大学）

E 5　政治学方法論研究会　政治学における実験・データ生成・分析に関する方法論的探究と課題

司会者：品田　裕（神戸大学）
報告者：福元健太郎（学習院大学）“Blocking Reduces, if not Removes, Attrition Bias”
三輪洋文（東京大学）「有権者のイデオロギーの統計モデリング—認識・強度・方向性」
谷口尚子（東京工業大学）・クリス・ウィンクラー（ドイツ日本研究所）「政党公約の国際比較—日本の政党公約の相対化と方法論的課題」
討論者：肥前洋一（高知工科大学）・遠藤晶久（高知大学）

E 6　公募企画　政治学研究は何を語ってこなかったか—フェミニズムの視座を踏まえて

司会者：山田竜作（創価大学）
報告者：関口すみ子（法政大学）「「新しい男」をめぐる攻防— 20世紀初頭の日本における夫の「姦通」「貞操」問題の浮上」
愛甲雄一（専修大学）「「子ども」と国際関係論—子ども兵士をめぐって」
討論者：三浦まり（上智大学）・衛藤幹子（法政大学）

E 7　自由論題　市民と政治

司会者・討論者：乙部延剛（茨城大学）
報告者：坂井亮太（早稲田大学）「熟議過程における認知の偏りと集合的決定—多様性を活かす解決策の探求」
武居寛史（東京大学）「協調ゲームにおける伝達情報が制限されたコミュニケーションの効果」
西山真司（名古屋大学）「政治学におけるエスノメソドロジーの寄与」
討論者：境家史郎（首都大学東京）

E 8　自由論題　政治理論

司会者：井上　彰（立命館大学）
報告者：斉藤　尚（東北学院大学）「ケネス・アローの正義論」
松尾哲也（島根県立大学）「政治哲学と政治を架橋するもの—レオ・シュトラウスを中心として」

松井陽征（明治大学）「M・オークショットの近代国家論
—とくに「道徳的慣行」概念とのかかわりで」
討論者：加藤哲理（名古屋大学）

13：10〜17：10　ポスターセッション：政治学のフロンティア（F１〜F７）

F１　梅田道生（愛媛大学）「参院選における政党党首の選挙区訪問先の研究
—不均一な選挙制度における政党の選挙資源の戦略的配分」

F２　田中智和（上宮高等学校）「テレビドラマから考える政治学教育」

F３　佐藤智美（日本安全保障・危機管理学会）「スタックスネット事件の政治学的な一考察—米・イスラエル両情報機関の情報戦の失敗の教訓から日本が学ぶべきものとは何か？」

F４　北村　浩（公益財団法人　政治経済研究所）「社会的排除からの包摂をめぐって—ソーシャルワーク的実践における規範的政治理論の可能性・３」

F５　小椋郁馬（東京大学大学院）「アメリカの有権者におけるイデオロギー的分極化の拡大」

F６　松井孝太（杏林大学・東京大学大学院）「米国政治の分極化と高齢者介護政策」

F７　平山　実（東京海上日動火災保険株式会社）「戦後日本の軍政民関係
—軍はなぜ政治に従ったか」

【訂正】
『年報政治学2011－Ⅱ　政権交代期の「選挙区政治」』の264頁の下から１行目の記載の一部に誤りがありました。お詫びして以下のとおり訂正します。
（誤）討論者：竹中佳彦（筑波大学）→（正）討論者：松本俊太（名城大学）

『年報政治学』論文投稿規程

※第９条の「投稿申込書」は，日本政治学会のホームページからダウンロードできます（URL: http://www.jpsa-web.org/publish/nenpo.html）。

1．応募資格

・日本政治学会の会員であり，応募の時点で当該年度の会費を納入済みの方とします。

2．既発表論文投稿の禁止

・応募できる論文は未発表の原稿に限ります。

3．使用できる言語

・日本語または英語とします。

4．二重投稿の禁止

・同一の論文を本『年報政治学』以外に同時に投稿することはできません。

・また，同一の論文を『年報政治学』の複数の号に同時に投稿することはできません。

5．論文の分量

・日本語論文の場合，原則として20,000字以内（注，引用文献，図表を含む）とします。文字数の計算はワープロソフトの文字カウント機能を使って結構ですが，脚注を数える設定にしてください（スペースは数えなくても結構です)。半角英数字は２分の１字と換算します。図表は，刷り上がり１ページを占める場合には900字，半ページの場合には450字と換算してください。

論文の内容から20,000字にどうしても収まらない場合には，超過を認めることもあります。ただし査読委員会が論文の縮減を指示した場合には，その指示に従ってください。

・英語論文の場合，8,000語（words）以内（注，引用文献，図表を含む）とします。図表は，刷り上がり１ページを占める場合には360語（words)，半ページの場合には180語（words）と換算してください。

論文の内容から8,000語にどうしても収まらない場合には，超過を認めることもあります。ただし査読委員会が論文の縮減を指示した場合には，その指示に従ってください。

6．論文の主題

・政治学に関わる主題であれば，特に限定しません。年報各号の特集の主題に密接に関連すると年報委員会が判断した場合には，特集の一部として掲載する場合があります。ただし，査読を経たものであることは明記します。

7．応募の締切

・論文の応募は年間を通じて受け付けますので，特に締切はありません。ただし，6月刊行の号に掲載を希望する場合は刊行前年の10月20日，12月刊行の号に掲載を希望する場合は刊行年の3月20日が応募の期限となります。しかし，査読者の修正意見による修正論文の再提出が遅れた場合などは，希望の号に掲載できないこともあります。また，査読委員会が掲載可と決定した場合でも，掲載すべき論文が他に多くある場合には，直近の号に掲載せず，次号以降に回すことがありますので，あらかじめご了承ください。掲載が延期された論文は，次号では最優先で掲載されます。

8．論文の形式

・図表は本文中に埋め込まず，別の電子ファイルに入れ，本文中には図表が入る位置を示してください。図表の大きさ（1ページを占めるのか半ページを占めるのか等）も明記してください。また，他から図表を転用する際には，必ず出典を各図表の箇所に明記してください。
・図表はスキャン可能なファイルで提出してください。出版社に作成を依頼する場合には，執筆者に実費を負担していただきます。
・投稿論文には，審査の公平を期すために執筆者の名前は一切記入せず，「拙著」など著者が識別されうるような表現は控えてください。

9．投稿の方法

・論文の投稿は，ワードまたは一太郎形式で電子ファイルに保存し，『年報政治学』査読委員会が指定する電子メールアドレス宛てに，メールの添付ファイルとして送信してください。投稿メールの件名（Subject）には，「年報政治学投稿論文の送付」と記入してください。
・なお，別紙の投稿申込書に記入の上，投稿論文と共にメールに添付して送付してください。
・また，投稿論文を別に3部プリントアウト（A4用紙に片面印刷）して，査読委員会が指定する宛先に送ってください（学会事務局や年報編集委員会に送らないようにご注意ください）。
・送付された投稿論文等は執筆者に返却致しません。

10. 投稿論文の受理

・投稿論文としての要件を満たした執筆者に対しては，『年報政治学』査読委員会より，投稿論文を受理した旨の連絡を電子メールで行います。メールでの送受信に伴う事故を避けるため，論文送付後10日以内に連絡が来ない場合には，投稿された方は『年報政治学』査読委員会に問い合わせてください。

11. 査読

・投稿論文の掲載の可否は，査読委員会が委嘱する査読委員以外の匿名のレフリーによる査読結果を踏まえて，査読委員会が決定し，執筆者に電子メール等で結果を連絡します。

・「掲載不可」及び「条件付で掲載可」と査読委員会が判断した場合には，執筆者にその理由を付して連絡します。

・「条件付で掲載可」となった投稿論文は，査読委員会が定める期間内に，初稿を提出した時と同一の手続で修正稿を提出してください。なお，その際，修正した箇所を明示した修正原稿も電子メールの添付ファイルとして送ってください。

12. 英文タイトルと英文要約，キーワード，引用文献目録

・査読の結果，『年報政治学』に掲載されることが決まった論文（特集論文を含む）については，著者名の英文表記，英文タイトル，和文及び英文の要約（ただし英語論文の場合は英文要約のみ），キーワード（５語程度），引用文献目録を必ず付してください。和文要約は400～500字，英文要約は150語程度（150words）になるようにしてください（200語以内厳守）。英文タイトル及び英文要約について，査読委員会は原則として手直しをしないので，執筆者が各自で当該分野に詳しいネイティヴ・スピーカーなどによる校閲を済ませてください。

13. その他の留意点

・執筆者の校正は初校のみです。初校は，遅滞なく返送してください。期限までに返送がない場合には，入稿原稿のままとすることがあります。また，初校段階で大幅な修正・加筆をすることは認められません。査読を経た原稿は，査読委員会の了承がなければ，誤植等を除き，原則として修正・加筆をすることはできません。また，万一，査読委員会の了承の下に初校段階で大幅な修正・加筆を行う場合，そのことによる製作費用の増加や発行遅延による郵送費の発生は執筆者に負担していただくとともに，査読委員

会・年報編集委員会・学会事務局・出版社の指示に従っていただきます。次号以下に掲載を繰り延べることもあります。

・本『年報政治学』への同一の著者による論文の投稿数については何ら制限を設けるものではありませんが，採用された原稿の掲載数が特定の期間に集中する場合には，次号以下に掲載を順次繰り延べることがあります。

附則

この規程は，2015年７月１日より施行します。

査読委員会規程

1．　日本政治学会は，機関誌『年報政治学』の公募論文を審査するために，理事会の下に査読委員会を置く。査読委員会は，委員長及び副委員長を含む7名の委員によって構成する。

　査読委員会委員の任期は2年間とする。任期の始期及び終期は理事会の任期と同時とする。ただし再任を妨げない。

　委員長及び副委員長は，理事長の推薦に基づき，理事会が理事の中から任命する。その他の委員は，査読委員長が副委員長と協議の上で推薦し，それに基づき，会員の中から理事会が任命する。委員の選任に当たっては，所属機関，出身大学，専攻分野等の適切なバランスを考慮する。

2．　査読委員会は，『年報政治学』に掲載する独立論文および特集論文を公募し，応募論文に関する査読者を決定し，査読結果に基づいて論文掲載の可否と掲載する号，及び配列を決定する。特集の公募論文は，年報委員長と査読委員長の連名で論文を公募し，論文送付先を査読委員長に指定する。

3．　査読者は，原則として日本政治学会会員の中から，専門的判断能力に優れた者を選任する。ただし査読委員会委員が査読者を兼ねることはできない。年報委員会委員が査読者になることは妨げない。査読者の選任に当たっては，論文執筆者との個人的関係が深い者を避けるようにしなければならない。

4．　論文応募者の氏名は査読委員会委員のみが知るものとし，委員任期終了後も含め，委員会の外部に氏名を明かしてはならない。査読者，年報委員会にも論文応募者の氏名は明かさないものとする。

5．　査読委員長は，学会事務委託業者に論文応募者の会員資格と会費納入状況を確認する。常務理事は学会事務委託業者に対して，査読委員長の問い合わせに答えるようにあらかじめ指示する。

6．　査読委員会は応募論文の分量，投稿申込書の記載など，形式が規程に則しているかどうか確認する。

7．　査読委員会は，一編の応募論文につき，2名の査読者を選任する。査読委員会は，査読者に論文を送付する際に，論文の分量を査読者に告げるとともに，論文が制限枚数を超過している場合には，超過の必要性についても審査を依頼する。

　査読者は，A，B，C，Dの4段階で論文を評価するとともに，審査概評を報告書に記載する。A～Dには適宜＋または－の記号を付してもよい。記号の意味は以下の通りとする。

　　A：従来の『年報政治学』の水準から考えて非常に水準が高く，ぜひ掲載すべき論文

B：掲載すべき水準に達しているが，一部修正を要する論文
C：相当の修正を施せば掲載水準に達する可能性がある論文
D：掲載水準に達しておらず，掲載すべきではない論文。

査読者は，BもしくはCの場合は，別紙に修正の概略を記載して査読報告書とともに査読委員会に返送する。またDの場合においては，論文応募者の参考のため，論文の問題点に関する建設的批評を別紙に記載し，査読報告書とともに査読委員会に返送する。査読委員会は査読者による指示ならびに批評を論文応募者に送付する。ただし査読委員会は，査読者による指示ならびに批評を論文応募者に送付するにあたり，不適切な表現を削除もしくは変更するなど，必要な変更を加えることができる。

AないしCの論文において，その分量が20,000字（英語論文の場合には8,000語）を超えている場合には，査読者は論文の内容が制限の超過を正当化できるかどうか判断し，必要な場合には論文の縮減を指示することとする。

8．　修正を施した論文が査読委員会に提出されたときは，査読委員会は遅滞なく初稿と同一の査読者に修正論文を送付し，再査読を依頼する。ただし，同一の査読者が再査読を行えない事情がある場合には，査読委員会の議を経て査読者を変更することを妨げない。また，所定の期間内に再査読結果が提出されない場合，査読委員会は別の査読者を依頼するか，もしくは自ら査読することができるものとする。

9．　最初の査読で査読者のうち一人がD（D＋およびD－を含む。以下，同様）と評価した論文は，他の査読者に査読を依頼することがある。ただし，評価がDDの場合は掲載不可とする。修正論文の再査読の結果は，X（掲載可），Y（掲載不可）の2段階で評価する。XYの場合は，委員会が査読者の評価を尊重して掲載の可否を検討する。

10．　査読委員会は，年報委員長と協議して各号に掲載する公募論文の数を決定し，その数に応じて各号に掲載する公募論文を決定する。各号の掲載決定は，以下の原則によるものとする。

1）掲載可と判断されながら紙幅の制約によって前号に掲載されなかった論文をまず優先する。
2）残りの論文の中では，初稿の査読評価が高い論文を優先する。この場合，BBの評価はACの評価と同等とする。
3）評価が同等の論文の中では，最終稿が提出された日が早い論文を優先する。

上記3つの原則に拘らず，公募論文の内容が特集テーマに密接に関連している場合には，その特集が組まれている号に掲載することを目的として掲載号を変えることは差し支えない。

11．　応募論文が特集のテーマに密接に関連する場合，または応募者が特集の一

部とすることを意図して論文を応募している場合には，査読委員長が特集号の年報委員長に対して論文応募の事実を伝え，その後の査読の状況について適宜情報を与えるものとする。査読の結果当該論文が掲載許可となった場合には，その論文を特集の一部とするか独立論文として扱うかにつき，年報委員長の判断を求め，その判断に従うものとする。

12.　査読委員長，査読委員及び査読者の氏名・所属の公表に関しては，査読委員長の氏名・所属のみを公表し，他は公表しない。

付則1

1．本規程は，2005年10月より施行する。

2．本規程の変更は，理事会の議を経なければならない。

3．本規程に基づく査読委員会は2005年10月の理事会で発足し，2006年度第2号の公募論文から担当する。最初の査読委員会の任期は，2006年10月の理事交代時までとする。

付則2

1．本規程は，2007年3月10日より施行する。

『年報政治学』の著作権に関する規程

1．目的

この規程は，『年報政治学』（以下『年報』という。）に掲載されるすべての論文・書評・学界展望・その他の記事（以下「論文等」という。）の著作権について必要な事項を定める。

2．著作権

この規程にいう著作権は，以下を含むものとする。

一，論文等を複製する権利

二，論文等について，公衆送信（送信可能化を含む。）を行う権利

3．著作権の委譲

論文等の著作権は，著作権法第61条により，執筆者が日本政治学会に委譲するものとする。

4．論文等の転載

論文等の執筆者が当該論文等の転載を行う場合には，必ず事前に文書で本学会事務局と出版社に連絡するものとし，転載は，当該『年報』刊行後1年以上経過した後に行うものとする。

5．論文等の電子化

論文等は，原則として，刊行されてから3年を経過した適切な時期に，電子ファイルとして複製され，公衆送信されるものとする。

6．他者の著作権侵害の禁止

執筆者は，論文等の執筆に際し，他者の著作物を引用するときは出典を明記し，他者の著作権の侵害，名誉毀損の問題を生じさせてはならない。

他者の著作権を侵害したことに伴う一切の責任は，執筆者本人が負うものとする。

7．遡及効

この規程は，2015年6月以前に刊行された『年報』の論文等にも適用するものとする。

8．改廃

この規程の改廃は，理事会によって行われるものとする。

附則

この規程は，2015年７月１日より施行する。

（2015年６月６日制定）

The Annuals of Japanese Political Science Association 2015-II

Summary of Articles

The Logic of Integration and Representation in Germany

Takeshi KAWASAKI (11)
Professor of Graduate School of Global Studies at Sophia University

Because their historical conditions the party system of West Germany was constructed through the strict institutional framework, so that the regulation of representation system from the state was justified. But since the fragmentation of left wing of party system in 60s some new parties fixed the position in the system that the representation system was functioning not enough through. On the other hand, while the elections in West Germany were established as regime choice between left and right wing, after unification the left and right extremist forces influence on the established parties issuing the new theme like the regional interest of former East German area or anti-Euro. In result the meaning of regime choice through the elections became unclear because the fragmentation of left wing forces and the difficulty to make the majority in the right wing forces. In contemporary Germany there are two sorts of competition, one by the two major parties to make the majority as head by increasing latent coalition partners, another by the small parties that aims to survive in the party system and to enter in the coalition.

The Majority Representation System under the Hollande's Administration of France

Yoshiko KUNI (35)
Tokyo Gakugei Univ. Professor

Under the fifth Republic of France with an unusual, hybrid system of government, the President, directly elected, is supposed to wield huge power when, as is currently the case, parties loyal to him command a majority in the National Assembly, the lower house.

Not having succeeded in bringing about the economic growth, François Hollande has seen his popularity plummet soon after his election in May 2012 and has now become France's most unpopular president in history. His party, Parti Socialiste, has been defeated in all mid-term elections so far, with the strong showing for the far-right Front National. The high abstention rate, another key to the current electoral landscape in France, represents the apathy of the French toward the traditional political parties and the political system. The electorate tends to cast a vote of rage and a vote of anguish, but also a vote of denial. The majority representation system of France under the fifth Republic has been crumbling.

The Changing Role of the President of the Republic of Italy under the Second Republic

Tomoaki IKEYA (59)
Professor, Faculty of Social Sciences, Waseda University

As the Italian First Republic was called the 'Republic of Parties', the parties had very strong powers and the role of the President of the Republic was thought to be ceremonial. Although the Second Republic has led a bipolar electoral competition and the alternation in national government, parties are not the central actor in the political system. The instability of the party system and the sharp confrontation between the government and the oppositions have gave the President of the Republic more important political role. The presidents have had great influences on the political scenes. In this article I argue the changing role of the Presidents of the Second Republic focusing especially on their use of the formal and informal powers. The article concludes that in the unstable political situation the most important role of the President of the Second Republic is to represent the national unity as the article 87 of the Constitution of Italian Republic provides.

Changes in Political Representation and Integration in Sweden: The Emergence of Pre-electoral Coalitions and the Rise of the Right-Wing Populist Party

Hiroaki WATANABE (80)
Professor, Faculty of Law, Ryukoku University

In Sweden, political parties have played a key role in representation and integration in its parliamentary democracy. The parties represent the social groups along professions and political thoughts and they generally act rationally in order to make consensus. However, the situation has gradually changed since the 1990s. The tendency of earlier majority building, which was triggered by the budgetary process reform, ended up in the confrontation between pre-electoral coalitions on the left and right. That results in voters choosing from between only two alternatives, although their interests are more diverse than ever before. On the other hand, a right-wing populist party which criticises the established parties' immigration policy has gained power to the point of influencing national politics. There is no possibility that Sweden faces a crisis of political integration in near future, since the basic political institutions have enough support. However the country has reached an important phase in which the abilities of the parties to coordinate and provide representation is now questioned.

The Paradox between Representation and Integration in Southern European Politics:
The European Debt Crisis and the Retrenchment of Democracy

Masaaki YOKOTA (100)
Professor, School of Law of Tohoku University

The European Debt Crisis has apparently brought about profound setbacks of representative democracy in Southern Europe. Specific aspects of the political crises in each country are defined by domestic political structures and external pressures. High level of external adaptation common to the Iberian countries has led to demise of policy alternatives to neoliberal adjustment and therefore deficits of representativeness. In Portugal, however, this trend is counterbalanced by the braking mechanism embedded in the constitutional order, although with serious de-politicization in progress, whereas, in Spain, intensive accumulation of power to the central government is observed in spite of contestations from below and some consensual features of politics seem to be lost. In Greece, the structural adjustment enforced from outside have eroded partycracy and ended up with the accelerated drive to party system polarization. In this context, the excessive majorianism which characterizes Greek politics doesn't contribute to anything but the fracture of horizontal integration within the governmental organization which accompanies some political chaos in the country.

Representation and Integration of New Political Issues in Party Systems: Analyses of New Challenger Parties in 15 West European Democracies

Airo HINO (130)
Waseda Univercity, Faculty of Political Science and Economics, Professer

Advanced democracies have witnessed new types of political issues being represented and integrated in their party systems in the past decades. Yet, their patterns still remain unknown as to the conditions in which new political issues are first represented and eventually integrated in each party system. To fill this gap, this article illustrates such patterns through different phases of socio-economic transformation, party system responses to newly emerging issues, and electoral systems' openness. By applying a 'double-hurdle' model, the article tries to elucidate the mechanisms in which new political issues are represented in the first hurdle and then integrated in party systems in the second hurdle. The analyses of new challenger parties across 15 West European democracies revealed that New Politics issues are represented through New Politics Parties (NPPs) when existing party systems are not responsive to the new issues but NPPs further grow and New Politics issues are integrated in party systems when existing party systems are more responsive to these newly emerging issues. Likewise, different conditions mattered differently for the representation and growth hurdles for both NPPs and Extreme Right Parties (ERPs).

Youth labour market policies and welfare state reform: A case study of Japan and the UK

Eriko HAMADA (166)
Sophia University Institute of Global Concern Postdoctoral Fellow

Globalization, an aging society, transition from an industrialized society to post-industrial society has brought new challenges to the traditional welfare state. "New social risks" such as long-term unemployment, low-skilled precarious work, having a family member in need of care, and being a lone parent are areas in which the traditional welfare state fails to meet adequately. Youths are considered to be one of the most vulnerable groups toward such "new social risks".

This article examines youth employment policies in Japan and the UK since the late 1990s. Although both countries focus on "activating" the youth, Japan concentrates on "self-help", whereas the UK puts emphasis on "autonomy". I argue that such differences are brought by the partisan profile of the government in power. By examining the policy programs of each country and then through a cross-national comparison, I illustrate how policy orientation of the party-of-the-day affects policy programs.

The Role of Social Media in the Egyptian Revolution of 2011

Shingo HAMANAKA (189)
Yamagata University, Associate Professor

The Egyptian Revolution of 2011 was broadcasted as "the Internet caused revolution." The relationship between social media and participation in anti-regime demonstrations is in dispute and like in a black box. This paper explores the relationship to utilize a theoretical and an empirical approach. More concretely, by using survey data sets we examine a hypothesis derived from a diffusion model of information as well as social movement theory. The result shows two facts, firstly vanguards of the demonstration were more active in social media than followers in the revolution. Secondly, active bloggers have a tendency to take part in the demonstration against the Mubarak regime. These findings criticize a limited effect of social media in the literature and indicate that social media diminishes the collective action problem in the anti-government protests. They also point out that the concept of political opportunity structure is useful for understanding the revolution.

Making a Philosopher a Hero:
Rhetoric of "Digression" in Plato's *Apology of Socrates*

Kazutaka KONDO (212)
Research Fellow of the Japan Society for the Promotion of Science

Focusing on the part of the "digression" in Plato's *Apology of Socrates*, this article analyzes Socrates' explanation of his philosophical activity before the public. Although scholars have had different interpretations as to whether Socrates' sincere intention was to be acquitted or to proclaim philosophical truth at the risk of capital punishment, they almost all share the view that Socrates was sentenced to death because of a discrepancy between philosophy and politics: ordinary people simply could not understand him. Against the general view, this article argues that Socrates attempted to make himself a hero by using the traditional value system of the city. By identifying himself with the Greek traditional hero, Achilles, Socrates improved the image of philosophy in people's minds, making it acceptable to them where it hadn't been before. This argument should be the basis of the reinterpretation of the *Apology* as a whole, and would contribute to the study of the origin of Western political thought, especially the idea of the philosopher kings.

What is Real in Political Theory? Political Realism's Challenges

Nobutaka OTOBE (236)
Lecturer, Faculty of Humanities, Ibaraki University

Political theory is often defined as a normative discipline that distances itself from real politics. But does political theory need to be normative vis-à-vis real politics? What is the proper relationship between theory and reality, and what is real politics? This article addresses these questions by exploring the works of contemporary political realists, Raymond Geuss and Bernard Williams. Both Geuss and Williams are critical of how mainstream normative political theory is underwritten by moralism. Instead, they call for a mode of political theorizing that attunes itself to the reality of politics. I argue that while their criticism of mainstream political theory is on point, their adherence to normative theorizing risks to betray their promising criticisms. In order to rescue the possibility for realist political theory, I then in turn attend to the alternative possibilities offered by Geuss's and Williams's concepts of genealogy and reminder of politics.

Securitization(s) and Aspects of Political Time:
A Case Study on Conceptions of the "Responsibility to Protect (R2P)"

Hiroshi TAKAZAWA (257)
Ph.D. candidate, Global Humanities Program the University of Tokyo

The purpose of this article is to examine aspects of "political time" with a focus on theories of "securitization" and conceptions of the "responsibility to protect (R2P)." Since its inception in 2001, the R2P concept has been considerably modified through diplomatic process in the UN. This modification produced totally different conceptions of R2P in terms of securitization and political time: the original conception formulated by an international commission called ICISS in 2001 and the other based on a report of the UN Secretary-General in 2009. Comparing them from theoretical perspectives of securitization, this article clarifies aspects of political time, or patterns of triadic relation among time-power-politics underlying the R2P conceptions. Consequently, this comparison shows that the relation has been converted from "control of power by structuralizing political time" in 2001 to "stretch of power by de-structuralizing political time" after 2009. In conclusion, this article extracts brief insights into current politics from the conversion of R2P, securitization and political time.

Discursive Dilemma and Division of Deliberation: A Proposal to Utilize the Cognitive Diversity Among Citizens

Ryota SAKAI (279)
Research Associate, Waseda University

Recent research on discursive dilemma and judgment aggregation fail to capture the diversity of perspectives and heuristics among participants. This paper proposes a modified version of "premise-based procedure (PBP)" and a "division of deliberative labor" in order to fill this blank.

A premise-based procedure is recognized as a favorable aggregation procedure for deliberative democracy. Yet, PBP alone is insufficient to achieve the inclusion of the diversity of perspectives and heuristics among citizens.

With the same logical conditions for "distributed PBP" (List and Pettit 2011), I propose a different aggregation procedure – the "perspective-wise PBP"– which allows the division of deliberation based on the diversity of perspectives among citizens. I also propose weighted additive heuristic as a collective aggregation mechanism for "perspective-wise PBT". I argue that this amendment helps PBP achieve the robustness to cognitive diversity among citizens.

A comparison among CBP, PBP, and "perspective-wise PBT" is presented. Logical conditions for "perspective-wise PBP" and its implications are discussed.

年報政治学2015－Ⅱ
代表と統合の政治変容

2015年12月20日　第1刷発行　©

編　者　日本政治学会（年報編集委員長　池谷知明）
発行者　坂口節子
発行所　有限会社　木鐸社（ぼくたくしゃ）

〒112-0002　東京都文京区小石川5-11-15-302
電話（03）3814-4195　郵便振替　00100-5-126746番
ファクス（03）3814-4196　http://www.bokutakusha.com/

印刷　㈱アテネ社／製本　吉澤製本

乱丁・落丁本はお取替致します

ISBN978-4-8332-2489-5　C3331